U0824952

普通高等教育"十二五"规划教材
全国高等院校规划教材·财经管理系列

财务管理学

主　编　屠红卫
副主编　罗娟香　黄　松

北京大学出版社
PEKING UNIVERSITY PRESS

内容简介

本书以实现企业价值最大化（股东财富最大化）为根本目标，以筹资活动、投资活动、营运活动和股利分配活动四大财务活动为基本内容构架，以货币时间价值及风险衡量为基本财务观念，以财务预测、财务预算、财务分析、财务决策、财务控制评价、公司并购重组与清算等财务方法介绍为主线条，以财务决策（包括筹资决策管理、投资决策管理、营运决策管理、股利分配决策管理）为核心内容，着力构建内容完整、结构合理、逻辑严密、思路清晰的《财务管理学》教材。

本书共分12章，第1章总论介绍财务管理的基本理论，第2章介绍财务管理的基本观念，第3章介绍财务预测的常用方法，第4章介绍财务预算的编制方法，第5章介绍财务报表分析的方法，第6章~10章详细介绍财务决策管理的方法，第11章介绍财务控制的方法，第12章介绍公司并购重组与清算的方法。

图书在版编目(CIP)数据

财务管理学/屠红卫主编. —北京：北京大学出版社，2014.4
（全国高等院校规划教材·财经管理系列）
ISBN 978-7-301-24084-7

Ⅰ.①财… Ⅱ.①屠… Ⅲ.①财务管理—高等学校—教材 Ⅳ.①F275

中国版本图书馆CIP数据核字（2014）第065576号

书　　名	财务管理学
著作责任者	屠红卫　主编
策划编辑	李　玥
责任编辑	李　玥
标准书号	ISBN 978-7-301-24084-7/F・3931
出版发行	北京大学出版社
地　　址	北京市海淀区成府路205号　100871
网　　址	http://www.pup.cn　　新浪微博: @北京大学出版社
电子信箱	zyjy@pup.cn
电　　话	邮购部62752015　发行部62750672　编辑部62765126
印 刷 者	北京鑫海金澳胶印有限公司
经 销 者	新华书店
	787毫米×1092毫米　16开本　24印张　557千字
	2014年4月第1版　2015年6月第2次印刷
定　　价	49.00元

前　　言

理财活动，由来已久。随着企业规模不断扩大，企业资金需求量大增，财务关系日趋复杂，企业主已难以亲自从事财务管理活动。为了有效制订投资方案、合理筹集经营资金、及时对外提供财务信息，并对利润进行分配，必须由独立的财务管理部门来履行管理职能。实践证明，加强对企业资金使用的日常监督和控制，在实现企业价值最大化目标中显得尤为重要。

随着我国各类企业转型升级战略的逐步实施，资本经营已成为现代企业理财的基本理念。资本经营的基本特点是围绕资本保值增值进行经营管理，把资本收益作为管理的核心，通过优化配置来提高资本营运效益。经营活动涉及资本流通、收购、重组、参股和控股等能实现资本增值的领域。

确立财务管理在企业管理中的主导地位，是经济发展的客观要求。财务管理已经进入以资本经营为特征、以企业发展战略管理为目标的新阶段。

学好本书内容对财经类相关专业的学生至关重要，它可以为学生提供必要的理财技能，使其走上工作岗位后能迅速成长为高端管理人才。

本书对财务管理相关知识点的描述简明扼要、通俗易懂。与其他同类教材相比，本书最大的亮点是在企业营运资金管理中增加了动产质押融资和未来货权质押融资的内容，财务预测和财务预算的内容更加具有实践可操作性。因此，本书可作为财经类相关专业财务管理课程教学的首选教材，同时也是其他专业学生学习理财知识和企业财会人员后续教育的实用参考资料。本书每章均有配套习题及参考答案，方便读者及时掌握所学知识，同时也可为教师在考核学生过程中的命题提供方便。

本书由上海财经大学浙江学院屠红卫任主编，罗娟香、黄松任副主编。由于编写时间和水平有限，书中不足之处在所难免，敬请广大师生及企业界同人批评指正。

编　者

2014 年 4 月

本教材配有教学课件，如有老师需要，请加 QQ 群（279806670）或发电子邮件至 zyjy@ pup. cn 索取，也可打电话至北京大学出版社：010-62765126。

目　　录

第 1 章　企业财务管理导论 ………… 1
1.1　认识企业财务管理 ………… 1
1.2　企业财务管理的目标 ………… 3
1.3　企业财务管理的内容 ………… 4
1.4　企业财务管理的方法 ………… 7
1.5　企业财务管理的组织 ………… 12
1.6　企业财务管理的环境 ………… 14
第 2 章　货币时间价值与风险衡量 ………… 23
2.1　终值与现值 ………… 24
2.2　年金终值与年金现值 ………… 26
2.3　应用实例 ………… 31
2.4　风险衡量 ………… 33
2.5　单项资产的收益与风险 ………… 37
2.6　投资组合的报酬与风险 ………… 38
2.7　资本资产定价模型 ………… 42
第 3 章　财务预测 ………… 49
3.1　财务预测概述 ………… 49
3.2　销售预测 ………… 53
3.3　资金需求量预测 ………… 59
3.4　成本费用预测 ………… 66
3.5　利润预测 ………… 72
第 4 章　财务预算 ………… 82
4.1　财务预算概述 ………… 82
4.2　财务预算的编制方法 ………… 84
4.3　营业预算与专门决策预算的编制实例 ………… 89
4.4　财务预算的编制实例 ………… 107
第 5 章　财务报表分析 ………… 119
5.1　主要的财务报表 ………… 119
5.2　财务比率分析 ………… 122
5.3　财务综合分析 ………… 130
第 6 章　企业筹资管理 ………… 137
6.1　企业筹资概述 ………… 137

6.2 资本金的构成、筹集与管理 …… 140
6.3 资金成本 …… 143
6.4 资本结构 …… 146
6.5 经营杠杆、财务杠杆与总杠杆 …… 150
第7章 企业项目投资管理 …… 157
7.1 企业投资管理概述 …… 157
7.2 企业项目投资的现金流量分析 …… 159
7.3 企业项目投资决策评价指标及其计算 …… 170
7.4 企业项目投资决策评价指标的具体运用 …… 180
第8章 证券投资管理 …… 194
8.1 证券投资管理概述 …… 194
8.2 债券投资 …… 201
8.3 股票投资 …… 215
8.4 基金投资 …… 225
8.5 证券投资组合 …… 236
第9章 企业营运资金管理 …… 248
9.1 企业营运资金概述 …… 248
9.2 企业现金管理 …… 249
9.3 企业应收账款管理 …… 252
9.4 企业存货管理 …… 256
第10章 利润分配管理 …… 268
10.1 利润分配概述 …… 268
10.2 股利分配政策 …… 273
10.3 股利种类与支付 …… 280
10.4 股票分割与股票回购 …… 283
第11章 财务控制 …… 296
11.1 财务控制概述 …… 296
11.2 责任中心 …… 304
11.3 内部转移价格 …… 309
第12章 公司并购、重组与清算 …… 320
12.1 公司并购 …… 320
12.2 公司重组 …… 345
12.3 公司清算 …… 353
附录1 一元复利终值系数表 …… 368
附录2 一元复利现值系数表 …… 370
附录3 一元年金终值系数表 …… 372
附录4 一元年金现值系数表 …… 374
参考文献 …… 376

第 1 章

企业财务管理导论

本章导读

本章将学习企业财务管理的概念。企业财务管理的目标在于投资者财富的最大化，企业财务管理的内容是筹资管理、投资管理、运营管理和利润分配管理，企业财务管理的方法是预测、决策、计划、控制和分析。而科学合理的财务管理组织形式是加强财务管理的必要前提和保障。企业财务管理要获得成功，必须深刻认识和认真研究企业所面临的各种环境，包括经济环境、法律环境和金融环境等。

1.1 认识企业财务管理

1. 企业财务管理的概念

企业财务管理是企业管理的重要组成部分，是有关企业资金的获得和有效使用的管理工作。企业财务管理工作贯穿于经营活动的全过程，可以说财务管理是企业管理的核心，有效的财务管理工作必将为企业的增收节支提供强有力的保障。

2. 企业财务管理的意义

（1）为企业经营管理提供有用的信息资料。这些信息资料包括为进行预测和规划提供必要的财务信息，为加强内部控制提供必要的财务信息，为衡量各部门绩效提供必要的财务信息。

（2）促进企业全面提高经济效益。企业财务管理通过财务预算的编制，制定经营目标和盈利目标，通过强化监督机制加强对经营活动的各种费用和消耗资源的控制，以尽可能少的人力、物力和财力获取尽可能多的收益。

（3）全面提升企业经营管理水平。财务管理在指导企业日常经营活动过程中发挥着积极的作用，可以指导日常经营活动按既定的目标运行；可以完善企业内部控制机制，实行指标目标管理；可以监督经营行为把握经营方向，修正经营思路和经营偏差；可以参与经营决策，避免决策失误。

3. 企业财务管理的对象

企业财务管理的对象就是现金流转，即现金的循环与周转。从财务的角度来说，企业发生的成本费用就是现金的销蚀，收入和利润则是现金的来源。创办任何企业，首先必须有足够的现金以供经营所需，在经营过程中，现金转化为经营用的各种资产，通过资产营运获取收入，又陆续转回现金。

例如，在酒店经营过程中，一部分现金用于修建营业场所（包括客房、餐厅、大堂、游乐场所等）而形成固定资产，一部分现金用于购买餐饮原材料、客房消耗品等流动资产等，一部分现金用于支付员工工资，这些资产和费用通过客房出租和餐饮产品的销售而又收回现金。这就是对一个酒店财务管理对象的简单理解。

再如，在服装厂的生产经营过程中，一部分现金用于修建厂房、购建生产流水线而形成固定资产，一部分现金用于购买品牌商标成为无形资产，一部分现金用于购买布匹、缝纫线及拉链、纽扣等原材料，一部分现金用于支付工资，最后通过生产销售服装又收回现金。这就是对一个服装厂财务管理对象的简单理解。

我们把“现金—非现金资产—成本费用—现金”称为一次现金循环，而企业的经营活动是持续不断的，这样就形成了周而复始的现金循环，即现金周转。现金周转速度越快，企业的经济效益就越好。

现金的短期循环是指所需时间不足一年的现金循环，短期循环中的资产称为流动资产；现金的长期循环是指所需时间超过一年的现金循环，长期循环中的非现金资产是长期资产，包括固定资产、无形资产、长期待摊费用和长期投资等。

现金是短期循环和长期循环的共同起点，在取得非现金资产时分离成各种流动资产和长期资产，各种资产被使用后分别形成“主营业务成本”和“营业费用”同步形成企业的“产品”，并随着“产品”的出售又同步转回现金，现金如此不断地增值从而使企业不断地生存发展下去。

现金的循环是一个缓慢的过程，房屋建筑物的成本往往需要几十年才能获得补偿。

企业有时会出现现金流转不畅的情况，即现金流入量小于现金流出量，造成这种情况的原因有来自企业外部的，如市场变化、企业之间的竞争激烈、经济兴衰等，也有企业内部的原因，如盈亏、扩充等。

即使是盈利企业也有可能由于流出过多的现金而发生临时现金流转的困难。从长期看，亏损企业的现金流转是不可能维持的。从短期看，亏损企业又分为两类，一类是亏损额小于折旧额的企业，在固定资产重置以前可以维持下去；另一类是亏损额大于折旧额的企业，不从外部补充现金将很快破产。

4. 企业财务管理的职能

企业财务管理的职能不外乎财务决策、财务计划、财务控制三大部分。

财务决策是有关资金筹集与使用的决策。

财务计划是预先确定筹资方式和规模、投资方向、何时进行投融资及具体由谁组织投融资活动等。广义的财务计划包括确定财务目标、制定财务战略和财务政策、规定财务工作程序和针对某一具体问题的财务规则，以及制定财务规划和编制财务预算。狭义的财务计划是指针对特定期间的财务规划和财务预算。

财务控制是对财务计划的执行过程进行纠正偏差、防微杜渐的行为，使企业的财务活动按既定的目标进行。财务计划是财务控制的重要依据，财务控制是执行财务计划的手段，它们组成了企业财务管理循环，如图 1.1 所示。

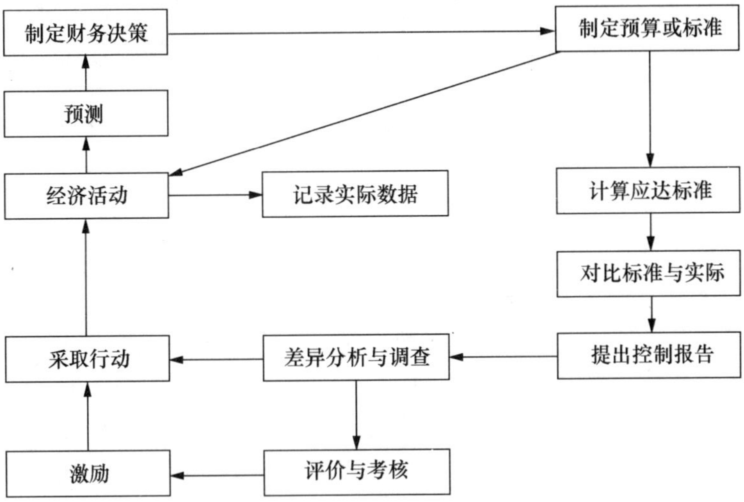

图 1.1　财务管理循环示意

课堂讨论

你能举出一个汽车制造厂财务管理的具体对象吗？

1.2　企业财务管理的目标

（一）企业财务管理目标的内容

财务管理是企业管理的重要组成部分，是有关资金的获得和有效使用的管理工作。财务管理的目标取决于企业的总目标。

企业作为一种形式比较特殊的企业，也是营利性组织，其出发点和归宿是获利。目前，我国企业从成立起就面临竞争，并始终处于生存和倒闭、发展和萎缩的矛盾之中，企业只有获利才能生存下去，只有不断发展才能求得更好的生存。

力求保持以收抵支和偿还到期债务的能力，减少破产的风险，使企业能够长期稳定地生存下去，是对财务管理的第一个要求。

一个企业如果不能发展，不能提高服务质量，不能扩大自己的市场份额，就会被别的企业排挤出去。企业的发展离不开一定数额的资金，因此，筹集企业发展所需的资金，是对财务管理的第二个要求。

从财务的角度来看，盈利就是使资产获得超过其投资的回报。在市场经济中，没有“免费使用”的资金，资金的每项来源都有其成本。每一项资产都是投资，都要从中获得回报，如应充分利用闲置的现金、尽快收回应收账款、固定资产要充分地用于经营活动等。因此，通过合理有效地使用资金使企业获利，是对财务管理的第三个要求。

企业对财务管理的要求概括地说就是使企业投资者财富最大化，这就是企业财务管理的最终目标。投资者创办企业的目的是扩大财富，他们是企业的所有者，企业价值最大化就是投资者财富最大化。

企业的价值，在于它能给所有者带来未来报酬，包括获得股利和出售其股权而换取现金。

（二）影响财务管理目标实现的因素

财务管理的目标是股东财富或企业价值最大化，对于上市的企业而言，其股票价格代表了股东财富，因此，股价高低反映了财务管理目标的实现程度。

企业股票价格受外部环境和管理决策两方面因素的影响，外部环境包括法律环境、金融市场环境和经济环境；从公司管理决策因素看，股价高低取决于企业的报酬率和风险程度，而企业的报酬率和风险程度又是由企业的投资项目、资本结构和股利政策决定的。外部环境与管理决策共同影响企业价值，财务管理正是通过投资管理、筹资管理和股利决策来提高报酬率、降低风险，实现财务管理的目标。

课堂讨论

请在网上搜索“财务管理目标”，罗列各种对财务管理目标的陈述，你认为哪一种观点更恰当？

1.3 企业财务管理的内容

企业财务管理的目标是企业价值最大化，而企业价值最大化的途径是提高报酬率和降低风险，企业的报酬率和风险大小又取决于企业的投资项目、资本结构和股利分配政策。因此，企业财务管理的主要内容是筹资管理、投资管理、营运资金管理和股利分配管理四部分。

（一）筹资管理

筹资管理要解决的问题是如何取得企业所需要的资金。筹资管理与投资、营运、股利分配有密切的关系，筹资的数量多少要考虑投资的需要，在利润分配时如果加大留存收益可减少从外部获得的筹资数额。筹资管理的关键是决定各种资金来源在总资金中的比例，即确定资本结构，从而使筹资风险和筹资成本相配合。

企业可选择的资金来源很多，按不同标志可划分为以下两种。

1. 按是否需要归还划分

按是否需要归还划分，资金可分为权益资金和借入资金。

权益资金是指企业投资者提供的资金。它不需要归还，筹资风险小，但其期望的报酬率较高。

借入资金是指债权人提供的资金。它需要按期归还，当企业无力偿还到期债务时便会有一定的风险，但其要求的报酬率比权益资金低。

所谓资本结构，主要是指权益资金与借入资金的比例关系。一般来说，完全靠权益资金筹资，则得不到负债经营的好处；但负债比例过高则风险也会加大，企业随时可能陷入财务危机。筹资管理的一个重要问题就是确定最佳资本结构。

2. 按使用资金的时间长短划分

按使用资金的时间长短划分，资金可分为长期资金和短期资金。

长期资金是指企业可长期使用的资金，包括权益资金和长期负债。

短期资金一般指使用时间不超过一年就必须归还的短期负债。原则上短期资金的筹集应主要解决临时的资金需要，在经营旺季借入，待旺季结束后即马上归还。

长期资金和短期资金的筹资速度、筹资成本、筹资风险及借款时企业所受的限制均有所不同。如何安排长期资金和短期资金的相对比例，是筹资管理要解决的另一个重要问题。

（二）投资管理

投资是指以获取收益为目的而发生的货币性资产流出。例如，用现金购买国债、用现金购买公司股票和债券、购买机器设备、兴建厂房等。投资的目的就是为了获得更多的现金流入。

企业的投资管理，按投资对象不同可分为直接投资和间接投资；按投资时间长短可分为长期投资和短期投资。

1. 直接投资与间接投资

直接投资是把货币性资产直接投放于生产经营性资产，从中获得利润的投资，如购置机器设备、兴建厂房等。

间接投资又称证券投资，是指把货币性资产投放于金融性资产，以便获得股利或利息收入的投资，如购买国债、公司股票债券等。

这两种投资管理所使用的一般性概念虽然相差不大，但决策的具体方法却大相径庭。直接投资要事先创造一个或几个备选方案，通过对这些方案的分析和评价，从中选择一个足够满意的行动方案。证券投资只能通过证券分析与评价，从证券市场中选择企业需要的股票和债券，并组成投资组合；作为行动方案的投资组合，不是事先创造出来的，而是通过证券分析得出的。

2. 长期投资与短期投资

长期投资是指时间超过一年的投资，又称为资本性投资，如购买机器设备、兴建厂房等。真正意义上的长期投资主要是指固定资产投资。

短期投资是指时间不超过一年的投资，又称为流动资产投资或营运资产投资，如对应收账款、存货、短期有价证券的投资。

长期投资与短期投资的决策方法有所不同，由于长期投资时间长、风险大，决策分析时更注重货币的时间价值和投资风险价值的计量。

（三）营运资金管理

营运资金从会计的角度看是指流动资产与流动负债的净额，是可用来偿还支付义务的流动资产，减去支付义务的流动负债的差额。

如果流动资产等于流动负债，则占用在流动资产上的资金是由流动负债融资的；如果流动资产大于流动负债，则与此相对应的净流动资产要以长期负债或所有者权益的一定份额为其资金来源。会计上不强调流动资产与流动负债的关系，而只是用它们的差额来反映一个企业的偿债能力。这种情况不利于财务人员对营运资金的管理和认识；从财务角度看，营运资金应该是流动资产与流动负债关系的总和，在这里"总和"不是数额的加总，而是关系的反映，这有利于财务人员意识到，对营运资金的管理要注意流动资产与流动负债这两个方面的问题。

流动资产是指可以在一年内或超过一年的一个营业周期内变现或运用的资产，流动资产具有占用时间短、周转快、易变现等特点。企业拥有较多的流动资产，可在一定程度上降低财务风险。流动资产在资产负债表上主要包括以下项目：货币资金、短期投资、应收票据、应收账款、预付费用和存货。

流动负债是指需要在一年或者超过一年的一个营业周期内偿还的债务。流动负债又称短期融资，具有成本低、偿还期短的特点，必须认真进行管理，否则，将使企业承受较大的风险。流动负债主要包括以下项目：短期借款、应付票据、应付账款、应付工资、应付税金及未交利润等。

营运资金可以用来衡量公司或企业的短期偿债能力，其金额越大，代表该公司或企业对于支付义务的准备越充足，短期偿债能力越好。当营运资金出现负数，也就是一家企业的流动资产小于流动负债时，这家企业的营运资金可能会随时因周转不灵而中断。

一家企业的营运资金到底多少才算足够，才称得上具备良好的偿债能力，是决策的关键。偿债能力的数值若是换成比例或比值进行比较，可能会出现较具意义的结论。

（四）股利分配管理

股利分配是指在企业实现的利润中，有多少作为股利发放给投资者，留下多少继续用于企业的再投资。

实际发放的股利总额占实现利润总额的比率叫股利支付率，股利支付率太高，就会影响企业再投资的能力，会降低未来收益，可能导致企业价值下降；如果股利支付率太低，又会引起投资者不满，影响投资者的投资热情，也可能导致企业未来价值下降。企业应根据自身的实际情况确定最佳的股利分配政策。

股利决策从另一角度来看也是企业的内部筹资问题。

课堂讨论

财务管理的内容是什么？你认为财务管理在实现股东财富最大化方面的贡献是降低成本、规避风险还是扩大营销？为什么？

1.4 企业财务管理的方法

财务管理的方法是指为了顺利实现财务管理目标，在进行日常理财活动过程中所采取的一系列的技术和手段，一般包括财务预测、财务决策、财务预算、财务控制和财务分析等。

（一）财务预测

财务预测是指根据历史资料，依据现实条件及未来发展趋势，运用特定的方法对企业未来的财务活动及其结果所做出的科学预计和推断。

财务预测是企业财务管理的起始环节，无论是筹资管理、投资管理还是股利分配管理，都要首先进行科学合理的财务预测，它是进行财务决策的基础，是编制财务预算（计划）的前提。财务预测方法有定性预测法和定量预测法两种。

1. 定性预测法

定性预测法主要是利用直观材料，依靠个人经验的主观判断和综合分析判断能力，对事物未来的状况和趋势做出预测的一种方法。企业在缺乏完备的历史资料的情况下可采用定性预测的方法。这种方法也可以称为专家预测法，即选择经验丰富、熟悉本行业经营和财务现状、通晓市场行情的专家，提出专家意见，经过反复征询最后达成一致意见后作为最终的预测结果。

2. 定量预测法

定量预测法是根据有关变量之间存在的数量关系，建立数学模型来预测未来发展趋势和结果的一种方法，一般有趋势预测法和因果预测法等。

（1）趋势预测法。它是按照时间顺序排列历史资料，根据事物发展的连续性来预测未来一段时间发展趋势和可能出现的结果。这种预测方法可分为算术平均法、加权平均法、回归分析法等。

（2）因果预测法。它是根据历史资料，通过分析找出预测变量与其他相关变量之间的依存关系，建立数量模型来进行预测的一种方法。它具体包括量本利分析法、投资回收期法、现金流量法等。

定性预测法和定量预测法各有利弊，企业应综合运用定性预测法和定量预测法，以保证预测结果的相对准确性，为财务决策提供科学的依据。

（二）财务决策

财务决策是指在财务目标的总体要求下，从若干个备选的财务活动方案中选择最佳方案的过程。财务管理的核心内容是财务决策。

财务决策的基本步骤：根据财务预测的结果提出待解决的问题；提出解决此问题的备选方案；对各方案进行分析、评价和对比；拟定择优标准，选取最佳方案。

1. 财务决策的基本分析方法

财务决策的基本分析方法是指在分析、评价、判断中能够普遍适用的方法。最常用的分析方法是单一分析法和比较分析法。另外，框图分析法也在国内外流行起来。因素替换法和假设分析法是为适应企业经营水平提高的要求而发展起来的。

（1）单一分析法。单一分析法是早期使用的决策方法，它是根据企业当期经营和财务的具体状况对方案进行取舍的一种方法。它使用的是单一价值标准，如最大利润、最高产量、最低成本、最大市场份额、最短时间等。这种单一的决策标准给人们带来了很多教训往往是顾此失彼。单一价值标准决策往往会使第一步决策取得辉煌的成就，但也容易走向极端，适得其反。

（2）比较分析法。比较分析法是通过对几种不同方案的主要项目或指标数值的变化进行对比，确定差异，从而进行分析、判断和决策的一种方法。这种方法一般以经济效益为尺度，即将投入和产出进行货币化的比较与分析。

比较分析法适用的范围最广，通过比较分析，可以发现差距，寻找产生差距的原因，进一步判定各种方案对企业经营业绩和财务状况的影响；通过比较分析，可以确定各种方案的收益性差距和企业资金投向的安全性差距。

（3）框图分析法。框图分析法是将企业的历史水平和各种方案的预测数等用框图形式直观地反映出来，以说明各种方案所导致的变化情况的一种方法。

框图分析法既可以反映绝对值，又可以反映比例和相对值，而且简明、直观，因此这种方法越来越受到人们的重视。

（4）因素替换法。因素替换法是通过对决定某一指标各因素的逐个替换，来说明各个方案因素指标的变动对分析指标的影响程度的一种方法。

因素替换法常常用于同指标预测数值的比较和指标的变动预测，以及变动影响分析。由于这一分析过程反映出分析指标对各方案因素变化的敏感程度，所以也称为敏感性分析。

（5）假设分析法。在比较分析的基础上，确定某项指标的最高水平数值，然后假设在该指标达到最高水平的情况下，企业的经营及财务状况变动情况，从而找出最佳方案的方法。在这种假设情况下，可以分析各方案的影响因素要达到什么水平才能实现企业现有潜力的充分发挥。因此，这种方法可以充分挖掘企业发展趋势和发展潜力。

2. 财务决策的具体分析指标

财务决策的具体分析指标是分析比较的基础，以下是归纳的三大类指标。

（1）绝对值指标。绝对值指标是指通过数额绝对值的变化就能说明一定的问题、选定最佳方案的指标。它主要反映指标的增减变化。

（2）百分比指标。百分比指标一般反映指标绝对值增减变化的幅度或所占的比例。

（3）比率指标。比率指标一般揭示各项目之间的对比关系。

3. 财务决策的一般程序

（1）确定决策目标。财务决策目标可以分为信用分析目标、经营决策分析目标和税务分析目标。

① 信用分析目标。信用分析目标主要确定企业的偿债能力、支付能力、投资资金的安全性和获利性。

② 经营决策分析目标。经营决策分析目标主要确定企业产品、生产结构和经营战略方面的重大调整方向。

③ 税务分析目标。税务分析目标主要确定企业的收入与支出情况对应缴税金的影响。

（2）情报活动。情报活动就是探查环境，为制定决策寻找条件。这一阶段，要根据初步设想的目标收集情报，找出决策的依据。情报收集的内容有宏观经济形势信息、行业情况信息、企业内部数据。

（3）设计活动。设计活动就是创造、制订和分析可能采取的方案。这一阶段，要根据收集到的情报，以企业想要解决的问题为目标，设计出各种可能采用的方案（备选方案），并分析评价每一个方案的得失与利弊。

（4）评价活动。评价活动就是对各方案进行评价。这个阶段，要根据实践发展过程和方案的比较，评价各方案主观与客观相符合的程度。

（5）抉择活动。抉择活动就是从备选方案中选择一个决策方案，或者说在备选方案中进行抉择。这一阶段，要根据当时的情况和对未来的预测，以及一定的价值标准来评价诸方案，并按照一定的准则选出一个决策方案。

4. 财务决策应遵循的原则

在进行财务决策时应遵循的原则如下：① 尽可能收集所需资料，掌握真实情况；② 指标对比，综合判断；③ 点面结合，抓住重点；④ 定性分析与定量分析相结合；⑤ 静态与动态相结合。

（三）财务预算

财务预算也叫财务计划，是在一定的计划内以货币形式反映生产经营活动所需要的资金及其来源、财务收入及支出、财务成果及其分配的预算。

1. 财务预算的内容

财务预算一般包括现金预算、资本预算、成本费用预算、预计利润表和预计资产负债表等。

现金预算是规定企业未来特定时期内现金的收入、支出并加以平衡的预算。

资本预算是有关长期资产购置与改造的预算。

成本费用预算是有关企业在未来特定时期内成本费用合理支出的预算。

预计利润表是根据短期决策的要求，规定一定期间内销售收入、成本和利润的预算。

预计资产负债表是有关期末资产、负债和所有者权益情况的预算，反映企业预计财务状况的一种报表。

2. 财务预算的方法

财务预算的方法一般有以下四种。

（1）平衡法，即利用有关指标之间客观存在的内在平衡关系计算确定计划指标的方法，如资产 = 负债 + 所有者权益，期末存货 = 期初存货 + 本期进货 - 本期销货，等等。

（2）因素法，即根据影响各项指标的各种因素来推算出计划指标的方法。例如，酒店在编制餐饮菜品成本预算时，可根据某一菜品所消耗的原材料数量和价格两个因素计算确定。

（3）比例法，即根据企业历史上已经形成的各种指标之间的比例关系来计算计划指标的方法。例如，根据各营业部门历史上营业费用占部门营业收入的一定比例与本期预计部门营业额，来编制确定各部门本期的营业费用预算。

（4）定额法，即根据企业自身确定的各项定额来作为计划指标的一种预算方法。例如，对某一菜品规定其原材料消耗定额，就可以按该菜品的实际出菜数量和规定的原材料消耗定额，计算确定该菜品在一定时期的原材料费用预算。值得一提的是，定额必须切实可行，并根据实际情况定期修订。

（四）财务控制

财务控制是指在财务管理中，利用有关信息和特定手段，对企业的财务活动施加影响或进行调节，以便顺利实现财务计划规定的财务目标。财务控制的方法有以下三种。

（1）排除干扰控制，又称防护性控制或事前控制，是指在财务活动发生前，就制定一系列制度和规定，把可能产生的差异予以排除的一种控制方法。例如，为了保证现金的安全与完整，就要规定现金的使用范围，制定好内部牵制制度；为了节约各种费用开支，则可事先规定开支标准等。

排除干扰控制是最彻底的控制方法，但要求对被控制对象有绝对的控制能力。在财务管理中，各种事前制定的标准、制度、规定都可以看作排除干扰的方法。

（2）补偿干扰控制，又称前馈性控制或事中控制，是指通过对实际财务系统运行的监视，运用科学的方法预测可能出现的偏差，采取一定措施使差异得以消除的一种控制方法。例如，当实际发生的菜品成本与预算发生差异时，应事先确定可以调整的进货渠道或使用替代品，以确保实际成本的发生额与预算基本一致，从而保证财务目标的顺利实现。

要做好补偿干扰控制，必须掌握大量的信息，并能采取相应的纠正措施，否则就不可能实现前馈性控制的目的。

（3）平衡偏差控制，又称反馈性控制或事后控制，是在认真分析的基础上，发现实际与计划之间的差异，确定差异产生的原因，采取切实可行的措施，调整实际财务活动或财务计划，使差异得以消除或避免今后出现类似差异的一种控制方法。平衡偏差控制所要平衡的总是实际产生的差异。在平衡偏差的过程中，由于时滞的存在，还可能会造成新的偏差，但平衡偏差运用起来比较方便，一般不需太多的信息，因为它是根据实际偏差随时进行调节的。企业的财务活动受外部因素的干扰较多，偏差时常发生，用平衡偏差控制来纠正偏差是财务控制中一项经常性的工作。

（五）财务分析

财务分析是根据有关信息资料，运用特定方法，对企业财务活动过程及其结果进行分析和评价的一项工作。通过财务分析，可以掌握各项财务计划指标的完成情况，评价财务状况，研究和掌握企业财务活动的规律性，改善财务预测、决策、计划和控制，提高企业经济效益，改善企业管理水平。常用的财务分析方法有对比分析法和比率分析法。

1. 对比分析法

对比分析法亦称指标比较法，是指对财务报表所揭示的财务实际指标与所设定的比较指标进行对比，借以揭露矛盾，评价业绩，找出问题或差距，从而进一步寻求改进及完善的措施。对比分析法的比较指标可根据财务分析的需要及可能，自行设立，通常可以是计划指标、上期实际指标、历史先进水平、同行业先进水平、国际先进水平等。

对比分析法是一种最常用的分析方法，它具有适应面广、分析过程简单明了、提示问题清楚等特点。运用对比分析法，必须注意对比指标的口径一致。

2. 比率分析法

比率分析法是利用财务报表不同项目指标间的相互关系，计算出相对比率，通过比率对比分析企业的经营业绩和财务状况的一种分析方法。比率分析法有以下三种类型。

（1）相关比率分析法：根据财务活动中存在依存关系的项目，建立指标对比关系，计算出比率，从而分析企业的经营和财务状况。例如，将分析期的利润总额、成本费用总额、销售收入总额、总资产建立指标对比关系，计算出销售利润率、成本费用率、成本利润率、资产利润率等，然后与基期同类比率进行对比分析。

（2）趋势比率分析法：根据财务历史资料同类指标的数字进行对比而求出比率，并通过观察此类比率的增减速度和发展趋势，预计企业在某方面的未来发展趋势，以发现企业经营活动及财务管理中的成绩和差距。趋势比率分析法又可分为定基动态比率和环比动态比率两种。

（3）构成比率分析法：根据财务报表所揭示的经济指标各个组成部分占总体的比例，来观察构成的变化及其合理性，从而掌握企业的经营及财务状况，了解不同项目构成的特点，为进一步改进工作提供办法和途径。例如，可以对分析期各部门的营业额构成情况进行比率计算，分析某一部门的营业额比例的变化情况，从中发现问题并加以改进。

课堂讨论

财务管理的具体方法有哪些？各种方法之间是互相独立的吗？

1.5 企业财务管理的组织

企业建立健全财务管理组织，是有效开展各项财务活动的必要前提，是顺利实现企业价值最大化目标的组织保证。

（一）企业财务管理的组织构架

一个健全的财务管理组织构架是企业有效地组织财务活动，实现财务管理目标的重要保证。由于财务决策在企业战略决策中的重要地位，企业应单独设置财务管理机构，并设一名财务副总或财务总监全面负责企业的各项财务会计工作。

企业组织形式不同、经营规模不同、管理要求不同，其财务管理的组织构架也会有所不同，图 1.2 列示了小微企业（酒店）财务部门的组织构架。图 1.3 列示了大中型企业（上市公司）财务部门的组织构架。

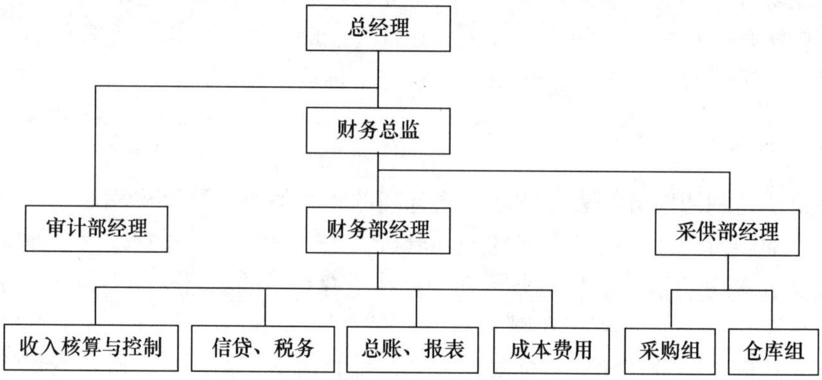

图 1.2 小微企业财务管理组织构架

酒店财务部门的主要职责：建立健全酒店财务管理制度，处理日常财务收支账目；稽核酒店各类营业收入和支出，制定结算和信用政策并负责执行；制定酒店各种物料（包括餐饮原材料、烟酒饮料、餐具、客房用品等）的价格；负责成本费用的控制；负责仓储收发保管记录工作；负责应收应付款项的结算，发放工资；负责固定资产及低值易耗品管理；负责编制财务预算；负责财务分析报告的编制；负责财务评价等。

酒店财务构架设置视规模大小、星级高低、内部管理的要求等而有所不同，没有完全固定的模式。但不论是何种组织构架，财务部在酒店企业组织机构中的地位是极其重要的，它是直接由总经理（或企业负责人、董事长）领导的一个重要部门。

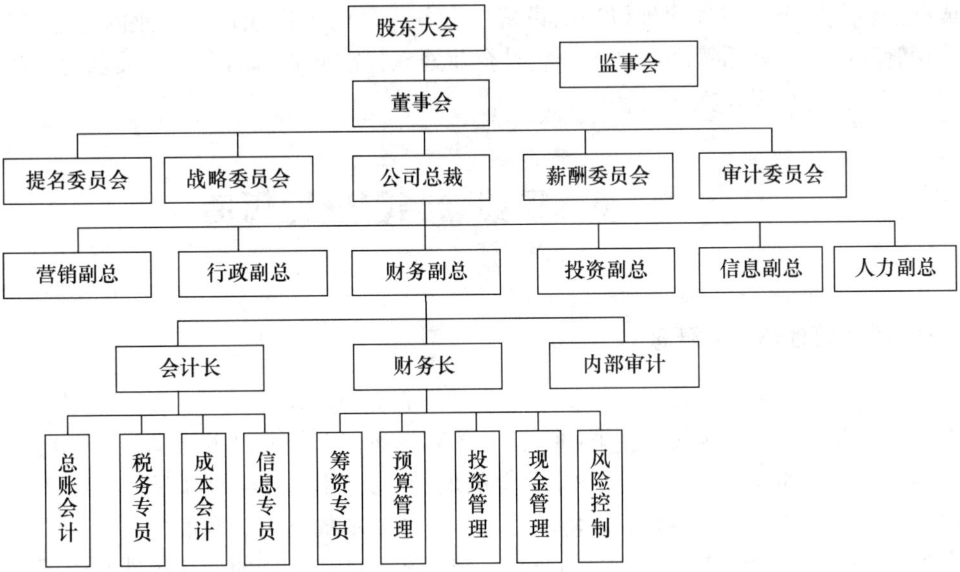

图 1.3　大中型企业财务管理组织构架

大中型企业的财务管理组织构架可以设计得更为专业化，财务副总可以隶属于公司总裁，也可以直接隶属于公司董事长。财务副总下设财务长（或财务主管）、会计长（或会计主管），财务长负责的财务部门可以设置筹资专员、预算管理、投资管理、现金管理、风险控制等岗位，会计长负责的会计部门的主要职责是提供真实完整的会计信息，可设置总账会计、税务专员、成本会计、信息专员等岗位。

课堂讨论

你能设计出一套更加科学高效健全合理的财务管理内部构架吗？

（二）企业财务管理法规制度

企业财务管理法规制度是对财务管理工作的原则和要求所做出的统一规范，是企业财务管理的行为准则。

(1)《中华人民共和国会计法》（以下简称《会计法》）。它是规范会计行为的基本法律，用以保证会计资料的公允性和合理性，加强经济管理和财务管理，维护市场经济秩序。

(2)《企业财务会计报告条例》。它是根据《会计法》制定的行政法规，用以规范企业财务会计报告，保证财务会计报告的真实性、合法性和完整性。

(3)《企业会计制度》。它是由国务院财政部统一制定颁布的，详细规定了企业会计核算的内容、主要经济业务的处理方法，以及会计报表的格式、内容和编制方法等。

(4) 企业内部的财务管理规章。它是企业根据自身的业务规模和经营管理的要求，根据《会计法》、《企业财务会计报告条例》、《企业会计制度》制定的指导企业理财活动的规定或办法，包括企业财务管理机构的设置、财务人员的工作职责、企业内部控制制度、成本费用管理办法、外币管理制度等。它是企业处理日常财务活动和财务关系的具体规范和行为规则，具有可操作性强的特点。

1.6 企业财务管理的环境

（一）财务管理环境的概念

财务管理环境又称理财环境，是指对企业财务活动和财务管理产生影响作用的企业内外各种条件的统称。环境构成了企业财务活动的客观条件。企业财务活动是在一定的环境下进行的，必然受到环境的影响。企业资金的取得、运用和收益的分配会受到环境的影响，资金的配置和利用效率会受到环境的影响，企业成本的高低、利润的多少、资本需求量的大小也会受到环境的影响，企业的兼并、破产和重整与环境的变化仍然有着千丝万缕的联系。所以，财务管理要获得成功，必须深刻认识和认真研究自己所面临的各种环境。财务管理环境主要包括经济环境、法律环境和金融环境等。

环境是一个相对的概念，它是相对于主体而言的客体。任何事物都是在一定的环境条件下生存和发展的，是一个与其环境相互作用、相互依存的系统，作为人类重要实践活动之一的财务管理活动也不例外。在财务管理活动中，财务管理主体需要不断地对财务管理环境进行审视和评估，并根据其所处的具体财务管理环境的特点，采取与之相适应的财务管理手段和管理方法，以实现财务管理的目标。因此，企业财务管理环境就是影响企业财务主体的财务机制运行的各种外部条件和因素的总和。不难看出，由于影响企业财务主体的财务机制运行的外部条件和因素错综复杂，且变幻莫测，因此，财务管理环境本身就构成了一个复杂多变的系统。

（二）财务管理环境的意义

财务管理环境是企业开展财务管理工作的前提和平台，它会对企业的生产经营管理产生深远的影响。经济环境影响企业财务的规模和质量，市场环境影响企业财务的内容和活动形式，法制环境制约企业的财务行为，技术环境影响企业财务管理水平和效果，文化环境也会影响企业理财活动。企业财务管理要想取得成功，必须认真研究和深刻认识所面临的环境。但是，从目前情况来看，许多企业并没有对财务管理环境引起足够的或者说应有的重视，甚至有许多企业管理者认为财务管理环境是一个较为空泛的概念，也有业内人士认为财务管理环境的研究空间范围有限。其实并非如此。

首先，任何企业都是在财务管理环境中开展财务管理工作的。在这个环境中，优胜劣汰，适者生存。而理财环境本身就错综复杂并且是在不断变化的，呈现出一种多元冲击、竞争激烈、复杂多变的动态过程，使财务管理工作的难度加大，从而凸显出财务管理环境研究的必要性。

其次，财务管理者只有实时了解理财环境、最大程度适应理财环境，才能使决策和管理工作趋利避害，为实现企业财务管理目标服务。

最后，虽然理财环境错综复杂，但仍有一定的规律性可循。只要企业财务人员注重这方面的研究和积累，加大认识的广度和深度，仍可以在复杂的理财环境中化被动为主动，做好财务管理工作。

（三）财务管理环境的具体内容

(1) 间接财务管理环境。指对企业的理财活动间接产生影响作用的各种条件和因素，主要包括政治环境、经济环境、法律环境、技术环境、社会环境等。

(2) 直接财务管理环境。指对企业财务管理工作直接产生影响的各种条件和因素，主要包括政府、债权人、债务人、雇员、供应商、顾客和竞争者等。

（四）现代经济条件下的理财环境

1. 经济全球化下的理财环境

在经济全球化浪潮中，对财务管理有着直接影响的是金融全球化。在金融全球化的趋势下，越来越多的外资金融机构进入我国，必将使我国金融市场发生全面而深远的变化，呈现出一些新的特征，从而对企业筹资投资产生极大的影响。

第一，金融市场规模的扩大、资金供给的增加和金融工具的不断创新，为我国企业筹资、投资和规避风险提供了多种可供选择的组合方式。

第二，金融创新丰富了金融工具品种，拓展了金融服务范围，但同时也派生出利率风险、汇率风险、表外风险等新的风险，使金融风险进一步加大，规避风险将成为企业财务管理面临的最重要课题之一。

第三，国内外金融市场竞争的加剧，促使我国金融机构建立现代企业制度的步伐进一步加快，金融机构自律性管理将进一步加强，国家对金融市场的监管也将进一步规范，这必将使金融市场配置资源的功能得以更加有效地发挥。这样，无论什么性质的企业在金融市场都将处于公平竞争的地位，只能凭借其良好的经济效益、看好的市场前景与持续高速的增长而获得资金。

第四，金融市场的变化，使我国企业无论在“真实资产”方面还是“金融资产”方面都将面临许多新的投资机会。同时也应该看到，为了增强产品在国际国内市场上的竞争能力，我国企业尤其是一些资本和技术密集型企业就应该将其投资建立在高新技术产业基础之上，但与之相伴的投资风险将会较大；另外市场竞争日益激烈又将使报酬率趋于平均化，企业要获得较高的投资报酬就必须努力降低投资成本和风险损失。企业投资的这些新变化，要求我们进一步提高企业投资决策的及时性、合理性和科学性。

2. 网络经济下的财务管理环境

网络经济时代，信息产业成为全球第一大产业，以信息产业为主导产业的全球经济逐渐知识密集化。

互联网的建立形成了全球单一的电子市场基础；企业的资源配置、产品的销售都在世界范围内进行；企业之间的合作、重组也跨越了国界。企业通过互联网不仅能向社会提供服务，并且可以从事网络经贸活动（电子商务），因此企业纷纷在网上开设“网址”，树立网络形象。互联网络的迅速延伸和扩展，使得一个全新的网络社会正在形成，使地球“缩小”变成一个“地球村”。世界经济成为一个资源共享、高速运转、多元化发展的一体化经济，经济模式改变了人们的工作（如家庭办公）与生活（如网上购物），也改变了企业的运作方式（如虚拟企业的组建）、管理方式（如网络财务的应用）。

全球经济的网络化、一体化，使全球的竞争更加激烈，同时改变了企业的竞争机制，在竞争中的合作变得尤为重要。

全球的网络化，资本、技术、智力的全球“流动”与扩散，使企业逐渐趋向“无界”经济。一些独立的厂商、顾客、同行的竞争对手通过信息技术联成临时的网络组织，以达到共享技术、分摊费用及满足市场需求的目的，求得共同的生存与发展。技术变革要求企业变为松散、精简和更加灵活的结构。总公司重点从事设计、组装和开发市场，生产分包给外围公司，公司之间构成各种协作关系。大公司之间组成战略同盟，大公司与小公司构成几何网络企业。一种虚拟的动态联盟组织便适应时代的需求产生了，供产销形成一个完整的链条，企业的财务管理功能将延伸到企业之外。

以网络技术为主的各种信息技术为企业的财务管理提供了更广阔更先进的技术手段与方法：企业可以以柔性技术为基础保持技术的领先；以信息网络为依托实现资源整合，将网络与财务相结合形成网络财务，并且开发网络财务软件，实行动态的、实时的财务管理。

电子货币成了网络交易市场的主要货币流通结算工具，互联网的延伸使得全球外汇市场每天 24 小时都可以进行交易，人们可以在全球范围内将资金以“光的速度”从一个地方转移到另一个地方，并且流通费用、交易成本大大降低。电子货币形态的资金将成为企业筹资、投资、分配的主要形式之一。网上银行的建立为网络经济的正常运转提供了安全、可靠的金融保障。

网络经济时代技术变革相应地会带来社会变革，企业组织、工作结构、社会工种的改变也将影响到企业的财务管理。

3. 知识经济下的财务管理环境

知识经济对企业的影响是全方位的，从现代企业理财的微观视野看主要有以下五个方面。

第一是企业资产形态的变化。传统工业经济需要投入大量的资金和设备，有形资产在企业总资产中占绝对优势；而知识经济是以知识、智力等无形资产投入为主的，无形资产在企业经营中起决定作用。现代企业中无形资产占总资产比例的不断上升已表现为一个明显的趋势。

第二是企业竞争力要素的变化。在典型的工业经济形态中，市场占有率和较大的市场份额是企业补偿投入成本、形成和增加企业利润、维持满意市场结构的决定要素；同时，由于固定资本的经营杠杆效应和企业以有形物质资产投入为主的特征，企业总是力求通过扩大产出规模来增加财务成果，从而获取相对于竞争对手的竞争优势。但是，随着经济逐渐朝知识经济方向发展，市场份额和产出绝对规模只是企业竞争力的外在表现。在内涵上，企业竞争力更主要是源于企业对各类知识的占有和知识资本的运用程度。企业在一定时期积累的知识量越大，其知识资产的结构及其动态组合与社会对知识的要求结构越一致，企业知识资产的转化效率就越高，企业竞争力特别是长期竞争力就越强。

第三是企业经营行为的变化。知识投入的增加，特别是网络和信息技术的知识化和企业资产形态的无形化，企业投资转向以资源的开发利用为重点的新领域，随着经验决策向以知识为基础的科学决策转变，企业投资决策和投资管理日益知识化，对知识资产的评估和管理是知识决策的中心内容之一；由于知识成为企业的主体资产形式，企业的生产方式和组织结构日益柔性化。生产方式的柔性化表现为小型灵活的生产日益成为主流。组织结构的柔性化发展出灵活的工作时间、场所和报酬制度，企业更强调知识及信息的收集、传播和利用，并通过网络在企业内部分享、重组和创新，整个企业发展成为一个网络化的信息结构；由于知识的共享性和可转移性克服了物质资源的稀缺性和使用上的排他性，企业对知识的积累和运用与社会对知识的要求形成经常性的正向互动关系，使企业经营目标与社会整体目标日趋一致。

第四是企业产品的变化。随着知识经济的发展，企业产品发生一系列的变化，一是产品的知识含量提高，更新换代的速度加快；二是产品和服务的价值主要由其所含的知识量决定，知识的重复使用使产品生产中物质消耗的制造成本在产品价格中的比例越来越小；三是经济信息的广泛流通和网络购物的兴起，使市场信息接近于完全竞争的市场结构，顾客要求企业以最低的价格快速进行市场订货并提供多种类和个性的产品及服务，企业传统存货管理模式的变革提上了日程。

第五是企业分配方式的变化。既然知识资源是产品的主要生产要素和产品价格的决定因素，知识和利用知识的能力参与企业利润分配并取得比其他要素更丰厚的报酬将成为必然趋势。

第六是企业范围边界的变化。与知识经济以前的经济形态相比，知识的形成、传播无地域性，使企业生产经营管理的范围迅速扩大，企业边界的概念模糊难定。一是企业活动与环境的联系更为密切，它们共处于一体化的网络之中；二是企业与企业在市场活动和产品链关系中形成物质资本与知识资本的相向流动，固定结构关系被打破；三是企业与供应商及企业与客户的关系不再固定，在全球网络中，企业与客户形成“在选择中结盟，在结盟中选择”的新格局。

课堂讨论

为什么企业所处的环境不同，其财务管理的成效也不一样？

知识链接

企业的投资目标的类型

1. 利润最大化

利润最大化是指企业通过对财务活动和经营活动的管理，不断增加企业利润。企业利润也历经了会计利润和经济利润两个不同的发展阶段。利润最大化曾经被人们广泛接受，在西方微观经济学的分析中就有假定：厂商追求利润最大化。这一观点认为，利润代表企业新创造的财富，利润越多则说明企业的财富增加越多，越接近企业的目标。

利润最大化的发展初期是在19世纪初，那时企业的特征是私人筹集，私人财产和独资形式，通过利润的最大化可以满足投资主体的要求。然而现代企业的主要特征是经营权和所有权分离，企业由业主（或股东）投资，而由职业经理人来控制其经营管理。此外，还有债权人、消费者、员工及政府和社会等，都是企业的利益相关者。

2. 股东财富最大化

这种观点认为，企业主要是由股东出资形成的，股东创办企业的目的是扩大财富，他们是企业的所有者，理所当然地，企业的发展应该追求股东财富最大化。在股份制经济条件下，股东财富由其所拥有的股票数量和股票市场价格两方面决定，在股票数量一定的前提下，当股票价格达到最高时，则股东财富也达到最大，所以股东财富最大化又可以表现为股票价格最大化。

股东财富最大化与利润最大化目标相比，有着积极的方面。这是因为：一是利用股票市价来计量，具有可计量性，利于期末对管理者的业绩考核；二是考虑了资金的时间价值和风险因素；三是在一定程度上能够克服企业在追求利润上的短期行为，因为股票价格在某种程度上反映了企业未来现金流量的现值。

同时，也应该看到，追求股东财富最大化也存在一些缺陷：一是股东财富最大化只有在上市公司才可以有比较清晰的价值反映，对非上市公司很难适用；二是它要求金融市场是有效的，由于股票的分散和信息的不对称，经理人员为实现自身利益的最大化，有可能以损害股东的利益为代价做出逆向选择。因此，股东财富最大化目标也受到了理论界的质疑。

3. 企业价值最大化

企业价值最大化是指通过财务上的合理经营，采取最优的财务政策，充分利用资金的时间价值和风险与报酬的关系，保证将企业长期稳定发展摆在首位，强调在企业价值增长中应满足各方利益关系，不断增加企业财富，使企业总价值达到最大化。企业价值最大化具有深刻的内涵，其宗旨是把企业长期稳定发展放在首位，着重强调必须正确处理各种利益关系，最大限度地兼顾企业各利益主体的利益。企业价值在于它能带给所有者未来报酬，包括获得股利和出售股权换取现金。

相比股东财富最大化而言，企业价值最大化最主要的是把企业相关者利益主体进行糅合形成企业这个唯一的主体，在企业价值最大化的前提下，也必能增加利益相关者之间的投资价值。但是，企业价值最大化最主要的问题在于对企业价值的评估上，由于评估的标准和方式都存在较大的主观性，股价能否做到客观和准确，直接影响到企业价值的确定。

4. 相关利益者价值最大化

这种观点认为，企业的本质是利益相关者的契约集合体，利益相关者是所有在公司真正拥有某种形式的投资并且处于风险之中的人，企业利益相关者包括股东、经营者、员工、债权人、顾客、供应商、竞争者及国家。由于契约的不完备性，使得利益相关者共同拥有企业的剩余索取权和剩余控制权，进而共同拥有企业的所有权。对所有权的拥有是利益相关者参与公司治理的基础，也是利益相关者权益得到应有保护的理论依据。在利益相关者框架下，企业是一个多边企业的结合体，它不是由单纯的股东或单一的利益相关者构成，而是由所有的利益相关者通过契约关系组成。也就是说，企业是使许多冲突目标在合约关系中实现均衡的结合点。对众多利益相关者专用性资源进行组合，其目的是为了获取单个组织生产所无法达到的合作盈余和组织租金。各产权主体在合作过程中，由于向企业提供了专用性资源并承担着企业的经营风险，因此都有权获得相对独立于其他利益相关者的自身利益。

5. 社会价值最大化

由于企业的主体是多元的，因而涉及社会方方面面的利益关系。为此，企业目标的实现，不能仅仅从企业本身来考察，还必须从企业所从属的更大社会系统来进行规范。企业要在激烈的竞争环境中生存，必须与其周围的环境取得和谐，这包括与政府的关系、与员工的关系及与社区的关系等，还必须承担一定的社会责任，包括解决社会就业、讲求诚信、保护消费者、支持公益事业、保护环境和搞好社区建设等。社会价值最大化就是要求企业在追求企业价值最大化的同时，实现预期利益相关者的协调发展，形成企业的社会责任和经济效益间的良性循环关系。

社会价值最大化是现代企业追求的基本目标，这一目标兼容时间性、风险性和可持续发展等重要因素，体现了经济效益和社会效益的统一。

本章总结

本章主要介绍了财务管理涉及的基本理论问题，其要点包括以下几个。

企业财务管理是企业管理的重要组成部分，是有关企业资金的获得和有效使用的管理工作。财务管理的目标就是通过合理地筹集资金和有效地使用资金使企业的价值最大化。企业财务管理的对象就是现金流转，即现金的循环与周转。

企业财务管理的主要内容是筹资管理、投资管理、营运资金管理和股利分配管理四部分。财务管理方法一般可分为财务预测、财务决策、财务预算、财务控制和财务分析等。

在这些基本理论问题中，应重点掌握财务管理的对象、目标、内容。

本章习题

一、思考题

1. 什么是企业财务管理？其职能有哪些？

2. 企业财务管理的对象、内容和方法是什么？
3. 企业财务管理的目标是什么？企业目标对财务管理提出了哪些要求？
4. 以旅游酒店为例，谈谈财务管理可能设置的组织形式。

二、单项选择题

1. 根据财务管理理论，企业在生产经营活动过程中客观存在的资金运动及其所体现的经济利益关系被称为（　　）。
A. 企业财务管理　　B. 企业财务活动
C. 企业财务关系　　D. 企业财务

2. 下列经济活动中，能够体现企业与投资者之间财务关系的是（　　）。
A. 企业向职工支付工资
B. 企业向其他企业支付货款
C. 企业向国家税务机关缴纳税款
D. 国有企业向国有资产投资公司支付股利

3. 相对于股东财富最大化目标而言，企业价值最大化目标的不足之处是（　　）。
A. 没有考虑资金的时间价值　　B. 没有考虑投资的风险价值
C. 不能反映企业潜在的获利能力　　D. 某些情况下确定比较困难

4. 财务管理的核心为（　　）。
A. 财务预测　　B. 财务决策　　C. 财务预算　　D. 财务控制

5. 下列各项经济活动中，属于企业狭义投资的是（　　）。
A. 购买设备　　B. 购买零部件
C. 购买供企业内部使用的专利权　　D. 购买国库券

6. 在下列各项中，从 A 公司的角度看，能够形成“本企业与债务人之间财务关系”的业务是（　　）。
A. A 公司购买 B 公司发行的债券　　B. A 公司归还所欠 C 公司的货款
C. A 公司从 D 公司赊购产品　　D. A 公司向 E 公司支付利息

7. 短期金融市场的主要特点不包括（　　）。
A. 交易期限短　　B. 所交易的金融工具有较强的货币性
C. 资金借贷量大　　D. 交易的目的是满足短期资金周转的需要

8. 在下列各项中，能够反映上市公司价值最大化目标实现程度的最佳指标是（　　）。
A. 总资产报酬率　　B. 净资产收益率
C. 每股市价　　D. 每股利润

9. 在没有通货膨胀的条件下，纯利率是指（　　）。
A. 投资期望收益率　　B. 银行贷款基准利率
C. 社会实际平均收益率　　D. 没有风险的社会平均资金利润率

10. 在通货膨胀时期，实行固定利率对债权人和债务人的影响表述准确的是（　　）。
A. 对债务人有利　　B. 对债权人没有影响
C. 对债务人没有影响　　D. 对债权人有利

三、多项选择题

1. 利润最大化目标和每股收益最大化目标存在的共同缺陷是（　　　　）。
   A. 不能反映资本的获利水平
   B. 不能用于不同资本规模的企业间比较
   C. 可能会导致企业的短期行为
   D. 没有考虑风险因素和时间价值
2. 债权人与所有者的矛盾表现在未经债权人同意，所有者要求经营者（　　　　）。
   A. 投资于比债权人预期风险更高的项目
   B. 发行新债券而致使旧债券价值下降
   C. 扩大赊销比例
   D. 改变资产与负债及所有者权益的比例
3. 公司治理机制是治理结构在经济运行中的具体表现，包括内部治理机制和外部治理机制，内部治理机制具体表现为（　　　　）等。
   A. 公司章程　　B. 董事会议事规则
   C. 法律法规　　D. 决策权力分配
4. 下列各项中，属于企业资金营运活动的有（　　　　）。
   A. 采购原材料　　B. 销售商品
   C. 购买国库券　　D. 支付利息
5. （　　　　）属于企业购销商品或接受、提供劳务形成的财务关系。
   A. 企业与供货商之间的财务关系　　B. 企业与债务人之间的财务关系
   C. 企业与客户之间的财务关系　　D. 企业与受资者之间的财务关系
6. 利润最大化不是企业最优的财务管理目标，其原因包括（　　　　）。
   A. 没有考虑企业成本的高低
   B. 不能直接反映企业创造剩余产品的多少
   C. 没有考虑利润与投入资本额的多少
   D. 没有考虑取得利润的时间和承受风险的大小
7. 下列关于财务管理的环节表述正确的是（　　　　）。
   A. 财务预算是指企业根据各种预测信息和各项财务决策确立的预算指标和编制的财务预算
   B. 财务控制就是对预算和计划的执行进行追踪监督，对执行过程中出现的问题进行调整和修正，以保证预算的实现
   C. 财务预测和预算首先要以全局观念，根据企业整体战略目标和规划，结合对未来宏观、微观形势的预测，来建立企业财务的战略目标和规划
   D. 财务分析是财务管理的核心，财务预测是为财务决策服务的
8. 下列各项中，可用来协调公司债权人与所有者矛盾的方法有（　　　　）。
   A. 规定借款用途　　B. 规定借款的信用条件
   C. 要求提供借款担保　　D. 收回借款或不再借款
9. 在下列各项中，属于财务管理经济环境构成要素的有（　　　　）。

A. 经济周期　　B. 经济发展水平
C. 宏观经济政策　　D. 公司治理结构

10.在下列各项中，属于企业财务管理的金融环境内容的有（　　）。
A. 利息率　　B.《公司法》
C. 金融工具　　D. 税收法规

四、判断题

1. 在确定企业财务管理目标时，只需要考虑所有者或股东的利益，企业价值最大化实际上意味着所有者或股东利益最大化。（　）

2. 财务管理环境又称投资环境，是指对企业财务活动和财务管理产生影响作用的企业内外各种条件的统称。（　）

3. 民营企业与政府之间的财务关系体现为一种投资与受资关系。（　）

4. 从财务管理的角度看，公司治理是有关公司控制权和剩余索取权分配的一套法律、制度及文化的安排。（　）

5. 如果资金不能满足企业经营需要，还要采取短期借款方式来筹集所需资金，这属于筹资活动。（　）

6. 金融工具是指能够证明债权债务关系并据以进行货币资金交易的合法凭证。（　）

7. 公司治理机制是治理结构在经济运行中的具体表现，具体表现为公司章程、董事会议事规则、决策权力分配等一系列内部控制制度。（　）

8. 在协调所有者与经营者矛盾的方法中，“接收”是一种通过市场来约束经营者的方法。（　）

9. 企业是由股东投资形成的，因此，在确定企业财务管理的目标时，只需考虑股东的利益。（　）

10. 金融市场按证券交易的方式和次数分为初级市场和次级市场，即基础性金融市场和金融衍生品市场，或称一级市场和二级市场。（　）

第 2 章

货币时间价值与风险衡量

本章导读

货币时间价值是现代财务管理的基本观念之一，货币时间价值涉及所有的理财活动，因此称其为理财的第一原则。为了对不同时点的货币价值进行对比，便引出了终值与现值的概念，本章将对复利现值、复利终值、年金、风险等概念展开讨论。

纽约是美国最大的工商业城市，有美国经济首都的称号。但是在 1626 年 9 月 11 日，荷兰人彼得·米纽伊特（Peter Minuit）从印第安人那里用价值 24 美元的假珠宝便买下了曼哈顿岛。据说这是美国有史以来最合算的投资，超低风险超高回报，而且所有的红利全部免税。

但是，如果换个角度来重新计算呢？如果当时的 24 美元没有用来购买曼哈顿，而是用来投资呢？我们假设每年有 8% 的投资收益，不考虑中间的各种战争、灾难、经济萧条等因素，这 24 美元到 2013 年会是多少呢？是 206 万多亿美元，这不但仍然能够购买曼哈顿，如果考虑到由于“9·11”事件后纽约房地产的贬值的话，更是不在话下。这个数字是美国 2003 年国内生产总值的 13 倍多，是我国 2013 年国内生产总值 8.3 万亿美元的 25 倍。这是一个惊人的数字，而这个数字之所以能够产生，主要是由于复利的魔力。

从这个故事中，我们认识到，原来钱是随着时间的不同，其价值不断变化的。更确切地说，是购买力不断变化。这就是财务管理中的一个基本概念——货币时间价值。

货币时间价值是指货币经过一定时间的投资和再投资而增加的价值。从量的规定性来看，货币时间价值是在没有风险和通货膨胀条件下的社会平均资金利润率。

在经济生活中，我们都知道目前的 100 元与若干年后的 100 元是不对等的，如果社会平均利润率能达到 10%，则即使不存在通货膨胀，目前的 100 元在一年后便能达到 110 元。也就是说，100 元经过一年投资就可以增加 10 元，也就是产生了货币的时间价值。人们习惯于用相对数表示货币的时间价值，即用增加的现金与投入的现金的百分数来表示，如 10%。

现金投入经营活动后，其数额随着时间的推移不断增长，这是一种客观的经济现象。企业资金循环的起点是投入的现金，用现金购买所需的资源，然后推出新的产品或服务，以此获取比最初投入量更多的现金。资金循环和周转及因此实现的现金增值，需要一定的时间，每完成一次循环，现金就增加一定数额，周转的次数越多，增值额也就越大。因此，随着时间的延续，现金总量在循环和周转中按几何级数增长，使得货币具有时间价值。

由于不同时点上的单位货币的价值不相等，因此，不同时点的货币数额不能直接进行对比，需要把它们换算到相同时点的基础上，然后才能进行大小比较并做出优劣判断。由于货币随时间的增长过程与复利的计算过程在数学上比较相似，因此，在换算过程中广泛使用复利计算方法。

复利是计算利息的一种方法，即每经过一个计息期，就要将产生的利息加入原来的本金后作为计算下期利息的本金，逐期滚算，俗称“利滚利”。计息期是指相邻两次计息间隔的时间，如年、半年、季、月、日等。除非特别说明，计息期一般为1年。

2.1 终值与现值

（一）复利终值的计算

终值是指目前一定数额的现金在间隔若干期后的本利和或将来值。

用 S 表示复利终值，用 P 表示目前所拥有的现金（也叫本金），用 i 表示货币的时间价值（或投资报酬率），n 表示计息期数，则复利终值计算公式如下：

$$S=P\ (1+i)^n$$

【例2-1】某旅行社准备将100 000元投资于某旅游线路，年报酬率为5%，经过一年，时间终值（本利和）为

$$S=P+P\times i=P\times(1+i)=100\,000\times(1+5\%)=105\,000\ （元）$$

如果该旅行社并不提走现金，而是将105 000元继续投资于该旅游线路，则第二年年末的本利和为

$$\begin{aligned}S&=[P\times(1+i)]\times(1+i)=P\times(1+i)^2\\&=100\,000\times(1+5\%)^2=110\,250\ （元）\end{aligned}$$

依次类推，第3年期末的复利终值为

$$\begin{aligned}S&=P\times(1+i)^3=100\,000\times(1+5\%)^3\\&=100\,000\times1.157\,6=115\,760\ （元）\end{aligned}$$

我们把 $(1+i)^n$ 叫作复利终值系数或“一元的复利终值”，表示为（S/P，i，n）。例如，（S/P，5%，3）表示利率为5%的3期复利终值系数。为了方便计算，可直接在“一元复利终值系数表”（见附录1）查阅。该表的第一行列示了不同的利率 i，第一列是计息期数 n，不同利率和期数的复利终值系数在纵横交叉处。通过该表可查到（S/P，5%，3）的系数为1.157 6，也就是说在时间价值为5%时，现在的1元与3年后的1.157 6元在经济上是等效的。

（二）复利现值的计算

复利现值是复利终值的对应概念，它是指未来若干期后的一笔现金按复利计算的目前

价值，也可以理解为取得若干期后的一定数额的本利和，即目前需要投入的本金。

复利现值的计算，实际上是复利终值的逆运算。

通过复利终值的计算已经知道：

$$S=P\ (1+i)^n$$

则

$$P=S/(1+i)^n=S\ (1+i)^{-n}$$

式中，$(1+i)^{-n}$为复利现值系数，或称为 1 元的复利现值。

企业可以把若干期后的将来值换算成现在的价值，用（P/S，i，n）表示。例如，（P/S，5%，5）表示利率为5%时 5 期的复利现值系数。为了便于计算，也可直接查阅“一元复利现值系数表”（见附录 2），经查表可知，（P/S，5%，5）=0.7835，即在利率为5%时，5 年后的 1 元相当于现在的 0.7835 元。

【**例 2-2**】某五星级酒店拟投资某项目，项目期限为 5 年，预计报酬率为 5%，如果该酒店希望在 5 年后收回 1000 万元，则目前应投入多少资金用于该项目。

$$P=S\ (P/S,\ i,\ n)=1000\times(P/S,\ 5\%,\ 5)=1000\times0.7835=783.5\ (万元)$$

该酒店在预计项目报酬率为 5% 时目前投资 783.5 万元，5 年后可以收回 1000 万元。

（三）复利利息

本金 P 的 n 期复利息为 n 期后的“本利和”与本金之间的差额，用 I 表示复利息。

$$I=S-P$$

例 2-1 中，本金 100000 元 5% 三期后的复利息为：

$$I=115760-100000=15760\ (元)$$

例 2-2 中，本金 783.5 万元 5% 五期后的复利息为：

$$I=1000-783.5=216.5\ (万元)$$

（四）名义利率与实际利率

复利计息不一定都是按年计算，也有可能按半年、季度、月份计算，甚至按日计算。当利息在一年内需要复利几次时，给出的年利率叫作名义利率。

【**例 2-3**】一笔本金为 10000 元，投资期为 3 年，年利率为 6%，如果每半年复利一次，则每年将计算利息两次，3 年共计算利息六次。则

每半年利率 $i=6\%\div2=3\%$

复利次数 $n=3\times2=6$

$S=10000\times(1+3\%)^6=10000\times1.1941=11941$（元）

$I=11941-10000=1941$（元）

当一年内如果复利若干次，实际取得的利息要比名义利息高一些。例如，例 2-3 中，如果每年复利一次，则利息为 1910 元 $[10000\times(1+6\%)^3-10000]$，即 3 年内每半年复利一次比每年复利一次多 31 元的利息。即本例中的实际年利率必然高于 6%，具体计算如下：

每半年复利一次，3 年后的本利和为 11941 元，则

$$11\,941 = 10\,000 \times (1+i)^3$$

$$(1+i)^3 = 11\,941/10\,000 = 1.194\,1$$

查3期复利终值系数表，可知

$$(S/P,\ 6\%,\ 3) = 1.191,\ (S/P,\ 7\%,\ 3) = 1.225$$

复利终值系数1.1941介于1.191～1.225，则所求利率在6%～7%，可通过内插法求解，如图2.1所示。根据相似三角形的对应边成正比

$$AC : AB = CE : BD$$

即

$$(7\% - 6\%)/(i - 6\%) = (1.225 - 1.191)/(1.194\,1 - 1.191)，得$$

$$i = 6.09\%$$

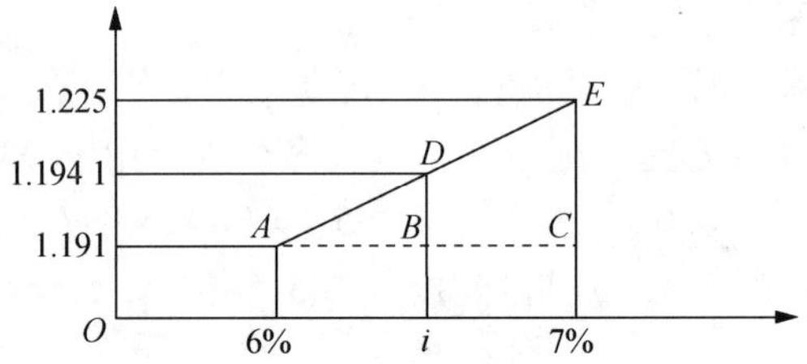

图2.1　内插法图解

设 r 为名义利率，i 为实际利率，m 为每年复利次数，则实际利率与名义利率的关系为

$$1 + i = (1 + r/m)^m$$

即

$$i = (1 + r/m)^m - 1$$

将例2-3的数据代入上式，得出

$$i = (1 + 6\% \div 2)^2 - 1 = 6.09\%，则$$

$$S = 10\,000 \times (1 + 6.09\%)^3 = 11\,941\ （元）$$

2.2　年金终值与年金现值

（一）普通年金终值与现值

年金是指定期、等额的系列收付款项，用字母 A 表示。例如，分期还款、按月交付养老金、分期支付工程款、每年相同的销售额等，都属于年金形式。根据收付时间的不同，年金可分为普通年金、预付年金、递延年金和永续年金。

普通年金又叫作后付年金，它是指各期期末收付的系列款项。其收付形式如图2.2所示。

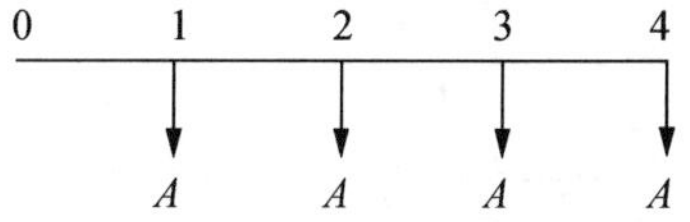

图 2.2　普通年金形式

1. 普通年金终值

普通年金终值是指其最后一次收付时的本利和，它是每次收付的复利终值之和。

图 2.3 中，一共四期每期期末收付的系列款（普通年金）的终值计算，第一期期末收付的款项到第四期期末有三期的利息，第二期期末收付的款项到第四期期末有二期的利息，第三期期末收付的款项到第四期期末有一期的利息，第四期期末收付的款项在第四期期末无利息，用公式表示如下：

$$S = A\ (1+i)^0 + A\ (1+i)^1 + A\ (1+i)^2 + A\ (1+i)^3 + \cdots + A\ (1+i)^{n-1} \qquad (1)$$

（1）式两边同乘以（1 + i），得：

$$S\ (1+i) = A\ (1+i)^1 + A\ (1+i)^2 + A\ (1+i)^3 + \cdots + A\ (1+i)^{n-1} + A\ (1+i)^n \qquad (2)$$

（2）式 -（1）式，得：

$$Si = A\ (1+i)^n - A$$

$$S = A\ [(1+i)^n - 1]/i$$

上列普通年金终值计算公式中的 $[(1+i)^n-1]/i$ 是指 1 元的普通年金、利率为 i，经过 n 期的年金终值，记作（S/A，i，n），也叫年金终值系数，可通过“一元年金终值系数表”（见附录 3）查表获取，如（S/A，7%，6）= 7.1533；（S/A，9%，5）= 5.9847 等。

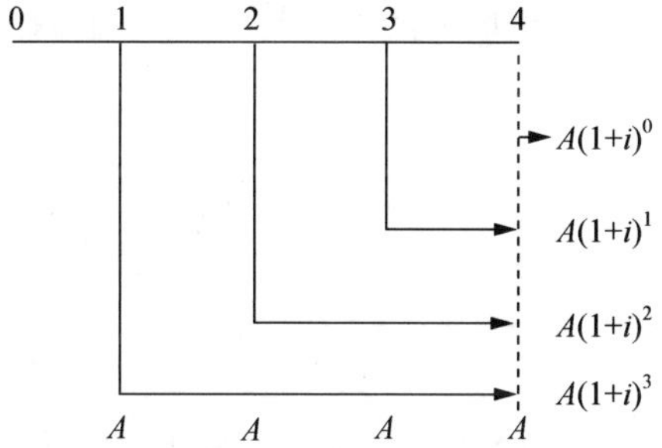

图 2.3　普通年金终值的计算

2. 普通年金现值

普通年金现值是指为在每期期末收付相等金额的款项，目前需要投入的总金额。

图 2.4 中，一共四期每期期末收付的系列款（普通年金）的现值计算，第一期期末收付的款项距目前相隔 1 期的利息，第二期期末收付的款项距目前相隔 2 期的利息，第三期期末收付的款项距目前相隔 3 期的利息，第四期期末收付的款项距目前相隔 4 期的利息，用公式表示如下：

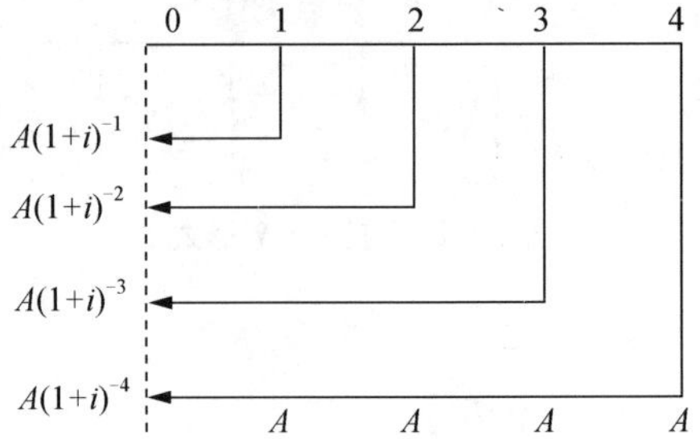

图 2.4　普通年金现值的计算

$$P=A\ (1+i)^{-1}+A\ (1+i)^{-2}+A\ (1+i)^{-3}+\cdots+A\ (1+i)^{-[n-1]}+A\ (1+i)^{-n} \qquad (3)$$

(3) 式两边同乘以 $(1+i)$ 得

$$P\ (1+i)=A+A\ (1+i)^{-1}+A\ (1+i)^{-2}+A\ (1+i)^{-3}+\cdots+A\ (1+i)^{-[n-1]} \qquad (4)$$

(4) 式－(3) 式，得

$$Pi=A-A\ (1+i)^{-n}$$

$$P=A\ [1-(1+i)^{-n}]/i$$

上列普通年金现值计算公式中的 $[1-(1+i)^{-n}]/i$ 是指 1 元的普通年金、利率为 i，经过 n 期的年金现值，记作 $(P/A,\ i,\ n)$，也叫年金现值系数，可通过“一元年金现值系数表”（见附录 4）查表获取，如 $(P/A,\ 7\%,\ 6)=4.7665$；$(P/A,\ 9\%,\ 5)=3.8897$ 等。

（二）即付年金的终值与现值

即付年金是指在每期期初收付的年金，又称预付年金或先付年金，其收付形式如图 2.5 所示。

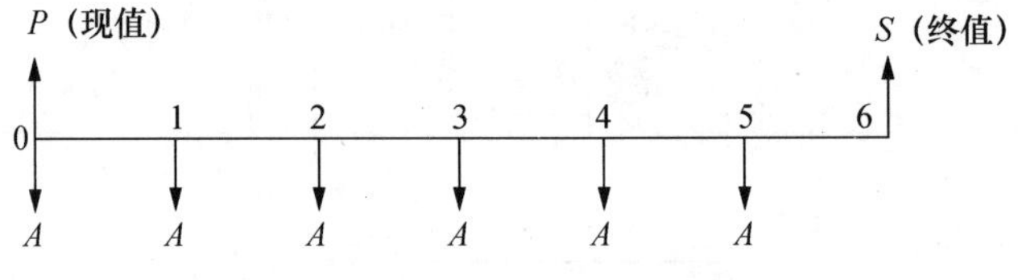

图 2.5　即付年金的收付形式

1. 即付年金终值

图 2.6 中，一共五期每期期初收付的系列款（付年金）的终值计算，第一期期初收付的款项到第五期期末有 5 期的利息，第二期期初收付的款项到第五期期末有 4 期的利息，第三期期初收付的款项到第五期期末有 3 期的利息，第四期期初收付的款项在第五期期末有 2 期的利息，第五期期初收付的款项在第五期期末有 1 期的利息，用公式表示如下：

$$S=A\ (1+i)^{1}+A\ (1+i)^{2}+A\ (1+i)^{3}+\cdots+A\ (1+i)^{n} \qquad (5)$$

(5) 式两边同乘以 $(1+i)$，得：

$$S\ (1+i)=A\ (1+i)^{2}+A\ (1+i)^{3}+\cdots+A\ (1+i)^{n}+A\ (1+i)^{n+1} \qquad (6)$$

（6）式－（5）式，得：

$$Si = A\ (1+i)^{n+1} - A\ (1+i)^{1}$$

$$S = A \cdot \left[\frac{(1+i)^{n+1}-1}{i} - 1\right]$$

上列即付年金终值计算公式中的$\left[\frac{(1+i)^{n+1}-1}{i}-1\right]$是指 1 元的即付年金、利率为 i，经过 n 期的年金终值，记作［$(S/A,\ i,\ n+1)-1$］，也叫年金终值系数，可通过“一元年金终值系数表”（见附录 3）查表获取。例如，6 期的 1 元即付年金 7% 时的终值为（S/A，7%，7）－1＝7.654，5 期的 1 元即付年金 5% 时的终值为（S/A，5%，6）－1＝5.8019 等。

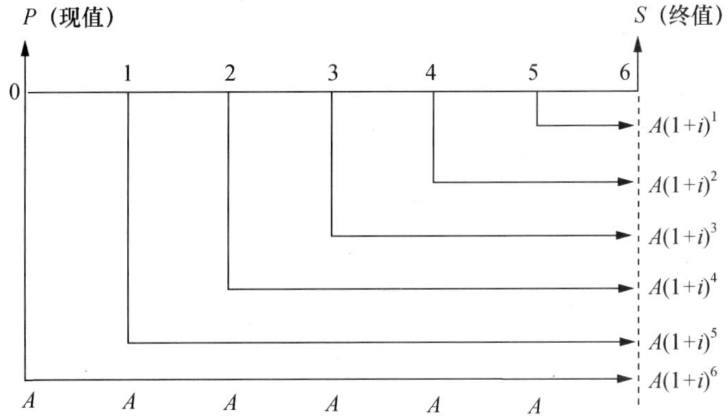

图 2.6　即付年金终值计算

2. 即付年金现值

即付年金现值是指为在每期期初收付相等金额的款项，目前需要投入的总金额。图 2.7 中，一共五期每期期初收付的系列款的现值计算，第一期期初收付的款项无利息，第二期期初收付的款项需计算 1 期的利息，第三期期初收付的款项有 2 期的利息，第四期期初收付的款项有 3 期的利息，第五期期初收付的款项有 4 期的利息，用公式表示如下：

$$P = A + A\ (1+i)^{-1} + A\ (1+i)^{-2} + A\ (1+i)^{-3} + \cdots + A\ (1+i)^{-(n-1)} \tag{7}$$

（7）式两边同除以（$1+i$），得：

$$P\ (1+i)^{-1} = A\ (1+i)^{-1} + A\ (1+i)^{-2} + A\ (1+i)^{-3} + A\ (1+i)^{-4} + \cdots + A\ (1+i)^{-n} \tag{8}$$

（7）式－（8）式，得：

$$P - P\ (1+i)^{-1} = A - A\ (1+i)^{-n}$$

$$P\ (1+i)\ - P = A\ (1+i)\ - A\ (1+i)^{-n+1}$$

$$Pi = A\ [1 + i - (1+i)^{-(n-1)}]$$

$$P = A \cdot \left[\frac{1-(1+i)^{-(n-1)}}{i} + 1\right]$$

上列即付年金现值计算公式中的$\left[\frac{1-(1+i)^{-(n-1)}}{i}+1\right]$是指 1 元的即付年金、利率为

i，经过 n 期的年金现值，记作 $[(P/A, i, n-1)+1]$，与普通年金现金系数比较，期数减 1，系数加 1，可通过“一元年金现值系数表”（见附录 4）查表获取。例如，1 元 6 期即付年金 7% 时的现值可查出 $(P/A, 7\%, 5)+1=5.1002$；1 元 5 期即付年金 7% 时的现值可查出 $(P/A, 7\%, 4)+1=4.3872$ 等。

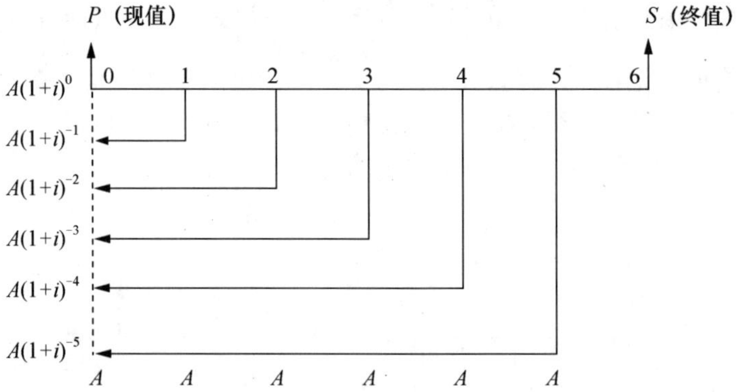

图 2.7　即付年金现值计算

（三）递延年金的终值与现值

递延年金是指第一次收付发生在第二期或第二期以后的年金，其收付形式如图 2.8 所示。

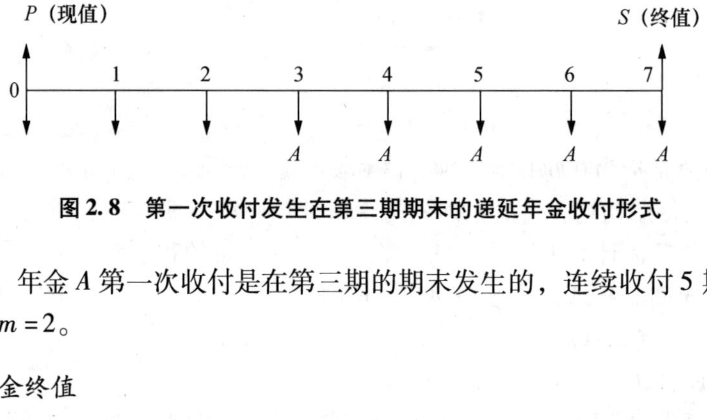

图 2.8　第一次收付发生在第三期期末的递延年金收付形式

图 2.8 中，年金 A 第一次收付是在第三期的期末发生的，连续收付 5 期，即收付期数 $n=5$，递延期 $m=2$。

1. 递延年金终值

递延年金是普通年金的特殊形式，因此，递延年金终值的计算方法与普通年金终值类似。

2. 递延年金现值

第一种方法是把递延年金看成 n 期普通年金，先求出递延期末的现值，然后再将该现值调整到第一期期初的现值。

在图 2.9 中，在利率为 8% 时求递延年金现值如下：

$$P_2=100\times(P/A, 8\%, 5)=100\times3.9927=399.27$$

$$P_0 = 399.27 \times (P/S, 8\%, 2) = 399.27 \times 0.8573 = 342.29$$

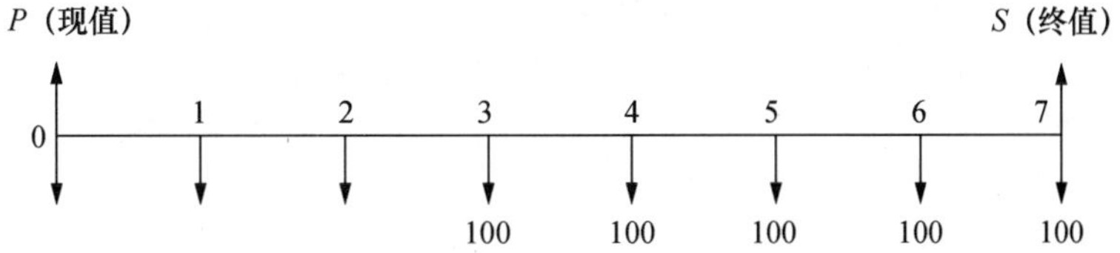

图 2.9　第一次收付发生在第三期期末的递延年金为 100

第二种方法是假设递延期中也进行支付，先求出（$m+n$）期的年金现值，然后减去实际并未支付的递延期 m 的年金现值，即可得出计算结果，如下所示：

$$P_{(m+n)} = 100 \times (P/A, 8\%, 7) = 100 \times 5.2064 = 520.64$$

$$P_m = 100 \times (P/A, 8\%, 2) = 100 \times 1.7833 = 178.33$$

$$P_n = P_{(m+n)} - P_m = 520.64 - 178.33 = 342.31$$

（四）永续年金的终值与现值

无限期等额收付的年金称为永续年金。例如，诺贝尔奖金、存本取息等都可视为永续年金形式。永续年金没有终止的时间，也就无法计算终值。永续年金的现值可通过普通年金现值的计算公式进行计算：

$$P = A \cdot \left[\frac{1-(1+i)^{-n}}{i}\right]$$

当 $n \to \infty$ 时，$(1+i)^{-n}$ 的极值为 0，因此

$$P = A \cdot \frac{1}{i}$$

2.3　应用实例

（一）普通年金的应用

【例 2-4】某公司拟投资 300 万元于某项目的合作开发，期望报酬率为 6%，合作经营期为 10 年，每年末收回 40 万元，问该项目是否可行？

解：先求出每年 40 万元的年金现值，然后与 300 元比较后做出判断。

$$P = 40 \times (P/A, 6\%, 10) = 40 \times 7.3601 = 294.4 \text{（万元）}$$

由于年金 40 万元按 6% 折现 10 年的现值小于目前的投资总额 300 万元，说明该项目达不到期望报酬率 6%，该公司要么降低期望报酬率，要么放弃该项目，将资金投向更好的其他项目中。

【例 2-5】某公司拟购置一部新的烫平机，以更新目前正在使用的旧烫平机，每月可节约电力费用 938.06 元。新烫平机价格比旧烫平机高出 15 000 元，问新烫平机应使用多久才合算？（假设利率为 6%，每月复利一次）

解：该例中 $P=15000$ 元，$A=938.06$ 元，$i=6\%$，则

$$15000=938.06\times(P/A,\ 6\%,\ n)$$

$$(P/A,\ 6\%,\ n)=15000/938.06=15.99$$

查"一元年金现值系数表"（见附录4）可知，折现率为6%时系数15.99对应的期数 $n=55$，即新烫平机至少应使用55个月。

【例2-6】某公司拟在5年后一次性归还一笔200万元的债务，从现在起每年年末等额存入银行一笔款项。假设银行存款利率为5%，问每年年末应存入多少元？

解：已知 $S=200$ 万元，$n=5$，$i=5\%$，则

$$S=A\cdot(S/A,\ 5\%,\ 5)=200\text{（万元）}$$

$$A=200/(S/A,\ 5\%,\ 5)=200/5.5256=36.2\text{（万元）}$$

即每年年末存入36.2万元可以在5年后一次性归还200万元。

（二）即付年金的应用

【例2-7】某公司按揭贷款购入一处房产，共还10年，每年还款一次，每年年初支付20000元，在银行利率为7%时，该分期付款相当于一次现金支付的买价是多少？

解：$P=A\ [(P/A,\ 7\%,\ 9)+1]=20000\times[6.5152+1]=150304$（元）

该分期付款相当于一次现金支付的买价是150304元。

【例2-8】某公司拟投资300万元于某项目的合作开发，期望报酬率为6%，合作经营期为10年，每年初收回40万元，问该项目是否可行？

解：先求出每年40万元的年金现值，然后与300元比较后做出判断。

$$P=40\times[(P/A,\ 6\%,\ 9)+1]=40\times7.8017=312.07\text{（万元）}$$

由于每年年初收回40万元按6%折现10年的现值大于目前的投资总额300万元，说明该项目的报酬率将超过期望值6%，该项目可行。

【例2-9】某公司拟在5年后一次性归还一笔200万元的债务，从现在起每年初等额存入银行一笔款项，假设银行存款利率为5%，问每年年初应存入多少元？

解：已知 $S=200$ 万元，$n=5$，$i=5\%$，则

$$S=A\cdot[(S/A,\ 5\%,\ 6)-1]=200$$

$$A=200/[(S/A,\ 5\%,\ 6)-1]=200/5.8019=34.47\text{（万元）}$$

即每年年初存入34.47万元可以在5年后一次性归还200万元。

（三）永续年金的应用

【例2-10】某公司拟建立一项永久性"优秀员工"奖励基金，每年计划颁发20000元奖金，如果利率为8%，现在应一次性存入多少钱？

解：

$$P=20000\div8\%=250000\text{（元）}$$

即现在应一次性存入25万元。

【例2-11】某上市公司普通股每年可分固定股利4元，利率为8%时，对于准备购买该公司股票的投资者来说愿意出多少钱？

解：

$$P=4\div8\%=50\text{（元）}$$

假定上述普通股股利是每季度 4 元，年利率 8% 时，每季利率是 2%，该普通股的价值为：

$$P = 4 \div 2\% = 200（元）$$

课堂讨论

普通年金、即付年金、递延年金与永续年金有何异同点？

2.4 风险衡量

（一）风险衡量的含义

风险衡量（Risk Measurement/Risk Evaluation）也称风险估测，是在识别风险的基础上对风险进行定量分析和描述，即在对过去损失资料分析的基础上，运用概率和数理统计的方法对风险事故的发生概率和风险事故发生后可能造成的损失的严重程度进行定量的分析和预测。

通过风险衡量，计算出较为准确的损失概率，可以使风险管理者在一定程度上消除损失的不确定性。对损失幅度的预测，可以使风险管理者了解风险所带来的损失后果，进而集中力量处理损失后果严重的风险，对企业影响小的风险则不必投入过多，如可以采用自留的方法处理（即主动承担风险，也叫自保，如各种准备金计提，建立风险基金、向保险公司投保等）。

在风险识别的基础上，通过对所收集的资料进行分析，运用定性与定量的方法，估计和预测风险发生的概率和损失程度的过程。

（二）风险衡量提供的信息

风险衡量所要解决的两个问题是损失概率和损失严重程度，其最终目的是为风险决策提供信息。风险衡量所提供的主要信息有以下四个：

（1）每一风险所引起的致损事故发生的概率和损失分布；

（2）几种风险对同一单位所致损失的概率和损失分布；

（3）单一风险单位的损失幅度，并在此基础上，进一步估测整个经济单位发生致损事故的概率和总损失分布，以及某一时期内的总损失金额；

（4）所有风险单位损失的期望值和标准差等。

（三）风险收益

通常，投资者都会厌恶风险，并力求规避风险。但为何还会有人进行风险投资呢？这是因为风险投资可以得到额外报酬，即风险收益。所谓风险收益是指投资者因冒风险进行投资而获得的超过货币时间价值的那部分报酬。风险报酬可用风险报酬额和风险报酬率两种指标来体现，在财务管理实践中，风险报酬一般用相对数——风险报酬率来计量。由于投资风险的客观存在，要使投资者愿意承担这份风险，必须给予一定的额外报酬作为补偿。风险越大，补偿越高，即风险与报酬成正比。在投资报酬率相同的情况下，人们都会选择风险较小的投资；在风险相同的情况下，人们都会选择报酬率高的投资，风险和报酬的这种联系是市场竞争的结果。

从理论上讲，投资报酬率是由无风险报酬率和风险报酬率两部分组成的。

投资报酬率 = 无风险报酬率 + 风险报酬率

= （纯粹利率 + 通货膨胀附加率）+ 风险报酬率

无风险收益率是指把资金投资于一个没有任何风险的投资对象所能得到的收益率。一般会把这一收益率作为基本收益，再考虑可能出现的各种风险。

无风险收益率是资金时间价值与通货膨胀补偿率之和，是除了通货膨胀风险之外，没有其他风险（如违约风险、到期风险等）情况下的投资收益率。无风险报酬率可以用国债利率来表示：

无风险收益率 = 资金时间价值（纯利率）+ 通货膨胀补偿率

风险收益具有不易计量的特性，要计算在一定风险下的投资收益，必须利用概率论的方法，按未来年度预期收益的平均偏离程度来进行估算。风险的衡量使用概率和统计方法，以期望报酬率的概率分布、方差、标准离差等指标来衡量风险大小。

（四）概率分布

某个事件的概率是指这一事件的某种结果可能发生的概率。通常把必然发生的事件的概率定为1，把不可能发生的事件的概率定为0。例如，企业投资收益率达到30%的概率为0.5，就意味着企业获得30%投资报酬率的可能性是50%，如果把某一事件所有可能的结果都列示出来，对每一结果给予一定概率，便构成了概率分布。

概率以 P_i 表示，特定随机变量的发生概率都符合以下两个规则：

① $0 \leqslant P_i \leqslant 1$；② $\sum_{i=1}^{n} P_i = 1$。

【例2-12】某企业正考虑A、B两个投资项目，这两个投资项目的报酬率及其概率分布情况见表2-1。

概率分布有两种类型，一种是非连续式概率分布，即概率分布在几个特定的随机变量点上，概率分布图形成几条个别的直线；另一种是连续式概率分布，即概率分布在一定区间的连续各点上，概率分布形成由一条曲线覆盖的平面。

表2-1　A、B项目投资报酬率的概率分布

经济情况	A项目		B项目	
	报酬率	概率	报酬率	概率
繁荣	50%	0.2	40%	0.3
一般	20%	0.6	10%	0.4
衰退	-30%	0.2	0	0.3

（五）期望报酬率

如果把投资项目报酬率的每一种可能的结果以其对应的概率为权数，计算出该项目的加权平均报酬率，即期望值或均值。计算公式如下：

$$\overline{R} = P_1R_1 + P_2R_2 + \cdots + P_nR_n = \sum_{i=1}^{n} P_iR_i$$

式中，$\overline{R}$为期望报酬率；R_i 为第 i 个可能结果下的报酬率；P_i 为第 i 个可能结果的出现概率；n 为可能结果的总数。

根据上列公式可计算出 A、B 项目的期望报酬率如下：

$$\overline{R}_A = 50\% \times 0.2 + 20\% \times 0.6 + (-30\%) \times 0.2 = 16\%$$

$$\overline{R}_B = 40\% \times 0.3 + 10\% \times 0.4 + 0 \times 0.3 = 16\%$$

从以上计算结果可以看出，A、B 两个投资项目的期望报酬率相同，但是否可以就此认为两项目没有优劣呢？投资可行性评价的重要因素除了期望报酬率外，还要考虑风险大小，需要进一步估算项目本身的概率分布离散情况，即方差、标准离差及标准离差率。

知识链接

期望值指对某目标能够实现的概率估计，即对目标估计可以实现，这时概率为最大（$P=1$）；反之，估计完全不可能实现，这时概率为最小（$P=0$）。因此，期望值也可以叫作期望概率。对目标实现可能性估计的依据是过去的经验，以判断一定行为能够导致某种结果或满足某种需要的概率。

（六）方差、标准离差和标准离差率

利用概率分布的概念能够对风险进行衡量，即预期未来收益的概率分布越集中，则该投资项目的风险就越小。反之，未来收益的概率分布越分散，则该投资项目的风险就越大。据此可基本判断 A 项目的风险比 B 项目的风险大，即 A 项目的实际报酬率偏离其预期报酬率的可能性更大。

1. 方差

按照概率论的定义，方差是各种可能的结果偏离期望值的综合差异，是反映离散程度的一种量度，公式如下：

$$\delta^2 = \sum_{i=1}^{n} (R_i - \overline{R})^2 \times P_i$$

式中，δ^2 为方差。

2. 标准离差

标准离差是方差的平方根。在实务中一般使用标准离差而不使用方差来反映风险的大小程度。一般来说，标准离差越小，说明离散程度越小，风险也越小；反之，标准离差越

大则风险越大。其计算公式如下：

$$\delta = \sqrt{\sum_{i=1}^{n} (R_i - \overline{R})^2 \times P_i}$$

$$\delta_A = \sqrt{(50\% - 16\%)^2 \times 0.2 + (20\% - 16\%)^2 \times 0.6 + (-30\% - 16\%)^2 \times 0.2} = 0.2577$$

$$\delta_B = \sqrt{(40\% - 16\%)^2 \times 0.3 + (10\% - 16\%)^2 \times 0.4 + (0 - 16\%)^2 \times 0.3} = 0.1625$$

以上计算结果表明，A 项目的投资风险高于 B 项目的投资风险，在预期报酬率相同的情况下，应当优先选择 B 项目。

3. 标准离差率

标准离差率是反映随机变量离散程度的一个相对数指标，它表示某资产每单位预期收益中所包含的风险的大小。因为标准离差作为一个绝对数，无法准确地反映随机变量的离散程度。解决这一问题的思路是，计算反映离散程度的相对指标，即标准离差率。

标准离差率是某随机变量标准离差与其期望报酬率的比率。其计算公式如下：

$$V = \delta / R$$

式中，V 为标准离差率；R 为期望值。

$$V_A = \frac{\delta_A}{\overline{R}_A} = \frac{0.2577}{16\%} = 1.610625$$

$$V_B = \frac{\delta_B}{\overline{R}_B} = \frac{0.1625}{16\%} = 1.015625$$

以上计算结果表明，A 项目的投资风险高于 B 项目。

标准离差率指标的运用范围较广，尤其适用于期望值不同的决策方案风险程度的比较。

知识链接

风　　险

风险是指在某一特定环境下，在某一特定时间段内，某种损失发生的可能性。风险是由风险因素、风险事故和风险损失等要素组成的。换句话说，在某一个特定时间段里，人们所期望达到的目标与实际出现的结果之间产生的距离称为风险。一种定义强调风险表现为不确定性；而另一种定义则强调风险表现为损失的不确定性。

若风险表现为不确定性，说明风险产生的结果可能带来损失、获利或是无损失也无获利，属于广义风险，金融风险属于此类。而风险表现为损失的不确定性，说明风险只能表现出损失，没有从风险中获利的可能性，属于狭义风险。风险具有以下七个主要特征。

1. 风险存在的客观性

风险是客观存在的，是不以人的意志为转移的。风险的客观性是保险产生和发展的自然基础。人们只能在一定的范围内改变风险形成和发展的条件，降低风险事故发生的概率，减少损失程度，但不能彻底消除风险。

2. 风险的损失性

风险发生后必然会给人们造成某种损失，然而对于损失的发生人们却无法预料和确定。人们只能在认识和了解风险的基础上严防风险的发生和减少风险所造成的损失，损失是风险的必然结果。

3. 风险损失发生的不确定性

风险是客观的、普遍的，但就某一具体风险损失而言，其发生是不确定的，是一种随机现象。例如，火灾的发生是客观存在的风险事故，但是就某一次具体火灾的发生而言是不确定的，也是不可预知的，需要人们加强防范和提高防火意识。

4. 风险存在的普遍性

风险在人们生产生活中无处不在、无时不有，并威胁着人类的生命和财产的安全，如地震灾害、洪水、火灾、意外事故的发生等。随着人类社会的不断前进和发展，人类将面临更多新的风险，风险事故造成的损失也可能越来越大。

5. 风险的社会性

没有人和人类社会，就谈不上风险。风险与人类社会的利益密切相关，时刻关系着人类的生存与发展，具有社会性。随着风险的发生，人们在日常经济和生活中将遭受经济上的损失或身体上的伤害，企业将面临生产经营和财务上的损失。

6. 风险发生的可测性

单一风险的发生虽然具有不确定性，但对总体风险而言，风险事故的发生是可测的，即运用概率论和大数法则对总体风险事故的发生进行统计分析，以研究风险的规律性。风险事故的可测性为保险费率的厘定提供了科学依据。

7. 风险的可变性

世间万物都处于运动、变化之中，风险也是如此。风险的变化，有量的增减，有质的改变，还有旧风险的消失和新风险的产生。风险因素的变化主要是由科技进步、经济体制与结构的转变、政治与社会结构的改变等方面的变化引起的。

2.5　单项资产的收益与风险

（一）单项资产的收益

投资者倾其所有仅投资于一项资产项目，事先无法确定实施该投资项目的收益结果，即此项投资客观存在的收益不确定性，就是该项资产的投资风险。投资者因承担此风险而要求获得的额外报酬，就是此项资产的风险报酬。

单项资产的风险报酬通常用相对数来表示，即风险报酬率。风险报酬率与风险程度有关，风险越大，要求的报酬率越高，可用下列公式表示：

$$R_{\mathrm{b}} = b \times V$$

式中，R_{b} 为风险报酬率；b 为风险报酬系数；V 为标准离差率。

单项资产的期望报酬率可表示为：

$$R = R_f + R_b = R_f + b \times V$$

式中，R_f 为无风险报酬率，常用政府国库券利率来代替。

风险报酬系数 b 就是把标准差率转化为风险报酬率的一种系数或倍数，反映了投资者对风险的偏好程度。

【例 2-13】假设顺泰电器厂准备投资开发集成电路生产线，根据市场预测，预计可能获得的年度报酬率及概率资料见表 2-2。已知电器行业的风险报酬率为 8%，无风险报酬率为 6%。

要求：为顺泰电器厂的该方案计算风险报酬率。

表 2-2 顺泰电器厂预期报酬率及概率

市场状况	预期年报酬率	发生概率
繁荣	50%	0.3
一般	20%	0.5
衰退	-10%	0.2

解：

$$\bar{R} = 50\% \times 0.3 + 20\% \times 0.5 + (-10\%) \times 0.2 = 23\%$$

$$\delta = \sqrt{\sum_{i=1}^{n} (R_i - \bar{R})^2 \times P_i} = 0.21$$

$$V = \frac{\delta}{\bar{R}} = \frac{0.21}{23\%} = 0.913$$

$$R = 6\% + 8\% \times 0.913 = 13.3\%$$

顺泰电器厂的风险报酬率为 13.3%。

（二）单项资产的风险

衡量单项资产投资风险大小的基本规则如下。

（1）在预期值相同的情况下，用标准差指标来衡量风险大小。在决策时，应当选择标准差较低的投资方案。

（2）在预期值不同的情况下，用标准差系数指标来衡量风险大小，即标准差系数越小，风险越小，应选择标准差系数较低的投资方案。但此时不能一概而论。

（3）对于风险厌恶者，会选择标准差系数较低的投资方案。

（4）对于风险偏好者，愿意冒较大的风险，以追求较高的收益，会选择标准差系数较高的投资方案。

2.6 投资组合的报酬与风险

投资者持有一组资产，包括各种债券、股票及其他资产，以降低投资风险。“不要把鸡蛋放在同一个篮子里”。分散投资可以消除一部分风险，但不可能消除全部风险。

投资组合理论（Portfolio Theory）是由马科维茨（Markowitz）于 1952 年提出的。该理论认为，若干种证券组成的投资组合，其收益是这些证券收益的加权平均数，但是其风险不是这些证券风险的加权平均风险，投资组合能降低非系统性风险。

理性投资者会在给定期望风险水平下对期望收益进行最大化，或者在给定期望收益水平下对期望风险进行最小化。

无论投资项目之间的投资比例如何，只要不存在完全正相关关系，投资组合的风险总是小于单个项目收益标准差的线性组合。换言之，投资组合可以在不改变预期收益的条件下减少投资的风险。

（一）投资组合的报酬

投资组合的期望报酬率就是组成投资组合的各种资产的期望报酬率的加权平均数，其公式为：

$$R_{\mathrm{q}} = \sum_{i=1}^{n} W_i R_i$$

式中，R_{q} 为投资组合的期望报酬率；W_i 为投资于 i 资产的资金占总投资额的比例；R_i 为 i 项资产的期望报酬率；n 为投资组合中不同资产的总数。

【例 2-14】 华通公司投资三种资产，期望报酬率、投资比例及标准差资料见表 2-3。

表 2-3　华通公司的期望报酬率、投资比例及标准差资料

分　　类	资产 A	资产 B	资产 C
期望报酬	15%	12%	7%
标准离差	13.5	10.2	9.8
权数	0.3	0.3	0.4

$$R_{\mathrm{q}} = \sum_{i=1}^{n} W_i R_i = 0.3 \times 15\% + 0.3 \times 12\% + 0.4 \times 7\% = 10.9\%$$

（二）投资组合的风险

投资组合的风险 δ_{q} 通常并非组合内单项资产标准差的加权平均数。事实上，有可能利用某些有风险的单项资产组成一个无风险（指非系统风险，因为系统风险是无法规避的）的投资组合。

投资组合需要考虑其投资规模和组合中各项资产所占的比例。为了简单明了地阐述投资组合的风险，现假设某企业投资 C、D 两种资产组成一个投资组合，各占 50%。

（1）如果两种资产收益完全负相关，见表 2-4。

表 2-4　完全负相关的投资组合数据

年度	C 资产收益率	D 资产收益率	投资组合收益率
2008	50%	-20%	50% ×0.5 + (-20%)×0.5 = 15%
2009	-20%	50%	(-20%)×0.5 + 50% ×0.5 = 15%
2010	40%	-10%	15%
2011	-10%	40%	15%
2012	35%	-5%	15%
2013	-5%	35%	15%

C 资产的平均收益率 = (50% -20% +40% -10% +35% -5%)/6 = 15%

D 资产的平均收益率 = (-20% +50% -10% +40% -5% +35%)/6 = 15%

C 资产的标准离差 δ_C =

$$\sqrt{[(50\%-15\%)^2+(-20\%-15\%)^2+(40\%-15\%)^2+(-10\%-15\%)^2+(35\%-15\%)^2+(-5\%-15\%)^2]/(6-1)}$$
$$=30\%$$

D 资产的标准离差 δ_D =

$$\sqrt{[(-20\%+15\%)^2+(50\%+15\%)^2+(-10\%+15\%)^2+(40\%+15\%)^2+(-5\%+15\%)^2+(35\%+15\%)^2]/(6-1)}$$
$$=30\%$$

如是总体（估算总体方差），根号内除以 n；如是抽样（估算样本方差），根号内除以 $(n-1)$。

由于单项资产 C 和 D 的标准离差都为 30%，如果单独投资，风险都比较大，但如果将它们组合在一起，构成 CD 组合，则风险就会被完全抵消，投资组合的标准离差为 0。

资产 C 和资产 D 之所以能构成无风险投资组合，是因为它们的收益呈反向变化，即当资产 C 的收益上升时，资产 D 的收益下降；资产 C 的收益下降时，资产 D 的收益上升。

两个变量同时变动的趋势称为相关性，相关系数 ρ_{xy}（$|\rho_{xy}| \leqslant 1$）度量了这种变动趋势。相关系数 ρ_{xy} 取值在 -1～1，$\rho_{xy}=0$ 时，称 x 与 y 不相关；$|\rho_{xy}|=1$ 时，称 x 与 y 完全相关，此时，x 与 y 之间具有线性函数关系；$|\rho_{xy}|<1$ 时，x 的变动引起 y 的部分变动，ρ_{xy} 的绝对值越大，x 的变动引起 y 的变动就越大，$|\rho_{xy}|>0.8$ 时称为高度相关，$|\rho_{xy}|<0.3$ 时，称为低度相关，其他为中度相关。

上述资产 C 和资产 D 的相关系数 $\rho_{CD}=-1$，即 C 和 D 的投资收益完全负相关。

（2）如果两种资产完全正相关，即 $\rho_{CE}=1$。两种完全正相关的资产，其收益涨跌一致。如果投资比例相同，它们构成的投资组合将具有与单项资产投资时相同的风险，即投资组合中的资产收益完全正相关，则其投资组合对降低风险无任何作用，见表 2-5。

表 2-5　完全正相关的资产投资组合数据

年度	C 资产收益率	E 资产收益率	投资组合收益率
2008	50%	50%	50%
2009	-20%	-20%	-20%
2010	40%	40%	40%
2011	-10%	-10%	-10%
2012	35%	35%	35%
2013	-5%	-5%	-5%

单项资产 C 和 E 的平均收益率都为 15%，标准离差都为 30%；而投资组合的平均收益率为 15%，标准离差为 30%。

综上所述，当两种资产投资收益完全负相关时，所有非系统性风险都可以消除；而当两种资产投资收益完全正相关时，投资组合不能消除非系统性风险，其投资组合的风险与单项资产投资风险相当。实践中，投资组合的各单项资产投资收益不可能完全正相关或完全负相关，大多数资产投资组合中的单项资产收益之间的相关系数 $|\rho_{xy}|$ 在 0.5～0.7，因此资产投资组合能够降低风险但不能完全消除风险。

如果投资组合中包含的资产多于两项，通常情况下，投资组合的风险将随着所包含资产数量的增加而降低。要想找出预期收益负相关的资产是一件不容易的事，因为当经济整体趋好时，多数资产的收益也趋好；而当经济低迷时，多数资产的收益都会不佳。因此，即使是非常大的投资组合，也仍然存在一定的投资风险。

投资组合的总风险由非系统性风险和系统性风险两部分构成。

非系统性风险也称为可分散风险，它是由某些随机事件导致的，如个别公司由于自身原因引起的竞争失利、突发火灾、质量或安全事故等，针对这种个别公司的风险，投资者就可以通过投资组合来降低或消除它。而系统风险也叫作不可分散风险，它能影响市场中的所有公司，如经济危机、通货膨胀、利率升降等，由于这些因素会对所有公司产生影响，因此无法通过投资组合来消除系统风险。

用标准差衡量某一资产或资产投资组合的风险时，实质上衡量的是由非系统性风险和系统性风险两部分组成的资产投资总风险。随着投资组合中的资产数量的增多，非系统性风险在总风险中的比例下降，系统性风险对总风险的贡献越来越大，投资组合与市场的相关程度也越来越大。

单项资产的收益率与市场组合总体收益率的相关系数可以用 ρ 来衡量。

单一风险资产收益率变动对于市场组合收益组合收益率变动的敏感程度可用 β 系数来衡量。某项资产（或资产投资组合）的 β 系数等于 1，说明该项资产（或资产投资组合）收益率的变动同整个市场组合的收益率变动程度完全一致；某项资产（或资产投资组合）的 β 系数大于 1，说明该项资产（或资产投资组合）收益率的变动程度大于整个市场组合的收益率变动程度；某项资产（或资产投资组合）的 β 系数小于 1，说明该项资产（或资产投资组合）收益率的变动程度小于整个市场组合的收益率变动程度。

单项风险资产的β系数可用下列公式计算：

$$\beta_i = \frac{\mathrm{cov}(r_i, r_m)}{\delta_m^2} = \frac{\rho_{im}\delta_i\delta_m}{\delta_m^2} = \rho_{im} \times \frac{\delta_i}{\delta_m}$$

式中，ρ_{im}为第i项资产的收益率与市场组合收益率的相关系数；δ_i为该项资产收益率的标准差，表示该项资产的风险大小；δ_m为市场组合收益率的标准差，表示市场组合的风险大小；$\rho_{im}\delta_i\delta_m$这三个指标的乘积为该项资产收益率与市场组合收益率的协方差。

在实务中，要想利用公式计算β系数，是比较困难的。β系数的计算常常利用收益率的历史数据，采用线性回归方法计算求得。通常由一些主证券咨询机构定期公布大量交易过的资产的β系数。同一风险资产在不同时期的β系数也会有所不同。在我国，可能通过上海证券交易所或深圳证券交易所数据库查询相关公司的β系数。

对于资产投资组合来说，其所含的系统风险大小可以用β_q来衡量，它是组合中所有单项资产β系数的加权平均数，权数为投资组合中各项资产所占的比例。

$$\beta_q = \sum_{i=1}^{n} W_i \times \beta_i$$

式中，W_i为第i种资产的比例；β_i为第i种资产的β系数。

由于单项风险资产的β系数各有不同，因此，通过替换资产投资组合中的单项资产或改变不同资产在投资组合中的价值比例，就可以改变资产投资组合的风险程度。

【例2-15】一个资产投资组合由甲、乙、丙三项资产构成，单项资产的β系数分别为2.5、1.8、0.5，投资总额为5000万元，其中甲资产为3000万元、乙资产为1500万元、丙资产为500万元。要求：计算该投资组合的β系数。

解：

$$W_{甲} = 3000/5000 \times 100\% = 60\%$$

$$W_{乙} = 1500/5000 \times 100\% = 30\%$$

$$W_{丙} = 500/5000 \times 100\% = 10\%$$

$$\beta_q = \sum_{i=1}^{n} W_i \times \beta_i = 2.5 \times 60\% + 1.8 \times 30\% + 0.5 \times 10\% = 2.09$$

2.7 资本资产定价模型

资本资产定价模型（Capital Asset Pricing Model，CAPM）是由美国学者威廉·夏普（William Sharpe）、约翰·林特勒（John Lintner）、杰克·特雷诺（Jack Treynor）和简·莫辛（Jan Mossin）等人在资产组合理论的基础上发展起来的，是现代金融市场价格理论的支柱，广泛应用于投资决策和公司理财领域。

根据风险与收益的一般关系，某项风险资产的必要收益率是由无风险收益率和该项资产的风险收益率构成的，即：

必要收益率 = 无风险收益率 + 风险收益率

CAPM的一个主要贡献就是解释了风险收益率的决定因素和度量方法，并且给出了一个简单易用的表达式，即资本资产定价模型的核心关系式：

$$R = R_f + \beta \times (R_m - R_f)$$

式中，R 为某项风险资产的必要报酬率；β 为该项风险资产的风险系数；R_m 为市场组合的风险收益率；R_f 为无风险收益率，通常以短期国债利率来替代。

（$R_m - R_f$）为市场风险溢价，它是附加在无风险收益率之上的，由于承担了市场平均风险所要求获得的额外补偿，它反映了市场作为整体对风险的平均“容忍”程度，也就是市场整体对风险的厌恶程度，对风险越是厌恶和回避，要求的额外补偿就越高。因此，市场风险溢价的数值就越大。反之，如果市场的抗风险能力强，则对风险的厌恶和回避就不是很强烈，因此，要求的额外补偿就越低，因而市场风险溢价的数值就越小。

课堂讨论

某公司持有 A、B、C 三家公司股票构成的证券投资组合，3 家公司股票的 β 系数分别是 2、1.5 和 0.8，它们的投资额分别为 500 万元、300 万元、200 万元。股票市场平均风险收益率为 10%，无风险收益率为 5%。假定资本资产定价模型成立，要求：① 确定该证券投资组合的预期收益率；② 若为了降低投资风险，出售部分 A 公司股票，购入部分 C 公司股票，投资组合中的投资额变更为 100 万元、300 万元和 600 万元，此时的投资组合风险收益率和预期必要收益率分别是多少？（提示：首先确定个别证券资产的比例，其次确定投资组合的加权平均 β 系数，最后根据资本资产定价模型确定投资组合的风险收益率和预期必要收益率）

知识链接

CAPM 是建立在马科维茨模型基础上的，马科维茨模型的假设自然包含在其中。

① 投资者希望财富越多越好，效用是财富的函数，财富又是投资收益率的函数，因此可以认为效用为收益率的函数。

② 投资者能事先知道投资收益率的概率分布为正态分布。

③ 投资风险用投资收益率的方差或标准差标识。

④ 影响投资决策的主要因素为期望收益率和风险两项。

⑤ 投资者都遵守主宰原则（Dominance Rule），即同一风险水平下，选择收益率较高的证券；同一收益率水平下，选择风险较低的证券。

CAPM 的附加假设条件如下。

① 可以在无风险折现率 R 的水平下无限制地借入或贷出资金。

② 所有投资者对证券收益率概率分布的看法一致，因此市场上的效率边界只有一条。

③ 所有投资者具有相同的投资期限，而且只有一期。

④ 所有的证券投资可以无限制地进行细分，在任何一个投资组合里可以含有非整数股份。

⑤ 税收和交易费用可以忽略不计。

⑥ 所有投资者可以及时免费获得充分的市场信息。

⑦ 不存在通货膨胀，且折现率不变。

⑧ 投资者具有相同预期，即他们对预期收益率、标准差和证券之间的协方差具有相同的预期值。

上述假设表明：第一，投资者是理性的，而且严格按照马科维茨模型的规则进行多样化的投资，并将从有效边界的某处选择投资组合；第二，资本市场是完全有效的市场，没有任何摩擦阻碍投资。

本章总结

本章主要介绍了货币的时间价值，强调了一定量的货币在不同的时点上的价值是不一样的，复利现值是复利终值的逆运算，现值、期数、利率、终值四个要素中已知其中任意三个要素就可以求出另一要素。年金是指定期等额的系列收付款项，根据收付时间的不同可以分为普通年金、预付年金、递延年金和永续年金。风险衡量所要解决的两个问题是损失概率和损失严重程度，其最终目的是为风险决策提供信息。投资组合可以降低风险但不能完全消除风险。

本章习题

一、思考题

1. 什么是货币的时间价值？
2. 什么是年金？有哪些形式？
3. 什么是风险？衡量风险大小的指标有哪些？
4. 资本资产定价模型的核心关系式是什么？

二、单项选择题

1. 某酒店年初借得500000元贷款，10年期，年利率12%，每年年末等额偿还。每年应付金额为（　　）。

A. 50000　　B. 60000　　C. 282510　　D. 88492

2. 一年内复利 m 次时，其名义利率 r 与实际利率 i 之间的关系是（　　）。

A. $(1+r/m)^{m}$　　B. $(1+r/m)^{-m}-1$

C. $(1+r/m)^{-m}$　　D. $(1+r/m)^{m}-1$

3. 表示资金时间价值的利息率是（　　）。

A. 银行同期存款利率

B. 银行同期贷款利率

C. 加权资金成本率

D. 无风险和无通货膨胀条件下的社会资金平均利润率

4. 下列各项中，代表即付年金的现值系数是（　　）。

A. $[(P/A, i, n+1)-1]$　　B. $[(P/A, i, n-1)+1]$

C. $[(P/A, i, n-1)-1]$　　D. $[(P/A, i, n+1)+1]$

5. 根据资金时间价值理论，在普通年金终值系数的基础上，期数加 1，系数减 1 的计算结果是（　　）。

A. 后付年金终值系数　　B. 即付年金终值系数

C. 永续年金终值系数　　D. 递延年金现值系数

6. 某酒店年初存入 10 000 元，假定年利率为 12%，每年复利两次。已知（F/P，6%，5）=1.338 2，（F/P，6%，10）=1.790 8，（P/F，6%，5）=1.762 3，（P/F，6%，10）=3.105 8，则第 5 年年末的本利和为（　　）。

A. 17 623　　B. 17 908　　C. 13 382　　D. 31 058

7. 在下列各项中，无法计算出确切结果的是（　　）。

A. 永续年金终值　　B. 即付年金终值

C. 后付年金终值　　D. 递延年金现值

8. 假设以 10% 的年利率向银行借款 500 000 元，投资于某个寿命为 10 年的项目，为使该投资项目成为有利项目，每年至少应收回的现金数额为（　　）。

A. 81 372　　B. 73 975　　C. 90 990　　D. 55 000

9. 已知（P/A，7%，4）=3.387 2，（P/F，7%，4）=0.762 9，（P/F，7%，5）=0.713 0，则（P/A，7%，5）应为（　　）。

A. 4.100 2　　B. 4.150 1　　C. 2.624 3　　D. 2.674 2

10. 有一项年金，前 3 年年初无流入，后 5 年每年年初流入 200 万元，假设年利率为 7%，其现值为（　　）万元。

A. 716.22　　B. 669.39　　C. 766.35　　D. 657.93

11. 已知某项资产的 β 系数为 1，则表明该项资产（　　）。

A. 无风险　　B. 比市场所有资产的平均风险高出一倍

C. 有非常低的风险　　D. 与市场所有资产的平均风险一致

12. 甲项目期望收益率为 10%，标准差为 10%，乙项目期望收益率为 15%，标准差为 10%，则可以判断（　　）。

A. 由于甲项目的标准离差率大于乙项目，所以甲项目风险大于乙项目

B. 由于两个项目的标准差相同，所以两个项目的风险相同

C. 由于两个项目的期望收益率不同，所以无法判断二者的风险大小

D. 由于甲项目的期望收益率小于乙项目，所以甲项目的风险小于乙项目

13. 以下关于风险论述不正确的是（　　）。

A. 风险越大，投资者要求的收益率越高

B. 标准离差不能用于比较收益率不同的项目之间的风险评估

C. 风险程度只能用方差或标准差来衡量

D. 预期收益率由无风险收益率和风险收益率组成

14. 某投资者的投资组合中包含两种风险资产 A 和 B，其中 40% 的资金投资 A 资产，预期收益率为 16%；60% 的资金投资 B 资产，预期收益率为 10%，则投资组合的预期收益率为（　　）。

A. 13%　　B. 13.6　　C. 12.4%　　D. 16%

15. 下列关于分散风险的论述正确的是（　　）。

A. 当两种资产收益为负相关时，相关系数越大，分散风险的效应就越小

B. 当两种资产收益为正相关时，相关系数越大，分散风险的效应就越大

C. 资产投资组合的风险低于各种证券风险的平均值

D. 资产投资组合的风险高于单个资产的最高风险

三、多项选择题

1. 对于货币时间价值概念的理解，下列表述正确的有（　　）。

A. 纯粹利率

B. 无风险、无通货膨胀的社会平均资金利润率

C. 通货膨胀率极低时的国债利率

D. 不考虑通货膨胀下的无风险报酬率

2. 下列属于普通年金形式的项目有（　　）。

A. 每月等额偿还的房屋贷款　　B. 每月定额支付的养老金

C. 年资本回收额　　D. 每年等额支付的财产保险费

3. 在下列各项中，可以直接或间接利用普通年金终值系数计算出确切结果的有（　　）。

A. 永续年金现值　　B. 永续年金终值

C. 偿债基金　　D. 即付年金终值

4. 递延年金具有（　　）特点。

A. 年金的现值与递延期无关

B. 年金的终值与递延期无关

C. 年金的第一次支付发生在若干期之后

D. 没有现值

5. 下列表述正确的有（　　）。

A. 普通年金终值系数与普通年金现值系数互为倒数

B. 复利终值系数与复利现值系数互为倒数

C. 普通年金现值系数与资本回收系数互为倒数

D. 普通年金终值系数与偿债基金系数互为倒数

6. 影响货币时间大小的因素主要有（　　）。

A. 资金额　　B. 风险　　C. 计息方式　　D. 利率和期限

7. 下列表述正确的有（　　）。

A. 当利率大于零，计息期一定的情况下，年金现值系数都大于 1
B. 当利率大于零，计息期一定的情况下，年金终值系数都大于 1
C. 当利率大于零，计息期一定的情况下，复利终值系数都大于 1
D. 当利率大于零，计息期一定的情况下，复利现值系数都小于 1

8. 下列各项年金中既有现值又有终值的是（　　　）。

A. 永续年金　B. 即付年金　C. 普通年金　D. 递延年金

9. 某旅行社向银行借入 200 000 元，借款期限为 3 年，每年偿付的等额本息为 76 400 元，则借款利率为（　　　）。

A. 小于 7%　B. 大于 7%　C. 大于 8%　D. 小于 8%

10. （　　　）可视为永续年金的例子。

A. 存本取息　B. 利率高、持续时间特别长的等额系列收支
C. 零存整取　D. 整存整取

四、判断题

1. 国库券是一种几乎没有风险的有价证券，如果通货膨胀率很低，国库券利率可以代表货币时间价值。（　）
2. 在有关货币时间价值指标的计算过程中，普通年金现值与普通年金终值是互为逆运算的关系。（　）
3. 在利率和计息期相同的条件下，复利现值系数与复利终值系数互为倒数。（　）
4. 在无通货膨胀条件下，公司债券的利率可代表货币时间价值。（　）
5. 某酒店购进一项设备，3 年分期支付，每年年初等额支付 50 000 元，设年利率为 10%，该项分期付款相当于现在一次性现付购买价格为 136 775 元。（　）
6. 永续年金只有现值，没有终值。（　）
7. 名义利率指一年内多次复利时给出的年利率，它等于每个计息周期的利率与年内复利次数的乘积。（　）
8. 年金是指等额、定期的系列收支，只要间隔期相等，不一定要间隔一年。（　）
9. 甲方案在 3 年中每年年初付款 5 000 元，乙方案在 3 年中每年年末付款 5 000 元，若利率相同，则两方案的终值中乙方案较大。（　）
10. 在现值和利率一定的情况下，计息期数越多，则复利终值越高。（　）
11. 两种完全负相关的资产组成的投资能分散全部风险。（　）
12. 两种完全负相关的资产组成的投资能分散全部非系统性风险。（　）
13. 市场风险是指那些影响所有公司的因素引起的风险，也叫作不可分散风险。（　）
14. 资产投资组合的风险一定能消除非系统性风险。（　）
15. 当两个风险资产的预期收益率不同时，应使用标准离差率来对比风险大小。（　）

五、计算分析题

1. 某公司拟购置一项设备，有甲、乙两个可选方案：购买甲设备的年使用费比购买

乙设备低2000元，但甲设备价格高于乙设备8000元。若资本成本率为10%，甲设备的使用期应为多少年，选用甲设备才是有利的?

2. 某公司向保险公司借款一笔，预计10年后还本付息总额为200000元。为归还这笔借款，拟在各年年末提取相等数额的基金。假定银行的借款利率为12%，请计算年偿债基金额。

该公司于第一年年初借款10万元，每年年末还本付息额均为2万元，连续8年还清，请计算借款利率。

3. 某公司的一项设备款，有A、B两种付款方式可供选择：A方案是现金一次性支付30万元；B方案是分3年支付，各年年初分别支付10万元、11万元、11万元。假定年利率为10%，要求：按现值计算，在A、B两种方案中选优。

4. 某人在2012年1月1日在银行存入1000元，年利率为10%。要求计算：

（1）每年复利一次，2021年1月1日存款账户余额是多少?

（2）每季度复利一次，2021年1月1日存款账户余额是多少?

（3）若分别在2012年、2013年、2020年和2021年年初存入250元，仍按10%利率，每年复利一次，求2021年1月1日存款账户余额?

（4）假定从2012年1月1日起分4年每年年末连续存入相等金额，为了达到第一问所得到的账户余额，每年年末应存入多少金额?

5. 某企业有甲、乙两个投资项目，计划投资额均为3000万元，其收益率的概率分布见表2-6。

表2-6 甲、乙两项目收益率的概率分布

市场状况	概率	甲项目收益率	乙项目收益率
繁荣	0.3	20%	40%
一般	0.5	10%	15%
萧条	0.2	5%	-10%

要求：

（1）分别计算甲、乙两个项目的预期收益率的平均值。

（2）分别计算甲、乙两个项目收益率的标准差。

（3）根据风险大小，判断甲、乙两个项目的优劣。

第 3 章

财务预测

本章导读

财务预测是根据财务活动的历史资料，考虑现实的要求和条件，对企业未来的财务活动和财务成果做出科学的预计和测算。它是财务管理的重要方法之一，其主要任务在于：测算各项生产经营方案的经济效益，为决策提供可靠的依据，预计财务收支的发展变化情况，以确定经营目标，测定各项定额和标准，为编制预算、分解计划指标服务。

3.1 财务预测概述

（一）财务预测的概念

预测是进行科学决策的前提，它是根据所研究现象的过去信息，结合该现象的一些影响因素，运用科学的方法，预测现象将来的发展趋势，是人们认识世界的重要途径。

所谓财务预测（Financial Forecast），就是财务工作者根据企业过去一段时期财务活动的资料，结合企业现在面临和即将面临的各种变化因素，运用数理统计方法，以及结合主观判断，来预测企业未来财务状况、财务成果及现金流量。

进行财务预测的目的是为了体现财务管理的事先性，即帮助财务人员认识和控制未来的不确定性，使其对未来的不确定性降到最低限度，使财务计划的预期目标同可能变化的周围环境和经济条件保持一致，并对财务计划的实施效果做到心中有数。

（二）财务预测的作用

财务预测对于提高公司经营管理水平和经济效益有着十分重要的作用，具体表现在以下几个方面。

（1）财务预测是进行经营决策的重要依据。管理的关键在于决策，决策的关键是预测。通过预测为决策的各种方案提供依据，以供决策者权衡利弊，进行正确选择。例如，公司进行经营决策时，必然要涉及成本费用、收益及资金需要量等问题，而这些大多需要通过财务预测进行估算。“凡事预则立，不预则废。”因此，财务预测直接影响到经营决策的质量。

（2）财务预测是公司合理安排收支，提高资金使用效益的保证。公司做好资金的筹集和使用工作，不仅需要熟知公司过去的财务收支规律，还要善于预测公司未来的现金流量，即公司在计划期内有哪些现金流入和流出，收支是否平衡，要做到瞻前顾后，长远规划，使财务管理工作处于主动地位。

（3）财务预测是提高公司管理水平的重要手段。财务预测不仅为科学的财务决策和财务预算提供支持，也有利于培养财务管理人员的超前性、预见性思维，使之居安思危，未雨绸缪。同时，财务预测中涉及大量的科学方法及现代化的管理手段，这无疑对提高财务管理人员的素质大有裨益。

需要指出的是，财务预测的作用大小受到其准确性的影响。准确性越高，作用越大；反之，则越小。影响财务预测准确性的因素可以分为主观因素和客观因素。主观因素主要指预测者的素质，如数理统计分析能力和预测经验等。客观因素主要是指企业所处内外环境的急剧变化。财务预测工作者要不断提高自己的预测能力，在实践中积累经验，提高预测的准确性。

（三）财务预测的分类

为了便于研究和掌握财务预测，人们往往依据不同的标准对其进行分类。

1. 按财务预测所跨越的时间长度划分

按财务预测所跨越的时间长度分为长期预测、中期预测和短期预测。长期预测主要是指5年以上的财务变化及趋势的预测，主要为企业今后长期发展的重大决策提供财务依据。中期预测主要是指1年以上、5年以下的财务变化及其趋势的预测，是长期预测的细化，是短期预测的基础。短期预测则是指1年以内的财务变化及其趋势的预测，主要为编制年度预算、季度计划等短期计划服务。

2. 按财务预测的内容划分

按财务预测的内容可分为销售预测、资金需求量预测、成本费用预测、营业收入预测和利润预测。（详见本章3.2～3.5）

3. 按财务预测的方法划分

按财务预测的方法可分为定性财务预测和定量财务预测。定性预测是通过判断事物所具有的各种因素、属性进行预测的方法，它是建立在经验判断、逻辑思维和逻辑推理基础之上的，主要特点是利用直观的材料，依靠个人的经验的综合分析，对事物未来状况进行预测。经常采用的定性预测方法有专家会议法、德尔菲法、访问法、现场观察法、座谈法等。定量预测是通过分析事物各项因素、属性的数量关系进行预测的方法。它的主要特点是根据历史数据找出其内在规律，运用连贯性原则和类推性原则，通过数学运算对事物未来状况进行数量预测。定量预测的方法有多种，应用比较广泛的有时间序列预测法（包括简单序时平均数法、加权平均法、移动平均法、指数平滑法、最小二乘法等）、相关因素预测法（包括一元线性回归法、多元线性回归法等）、状态转移概率分析预测法（主要指马尔柯夫预测法），等等。上述两类方法并不是相互孤立的，在进行财务预测时，经常要综合运用。

知识链接

德尔菲法

德尔菲法又称专家意见法。它是由美国兰德公司的研究者提出的。这种方法要求参加预测或决策的人员都是专家或者是对要预测或决策的问题有一定经验的内行。

1. 德尔菲法的主要步骤

第一步，参加决策的每个成员单独地、不记名地写出自己对集体所面临的问题的意见及解决问题的办法。

第二步，将所有成员的意见及解决问题的方案在一个信息处理中心集中，进行系统化整理。

第三步，将除其本人以外的其他成员所写的意见方案送交给每一个成员。

第四步，每个人对其他人的意见进行分析并提出新的意见，再送交信息处理中心。

第五步，信息中心对送交上来的新意见再进行处理，按上述步骤反复几次，直到基本取得一致意见。

2. 德尔菲法的优缺点

德尔菲法的优点：

其一，避免了集体决策中面对面的争论，有利于提出新的意见和看法；

其二，避免了面对面的集体决策可能形成的对权威的崇拜，有利于名不见经传的“小人物”的新思想、新观念、有价值的方案产生；

其三，能较好地使参与决策的每个专家都能畅所欲言。

当然，德尔菲法也存在着一定的不足之处：决策时间较长，信息处理的工作量较大，不利于直接交流。

课堂讨论

财务预测在财务管理活动中有何重要作用？有哪些分类？

（四）财务预测的程序

财务预测一般按以下程序进行。

1. 明确预测对象和目标

财务预测首先要明确预测对象和目标，其次才能根据预测的目标、内容和要求确定预测的范围和时间。

2. 制订预测计划

预测计划包括预测工作的组织领导、人事安排、工作进度、经费预算等。

3. 收集整理资料

收集资料是预测的基础。公司应根据预测的对象和目的，明确收集资料的内容、方式和途径，然后进行收集。对收集到的资料要检查其可靠性、完整性和典型性，分析其可用程度及偶然事件的影响，做到去伪存真、去粗取精，并根据需要对资料进行归类和汇总。

4. 确定预测方法

财务预测工作必须通过一定的科学方法才能完成。公司应根据预测的目的及取得信息资料的特点，选择适当的预测方法。使用定量预测方法时，应建立数理统计模型；使用定性预测方法时，要按照一定的逻辑思维，制定预算的提纲。

5. 进行实际预测

运用所选择的科学预测方法进行财务预算，并得出初步的预算结果。预测结果可用文字、表格或图等形式表示。

6. 评价与修正预测结果

预测毕竟是对未来财务活动的设想和推断，难免会出现预测误差。因而，对于预测结果，要经过经济分析评价之后，才能予以采用。分析评价的重点是影响未来发展的内外因素的新变化。若误差较大，就应进行修正或重新预测，以确定最佳预测值。

（五）财务预测的原则

1. 连续性原则

财务预测必须具有连续性，即预测必须以过去和现在的财务资料为依据来推断未来的财务状况和经营成果。

2. 关键因素原则

进行财务预测时，应首先集中精力于主要项目，而不必拘泥于面面俱到，以节约时间和费用。

3. 客观性原则

财务预测只有建立在客观性的基础上，才有可能得出正确的结论。

4. 科学性原则

进行财务预测时，一方面要使用科学方法（数理统计方法）；另一方面要善于发现预测变量之间的相关性和相似性等规律，进行正确预测。

5. 经济性原则

财务预测中讲究经济性，是因为财务预测要涉及成本和收益问题，所以要尽力做到使用最低的预测成本达到较为满意的预测质量。

3.2 销售预测

（一）销售预测的定义及其作用

1. 销售预测的定义

销售预测是财务预测的起点。它是指根据以往的销售情况，以及使用系统内部内置或用户自定义的销售预测模型获得的对未来销售情况的预测。销售预测可以直接生成同类型的销售计划。

销售计划的中心任务之一就是销售预测，无论企业的规模大小、销售人员的多少，销售预测影响到包括计划、预算和销售额确定在内的销售管理的各方面工作。

销售预测是指对未来特定时间内，全部产品或特定产品的销售数量与销售金额的估计。销售预测是在充分考虑未来各种影响因素的基础上，结合本企业的销售实绩，通过一定的分析方法提出切实可行的销售目标。

2. 销售预测的作用

（1）通过销售预测，可以调动销售人员的积极性，促使产品尽早销售出去，以完成使用价值向价值的转变。

（2）企业可以以销定产，根据销售预测资料，安排生产，避免产品积压。

（3）能合理有效地管理产品库存，经过预测可对产品设立库存预警，对生产进度的安排具有指导意义。

（4）经过销售预测后，可对产品的补货安排提供参考数据。

（5）为资金需求量预测、营业收入预测等提供相关数据。

（二）销售预测的影响因素

尽管销售预测十分重要，但进行高质量的销售预测却并非易事。在进行预测和选择最合适的预测方法之前，了解对销售预测产生影响的各种因素是非常重要的。一般来讲，在进行销售预测时应考虑以下两大类因素。

1. 外部因素

（1）需求动向。需求是外部因素之中最重要的一项，如流行趋势、爱好变化、生活形态变化、人口流动等，均可成为产品（或服务）需求的质与量方面的影响因素，因此，必须加以分析与预测。企业应尽量收集有关对象的市场资料、市场调查机构资料、购买动机调查等统计资料，以掌握市场的需求动向。

（2）经济变动。销售收入受经济变动的影响，经济变动是影响商品销售的重要因素，为了提高销售预测的准确性，应特别关注商品市场中的供应和需求情况。尤其近几年来科技、信息快速发展，更带来无法预测的影响因素，导致企业销售收入波动。因此，为了正确预测，需特别注意资源问题的未来发展、政府及财经界对经济政策的见解，以及基础工业、加工业生产、经济增长率等指标变动情况，尤其要关注突发事件对经济的影响。

（3）同业竞争动向。销售额的高低深受同业竞争者的影响，古人云“知己知彼，百战不殆”。为了生存，必须掌握对手在市场的所有活动。例如，竞争对手的目标市场在哪里，产品价格高低，促销与服务措施等。

（4）政府、消费者团体的动向。应考虑政府的各种经济政策、方案措施及消费者团体所提出的各种要求等。

2. 内部因素

（1）营销策略。应考虑市场定位、产品政策、价格政策、渠道政策、广告及促销政策等变更对销售额所产生的影响。

（2）销售政策。应考虑变更管理内容、交易条件或付款条件、销售方法等对销售额所产生的影响。

（3）销售人员。销售活动是一种以人为核心的活动，所以人为因素对于销售额的实现具有相当深远的影响力，这是不能忽略的。

（4）生产状况。应考虑货源是否充足，能否保证销售需要等。

（三）销售预测的方法

1. 定性销售预测

一般来说，在销售预测中常用的定性预测方法有四种：高级经理意见法、销售人员意见法、购买者期望法和德尔菲法。

（1）高级经理意见法。高级经理意见法是依据销售经理（以经营者与销售管理者为中心）或其他高级经理的经验与直觉，通过一个人或所有参与者的平均意见求出销售预测值的方法。

（2）销售人员意见法。销售人员意见法是利用销售人员对未来销售进行预测。有时是由每个销售人员单独做出这些预测，有时则与销售经理共同讨论而做出这些预测。预测结果以地区或行政区划汇总，一级一级汇总，最后得出企业的销售预测结果。

（3）购买者期望法。许多企业经常关注新顾客、老顾客和潜在顾客未来的购买意向情况，如果存在少数重要的顾客占据企业大部分销售量这种情况，那么购买者期望法是很实用的。

这种预测方法是通过征询顾客或客户的潜在需求或未来购买商品计划的情况，了解顾客购买商品的活动、变化及特征等，然后在收集消费者意见的基础上分析市场变化，预测未来市场需求。

（4）德尔菲法。德尔菲法是指以不记名方式根据专家意见做出销售预测的方法。至于谁是专家，则由企业来确定，如果专家有一致的认同则是最好的。德尔菲法通常召开由一组专家参加的会议。第一阶段得到的结果总结出来可作为第二阶段预测的基础，通过组中所有专家的判断、观察和期望来进行评价，最后得到共享具有更少偏差的预测结果。

德尔菲法的最大优点是充分民主地收集专家意见，把握市场的特征。但是，德尔菲法一般只能得到企业或行业的预测结果，用此方法所求得的地区、顾客、产品分类等预测结果就没有那么精确了。

2. 定量销售预测

定量销售预测是主要应用数学方法，对与销售有关的各种经济数据信息进行科学加工，并建立数学模型，充分认识各有关变量之间的规律性联系，并做出相应预测结论的一种销售预测方法。用来进行销售预测的定量预测方法可以按照不同类型分成两大类：时间序列预测法、可持续增长率预测法等。

（1）时间序列预测法

① 时间序列预测法可用于短期预测、中期预测和长期预测。根据对资料分析方法的不同，又可分为简单序时平均数法、加权序时平均数法、简单移动平均法、加权移动平均法、趋势预测法、指数平滑法、季节趋势预测法、市场寿命周期预测法等。

② 简单序时平均数法也称算术平均法。即把若干历史时期的统计数值作为观察值，求出算术平均数作为下期预测值。这种方法基于下列假设“过去这样，今后也将这样”，把近期和远期数据等同化和平均化，因此只能适用于事物变化不大的趋势预测。如果事物呈现某种上升或下降的趋势，就不宜采用此法。

③ 加权序时平均数法就是把各个时期的历史数据按近期和远期影响程度进行加权，求出平均值，作为下期预测值。

④ 简单移动平均法就是相继移动计算若干时期的算术平均数作为下期预测值。

⑤ 加权移动平均法即将简单移动平均数进行加权计算。在确定权数时，近期观察值的权数应该大些，远期观察值的权数应该小些。

上述几种方法虽然简便，能迅速求出预测值，但由于没有考虑企业未来产品销售发展的新动向和其他因素的影响，所以准确性较差。因此，应根据新的情况，对预测结果做出必要的修正。

⑥ 指数平滑法即根据历史资料的上期实际数和预测值，用指数加权的办法进行预测。此法实质是由内加权移动平均法演变而来的一种方法，优点是只要有上期实际数和上期预测值，就可计算下期的预测值，这样可以节省很多数据和处理数据的时间，减少数据的存储量，方法简便。指数平滑法是国外广泛使用的一种短期销售预测方法。

指数平滑法需要导入平滑系数（也称为加权因子），原则上平滑系数的取值要求大于0而小于1，一般取值为0.3～0.7。其预测模型为

本期计划销售额 = 平滑系数 × 上期实际销售额 + （1 − 平滑系数）× 上期预测销售额

由于只设定平滑系数，因此指数平滑法简便、实用，但在确定平滑系数时受一定的主观因素影响。平滑系数越大，则近期实际销售额对预测值的影响越大，平滑系数越小，则近期实际销售额对预测值的影响越小。一般情况下，对销售额进行长期预测时，选用较小

的平滑系数；对销售额进行短期预测时，采用较大的平滑系数。

⑦ 季节趋势预测法是指根据销售量（或销售额）每年重复出现的周期性季节变动指数，预测其季节性变动趋势。推算季节性指数可采用不同的方法，常用的方法有季（月）别平均法和移动平均法两种：A. 季（月）别平均法，就是把各年度的数值分季（或月）加以平均，除以各年季（或月）的总平均数，得出各季（月）指数，这种方法可以用来分析生产、销售、原材料储备、预计资金周转需要量等方面的经济事物的季节性变动；B. 移动平均法，即应用移动平均数计算比例求典型季节指数。

【例 3-1】 某公司 2008—2013 年，每一年各季度的服装销售量见表 3-1。预测 2014 年各季度纺织品的销售量。

表 3-1　某公司 2008—2013 年服装销售量　　（单位：件）

年　度	年度销售量	第一季度	第二季度	第三季度	第四季度
2008	600	180	150	120	150
2009	660	210	160	130	160
2010	700	230	170	130	170
2011	750	250	180	140	180
2012	850	300	200	150	200
2013	1000	400	220	160	220
合计	4560	1570	1080	830	1080

预测过程如下。

第一步，计算 6 年各相同季节的平均销售量（A_i）：

$$A_1 = 1570/6 \approx 262 \text{（件）}$$

同理，$A_2 = 180$（件），$A_3 \approx 138.3$（件），$A_4 = 180$（件）。

第二步，计算 6 年所有季度的平均销售量（B）。其中 M 为 6 年，总共 24 个季度的销售量总和为

$$B = M/(4\times 6) = 4560/24 = 190 \text{（件）}$$

第三步，计算各季节销售指数（$C_i = A_i/B$）：

$$C_1 = 262/190 \approx 1.38$$

同理 $C_2 \approx 0.95$，$C_3 \approx 0.73$，$C_4 \approx 0.95$

第四步，修正 2014 年各季度预测值 $Y_t =（a + b\times T）C_i$。

首先，建立时间序列方程式。

$$Y = a + b\times T \tag{1}$$

（1）式两边同时求和，得

$$\sum y_t = na + b\sum T$$

（1）两边同时乘以 T，并求和，得

$$\sum Ty_t = a\sum T + b\sum T^2$$

令 $\sum T = 0$(时间序列数正负相间，

$$T = -23, -21, \cdots, -1, 1, 3, \cdots, 23)$$

由表3-2所列有关数据，计算如下：

$$a = \sum y_t/n = 4\,560/24 = 190$$

$$b = \sum Ty_t/\sum T^2 = 8\,760/4\,600 \approx 1.9$$

确立预测模型：

$$y = 190 + 1.90T$$

其次，修正2014年各季度预测值。

第一季度预测值 = （$190 + 1.90 \times 25$）$\times 1.38 \approx 328$（件）

第二季度预测值 = （$190 + 1.90 \times 27$）$\times 0.95 \approx 229$（件）

第三季度预测值 = （$190 + 1.90 \times 29$）$\times 0.73 \approx 179$（件）

第四季度预测值 = （$190 + 1.90 \times 31$）$\times 0.95 \approx 236$（件）

表3-2 时间序列的相关数值

N	T	y_t	$T \times y_t$	T^2
1	-23	180	-4 140	529
2	-21	150	-3 150	441
3	-19	120	-2 280	361
4	-17	150	-2 550	289
5	-15	210	-3 150	225
6	-13	160	-2 080	169
7	-11	130	-1 430	121
8	-9	160	-1 440	81
9	-7	230	-1 610	49
10	-5	170	-850	25
11	-3	130	-390	9
12	-1	170	-170	1
13	1	250	250	1
14	3	180	540	9
15	5	140	700	25
16	7	180	1 260	49
17	9	300	2 700	81
18	11	200	2 200	121
19	13	150	1 950	169
20	15	200	3 000	225
21	17	400	6 800	289
22	19	220	4 180	361
23	21	160	3 360	441
24	23	220	5 060	529
$\sum$	0	4 560	8 760	4 600

注：令 $\sum T = 0$。

⑧ 市场寿命周期预测法就是对产品市场寿命周期的分析研究。例如，对处于成长期的产品预测其销售量，最常用的一种方法就是根据统计资料，按时间序列画成曲线图，再将曲线外延，即得到未来销售发展趋势。最简单的外延方法是直线外延法，适用于对耐用消费品的预测。这种方法简单、直观、易于掌握。

（2）可持续增长率预测法

可持续增长率是企业当前经营效率和财务政策决定的内在增长能力。具体来说是指在不增发新股并保持目前经营效率和财务政策条件下，公司销售所能增长的最大比率。此处的经营效率指的是销售净利率和资产周转率，财务政策指的是股利支付率和资本结构。因为可持续增长率的假设条件基本上符合大多数公司的情况，一般公司不能随意增发新股。在我国，证券监管部门对于上市公司增发新股有严格的审批程序，而且两次增发之间也有一定的间隔年限。另外，经营政策对公司而言一般不会轻易变动，所以这个指标代表企业一个适宜的发展速度。

可持续增长率基于以下假设：① 公司不愿或者不能筹集新的权益资本，增加债务是其唯一的外部筹资来源；② 公司打算继续维持目前的目标资本结构；③ 公司打算继续维持目前的目标股利政策；④ 公司的净利率将维持当前水平，并且可以涵盖负债的利息；⑤ 公司的资产周转率将维持当前的水平。

可持续增长率的基本公式为：

$$\text{可持续增长率}=\frac{\text{股东权益本期增加额}}{\text{期初股东权益}}=\frac{\text{本期净利}\times\text{本期留存收益率}}{\text{期初股东权益}}$$

$$=\text{期初权益报酬率}\times\text{本期留存收益率}$$

由于权益报酬率的重要作用，在实际应用中经常把可持续增长率公式扩展成包括那些影响企业增长率的多个变量的一项表达式。企业权益报酬率是杜邦恒等式和可持续增长率公式中的一个共同因素。所以，我们可以把两个等式结合起来。通过这种方式，可得到可持续增长率的扩展公式：

$$\text{可持续增长率}=\frac{\text{本期净利润}}{\text{本期销售额}}\times\frac{\text{本期销售额}}{\text{期末总资产}}\times\frac{\text{期末总资产}}{\text{期初股东权益}}\times\text{本期留存收益率}$$

观察可持续增长率的扩展公式，可以发现企业持续增长能力取决于以下四个因素：

① 销售净利率。该因素用来度量经营效率对企业增长能力的影响。销售净利率的提高将会增强企业从内部产生现金的能力，从而提高企业增长率。

② 总资产周转率。该因素用来度量资产使用效率对企业增长能力的影响。企业总资产周转率的提高会增加单位资产所产生的销售收入。这样会减少企业在销售增长时对资产的需求，从而提高企业增长率。

③ 权益乘数。该因素用来度量融资策略对企业增长能力的影响。企业如果在融资策略上加大财务杠杆，提高权益乘数，会使额外的债务融资成为可能，在公司的净利率可以涵盖负债的利息的条件下，会提高企业增长率。

④ 留存收益率。该因素用来度量股利政策对企业增长能力的影响。企业在制定股利政策时，降低股利支付率，会提高留存收益率。这样会增加内部权益资本来源，从而提高企业增长率。

可持续增长率的计算公式也可为

$$\text{可持续增长率}=\text{权益资本收益率}\times(1-\text{股利支付比率})$$

可持续增长率是保持目前财务比率（包括资产负债率）的增长率，按现有财务结构增加借款，即按留存收益增长的多少安排借款，目的是维持当前的财务杠杆和风险水平。在可持续增长率假定下，财务杠杆水平不变，这样一定的财务杠杆水平反映了一定的风险水平。

3.3 资金需求量预测

（一）资金需求量预测的定义及意义

资金的筹集是任何经营管理活动都必不可少的环节，无论是企业创办之初，还是进行持续的生产经营，都会产生相应的资金需求。因此，对资金需求量的预测和规划在经营管理中有着极其重要的意义。

资金需求量预测是指企业根据生产经营的需求，对未来所需资金的估计和推测。企业筹集资金，首先要对资金需求量进行预测，即对企业未来组织生产经营活动的资金需求量进行估计、分析和判断，它是企业制订融资计划的基础，能为企业做出正确的筹资决策提供相关数据信息。

（二）资金需求量预测的步骤

资金需求量预测一般按以下几个步骤进行。

（1）销售预测。销售预测是企业财务预测的起点。销售预测本身不是财务管理的职能，但它是财务预测的基础，销售预测完成后才能开始财务预测。因此，企业资金需求量预测也应当以销售预测为基础。

（2）估计需要的资产。资产通常是销售量的函数，根据历史数据可以分析出该函数关系。根据预计销售量和资产销售函数，可以预测所需资产的总量。某些流动负债也是销售的函数，相应的也可以预测负债的自发增长率，这种增长可以减少企业外部融资的数额。

（3）估计收入、费用和留存收益。收入和费用与销售额之间也存在一定的函数关系，因此，可以根据销售额估计收入和费用，并确定净利润。净利润和股利支付率共同决定了留存收益所能提供的资金数额。

（4）估计所需要的追加资金需求量，确定外部融资数额。根据预计资产总量，减去已有的资金来源、负债的自发增长和内部提供的留存收益，得出应追加的资金需求量，以此为基础进一步确定所需的外部融资数额。

（三）资金需求量预测的方法

企业资金需求量的预测方法主要有定性预测法和定量预测法两种。

1. 定性预测法

定性预测法是根据调查研究所掌握的情况和数据资料，凭借预测人员的知识和经验，对资金需要量所做的判断。这种方法一般不能提供有关事件确切的定量概念，而主要是定性地估计某一事件的发展趋势、优劣程度和发生的概率。定性预测是否正确，完全取决于预测者的知识和经验。在进行定性预测时，虽然要汇总各方面人士的意见和综合地说明财务问题，但也需将定性的财务资料进行量化，这并不改变这种方法的性质。定性预测主要是根据经济理论和实际情况进行理性的、逻辑的分析和论证，以定量方法为辅助，一般在缺乏完整、准确的历史资料时采用。

（1）德尔菲法

德尔菲法是指在进行销售预测时，主要是通过向财务管理专家进行调查，利用专家的经验和知识，对过去发生的财务活动、财务关系和有关资料进行分析综合，从财务方面对未来经济的发展做出判断。预测一般分两步进行：首先，由熟悉企业经营情况和财务情况的专家，根据其经验对未来情况进行分析判断，提出资金需求量的初步意见；其次，通过各种形式（如信函调查、开座谈会等），在与本地区一些同类企业的情况进行对比的基础上，对预测的初步意见加以修订，最终得出预测结果。

（2）市场调查法

市场的主体是在市场上从事交易活动的组织和个人，客体是各种商品和服务，商品的品种、数量和质量、交货期、金融工具和价格则是市场的配置资源。在我国，既有消费品和生产资料等商品市场，又有资本市场、劳动力市场、技术市场、信息市场及房地产市场等要素市场。市场调查的主要内容是对各种与财务活动有关的市场主体、市场客体和市场要素的调查。

市场调查以统计抽样原理为基础，包括简单随机抽样、分层抽样、分群随机抽样、规律性抽样和非随机抽样等方法，主要采用询问法、观测法和实验法等，以使定性预测准确、及时。

（3）相互影响预测法

德尔菲法和市场调查法所获得的资料只能说明某一事件的现状发生的概率和发展的趋势，而不能说明有关事件之间的相互关系。相互影响预测法就是通过分析各个事件由于相互作用和联系引起概率发生变化的情况，研究各个事件在未来发生可能性的一种预测方法。

2. 定量预测法

定量预测法是指以资金需求量与有关因素的关系为依据，在掌握大量历史资料的基础上选用一定的数学方法加以计算，并将计算结果作为预测的一种方法。定量预测法很多，如趋势分析法、相关分析法、线性规划法等，下面主要介绍两种预测方法。

（1）销售百分比法

销售百分比法是一种在分析报告年度资产负债表有关项目与销售额关系的基础上，根据市场调查和销售预测取得的资料，确定资产、负债和所有者权益的有关项目占销售额的百分比，然后依据计划期销售额及假定不变的百分比关系预测计划期资金需求量的一种方法。用销售百分比法预测外部融资额的基本步骤如下。

① 根据销售总额确定融资需求。

- 确定销售百分比。
- 计算预计销售额下的资产和负债。
- 预计留存收益增加额，其公式为：

$$留存收益增加额 = 预计销售额 \times 计划销售净利率 \times (1 - 股利率)$$

- 计算外部融资需求，其公式为：

外部融资需求 = 预计总资产 - 预计总负债 - 预计股东权益

② 根据销售增加量确定融资需求，其公式为：

融资需求 = 资产增加 - 负债自然增加 - 留存收益增加
= (资产销售百分比 × 新增销售额) - (负债销售百分比 × 新增销售额) - [计划销售净利率 × 计划销售额 × (1 - 股利支付率)]

【例 3-2】 某企业预期 2014 年销售收入比 2013 年增长 25%，预计利润表及预计资产负债表见表 3-3 和表 3-4。该企业年股利支付率为 40%。

表 3-3 预计利润表 单位：亿元

项目	基期（2013 年）数额	预测期（2014 年）数额
销售收入	200	250
减：销售成本	150	187.5
销售费用	10	12.5
管理费用	25	31.25
财务费用	7	8.75
利润总额	8	10
减：所得税	2	2.5
净利润	6	7.5

表 3-4 预计资产负债表 单位：亿元

项目	基期（2013 年）数额	预测期（2014 年）数额
资产：		
现金	3	3.75
应收账款	35	43.75
存货	18	22.5
预付费用	2	2.5
固定资产净值	74	74
资产合计	132	146.5
负债：		
应付票据	8	8
应付账款	27	33.75
应付费用	3	3.75
长期负债	40	40
负债合计	78	85.5
所有者权益：		
实收资本	45	45
留存收益	9	9
所有者权益合计	54	54
追加筹资额		7
负债及所有者权益合计	132	146.5

预测期（2014 年）需追加筹资额 = 146.5 − 85.5 − 54 = 7（亿元）

预测期（2014 年）内部筹资额 = 预计净利润 ×（1 − 股利支付率）= 7.5 ×（1 − 40%）
= 4.5（亿元）

预测期（2014 年）外部筹资额 = 7 − 4.5 = 2.5（亿元）

在企业预期销售增长率确定的情况下，还可以通过外部融资销售增长比来测算所需的外部融资额。

外部融资销售增长比是外部融资额占销售增长额的比例，是指销售额每增加一元需要追加的外部融资额。如果企业内部资金较少，需要外部融资，它就会大于零；否则，它就会小于零；如果不需要外部融资，它就等于零。假设可动用金融资产为零，计算公式如下：

外部融资销售增长比 = 经营资产的销售百分比 − 经营负债的销售百分比 − 预计销售净利率 ×［（1 + 增长率）/增长率］×（1 − 股利支付率）

外部融资额 = 外部融资销售增长比 × 销售增长

知识链接

外部融资销售增长比的公式推导

外部融资销售增长比的公式推导（利用增量法的公式两边均除以新增收入得到）如下。

外部融资额 =（经营资产销售百分比 × 新增销售额）−（经营负债销售百分比 × 新增销售额）−［计划销售净利率 × 计划销售额 ×（1 − 股利支付率）］

两边同时除以“新增销售额”：

$$\text{外部融资销售增长比} = \text{经营资产销售百分比} - \text{经营负债销售百分比} - \left[\text{计划销售净利率} \times \frac{\text{计划销售额}}{\text{新增销售额}} \times (1 - \text{股利支付率})\right]$$

其中：

$$\frac{\text{计划销售额}}{\text{新增销售额}} = \frac{\text{基期销售额} + \text{新增销售额}}{\text{新增销售额}} = \frac{1 + \text{增长率}}{\text{增长率}}$$

$$\text{外部融资销售增长比} = \text{经营资产销售百分比} - \text{经营负债销售百分比} - \left[\text{计划销售净利率} \times \frac{1 + \text{增长率}}{\text{增长率}} \times (1 - \text{股利支付率})\right]$$

【例 3-3】某公司上年销售收入为 4 000 万元，本年计划销售收入 5 000 万元，假设经营资产销售百分比为 66%，经营负债销售百分比为 12%，且二者保持不变，可动用的金融资产为 0，预计销售净利率为 5.5%，预计股利支付率为 40%。

要求：

（1）计算外部融资销售增长比。

（2）计算外部融资额。

（3）如果销售增长 500 万元（销售增长率为 12.5%），计算外部融资销售增长比和外部融资额。

解：（1）外部融资销售增长比 $= 66\% - 12\% - 5.5\% \times [(1+25\%) \div 25\% \times (1-40\%)] = 37.5\%$

（2）外部融资额 $= 1\,000 \times 37.5\% = 375$（万元）

验证：外部融资额 $= 1\,000 \times 66\% - 1\,000 \times 12\% - 5\,000 \times 5.5\% \times (1-40\%) = 375$（万元）

（3）外部融资销售增长比 $= 66\% - 12\% - 5.5\% \times [(1+12.5\%) \div 12.5\% \times (1-40\%)] = 24.3\%$

外部融资额 $= 500 \times 24.3\% = 121.5$（万元）

如果计算出的外部融资销售增长比为负值，说明企业有剩余资金，根据剩余资金情况，企业可用以调整股利政策。

例3-3中，如果销售增长5%，则

外部融资销售增长比 $= 66\% - 12\% - 5.5\% \times [(1+5\%) \div 5\% \times (1-40\%)] = -15.3\%$

外部融资额 $= 4\,000 \times 5\% \times (-15.3\%) = -30.6$（万元）

这说明企业资金有剩余，可以用于增加股利或者进行短期投资。从例3-3可以看出，销售增长不一定导致外部融资的增加。

公式中的销售增长率是销售额的增长率，如果题中给出的是销售量的增长率，在不存在通货膨胀的情况下，是一致的。但如果存在通货膨胀，则需要根据销售量增长率计算出销售额含有通胀的增长率。

基期销售收入 = 单价 × 销量

预计收入 = 单价 ×（1 + 通货膨胀率）× 销量 ×（1 + 销量增长率）= 基期销售收入 ×（1 + 通货膨胀率）×（1 + 销量增长率）

销售额含有通货膨胀的增长率 =（预计销售收入 − 基期销售收入）/基期销售收入

= （1 + 通货膨胀率）×（1 + 销量增长率）− 1

续例3-3，假如通货膨胀率为5%，销量增长率为25%，则

销售额含有通货膨胀的增长率 $= (1+5\%) \times (1+25\%) - 1 = 31.25\%$

外部融资销售增长比 $= 66\% - 12\% - 5.5\% \times [(1+31.25\%) \div 31.25\% \times (1-40\%)] = 40.14\%$

外部融资额 $= 4\,000 \times 31.25\% \times 40.14\% = 501.75$（万元）

课堂讨论

续例3-3，假如本年销售量无增长，但通货膨胀率为10%，其他条件不变，请问是否需要从外部进行融资？

知识链接

销售百分比法的若干假设

任何方法都是建立在一定的假设前提基础上的，销售百分比法也不例外。归纳起来，

销售百分比法的假设条件有以下几个。

① 资产负债表的各项目可以划分为敏感项目与非敏感项目。凡是随销售变动而变动并呈现一定比例关系的项目，称为敏感项目；凡是不随销售变动而变动的项目，称为非敏感项目。敏感项目在短时期内随销售的变动而发生成比例变动，其隐含的前提是，现有的资产负债水平对现在的销售是最优的，即所有的生产能力已经全部被使用。这个条件直接影响着敏感项目的确定。例如，只有当固定资产利用率已经达到最优状态，产销量的增加将导致机器设备、厂房等固定资产的增加，此时固定资产净值才应列为敏感资产；如果目前固定资产的利用率并不完全，则在一定范围内的产量增加就不需要增加固定资产的投入，此时固定资产净值不应列为敏感项目。

② 敏感项目与销售额之间成正比例关系。这一假设又包含两方面意义：一是线性假设，即敏感项目与销售额之间为正相关；二是直线过原点，即销售额为零时，项目的初始值也为零。这一假设与现实的经济生活不相符。例如，现金的持有动机除了与销售有关的交易动机外，还包括投机动机和预防动机，所以即使销售额为零也应持有一部分现金。又如，存货应留有一定数量的安全库存以应付意外情况，这也导致存货与销售额并不总是呈正比例关系。

③ 基期与预测期的情况基本不变。这一假设包含三重含义：一是基期与预测期的敏感项目和非敏感项目的划分不变；二是敏感项目与销售额之间成固定比例，或比例不变；三是销售结构和价格水平与基期相比基本不变。由于实际经济情况总是处于不断变动之中，基期与预测期的情况不可能一成不变。一般来说，各个项目的利用不可能同时达到最优，所以基期与预测期的敏感项目与非敏感项目的划分会发生一定的变化，同样，敏感项目与销售额的比例也可能发生变化。

④ 企业的内部资金来源仅包括留用利润，或者说，企业当期计提的折旧在当期全部用来更新固定资产。但是，企业固定资产的更新是有一定周期的，各期计提的折旧在未使用以前可以作为内部资金来源使用，与之类似的还有无形资产和递延资产的摊销费用。

⑤ 销售的预测比较准确。销售预测是销售百分比法应用的重要前提之一，只有销售预测准确，才能比较准确地预测资金需求量。但是，产品的销售受市场供求、同业竞争及国家宏观经济政策等的影响，销售预测不可能是一个准确的数值。

（2）资金习性法

所谓资金习性，是指资金占用量与产品产销量之间的依存关系。按照这种关系，可将占用资金区分为不变资金、变动资金和半变动资金。不变资金是指在一定的产销规模内不随产量（或销量）变动的资金，主要包括为维持经营活动展开而占用的最低数额的现金、原材料的保险储备、必要的成品储备，以及厂房、机器设备等固定资产占用的资金。变动资金是指随产销量变动而同比例变动的资金，一般包括在最低储备以外的现金、存货、应收账款等所占用资金。半变动资金是指虽受产销量变动的影响，但不成同比例变动的资金，如一些辅助材料上占用的资金等，半变动资金可采用一定的方法划分为不变资金和变动资金两部分。

设产销量为自变量 x，资金占用量为因变量 y，它们之间的关系可用下式表示：

$$y = a + bx$$

式中，a 为不变资金；b 为单位变动资金。

资金习性法有两种形式：一种是根据资金占用总额与产销量的关系来预测资金需求量；另一种是采用先分项后汇总的方式预测资金需求量。

① 根据资金占用总额与产销量关系来预测。

A. 高低点法。根据企业一定期间资金占用的历史资料，选用最高收入期和最低收入期的资金占用量之差，同这两个收入期的销售额之差进行对比，先求 b 的值，然后代入原直线方程求出 a 的值，从而估计推测资金发展趋势。计算公式为

b = （最高收入期资金占用量 - 最低收入期资金占用量）/（最高销售收入 - 最低销售收入）

a = 最高收入期资金占用量 - b × 最高销售收入

建立总资金需求模型 $y = a + bx$，将预测期自变量代入 $y = a + bx$，即可求出预测期的总资金需求。

高低点法在企业的资金变动趋势比较稳定的情况下较适宜。

B. 回归分析法。根据若干期业务量和资金占用的历史资料，运用最小平方法原理计算：

$$a = (\sum y - b\sum x)/n$$

$$b = (n\sum xy - \sum x\sum y)/[n\sum x^2 - (\sum x)^2]$$

从理论上说，回归分析法是一种计算结果最为精确的方法。

② 采用先分项后汇总的方式预测。根据资金占用的各具体项目与产销量之间的关系，把各项目的资金都分成变动和不变动两部分，然后汇总在一起，求出企业变动资金总额和不变资金总额，进而预测资金需求量。

【例 3-4】 某企业 2007—2013 年的销售额及资金需求量见表 3-5。预计 2014 年销售额为 550 万元。

表 3-5　某企业 2007—2013 年的销售额及资金需求量　　**单位：万元**

年　份	2007	2008	2009	2010	2011	2012	2013
销售额 x	380	420	350	460	570	500	530
资金需求量 y	220	240	200	250	310	270	290

要求：分别按高低点法和回归分析法预测 2014 年资金总需求量。

解：

（1）按高低点法预测：高点在 2011 年，低点在 2009 年，列出议程式如下：

$$310 = a + b \times 570 \qquad (1)$$

$$200 = a + b \times 350 \qquad (2)$$

两式相减，得

$$b=(310-200)/(570-350)=0.5$$

代入（1）式或（2）式，求得

$$a=310-0.5\times570=25$$

或

$$a=200-0.5\times350=25$$

确立预测模型：

$$y=25+0.5x$$

2014 年资金需要量 =25 +0.5 ×550 =300（万元）

（2）按回归分析法预测，其资料见表 3-6。

表 3-6 资金量及资金需求量资料 单位：万元

项目 \ 年份	2007	2008	2009	2010	2011	2012	2013	合计
销售额 x	380	420	350	460	570	500	530	3 210
资金需求量 y	220	240	200	250	310	270	290	1 780
x^2	144 400	176 400	122 500	211 600	324 900	250 000	280 900	1 510 700
xy	83 600	100 800	70 000	115 000	176 700	135 000	153 700	834 800

$$b=(n\sum xy-\sum x\sum y)/[n\sum x^2-(\sum x)^2]$$
$$=(7\times834\,800-3\,210\times1\,780)/(7\times1\,510\,700-3\,210\times3\,210)=0.479\,32$$
$$a=(\sum y-b\sum x)/n=(1\,780-0.479\,32\times3\,210)/7=34.483\,26$$

确立预测模型：

$$y=34.483\,26+0.479\,32x$$

2014 年资金需求量 =34.483 26 +0.479 32 ×550 =298.109 3（万元）

3.4 成本费用预测

成本费用预测就是根据有关资料和数据，结合企业未来发展前景和趋势，采用一定的方法，对未来一定时期成本费用水平和目标成本费用进行预计和测算。成本费用预测是成本费用管理的重要内容，是进行成本费用管理的起点。搞好成本费用预测，对于挖掘降低成本费用的潜力，科学地编制成本费用计划，正确进行经营决策，提高经济效益具有重要意义。

（一）成本费用预测的作用

（1）成本费用预测是组织成本决策和编制成本计划的前提。通过成本费用预测，能掌握未来的成本水平及其变动趋势，有助于把未知因素转化为已知因素，帮助管理者提高自觉性，减少盲目性；做出生产经营活动中所可能出现的有利与不利情况的全面和系统分析，还可避免成本决策的片面性和局限性。有了科学的成本决策，就可以编制出正确的成本计划；而且，成本费用预测的过程，也是为成本计划提供系统的客观资料的过程，这一点可以使成本计划建立在客观实际的基础之上。如果将成本费用预测与成本决策和成本计划联系起来，其关系是，预测是决策与计划的基础和前提条件，决策和计划则是预测的产物。

（2）成本费用预测是加强企业全面成本管理的首要环节。伴随社会主义市场经济的进一步发展，企业的成本管理工作也不断有所提高。单靠事后的计算分析已经远远不能适应客观的需要。成本工作的重点必须相应地转到事前控制上。这一观念的形成将对促进企业合理地降低成本、提高经济效益具有非常重要的作用。

成本费用预测为降低产品成本指明了方向和奋斗目标。企业在做好市场预测、利润预测之后，能否提高经济效益及提高多少，完全取决于成本降低多少。为了降低成本，必须根据企业实际情况组织全面预测，寻找方向和途径，并由此力求实现预期的奋斗目标，降低产品成本。

（二）成本费用预测的内容

从成本费用管理的全过程来看，成本费用预测主要包括以下内容。

（1）在新产品投产之前，测算产品设计成本，确定产品按正常批量生产的成本水平，并把测算的数据作为选取最优产品设计方案的重要依据。

（2）在正式编制生产经营计划之前，进行成本费用预测。计划阶段的成本费用预测是编制成本费用计划必不可少的分析工作。

（3）在成本费用计划执行过程中，进行期中成本费用预测，科学预计推测成本费用计划能否按期完成。

（4）企业采用新技术、新工艺时，以及在提高产品质量过程中要进行成本费用预测，以保证技术上可行、经济上合理。

（三）成本费用预测的步骤

成本费用预测应该有计划按步骤完成，尽可能避免预测的主观性，提高预测的科学水平，使预测目标更接近于实际。成本费用预测应按以下步骤进行。

（1）确定成本费用初步目标。首先要依据企业目标利润，结合预测期变化因素，测算企业在现有条件下能够达到的目标成本费用的水平，为下一步预测奠定基础。

（2）收集和整理有关资料。收集和占有大量相关的信息资料是进行科学预测的基本条件。收集资料应包括企业对降低成本和费用的要求，报告期实际成本费用情况，预测期成本费用可能的变化情况等。

（3）对成本费用进行预测和测算。根据占有资料的实际情况，选用可行的成本费用预测方法，对成本费用进行预计和测算，求出成本费用预测值。有时也可选用多种方法进行测算，以便比较，测定预测结果。

（4）修正确定最佳预测值。无论是推算的目标成本费用，还是按指标数据测算的成本费用预测值，都不能完全反映预测期成本费用的实际情况。因此，必须把两者进行比较和分析，找出差异，进行修正，以求出最佳预测值，使预测结果更加接近于实际。

以上成本费用预测步骤表示的只是单个成本费用预测过程，而要达到最终确定的正式成本目标，这种过程必须反复多次。也就是说，只有经过多次的预测、比较及对初步成本目标的不断修改、完善，才能最终确定正式成本目标，并依据本目标组织实施成本管理。

（四）成本费用预测的方法

成本费用预测的方法很多，也包括定性分析法和定量分析法两大类。

1. 定性分析法

成本费用预测的定性分析法是由成本费用核算方面的专业人员根据个人实践经验和专业判断、领先逻辑思维及综合分析能力，对成本费用可能达到的水平和发展趋势做出的推断。成本费用预测法主要包括专家会议法、德尔菲法和主观概率法等。

（1）专家会议法

专家会议法是指根据规定的原则选定一定数量的专家，按照一定的方式组织专家会议，发挥专家集体的智能结构效应，对预测对象未来的发展趋势及状况做出判断的方法。头脑风暴法就是专家会议法的具体运用。

挑选的专家应有一定的代表性、权威性。在进行预测之前，首先应取得参加者的支持，确保他们能认真地进行每一次预测，以提高预测的有效性。同时也要向组织高层说明预测的意义和作用，取得决策层和其他高级管理人员的支持；问题表设计应该措辞准确，不能引起歧义，征询的问题一次不宜太多，不要问那些与预测目的无关的问题，列入征询的问题不应相互包含；所提的问题应是所有专家都能答复的问题，而且应尽可能保证所有专家都能从同一角度去理解；进行统计分析时，应该区别对待不同的问题，对于不同专家的权威性应给予不同权数而不是一概而论；提供给专家的信息应该尽可能的充分，以便其做出判断；只要求专家做出粗略的数字估计，而不要求十分精确。问题要集中，要有针对性，不要过分分散，以便使各个事件构成一个有机整体，问题要按等级排队，先简单后复杂，先综合后局部。这样易引起专家回答问题的兴趣。调查单位或领导小组的意见不应强加于调查意见之中，要防止出现诱导现象，避免专家意见向领导小组靠拢，以致得出专家迎合领导小组观点的预测结果。避免组合事件，如果一个事件包括专家同意的和专家不同意的两个方面，专家将难以做出回答。

专家会议法有助于专家们交换意见，通过互相启发，可以弥补个人意见的不足；通过内外信息的交流与反馈，产生“思维共振”，进而将产生的创造性思维活动集中于预测对象，在较短时间内得到富有成效的创造性成果，为决策提供预测依据。

专家会议法也有一些弊端：由于参加会议的人数有限，因此代表性不充分；受权威的影响较大，容易压制不同意见的发表；易受表达能力的影响，而使一些有价值的意见未得到重视；易受劝说性意见的影响；由于自尊心等因素的影响，不愿意轻易改变自己已经发表过的意见，使会议出现僵局；易受潮流思想的影响等。

（2）德尔菲法

德尔菲法是指采用“背对背”的通信方式征询专家小组成员的预测意见，经过几轮征询，使专家小组的预测意见趋于集中，最后做出符合市场未来发展趋势的预测结论。德尔菲法又名专家意见法或专家函询调查法，是依据系统的程序，采用匿名发表意见的方式，即团队成员之间不得互相讨论，不发生横向联系，只能与调查人员联系，通过反复地填写问卷，以集结问卷填写人的共识及搜集各方意见，可用来构造团队沟通流程，是应对复杂任务难题的管理技术。德尔菲法具有以下三个显著的特点。

① 反馈性。反馈表现在多次作业、反复、综合、整理、归纳和修正上。经过多次反馈，可以不断修正预测意见，使预测结果逐步趋向准确可靠。

② 匿名性。由于专家的函询意见是在“背对背”的情况下提出的，专家彼此之间互不通气，不受领导、权威的约束和能言善辩者的言辞所左右，因而可免除专家不必要的心理负担，使其可以自由地发表不同的意见，表述自己的观点。

③ 统计性。德尔菲法要求在每一轮的意见征询后，对专家意见和预测结果必须进行定量化的统计分析与归纳，对各种不同类型的预测问题采用相应不同的数理统计方法进行统计处理。随着反馈轮次的增加，专家的意见可能趋向集中，统计结果趋向收敛。

随着人们对德尔菲法理论研究和应用实践的深入，又产生了许多创新形式的德尔菲法，如级联式德尔菲法、阶式德尔菲法、决策式德尔菲法等，这些改进的德尔菲法可以归纳为两类。

一类保持了经典德尔菲法的基本特点，仅对某些操作过程加以修正，从而克服其某些缺点。这些修正主要有：A. 首轮征询，即由预测组织者列出预测事件一览表；B. 向专家提供相关领域、相关问题的背景材料；C. 减少应答轮次；D. 对事件的发生给出不同概率下的不同结果；E. 评价专家的权威程度，对其判断结果做加权（权威因子）处理；F. 对各个预测事件引入置信概率指标等。

另一类则改变了经典德尔菲法的部分做法。例如，根据情况全部或部分取消匿名，部分取消反馈等。

（3）主观概率法

主观概率法是分析者对成本费用趋势分析事件发生的概率（可能性大小）做出主观估计，或者对事件变化动态的一种心理评价，然后计算它的平均值，以此作为成本费用趋势分析事件的结论的一种定性的趋势分析方法。主观概率法一般和其他经验判断法结合运用。

主观概率是一种心理评价，判断中具有明显的主观性。对同一事件，不同人对其发生的概率的判断是不同的。主观概率的测定因人而异，受人的心理影响较大，判断是否接近实际，主要取决于市场趋势分析者的经验、知识水平和对市场趋势分析对象的把握程度。在实际中，主观概率与客观概率的区别是相对的，因为任何主观概率总带有客观性，趋势分析者的经验和其他信息是企业客观情况的具体反映，因此不能把主观概率看成为纯主观的东西。另外，任何客观概率在测定过程中也难免带有主观因素，因为实际工作中所取得的数据资料很难达到（大数）规律的要求。所以，在现实中，既无纯客观概率，又无纯主观概率。

期望值的计算方法为：

$$最高估计值\times概率+中等估计值\times概率+最低估计值\times概率$$

课堂讨论

德尔菲法与专家会议法有何差别？

2. 定量分析法

成本费用预测的定量分析法是指利用历史成本资料及成本与其影响因素之间的数量关系，通过一定的数学模型来计算预测未来成本的水平。下面重点介绍高低点法、加权平均法和回归分析法。

（1）高低点法

根据企业一定期间成本总额的历史资料，选用最高收入期和最低收入期的总成本之差，同这两个收入期的销售额（产销业务量）之差进行对比，先求 b 的值，然后代入原直线方程求出 a 的值，从而估计推测资金发展趋势。计算公式为

$b=$（最高收入期总成本－最低收入期总成本）/（最高销售收入－最低销售收入）

$$a=\text{最高收入期总成本}-b\times\text{最高销售收入}$$

或

$$a=\text{最低收入期总成本}-b\times\text{最低销售收入}$$

建立总成本模型 $y=a+bx$，将预测期自变量 x（产销量业务）代入 $y=a+bx$，即可求出预测期的总成本水平。

高低点法在企业的成本变动趋势比较稳定的情况下较适宜。

【例 3-5】 某企业 2007—2013 年的销售量及总成本见表 3-7。预计 2014 年销售量为 2.4 万件。

表 3-7　某企业 2007—2013 年销售量及总成本

年　份	2007	2008	2009	2010	2011	2012	2013
销售量 x/万件	2.5	2.2	3	2.8	2.6	1.8	1.5
总成本 y/万元	410	390	650	550	450	370	340

要求：按高低点法预测 2014 年总成本。

解：

高点在 2009 年，低点在 2013 年，列出议程式如下：

$$650=a+b\times 3 \quad (1)$$

$$340=a+b\times 1.5 \quad (2)$$

两式相减，得

$$b=(650-340)/(3-1.5)=206.67$$

代入（1）式或（2）式，求得

$$a=650-206.67\times 3\approx 30$$

或

$$a=340-206.67\times 1.5\approx 30$$

确立预测模型：

$$y = 30 + 206.67x$$

2014 年总成本 $= 30 + 206.67 \times 2.4 \approx 526$（万元）

（2）加权平均法

加权平均法是利用过去若干个按照时间顺序排列起来的同一变量（总成本）的观测值并以时间顺序数为权数，计算出观测值（总成本）的加权算术平均数，以这一数字作为预测未来期间总成本费用预测值的一种趋势预测法。

接例 3-5，按加权平均法测算 2014 年度总成本如下：

$$2014\text{ 年总成本} = \frac{1 \times 410 + 2 \times 390 + 3 \times 650 + 4 \times 550 + 5 \times 450 + 6 \times 370 + 7 \times 340}{1 + 2 + 3 + 4 + 5 + 6 + 7}$$

$$\approx 435.36\text{（万元）}$$

（3）回归分析法

企业的总成本按与产销业务的依存关系，可划分为变动成本和固定成本两大类，成本总额随着产销业务量的变动而变动的，叫变动成本，单位产销业务量的变动成本用 b 表示；固定成本是不随产销业务的变动而变动的成本，用 a 表示。根据成本与产销业务之间的这种依存关系，就可以建立总成本的回归直接方程。

$$y = a + bx$$

$$a = (\sum y - b \sum x)/n$$

$$b = (n \sum xy - \sum x \sum y)/(n \sum x^2 - (\sum x)^2)$$

式中，a 为固定成本；b 为单位变动成本。

接例 3-5，按回归分析法预测 2014 年度总成本，其资料见表 3-8。

表 3-8　销售量及总成本资料

年　份	2007	2008	2009	2010	2011	2012	2013	合　计
销售量 x/万件	2.5	2.2	3	2.8	2.6	1.8	1.5	16.4
总成本 y/万元	410	390	650	550	450	370	340	3 160
x^2	6.25	4.84	9	7.84	6.76	3.24	2.25	40.18
xy	1 025	858	1 950	1 540	1 170	666	510	7 719

$$b = (n \sum xy - \sum x \sum y)/(n \sum x^2 - (\sum x)^2)$$

$$= (7 \times 7719 - 16.4 \times 3160)/(7 \times 40.18 - 16.4 \times 16.4) \approx 179.59$$

$$a = (\sum y - b \sum x)/n = (3316 - 179.59 \times 16.4)/7 \approx 52.96$$

确立预测模型：

$$y = 52.96 + 179.59x$$

2014 年总成本 $= 52.96 + 179.59 \times 2.4 \approx 484$（万元）

课堂讨论

高低点法和回归分析法在成本费用预测和资金需求量预测中的运用是否一致？

3.5 利润预测

（一）利润预测的定义和意义

利润预测是对公司未来某一时期可实现的利润的预计和测算。它是按影响公司利润变动的各种因素，预测公司将来所能达到的利润水平，或按实现目标利润的要求，预测需要达到的销售量或销售额。

目标利润就是指公司计划期内要求达到的利润水平。它既是公司生产经营的一项重要目标，又是确定公司计划期销售收入和目标成本的主要依据。正确的目标利润预测，可促使公司为实现目标利润而有效地进行生产经营活动，并根据目标利润对公司经营效果进行考核。

（二）利润预测的内容

利润预测的内容包括销售量（销售额）的预测、成本费用预测和目标利润预测三个方面。

1. 销售量（销售额）预测

销售量（销售额）预测是指以市场调查研究为基础，以历史销售情况为参照，结合未来市场供求变化及销售发展趋势，运用一定的方法，对公司未来一定期间可实现的销售量（销售额）进行预计和测算。销售量（销售额）预测是各项财务预测的基础。

2. 成本费用预测

成本费用预测是在销售预测的基础上，根据历史资料并结合公司未来成本费用水平的发展变动趋势，运用一定的科学方法，对未来成本费用水平及其变化趋势做出科学的估计。通过成本费用预测，能掌握未来的成本费用水平及其变动趋势，有助于减少决策的盲目性，使经营管理者易于选择最优方案，做出正确决策。

3. 目标利润预测

目标利润预测是指按照一定方法预计并确定未来企业在利润方面应当达到的奋斗目标的过程。目标利润预测是利润预测的核心。

目标利润预测的根本目的是，在考虑企业生存发展对利润需求的基础上，充分考虑企业的主客观条件，提出未来一定期间从事生产经营活动应实现的利润目标。

（三）利润预测的方法

利润预测的方法主要有本量利分析法、相关比率法和因素测算法。

1. 本量利分析法

本量利分析法全称为“成本－业务量（生产量或销售量）－利润分析法”，也称损益平衡分析法，主要根据成本、业务量和利润三者之间的变化关系，分析某一因素的变化对其他因素的影响，可用于利润预测、成本和业务量预测。本量利分析法是以成本性态研究为基础的。成本性态是指成本总额对业务量的依存关系。成本按其成本性态可分为变动成本、固定成本、混合成本。其中，变动成本是指随业务量增长而成正比例增长的成本；固定成本是指在一定的业务量范围内，不受业务量影响的成本；混合成本介于变动成本和固定成本之间，是指随业务量的增长而增长，但不成正比例增长的成本，可将其分解成变动成本和固定成本两部分。

本量利数学模型有以下三种。

（1）损益方程式。

利润＝销售收入－总成本＝销售收入－变动成本－固定成本
＝（单价－单位变动成本）×销售量－固定成本

（2）边际贡献方程式。边际贡献是指销售收入与相应变动成本之间的差额，也称贡献边际、贡献毛益、创利额。其公式为

边际贡献＝销售收入－变动成本

单位边际贡献是单位产品的销售价格减去产品的单位变动成本的差额。

边际贡献率是边际贡献在销售收入中所占的比率，反映了每1元销售收入所提供的边际贡献。

变动成本率是指变动成本在销售收入中所占的百分比。其公式为

边际贡献率＋变动成本率＝1
利润＝边际贡献－固定成本

（3）本量利图（盈亏临界图、损益平衡图）。保本点是指企业利润为零，即不盈不亏情况下的业务量。保本点可以用保本销售量和保本销售额来表示。将成本、销量、利润的关系反映在直角坐标系中，为本量利图（图3.1），因其能清晰地显示企业不盈利也不亏损时应达到的产销量，用图示表达本量利的相互关系，不仅形象直观、一目了然，而且容易理解。

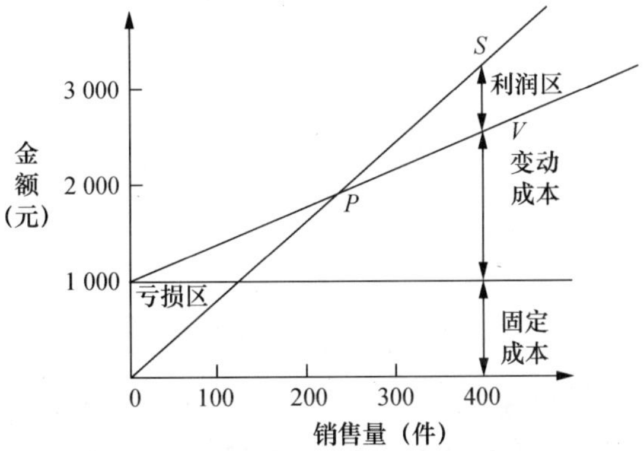

图3.1 基本的本量利图

由于在保本点时利润等于零，即

销售量×(单价－单位变动成本)－固定成本＝0

保本销售量＝固定成本/(单价－单位变动成本)

在已知目标利润的情况下，即

销售量×(单价－单位变动成本)－固定成本＝目标利润

目标销售量＝（目标利润＋固定成本)/(单价－单位变动成本)

目标销售量是指实现目标利润的产品销售数量。

【例 3-6】 某企业计划生产甲产品 15 万件，预计固定成本 80 万元，单位变动成本 60 元，单价 100 元，目标利润 500 万元。请计算盈亏平衡点的销售量及达到目标利润的销售量。要求计算该企业的保本点和目标销售量。

解： 保本点＝800 000/(100－60)＝20 000（件）

目标销售量＝(5 000 000＋800 000)/(100－60)＝145 000（件）

该企业必须销售 14 500 件，才能实现 500 万元的利润目标。

知识链接

基本的本量利图绘制步骤及表达的意义

(1) 基本的本量利图绘制步骤

① 选定直角坐标系，以横轴表示销售数量，纵轴表示成本和销售收入的金额。

② 在纵轴上找出固定成本数值，以此点（0，固定成本值）为起点，绘制一条与横轴平行的固定成本线 F。

③ 以点（0，固定成本值）为起点，以单位变动成本为斜率，绘制变动成本线 V。

④ 以坐标原点 0（0，0）为起点，以单价为斜率，绘制销售收入线 S。

(2) 基本的本量利图表达的意义

① 固定成本线与横轴之间的距离为固定成本值，它不因产量增减而变动。

② 变动成本线与固定成本线之间的距离为变动成本，它随产量而成正比例变化。

③ 变动成本线与横轴之间的距离为总成本，它是固定成本与变动成本之和。

④ 销售收入线与总成本线的交点（P）是盈亏临界点，它在横轴上对应的销售量，表明企业在此销售量下总收入与总成本相等，既没有利润，也不发生亏损。在此基础上，增加销售量，会使销售收入超过总成本，S 和 V 的距离为利润值，形成利润区；反之，形成亏损区。

2. 相关比率法

相关比率法是根据利润与有关指标之间的内在关系，对计划期间的利润进行预测的一种方法。常用的相关比率主要有销售收入利润率、资金利润率等。

利润＝预计销售收入×销售收入利润率

或 利润 = 预计平均资金占用额 × 资金利润率

3. 因素测算法

因素测算法是指在基期利润水平的基础上，根据计划期间影响利润变化的各项因素，预测企业计划期间的利润额，以本量利分析法的基本原理为基础。影响利润的主要因素有销售量、销售价格、变动成本、固定成本总额、所得税税率等。

计划期利润 = 基期利润 ± 计划期各种因素的变动而增加或减少的利润

课堂讨论

本量利分析预测法下，保本销售额如何计算？

本章总结

本章主要介绍了财务预测的意义和具体的财务预测方法。财务预测是财务管理的具体方法之一，是编制企业预算的基础，能为企业做出正确的财务决策提供有用的数据信息。

财务预测的程序主要包括明确预测对象和目标、制订预测计划、收集整理资料、确定预测方法、进行实际预测、评价与修正预测结果等。

财务预测方法包括定性预测和定量预测两大类。定性预测是通过判断、归纳、推理、分析等手段对具体预测对象进行结果预测的主观经验总结，它建立在经验判断、逻辑思考和演绎推理的基础上，如专家会议法、德尔菲法等。定量预测是通过分析可能影响预测对象的各种变化因素、数量关系，根据历史数据找出其内在规律，并据此建立预测模型，通过数学运算做出预测结果的方法，如高低点法、回归分析法、本量利分析法、相关比率法等。

财务预测的内容一般包括销售预测、资金需求量预测、成本费用预测、利润预测等。

本章习题

一、思考题

1. 什么叫财务预测？财务预测在财务管理中有何重要意义？
2. 财务预测的程序有哪些？
3. 财务预测的方法有哪些？
4. 什么叫专家会议法？
5. 什么叫德尔菲法？它与专家会议法有何区别？
6. 本量利分析法中提到的成本性态是指什么？

7. 什么叫保本点?

二、单项选择题

1. 下列属于时间序列预测法的是（　　）。

A. 加权平均法　　B. 德尔菲法

C. 专家会议法　　D. 量本利法

2. 财务预测的起点是（　　）。

A. 资金需求量预测　　B. 销售预测

C. 现金预测　　D. 成本费用预测

3. 下列属于定性预测的方法有（　　）。

A. 时间序列预测法　　B. 回归分析法

C. 德尔菲法　　D. 高低点法

4. 某企业2013年新增留存收益为300万元，所计算的可持续增长率为10%，若2014年不增发新股，且能保持财务政策和经营效率不变，预计2014年的净利润可以达到1210万元，则2004年的股利支付率为（　　）。

A. 75.21%　　B. 72.73%　　C. 24.79%　　D. 10%

5. 企业的外部融资需求的正确估计为（　　）。

A. 资产增加—预计总负债—预计股东权益

B. 资产增加—负债自然增加—留存收益的增加

C. 预计总资产—负债自然增加—留存收益的增加

D. 预计总资产—负债自然增加—预计股东权益增加

6. 某企业上年销售收入为1 000万元，若预计下一年通货膨胀率为5%，销售量增长10%，所确定的外部融资占销售增长的百分比为25%，则相应外部应追加的资金为（　　）万元。

A. 38.75　　B. 37.5　　C. 25　　D. 25.75

7. 企业2013年的可持续增长率为10%，股利支付率为50%，若预计2014年不增发新股并保持目前经营效率和财务政策，则2014年股利的增长率为（　　）。

A. 10%　　B. 5%　　C. 15%　　D. 12.5%

8. 甲公司的变动资产销售百分比为50%，变动负债销售百分比为10%。设甲公司的外部融资销售增长比大于0但不超过0.2，销售净利率为10%，股利支付率为30%，其他条件不变，则甲公司销售增长率的可能区间为（　　）。

A. 0～20%　　B. 21.21%～53.85%　　C. 20%～53.85%　　D. 0～21.21%

9. 下列表达式不正确的是（　　）。

A. 实际增长需要资金=实际销售/本年资产周转率

B. 持续增长需要资金=可持续增长销售/上年资产周转率

C. 超常部分销售所需资金=实际增长需要资金-持续增长需要资金

D. 持续增长需要资金=可持续增长销售/本年资产周转率

10. 在计算可持续增长率时，下列说法不正确的是（　　）。

A. 不增发新股，意味着股东权益本期增加等于本期形成的留存收益等于留存收益

本期增加

B. 总资产周转率＝本期销售/平均总资产

C. 资本结构不变意味着资产负债率不变

D. 经营效率体现于资产周转率和销售净利率，财务政策体现于资产负债率和收益留存率

三、多项选择题

1. 进行财务预测的方法包括（　　）。

A. 使用回归分析技术　　B. 利用可持续增长模型

C. 使用综合数据库财务计划系统　　D. 销售百分比法

2. 销售增长引起净资产同步增长，需要同时具备的条件是（　　）。

A. 资产周转率不变　　B. 资产周转率提高

C. 资产负债率不变　　D. 销售利润率提高

3. 企业若打算减少外部融资的数量，应该（　　）。

A. 提高销售利润率　　B. 提高股利支付率

C. 降低股利支付率　　D. 提高销售量

4. 在不增发新股的情况下，如果某年可持续增长率计算公式中的4个财务比率中有一个或多个数值比上年下降，则（　　）。

A. 本年的实际销售增长率就会低于上年的可持续增长率

B. 本年的可持续增长率就会低于上年的可持续增长率

C. 本年可持续增长率就会低于本年的实际增长率

D. 上年可持续增长率就会低于本年的可持续增长率

5. 在不增发新股的情况下，如果某年的可持续增长率计算公式中的4个财务比率有一个或多个数值增长，则（　　）。

A. 本年实际增长率超过本年的可持续增长率

B. 本年的可持续增长率超过上年的可持续增长率

C. 本年的实际增长率超过上年的可持续增长率

D. 本年的可持续增长率超过上年的实际增长率

6. 在不增发新股的情况下，如果某年的经营效率和财务政策与上年相同，则下列等式成立的是（　　）。

A. 本年的实际增长率＝下年的可持续增长率

B. 本年的实际增长率＝上年的可持续增长率

C. 本年的实际增长率＝本年的可持续增长率

D. 本年的可持续增长率＝下年的可持续增长率

7. 如果希望提高销售增长率，即计划销售增长率高于可持续增长率，则可以通过（　　）。

A. 按照资本结构同时筹资权益资本和增加借款　　B. 降低股利支付率

C. 提高销售净利率　　D. 提高资产周转率

8. 下列说法正确的是（　　）。

A. 内含增长率的计算是对销售百分比法的运用

B. 在其他条件相同的情况下，如果销售增长率高于内含增长率，则外部融资额一定大于零

C. 在其他条件相同的情况下，股利支付率越高，外部融资额对销售净利率的变化越敏感

D. 只要销售增长，则一定需要外部融资

9. 在可持续增长率的情况下，下列等式成立的是（　　）。

A. 股东权益本期增加额 = 本期净利 × 本期收益留存率

B. 股东权益增长率 = 资产负债表中留存收益增长率

C. 资产增长率 = 负债增长率 = 可持续增长率

D. 税后利润增长率 = 股利增长率 = 销售增长率 = 可持续增长率

10. 下列属于定性预测的方法有（　　）。

A. 专家会议法　　B. 德尔菲法

C. 销售人员意见法　　D. 回归分析法

四、判断题

1. 由于通货紧缩，某公司不打算从外部融资，而主要靠调整股利分配政策，扩大留存收益来满足销售增长的资金需求。历史资料表明，该公司资产、负债与销售总额之间存在着稳定的百分比关系。现已知资产销售百分比为60%，负债销售百分比为15%，计划下年销售净利率5%，不进行股利分配。据此，可以预计下年销售增长率为12.5%。（　　）

2. 若外部融资销售增长比为负数，则说明企业有剩余资金。（　　）

3. 可持续增长率和内含增长率的共同点是都不会引起资产负债率的变化。（　　）

4. 在可持续增长的条件中，根据资产周转率不变可知销售增长率等于期末总资产增长率。（　　）

5. 在内含增长的情况下，外部融资额为零，负债不增加。（　　）

6. 企业的销售增长率不能高于或低于可持续增长率。（　　）

7. 企业无须发行新股，只要保持某年的资产净利率、资产负债率和股利支付率与上年相同，则实际增长率等于上年的可持续增长率。（　　）

8. 某企业外部融资占销售增长的百分比为5%，若上年销售收入为1000万元，预计销售收入增加200万元，则相应外部应追加的资金为10万元。（　　）

9. 在财务预测中，使用定量预测方法后就不需要进行定性预测方法。（　　）

10. 对于同一预测对象，使用不同的定量预测方法的预测结果应该完全一致。（　　）

五、计算分析题

1. 已知某公司2013年销售收入为20000万元，2013年12月31日的资产负债表（简表一）见表3-9。

表3-9 资产负债表（简表一） 单位：万元

资　　产	期末余额	负债及所有者权益	期末余额
货币资金	1 000	应付账款	1 000
应收账款	3 000	预收账款	2 000
存货	6 000	长期借款	9 000
固定资产	7 000	实收资本	4 000
无形资产	1 000	留存收益	2 000
资产总计	18 000	负债与所有者权益合计	18 000

该公司2014年计划销售收入比上年增长20%，为实现这一目标，公司需新增设备一台，需要320万元资金。据历年财务数据分析，公司流动资产与流动负债随销售额同比率增减。假定该公司2014年的销售净利率可达到10%，净利润的60%分配给投资者。

要求：

（1）计算2014年流动资产增加额。

（2）计算2014年流动负债增加额。

（3）计算2014年公司需增加的营运资金。

（4）计算2014年的留存收益。

（5）预测2014年需要对外筹集的资金量。

2. 已知某公司2013年销售收入为10 000万元，销售净利润率为12%，净利润的70%分配给投资者。2013年12月31日的资产负债表（简表二）见表3-10。

表3-10 资产负债表（简表二） 单位：万元

资　　产	期末余额	负债及所有者权益	期末余额
货币资金	200	应付票据	200
应收账款	1 800	应付账款	2 800
应收票据	500	长期借款	700
存货	3 500	实收资本	1 000
固定资产	2 500	资本公积	2 000
无形资产	1 500	留存收益	3 300
资产总计	10 000	负债与所有者权益总计	10 000

要求：回答下列互不相关的问题。

（1）如果预计2014年销量增加30%，通货膨胀率为5%，股利支付率为60%，流动资产和流动负债与销售收入同比例增长，同时需要增加长期资产投资100万元，长期负债不变，所有者权益中只有留存收益增加，销售净利率为15%，计算2014年需增加的营运资金、需要增加的资金及需要对外筹集的资金量。

（2）如果2014年不打算从外部筹资，流动资产增长200万元，负债增长20万元，长期资产减少100万元，所有者权益中只有留存收益增加，销售净利率为5%，股利支付率为80%，计算2014年的销售额应达到多少才可以。

3. 甲公司2013年主要财务数据见表3-11。

表3-11 甲公司2013年主要财务数据

资　产	数　据
收入/万元	6 000
税后利润/万元	300
股利/万元	60
留存利润/万元	240
股东权益/万元	1 200
负债/万元	1 200
总资产/万元	2 400
销售净利率	5%
销售/总资产/万元	2.5
总资产/期末股东权益/万元	2
留存率	80%

要求：

（1）计算2013年的可持续增长率。

（2）假设2014年的销售净利率提高到10%，其他的财务比率不变，不增发新股，计算2014年的实际增长率和可持续增长率，并得出相应的结论。

（3）假设2014年的留存收益率提高到100%，其他的财务比率不变，不增发新股，计算2014年的实际增长率和可持续增长率，并得出相应的结论。

（4）假设2014年的销售净利率提高到10%，留存收益率提高到100%，其他的财务比率不变，不增发新股，计算2014年的实际增长率和可持续增长率，并得出相应的结论。

（5）假设2014年的权益乘数提高到2.5，其他的财务比率不变，不增发新股，计算2014年的实际增长率和可持续增长率，并得出相应的结论。

（6）假设2014年的资产周转率提高到4，其他的财务比率不变，不增发新股，计算2014年的实际增长率和可持续增长率，并得出相应的结论。

4. A公司2013年度的主要财务数据见表3-12。

表3-12 A公司2013年度的主要财务数据　　单位：万元

资　产	数　据
销售收入	10 000
营业利润	750
利息支出	125
税前利润	625
所得税（税率20%）	125
税后利润	500
分配股利（股利支付率50%）	250
收益留存	250
期末股东权益（1 000万股）	1 250
期末负债	1 250
期末总资产	2 500

要求：假设A公司2014年的计划销售增长率为35%，请回答下列互不相关的问题。

(1) 如果不打算从外部筹集权益资金，并保持2013年的财务政策和资产周转率，销售净利率应达到多少?

(2) 如果不打算从外部筹集权益资金，并保持2013年的财务政策和销售净利率，资产周转率应达到多少?

(3) 如果不打算从外部筹集权益资金，并保持2013年的经营效率和资本结构，股利支付率应达到多少?

(4) 如果不打算从外部筹集权益资金，并保持2013年的经营效率和股利支付率，资产负债率应达到多少?

(5) 如果想保持2013年的经营效率和财务政策不变，需要从外部筹集多少股权资金?

第 4 章 财务预算

本章导读

财务预算是一系列专门反映企业未来一定预算期内预计财务状况和经营成果，以及现金收支等价值指标的各种预算的总称，具体包括现金预算、财务费用预算、预计利润表、预计资产负债表和预计现金流量表等内容。财务预算的编制基础是各项业务预算，编制的起点是销售预算。编制预算的方法有固定预算与弹性预算、增量预算与零基预算、定期预算与滚动预算。

4.1 财务预算概述

（一）财务预算的概念

财务预算是一系列专门反映企业未来一定期限内预计财务状况和经营成果，以及现金收支等价值指标的各种预算的总称，具体包括现金预算、财务费用预算、预计利润表、预计资产负债表和预计现金流量表等。

财务预算属于企业计划体系的组成内容，是以货币表现的企业长期发展规划和近期经济活动的计划。同时，财务预算又是企业全面预算的一个重要方面，它与企业业务预算（产、销、存预算）相互联系、相辅相成，共同构成企业完整的全面预算体系。

（二）财务预算的特征

财务预算具有综合性和导向性特征。

1. 综合性

对于企业业务预算而言，无论是生产预算还是销售预算，无论是流量预算还是存量预算，除涉及成本、价格等价值指标外，更重要的是产、销、存的数量、结构等实物性指标的预算。由于这些实物性指标的一个重要特征是不能加总，而必须按不同产品分别计量，因而决定了业务预算具有相对性的特征。不仅如此，就成本、价格等价值性指标来说，也是一些分项目、分品种的具体性指标。例如，生产成本既要按品种编制单位成本计划，又要按成本项目编制直接材料预算、直接人工预算和制造费用预算；产品销售价格不仅要按品种进行计划，而且还应按不同质量等级、不同销售渠道（是内部转移还是对外销售）等分别予以制定。相比之下，财务预算中，无论是损益预算还是现金预算，均是以货币为计量单位的价值预算。

由于价值的抽象性特征，决定了不同产品、不同经营项目及不同财务事项的数量方面能够直接汇总成综合性的财务指标。不仅如此，就财务预算指标的设置而言，为便于其与实际指标进行对比分析，通常要求与财务报表项目的口径保持一致。而财务报表的每一个项目均是企业经营及财务活动某一特定方面数量状况的综合反映，这样，据此设置的财务预算指标就具有综合性的特征。

2. 导向性

企业管理以财务管理为中心，而财务管理以财务目标为导向。这里，以财务目标为导向，就是企业的一切经济活动均应从企业的财务目标出发，体现实现企业财务目标的要求。作为以财务目标为起点进行层层分解所形成的控制指标体系，企业财务预算是财务目标的具体化。其中，财务预算中的损益预算指标是财务目标中收益目标的具体化，现金流量预算及资本结构预算则是财务目标中风险控制目标的具体化。这两个方面综合起来就体现了收益与风险的最佳组合——企业价值最大化的目标要求。企业财务预算的这一属性决定了其对企业经济活动具有导向作用，它是财务目标导向作用的具体实现程序。如果财务目标属于总体上的观念导向，那么财务预算则是具体层次上的行为导向。这种行为导向主要体现为，企业的一切经济活动均应以预算指标为控制依据，符合实现预算指标的要求。

（三）财务预算的功能和作用

财务预算具有规划、沟通和协调、资源优化配置、运营控制和绩效评价的功能。

财务预算作为全面预算体系中的最后环节，可以从价值方面总括地反映企业在一定经营期的专门决策预算和各项业务预算的结果，因此它在全面预算体系中占有举足轻重的地位。在现代企业财务管理中，财务预算全面、综合地协调规划企业内部各部门、各层次的经济关系和工作职能，使之统一服从于未来经营总目标的要求；同时，财务预算又能使各项决策具体化、系统化和定量化，能够明确规定企业有关生产经营人员各自的职责及相应的工作目标。

通过财务预算，可以建立评价企业财务状况和经营业绩的标准。一个科学、先进、合理、高效的财务预算，是考核员工绩效的最直接、最有效的方法。将实际数与预算数进行对比分析，可以及时发现企业经营管理中存在的问题，便于及时纠错和调整偏差，使企业的各项经济活动按预定目标有序开展，从而顺利实现企业的财务目标。

（四）财务预算的编制准备及流程

根据企业的经营目标，科学合理地规划、预计及测算未来经营成果、现金流量增减变动和财务状况，并以财务会计报告的形式将有关数据系统地加以反映的工作流程，称为财务预算编制。财务预算由预算损益表、预算现金流量表、预算资产负债表组成。财务预算的期间一般为一年，并与企业的会计年度保持一致，以便于实际的经营过程中，对财务预算执行情况进行监督、检查、分析。

编制财务预算的准备工作一般可分为以下三步。

第一步，确定财务预算的目标。财务预算要以企业经营目标为前提。企业经营目标包括利润目标及为实现这一目标的相关目标，如销售收入目标、成本控制目标、费用控制目标等。对相关的经营目标及财务预算指标，要进行综合分析及平衡。

第二步，搜集资料。在编制财务预算之前，应搜集编制财务预算有关的资料。要充分搜集企业内部及外部的历史资料，掌握目前的经营及财务状况和未来发展趋势等相关资料，并对资料采用时间数列分析及比率分析的方法，研究分析企业对各项资产运作的程度及运转效率，判断有关经济指标及数据的增减变动趋势和相互间的依存关系，测算出可能实现的预算值。

第三步，汇总企业业务方面的预算。企业各部门编制的各项业务预算，如销售预算、生产预算、成本费用预算、材料和低值易耗品采购预算、直接人工预算等，是编制财务预算的重要依据。在编制财务预算前，应将汇总的各项业务预算的数据及经济指标加以整理、分析，经相互钩稽确认后，作为财务预算各表的有关预算数。

编制财务预算，首先应以销售预算的销售收入为起点，以现金流量的平衡为条件，最终通过预计损益表及预计资产负债表综合反映企业的经营成果及财务状况。财务预算的一系列报表及数据，环环紧扣、相互关联、互相补充，形成了一个完整的体系，如图 4.1 所示。

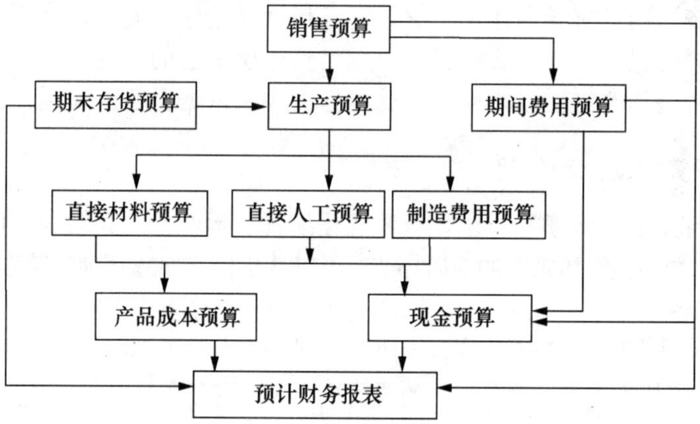

图 4.1　财务预算的内容与编制流程

4.2　财务预算的编制方法

（一）固定预算与弹性预算

编制预算的方法按其业务量基础的数量特征不同，可分为固定预算和弹性预算两大类。

1. 固定预算

固定预算又称静态预算，是指在编制预算时，只根据预算期内正常的、可实现的某一固定业务量（如生产量、销售量）水平作为唯一基础来编制预算的一种方法。

固定预算的优点是简便易行。固定预算的缺点主要有以下两个。

（1）过于机械呆板。因为编制预算的业务量基础是事先假定的某一个业务量，不论预算期内业务量水平可能发生哪些变动，都只按事先确定的某一个业务量水平作为编制预算的基础。

（2）可比性差。这是固定预算的致命弱点。当实际的业务量与编制预算所根据的预计业务量发生较大差异时，有关预算指标的实际数与预算数就会因业务量基础不同而失去可比性。因此，按照固定预算方法编制的预算不利于正确地控制、考核和评价企业预算的执行情况。

固定预算一般适用于业务量比较稳定或者变化很小的企业。此方法在预算编制方法中处于基础地位。

2. 弹性预算

弹性预算又称变动预算，是指为克服固定预算方法的缺点而设计的，以业务量、成本和利润之间的依存关系为依据，以预算期可预见的各种业务量水平为基础，编制能够适应多种业务量预算的一种方法。

编制弹性预算所依据的业务量可以是产量、销售量、直接人工工时、机器工时、材料消耗量或直接人工工资等。

与固定预算相比，弹性预算具有预算范围宽和可比性强的优点。

理论上，弹性预算适用于编制全面预算中所有与业务量有关的预算，但实务中，主要用于编制弹性成本费用预算和弹性利润预算。

编制弹性成本（费用）预算的主要方法包括公式法、列表法，其优缺点见表4-1。

表4-1 弹性成本（费用）预算编制

方法	编制要点	优　点	缺　点
公式法	建立数学模型 $y=a+bx$，其中 y 为总成本，a 为固定成本，b 为单位变动成本，x 为业务量	在一定范围内不受业务量影响，预算编制工作量小	不能直接查出特定业务量下的预算目标，需在业务量确定后临时计算预算目标，成本分解工作量大
列表法	将不同业务量水平下的成本费用（或利润）预算，详细列示于表格内	可及时对照实际数与预算数的差异，便于预算的控制考核	预算编制工作量较大

【例4-1】某小型家具制造厂拟利用闲置的三台机器，投资一项学生用钢木小床桌项目，在不知盈利状况如何的情况下，为了回避风险、稳健投资，财务人员利用弹性预算对该项目的制造成本及利润情况进行了财务预算，其预算资料见表4-2。

表 4-2 某小型家具制造厂制造成本预算资料（2013 年度）

项　　目	固定费用/元	变动费用/(元/台时)
1. 折旧	10 000	
2. 保险费	9 000	
3. 燃油		2
4. 原材料		8
5. 职工薪酬	15 000	4
6. 维修费	1 500	0. 2
合计	35 500	14. 2

解：从表 4-2 可以得知如下数据：

固定成本费用总额 $a = 10\,000 + 9\,000 + 15\,000 + 1\,500 = 35\,500$（元）

变动成本费用率 $b = 2 + 8 + 4 + 0.2 = 14.2$（元/台时）

成本性态模型 $y = a + bx = 35\,500 + 14.2x$

利用该模型可以预测业务量 x 在 8 370～9 756 台时，即生产能力利用率为 90%～105% 任意一点上的制造成本预算数（生产能力利用率 100% 时为 9 300 台时）。

为了便于费用的分项控制和考核，进一步按照费用项目列出不同业务量水平下的弹性预算表，见表 4-3。

表 4-3 某小型家具制造厂制造成本弹性预算表（2013 年度）

机器台时	8 370	8 835	9 300	9 765
生产能力利用	90%	95%	100%	105%
1. 变动费用项目	135 354	141 957	148 560	155 163
燃油	16 740	17 670	18 600	19 530
原材料	66 960	70 680	74 400	78 120
职工薪酬	48 480	50 340	52 200	54 060
维修费	3 174	3 267	3 360	3 453
2. 固定费用	19 000	19 000	19 000	19 000
折旧费	10 000	10 000	10 000	10 000
保险费	9 000	9 000	9 000	9 000
制造成本预算数	154 354	160 957	167 560	174 163

根据表 4-3 可知，生产能力利用为 90% 时，机器开动 8 370 台时，制造成本可控制在 82 372元以内；生产能力利用率在 95% 时，机器开动 8 835 台时，制造成本可控制在 84 976 元，依次类推。

根据市场调查了解，如果生产能力利用率达 100% 时，可使销售收入达到 1 200 000 元。假设销售收入与生产能力利用率成正比，根据这样的调查了解可知，该产品技术简单，没有废品，凡生产便可达到合格，而且由于和近10所高校及中专、技校有业务上的往来，常年销售，不存在滞销问题。另外，还可以向居民零售，或向超市供货，总之，销售不成问题。

根据以上预测，编制利润预算表，见表4-4。

表4-4 某小型家具制造厂利润预算表（2013年度）

销售收入百分比（1）	90%	95%	100%	105%
销售收入（2）=900 000×（1）	810 000	855 000	900 000	945 000
变动成本（3）	135 354	141 957	148 560	155 163
边际贡献（4）=（2）－（3）	674 646	713 043	751 440	789 837
固定成本（5）	19 000	19 000	19 000	19 000
毛利润总额（6）=（4）－（5）	655 646	694 043	732 440	770 837

由表4-4可知，如果该小型家具制造厂投资学生用钢木小床桌，生产能力利用率为100%，每年可为本企业创造利润732 440元，于是，该小型家具制造厂决定投资学生用钢木小床桌项目。

（二）增量预算与零基预算

编制预算的方法按其依据的基础不同，可分为增量预算与零基预算两类。

1. 增量预算

（1）增量预算的含义

增量预算又称调整预算，是指以基期的业务量水平和成本费用消耗水平为编制预算的基础，根据企业预算期的经营目标和实际情况，结合市场竞争态势，通过对基期的指标数值进行增减调整而确定预算期的指标数值方法。

增量预算以过去的成本费用为基础，不需要在预期内容上做较大的调整。

增量预算的假设条件包括企业现有的业务活动是合理、必需的，不需要进行调整；企业现有的各项业务的开支水平是合理的，在预算期予以保持；以现有的业务活动和各项活动的开支水平，确定预算期内各项活动的预算数。

增量预算是指新的预算使用以前期间的预算或者实际业绩作为基础来编制，在此基础上增加相应的内容。

（2）增量预算的优点

采用增量预算编制的优点包括以下几个。

① 预算编制工作量较少。

② 可以避免各项生产经营业务和日常各级各部门的各项管理工作产生剧烈的波动。

③ 预算是稳定的，变化是循序渐进的。

④ 经理能够在一个稳定的基础上经营由其管理的部门。

⑤ 系统相对容易操作和理解。

⑥ 容易实现协调预算。

（3）增量预算的缺点

采用增量预算编制的缺点包括以下几个。

① 它假设经营活动及工作方式都以相同的方式继续下去，受原有费用项目限制，可能导致保护落后。

② 不能拥有启发新观点的动力，不利于企业的发展。

③ 没有降低成本的动力。

④ 它鼓励将预算全部用完以便明年可以保持相同的预算，滋长了预算中的“平均主义”和“简单化”。

⑤ 它可能过期，并且不再和经营活动的层次或者执行工作的类型有关。

2. 零基预算

（1）零基预算含义

零基预算又称零底预算，是指在编制成本费用预算时，不考虑以往会计期间所发生的费用项目或费用数额，而是将所有的预算支出均以零为出发点，一切从实际需要与可能出发，逐项审议预算期内各项费用的内容及开支标准是否合理，在综合平衡的基础上编制费用预算的一种方法。

（2）零基预算的编制程序

① 动员与讨论，各部门提出完成目标任务的业务活动和各项费用的需用数额。

② 预算编制机构对各部门提出的方案进行成本—效益分析，做出各项费用开支合理性判断，并提出零基管理理念下的预算指标草案，划分不可避免项目和可避免项目。

③ 预算编制机构组织各预算执行部门对零基预算草案进行可行性论证，划分不可延缓项目和可延缓项目，修改零基预算草案，提交企业决策机构最后批准。

（3）零基预算的优缺点及适用范围

零基预算的优点是，不受已有费用项目和开支水平的限制；能够调动各方面降低费用的积极性，有助于企业的发展。其缺点是工作量大，重点不突出，编制时间较长。

此法特别适用于产出较难辨认的服务性部门费用预算的编制。

（三）定期预算与滚动预算

编制预算的方法按其预算期的时间特征不同，可分为定期预算与滚动预算。

1. 定期预算

定期预算是以固定不变的会计期间（如年度、季度、月份）为预算期间编制预算的方法。它的优点是可以保证预算期间与会计期间在时期上配比，便于依据会计报告的数据与预算的比较，考核和评价预算的执行结果。但不利于前后各个期间的预算衔接，不能适应连续不断的业务活动过程的预算管理。

2. 滚动预算

滚动预算也称连续预算或永续预算，是在上期预算完成情况的基础上，调整和编制下期预算，并将预算期间逐期连续向后滚动推移，使预算期间保持一定的时期跨度，将预算期与年度脱开。其优点是能够保持预算的持续性，有利于考虑未来业务活动，结合企业近期目标和长期目标；使预算随时间的推进不断加以调整和修订，能使预算与实际情况更相适应，有利于充分发挥预算的指导和控制作用。其缺点是编制工作量大。滚动预算编制示意图如图 4.2 所示。

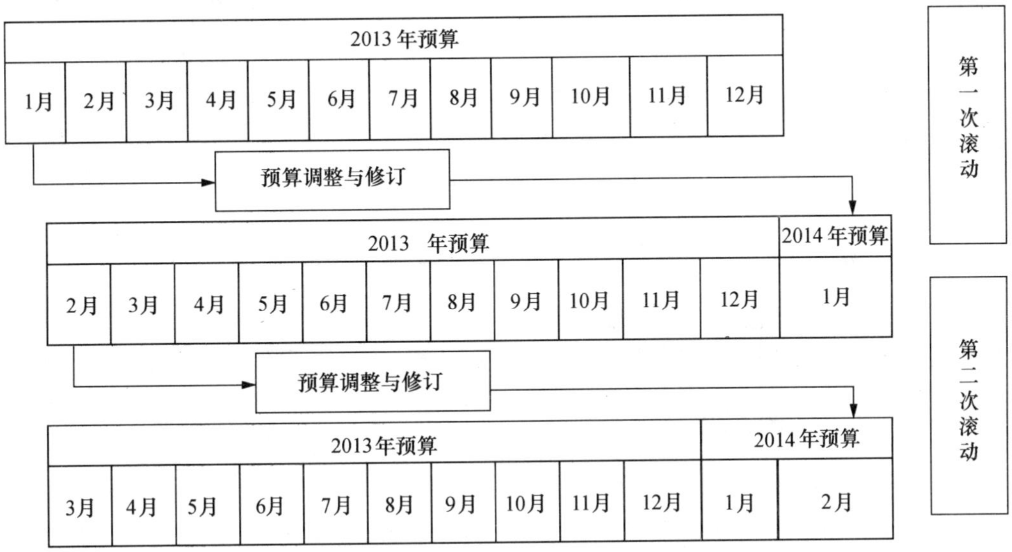

图 4.2 滚动预算编制示意图

课堂讨论

滚动预算与固定预算有什么不同？

4.3 营业预算与专门决策预算的编制实例

（一）销售预算

销售预算是指为规划一定预算期内因组织销售活动引起的预计销售收入而编制的一种日常业务预算。由于其他预算都需要在销售预算的基础上编制或者大都与销售预算数据有关，因此，销售预算是编制全面预算的关键和起点。

本预算需要在销售预测的基础上，根据企业年度目标利润确定的预计销售量和销售价格等参数进行编制。其编制程序如下。

1. 计算各种产品的预计销售收入

按照各种产品的预计单价和预计销售量计算各种产品的预计销售收入。其计算公式为：

某种产品预计销售收入 = 该种产品预计单价 × 该产品预计销售量

式中，单价可根据市场供求关系并通过价格决策来决定；预计销售量则需要根据市场预测或销售合同并结合企业生产能力来确定。

2. 预计预算期所有产品的销售收入总额

预计销售收入总额的公式为：

预计销售收入总额 = ∑各种产品预计销售收入

3. 预计在预算期发生的与销售收入相关的增值税销项税额

某预算期预计增值税销项税额的公式为：

某预算期预计增值税销项税额 = 该期预计销售收入总额 × 该期适用的增值税税率

4. 预计预算期含税销售收入

某预算期预计含税销售收入的公式为：

某预算期预计含税销售收入 = 该期预计销售收入总额 ×（1 + 该期适用的增值税税率）

为了便于编制财务预算，还应在编制销售预算的同时，编制与销售收入有关的经营现金收入预算表，以反映全年及各季度销售所得的现销含税收入和回收前期应收款的现金收入。

某预算期经营现金收入 = 该期现销含税收入 + 该期收回前期应收账款

某期现销含税收入 = 该期含税销售收入总额 × 该期预计现销比率

某期收回前期应收账款 = 前期应收账款 × 该期预计应收账款回收比率

在全面预算中，现销比率和应收账款回收比率通常为已知的经验数据。

【例 4-2】振华制造公司生产 X、Y 两种产品，2014 年度年初应收账款数据和各季度预测的销售价格和销售数量等资料见表 4-5。

表 4-5 振华制造公司 2014 年度预计销售单价、预计销售量和其他资料 单位：元

项目		1 季度	2 季度	3 季度	4 季度	年初应收账款	增值税率	收现率	
								首期	二期
X 产品	销售单价/(元/件)	65	65	65	70	19 000	17%	60%	40%
	预计销售量/(件)	800	1 000	65	1 000				
Y 产品	销售单价/(元/件)	80	80	80	75	12 000			
	预计销售量/(件)	500	800	1 000	1 200				

资料显示，到第4季度，X、Y两种产品的单价都比前三季度有所变动，每种产品每季度的销售中有60%能于当季收到现金，其余40%要下季度才能收回。

要求：制定该公司2014年度的销售预算和经营现金收入预算表（平均单价保留两位小数，其他计算结果保留整数）。

解：该公司的销售预算表和经营现金收入预算表分别见表4-6和表4-7。

表4-6 2014年振华制造公司销售预算 单位：元

项目		1季度	2季度	3季度	4季度	全年	资料来源
销售单位价/(元/件)	X产品	65	65	65	70	66.25	表4-5
	Y产品	80	80	80	75	78.75	表4-5
预计销售量/件	X产品	800	1 000	1 200	1 000	4 000	表4-5
	Y产品	500	800	1 000	1 200	3 500	表4-5
预计销售收入/元	X产品	52 000	65 000	78 000	70 000	265 000	
	Y产品	40 000	64 000	80 000	90 000	274 000	
	合计	92 000	129 000	158 000	160 000	539 000	
增值税销项税额/元		15 640	21 930	26 860	27 200	91 630	

表4-7 2014年振华制造公司经营现金收入预算 单位：元

项目	1季度	2季度	3季度	4季度	全年	资料来源
含税销售收入	107 640	150 930	184 860	187 200	630 630	表4-6
期初应收账款	31 000				31 000	表4-6
1季度经营现金收入	64 584	43 056			107 640	表4-6
2季度经营现金收入		90 558	60 372		150 930	表4-6
3季度经营现金收入			110 916	73 944	184 860	表4-6
4季度经营现金收入				112 320	112 320	表4-6
期末应收账款				74 880		年末应收账款余额74 880元
经营现金收入合计	95 584	133 614	171 288	186 264	586 750	

由于例4-2中的含税销售收入分两期收到现金，因此，表4-7中的经营现金收入可按下式计算：

某期经营现金收入＝当期含税销售收入×首期收现率＋前期含税销售收入×二期收现率

根据表4-7中的数据还可以计算出该公司年末应收账款的余额。

年末应收账款余额＝31 000＋630 630－586 750＝74 880（元），或

年末应收账款余额＝187 200×40%＝74 880（元）

（二）生产预算

生产预算是指为规划一定预算期内预计生产量水平而编制的一种日常业务预算。该预算是所有日常业务预算中唯一一个只使用实物量计量单位的预算，可以为进一步编制有关成本费用预算提供实物量数据。

生产预算需要根据预计的销售量按品种分别编制。由于企业的生产和销售不能做到同步同量，必须设置一定的存货，以保证均衡生产和销售。因此预算期间除必须备有充足的产品以供销售外，还应考虑预算期初存货和预算期末存货等因素。有关计算公式如下：

某种产品预计生产量 = 该种产品预计销售量 + 预计期末存货量 − 预计期初存货量

式中，预计销售量可在销售预算中取得，预计期初存货量等于上季期末存货量，预计期末存货量应根据长期销售趋势来确定，在实践中，一般是按事先估计的期末存货量占下期销售量的比例来进行估算。

在编制生产预算时，应注意保持生产量、销售量、存货量之间合理的比例关系，以避免储备不足、产销脱节或超储积压等情况。

【例 4-3】 振华制造公司 X、Y 两种产品 2014 年度期初的实际存量和年末的预计存货量等资料见表 4-8。

表 4-8　振华制造公司 2014 年度存货资料

实物计量单位：件
金额计量单位：元

品种	年初产成品存货量	年末产成品存货量	年初在产品存货量	年末在产品存货量	预计期末存货占下期销量比	年初产成品成本	
						单位额	总额
X 产品	80	120	0	0	10%	40	3 200
Y 产品	50	130	0	0	10%	62	3 100

要求：为该公司编制 2014 年度的生产预算。

解： 编制该公司 2014 年度生产预算表，见表 4-9。

表 4-9　振华制造公司 2014 年度生产预算

实物计量单位：件

品种	项　　目	1 季度	2 季度	3 季度	4 季度	全年	资料来源
X 产品	预计销量	800	1 000	1 200	1 000	4 000	表 4-5
	加：期末存货	100	120	100	120	120	下期销量 10%，表 4-8
	减：期初存货	80	100	120	100	80	表 4-8
	预计产量	820	1 020	1 180	1 020	4 040	
Y 产品	预计销量	500	800	1 000	1 200	3 500	表 4-5
	加：期末存货	80	100	120	130	130	表 4-5
	减：期初存货	50	80	100	120	50	表 4-5
	预计产量	530	820	1 020	1 210	3 580	

（三）直接材料预算

直接材料预算是指为规划一定预算期内因组织生产活动和材料采购活动，预计发生的直接材料需用量、采购量和采购成本而编制的一种经营预算。直接材料预算以生产预算、材料消耗定额和预计材料采购单价等信息为基础，并考虑期初、期末材料存货水平，包括需用量预算和采购预算两部分。

1. 直接材料需用量预算的编制程序

（1）按照各种产品的材料消耗定额和生产量计算预算期某种直接材料的需用量，其公式为：

某产品消耗某种直接材料预计需用量 = 消耗定额 × 该产品预算期预计生产量

（2）预计预算期某种直接材料的全部需用量，其公式为：

$$预算期某种产品直接材料全部需用量 = \sum 某产品消耗各种直接材料预计需用量$$

2. 直接材料采购预算的编制程序

（1）预计预算期某种直接材料的全部采购量，其公式为：

某种直接材料的预计采购量 = 该种材料的需用量 + 预计期末库存 - 预计期初库存

式中，材料预计期末库存量通常按下期需用量的经验数据确定，在实践中，可按下期的预计需用量的一定比例估算。材料预计期初库存量即上期期末库存量。

（2）预计预算期某种直接材料的采购成本，其公式为：

某种直接材料的采购成本 = 该种材料单价 × 预计采购量

式中，材料单价为不含税价格。

（3）确定预算期企业直接材料采购总成本，其公式为：

$$预算期企业直接材料采购总成本 = \sum 各种材料单价 \times 预计采购量$$

（4）计算在预算期发生的与直接材料采购总成本相关的增值税额，其公式为：

某增值税进项税额 = 预算期企业直接材料采购总成本 × 该期适用的增值税率

（5）计算预算期预计采购金额，其公式为：

某预算期预计采购金额 = 预算期企业直接材料采购总成本 ×（1 + 该期适用的增值税率）

同编制生产预算一样，编制直接材料采购预算应注意材料的采购量、耗用量和库存量保持合理的比例关系，以避免材料的供应不足或超储积压。

为了便于以后编制现金预算，通常要编制与材料采购有关的各季度预计材料采购现金支出预算，其公式为：

某预算期采购现金支出 = 该期现购材料现金支出 + 该期支付前期应付账款

式中，

某期现购材料现金支出 = 某期预计采购总额 × 该期预计付现率

某期支付前期应付账款 = 本期期初应付账款 × 该期预计应付账款支付率

式中，付现率是指一定期间现购材料现金支出占该期含税采购总额的百分比，应付账款支付率为前期应付账款在本期支付的现金占相关应付账款的百分比。在全面预算中，付现率和支付率通常为已知的经验比率。预算期末应付账款余额的公式为：

预算期末应付账款余额 = 预算期初应付账款余额 + 该期预计采购总额 − 该期采购现金支出

【例 4-4】振华制造公司 X、Y 两种产品 2014 年度需用的各种材料消耗定额及其采购单价资料见表 4-10，各种材料年初和年末的存货量及有关账户余额等资料见表 4-11。

表 4-10　振华制造公司 2014 年度材料消耗定额及采购单价资料　　单位：元

产品材料消耗定额及单价		1 季度	2 季度	3 季度	4 季度	资料来源
X 产品材料消耗定额	A 材料	3	3	3	4	
	B 材料	2	2	2	2	
Y 产品材料消耗定额	A 材料	5	5	5	4.5	
	C 材料	2	2	2	2	
材料采购单价	A 材料	4	4	4	4	
	B 材料	5	5	5	5	
	C 材料	6	6	6	6	
	D 材料				10	

表 4-11　振华制造公司 2014 年度材料存货量与其他资料　　单位：元

材料品名	年初存货	年末存货	预计期末存货/下期需用量	增值税率	年初余额		付现率	
					应付账款	库存材料	首期	二期
A 材料	1 500	1 800	20%	17%	14 400	10 200	60%	40%
B 材料	480	720	30%					
C 材料	300	500	30%					
D 材料	0	1 000	为下年开发 Z 新产品做准备，于第 4 季度购买					

资料显示，到第 4 季度，X、Y 两种产品的定额都将做相应调整。同时，企业每季度采购金额中，有 60% 于当季度支付现金，其余 40% 余款要到下季度付清。预计每季末 A 材料存货是下季度需用量的 20%，预计每季末 B、C 材料存货是下季度需用量的 30%。

要求：为该公司编制 2014 年度直接材料需用量预算、采购预算和材料采购现金支出预算（平均单价保留两位小数，其他计算结果保留整数）。

解：编制该公司 2014 年度直接材料需用量预算、采购预算和材料采购现金支出预算分别见表 4-12～表 4-14。

表4-12 振华制造公司2014年度直接材料需用量预算

产品种类	项目		1季度	2季度	3季度	4季度	全年	资料来源
X产品	材料单耗/(千克/件)	A材料	3	3	3	4	3.25	表4-10
		B材料	2	2	2	2	2	表4-10
	预计生产量/件		820	1 020	1 180	1 020	4 040	表4-9
	预计生产需用量	A材料	2 460	3 060	3 540	4 080	13 140	
		B材料	1 640	2 040	2 360	2 040	8 080	
Y产品	材料单耗/(千克/件)	A材料	5	5	5	4.5	4.875	表4-10
		C材料	2	2	2	2	2	表4-10
	预计生产量/件		530	820	1 020	1 210	3 580	表4-9
	预计生产需用量	A材料	2 650	4 100	5 100	5 445	17 295	
		C材料	1 060	1 640	2 040	2 420	7 160	

表4-13 振华制造公司2014年度直接材料采购预算

材料	项目	1季度	2季度	3季度	4季度	全年	资料来源
A	不含税单价	4	4	4	4	4	表4-10
	X产品需用量	2 460	3 060	3 540	4 080	13 140	表4-12
	Y产品需用量	2 650	4 100	5 100	5 445	17 295	表4-12
	总需用量	5 110	7 160	8 640	9 525	30 435	
	加：期末存货	1 432	1 728	1 905	1 800	1 800	表4-11
	减：期初存货	1 500	1 432	1 728	1 905	1 500	表4-11
	本期采购量	5 042	7 456	8 817	9 420	30 735	
	不含税采购成本	20 168	29 824	35 268	37 680	122 940	
B	不含税单价	5	5	5	5	5	表4-10
	X产品需用量	1 640	2 040	2 360	2 040	8 080	表4-12
	Y产品需用量						表4-12
	总需用量	1 640	2 040	2 360	2 040	8 080	
	加：期末存货	612	708	612	720	720	表4-11
	减：期初存货	480	612	708	612	480	表4-11
	本期采购量	1 772	2 136	2 264	2 148	8 320	
	不含税采购成本	8 860	10 680	11 320	10 740	41 600	

续表

材料	项　　目	1 季度	2 季度	3 季度	4 季度	全年	资料来源
C	不含税单价	6	6	6	6	6	表 4-10
	X 产品需用量						表 4-12
	Y 产品需用量	1 060	1 640	2 040	2 420	7 160	表 4-12
	总需用量	1 060	1 640	2 040	2 420	7 160	
	加：期末存货	492	612	726	500	500	表 4-11
	减：期初存货	300	492	612	726	300	表 4-11
	本期采购量	1 252	1 760	2 154	2 194	7 360	
	不含税采购成本	7 512	10 560	12 924	13 164	44 160	
D	不含税单价				10	10	表 4-10
	Z 产品需用量				1 000	1 000	表 4-12
	本期采购量				1 000	1 000	
	不含税采购成本				10 000	10 000	
预计采购总额（不含税）		36 540	51 064	59 512	71 584	218 700	
增值税进项税额		6 212	8 681	10 117	12 169	37 179	
预计采购含税总额		42 752	59 745	69 629	83 752	255 879	

表 4-14　振华制造公司 2014 年度直接材料采购现金支出预算

项　　目	1 季度	2 季度	3 季度	4 季度	全年	资料来源
预计采购含税总额	42 752	59 745	69 629	83 753	255 879	表 4-13
年初应付账款	14 400				14 400	表 4-11
1 季度采购现金支出	25 651	17 101			42 752	首付 60%，二付 40%
2 季度采购现金支出		35 847	23 898		59 745	首付 60%，二付 40%
3 季度采购现金支出			41 777	27 852	69 629	首付 60%，二付 40%
4 季度采购现金支出				50 252	50 252	首付 60%，二付 40%
现金支出合计	40 051	52 948	65 675	78 104	236 778	
年末应付账款				33 501	33 501	

由于本例中的采购金额分两期支付，因此，表 4-14 中的现金购材料金额支出可按下式计算：

某期采购材料现金支出 = 当期预计采购金额 × 首付率 + 前期预计采购金额 × 二期付现率

根据表 4-14 中的数据，还可以简便地计算出该公司年末应付账款的余额。

年末应付账款余额 = 14 400 + 255 879 − 236 778 = 33 501（元），或

年末应付账款余额 = 第 4 季度采购总额 − 第 4 季度付现总额 = 83 753 − 50 252 = 33 501（元）

（四）应交税费预算

应交税费用预算是指为规划一定预算期内预计发生的应交增值税、营业税、消费税、资源税、城市维护建设税、教育费附加等而编制的一种经营预算。

应交税费预算中不包括预交所得税和直接计入管理费用的印花税等。由于税金需要及时清缴，为简化预算方法，可假定预算期发生的各项应交税费均于当期以现金形式支付。

【例4-5】 振华制造公司2014年度各季度预计的增值税销项税额和进项税额资料分别见表4-6和表4-13所示，该公司流动环节只交纳增值税，并于实现销售的当期（每季度）用现金完税，附加税费率为10%。

要求：为该公司编制2014年度的应交税费预算（计算结果保留整数）。

解： 编制该公司的应交税费预算见表4-15。

表4-15 振华制造公司的应交税费预算

项　目	1季度	2季度	3季度	4季度	全年	资料来源
增值税销项税额	15640	21930	26860	27200	91630	表4-6
增值税进项税额	6212	8681	10117	12169	37179	表4-13
应交增值税	9428	13249	16743	15031	54451	销项税－进项税
销售税金及附加	943	1325	1674	1503	5445	附加率为10%
现金支出合计	10371	14574	18417	16534	59896	

（五）直接人工预算

直接人工预算是指为了规划一定预算期内产品生产工时消耗水平和人工成本水平而编制的一种经营预算。

直接人工成本包括直接人工薪酬和按直接人工薪酬的一定比例计算的其他直接费用（如员工福利等）。

编制直接人工预算的主要依据是已知的标准工资率、标准单位产品直接人工工时（也称单位产品工时定额）、其他直接费用计提标准和生产预算中的预计生产量等资料。

直接人工预算的编制程序如下。

1. 预计每种产品的直接人工工时总数

某种产品直接人工总工时的公式为：

$$某种产品直接人工总工时=单位产品工时定额\times预计该产品生产量$$

式中，单位产品工时定额与特定产品的生产流程有关，需要由企业根据经验数据事先分析确定，不同的产品可能有不同的工时定额，预计生产量数据可从生产预算中取得。

2. 预计每种产品耗用的直接工资

预计某种产品耗用直接工资的公式为：

$$预计某种产品耗用直接工资=标准小时工资率\times该种产品直接人工总工时$$

式中，标准小时工资率是指熟练工种每小时的工资标准，该指标可按公司一定时间全部直接工资总额除以当期全部直接人工总工时计算确定。各种产品的标准小时工资率完全相同。

3. 预计每种产品计提的其他直接费用

预计某种产品计提其他直接费用的公式为：

预计某种产品计提其他直接费用 = 预计某种产品耗用直接工资 × 其他直接费用提取标准

4. 计算预算期每种产品预计的直接人工成本

预计某种产品直接人工成本的公式为：

预计某种产品直接人工成本 = 该产品耗用直接工资 + 该产品计提其他直接费用

5. 计算预算期全部产品直接人工成本

预算期全部直接人工成本的公式为：

$$预算期全部直接人工成本 = \sum 各种产品直接人工成本$$

由于各期人工成本中的直接工资一般均由现金开支，因此通常不再单独编制列示与此相关的预计现金支出预算。

【**例 4-6**】振华制造公司 2014 年工时定额及标准小时工资率等资料见表 4-16。

表 4-16　振华制造公司 2014 年工时定额及标准小时工资率

项　目		1 季度	2 季度	3 季度	4 季度	其他直接人工计提标准	预计其他直接人工费支用率
标准小时工资率		4	4	4	5	14%	80%
工时定额	X 产品	3	3	3	2.8		
	Y 产品	5	5	5	4.6		

要求：为该公司编制 2014 年度直接人工预算（平均工资率和平均人工成本保留两位小数，其他计算结果保留整数）。

解：编制该公司的直接人工预算见表 4-17。

表 4-17　振华制造公司 2014 年度直接人工预算

产品	项　目	1 季度	2 季度	3 季度	4 季度	全年	资料来源
X 产品	标准小时工资率	4	4	4	5	4.25	表 4-16
	工时定额	3	3	3	2.8	2.95	表 4-16
	预计生产量	820	1 020	1 180	1 020	4 040	表 4-9
	直接人工总工时	2 460	3 060	3 540	2 856	11 916	
	预计直接工资	9 840	12 240	14 160	14 280	50 520	
	其他直接费	1 378	1 714	1 982	1 999	7 073	按 14% 计提
	直接人工总成本	11 218	13 954	16 142	16 279	57 593	
	单位工时人工成本	4.56	4.56	4.56	5.70	4.83	

续表

产品	项　目	1季度	2季度	3季度	4季度	全年	资料来源
Y产品	标准小时工资率	4	4	4	5	4.25	表4-16
	工时定额	5	5	5	4.6	4.9	表4-16
	预计生产量	530	820	1 020	1 210	3 580	表4-9
	直接人工总工时	2 650	4 100	5 100	5 566	17 416	
	预计直接工资	10 600	16 400	20 400	27 830	75 230	
	其他直接费	1 484	2 296	2 856	3 896	10 532	按14%计提
	直接人工总成本	12 084	18 696	23 256	31 726	85 762	
	单位工时人工成本	4.56	4.56	4.56	5.70	4.92	
合计	直接工资总额	20 440	28 640	34 560	42 110	125 750	
	其他直接费总额	2 862	4 010	4 838	5 895	17 605	付现率80%
预计其他直接费现金支出		2 289	3 208	3 871	4 716	14 084	
直接人工成本现金总支出		22 729	31 848	38 431	46 826	139 834	

（六）制造费用预算

制造费用预算是指为规划一定预算期内除直接材料和直接人工预算以外，预计发生的其他生产费用水平而编制的一种经营预算。

当以变动成本法为基础编制制造费用预算时，可按变动制造费用和固定制造费用两部分内容分别编制，其公式为：

变动制造费用预算分配率＝变动制造费用预算总额/相关分配标准预算总数

式中，相关分配标准预算总数可选择预算生产量或预算直接人工总工时，多品种情况下，一般选择后者。

固定制造费用可在上年的基础上根据预算期变动加以适当修正来预计，并作为期间成本直接列入利润表内作为收入的扣除项目。

制造费用预算应包括预算现金支出部分，以便为编制现金预算提供必要的资料。由于固定资产折旧费是非付现费用，在计算现金支出预算时应予以剔除。

【例4-7】振华制造公司在编制预算时采用变动成本法，变动制造费用按各种产品直接人工工时比例分配，2014年预计的直接人工工时资料见表4-17所示。制造费用预算见表4-18。除折旧费以外的各项制造费用均以现金支付。其中租赁费3 000元是根据年初做出的专门决策确定的。

要求：为该公司编制制造费用现金支出预算。

表4-18　振华制造公司2014年制造费用预算

变动制造费用			固定制造费用			备　注
1	间接材料	2 500	1	管理人员工资	9 100	
2	间接人工	8 615	2	折旧费	15 347	
3	维修费	7 256	3	办公费	6 500	
4	水电费	7 280	4	保险费	3 200	
5	研发费	5 374	5	租赁费	3 000	专项决策预算见例4-13

续表

变动制造费用			固定制造费用			备　注
6	其他	4 173	6	其他	1 000	
	小计	35 198		小计	38 147	
	直接人工总工时	29 332		减：折旧费	15 347	总工时见表 4-17
变动制造费用分配率 = 35 198/29 332 = 1.2				付现固定制造费	22 800	
				各季付现	5 700	

解：编制振华制造公司 2014 年度预制费用现金支出预算见表 4-19。

表 4-19　振华制造公司 2014 年度制造费用现金支出预算

项　目		1 季度	2 季度	3 季度	4 季度	全年	资料来源
变动制造费用分配率		1.2	1.2	1.2	1.2	1.2	表 4-18
生产工时	X 产品	2 460	3 060	3 540	2 856	11 916	表 4-17
	Y 产品	2 650	4 100	5 100	5 566	17 416	表 4-17
	小计	5 110	7 160	8 640	8 422	29 332	
变动制造费用分配额	X 产品	2 952	3 672	4 248	3 427	14 299	
	Y 产品	3 180	4 920	6 120	6 679	20 899	
	小计	6 132	8 592	10 368	10 106	35 198	
固定制造费用分配额		5 700	5 700	5 700	5 700	22 800	表 4-18
制造费用付现支出		11 832	14 292	16 068	15 806	57 998	

（七）产品成本预算

产品成本预算是指为规划一定预算期内每种产品的单位产品成本、生产总成本、销售成本等项内容而编制的一种经营预算。该预算需要在生产预算、直接材料预算、直接人工预算和制造费用预算的基础上编制，同时，也为编制预计利润表和预计资产负债表提供了数据。该预算必须按照各种产品进行编制，其程序与存货的计价方法密切相关，不同的存货计价方法需要采取不同的预算编制方法。此外，不同的成本计算方法也会产生不同的影响。

在变动成本法下，如果产成品存货采用先进先出法计价，则产品成本预算的编制程序如下。

（1）估算每种产品在预算期内发生的单位生产成本，其公式为：

某种产品某期预计发生的单位生产成本 = 该产品该期单位直接材料成本 + 该产品该期单位直接工人成本 + 该产品该期单位变动制造费用

式中，三个指标可分别从直接材料成本预算、直接人工成本预算和制造费用预算中取得。

（2）估算每种产品在预算期内预计发生的生产总成本，其公式为：

某种产品某期预计发生的生产总成本 = 预计直接材料总成本 + 预计直接人工总成本 + 预计变动制造费用总额

式中，三个指标可分别从直接材料成本预算、直接人工成本预算和制造费用预算中取得。

(3) 估算每种完工入库产成品在预算期内预计发生的生产总成本，其公式为：

某种完工入库产成品预计总成本 = 该产品该期预计生产总成本 + 期初在产品成本 − 期末在产品成本

为简化预算编制过程，各月在产品数量比较稳定时，可假定在产品成本期初和期末余额为零或金额相等，在这种情况下，预算期内完工入库产成品的生产总成本与该产品当期发生的生产总成本相等。

(4) 估算每种产品在预算期内预计销售总成本，其公式为：

本期预计产品销售成本 = 本期预计完工产品生产成本 + 期初产成品成本 − 期末产成品成本

为简化预算编制程序，假定企业只编制全年的产品成本预算，不编制分季度的预算。

【例4-8】 振华制造公司2014年的年初产成品资料、生产预算、直接材料预算、直接人工预算和制造费用预算分别如表4-8、表4-9、表4-13、表4-17和表4-18。产成品按先进先出法计价。

要求：按变动成本法分别编制X、Y两种产品2014年度产品成本预算（单位成本保留两位小数，其他计算结果保留整数）。

解： 编制的X、Y两种产品2014年度产品成本预算分别见表4-20和表4-21。

表4-20 X产品2014年度产品成本预算

成本项目	单价	总消耗量	单位成本	总成本	资料来源
直接材料					
A材料	4	13 140	13.01	52 560	表4-12
B材料	5	8 080	10	40 400	表4-12
小计			23.01	92 960	产量4 040件
直接人工	4.83	11 916	14.26	57 593	表4-17
变动制造费用	1.2	11 916	3.54	14 299	表4-19
合计			40.81	164 852	
加：在产品及自制半成品期初余额					
减：在产品及自制半成品期末余额					
预计完工产品成本			40.81	164 852	
加：产品期初余额			40	3 200	表4-8
减：产品期末余额			40.81	4 897	表4-8
预计产品销售成本			40.79	163 155	销量4 000件

表 4-21　Y 产品 2014 年度产品成本预算

成本项目	单价	总消耗量	单位成本	总成本	资料来源
直接材料					
A 材料	4	17 295	19. 32	69 180	表 4-12
C 材料	6	7 160	12. 00	42 960	表 4-12
小计			31. 32	112 140	产量 3 580 件
直接人工	4. 92	17 416	23. 96	85 762	表 4-17
变动制造费用	1. 2	17 416	5. 84	20 899	表 4-19
合计			61. 12	218 801	
加：在产品及自制半成品期初余额					
减：在产品及自制半成品期末余额					
预计完工产品成本			61. 12	218 801	
加：产品期初余额			62	3 100	表 4-8
减：产品期末余额			61. 12	7 945	表 4-8
预计产品销售成本			61. 13	213 956	销量 3 500 件

（八）期末存货预算

期末存货预算是指为规划一定预算期末的原材料、在产品、产成品预计成本水平而编制的一种日常业务预算。

【例 4-9】振华制造公司 2014 年度的直接材料预算和 X、Y 两种产品成本预算分别见表 4-13、表 4-20 和表 4-21。产成品按先进出法计价，原材料按加权平均法计价。

要求：按变动成本法为该公司编制 2014 年度的年末存货预算（单位成本保留两位小数，其他计算结果保留整数）。

解：编制的 2014 年度振华制造公司期末存货预算见表 4-22。

表 4-22　2014 年度振华制造公司期末存货预算

项　目		年初存货成本	单位成本	期末存货量	期末存货成本	资料来源
产成品	X 产品	3 200	40. 81	120	4 897	表 4-20
	Y 产品	3 100	61. 12	130	7 945	表 4-21
	小计	6 300			12 842	
原材料	A 材料	6 000	4	1 800	7 200	表 4-13
	B 材料	2 400	5	720	3 600	表 4-13
	C 材料	1 800	6	500	3 000	表 4-13
	D 材料		10	1 000	10 000	表 4-13
	小计	10 200			23 800	
合计		16 500			36 642	

（九）销售费用预算

销售费用预算是指为规划一定预算期内企业在销售阶段组织产品销售预计发生的各项费用水平而编制的一种日常业务预算。

销售费用预算的编制方法与制造费用预算的编制方法相似，也可以将其划分为变动销售费用和固定销售费用两部分。但对随销售量成正比例变动的那部分费用，只需要反映各个项目的单位产品费用分配额即可。对于固定销售费用，只需要按项目反映全年预计水平。

销售费用预算也要编制相应的现金支出预算。

预算期变动销售费用的现金支出等于该期各种产品的相应的现金支出之和。

对于固定销售费用的现金支出，可以采取两种处理方法，第一种方法是根据全年固定销售费用的预算总额扣除其中的非付现费用（如销售机构的折旧费等）的差额，并按季度平均分摊；第二种方法不主张将其按季度分摊，而是根据具体的付现费用项目的预计发生额分季度编制预算，这是因为固定销售费用中存在部分内容属于年内待摊开预提的情况，如一次性支付的全年广告费和销售保险费等，这些开支时间与受益期间不一致，对于这些跨期分摊的项目来说，任何平均费用都不等于实际支出，必须逐项按预计现金支出情况编制预算。

【例4-10】振华制造公司2014年度的销售费用预算见表4-23。

要求：为该公司编制2014年度销售费用及现金支出预算。

表4-23　2014年度振华制造公司销售费用预算　　单位：元

变动销售费用			固定销售费用	
项　　目	单位产品标准费用额		项目	全年费用额
	X产品	Y产品	管理人员薪酬	9 000
销售佣金	2.8	3.5	办公费	8 000
运杂费	1.5	1.9	宣传广告费	12 000
其他	0.2	0.6	保险费	2 600
			其他	3 200
			小计	34 800
小计	4.5	6	各季平均	8 700

解：编制2014年度振华制造公司销售费用及现金支出预算见表4-24。

表4-24　2014年度振华制造公司销售费用及现金支出预算　　单位：元

项　　目		1季度	2季度	3季度	4季度	全年	资料来源
单位标准变动费用率	X产品	4.5	4.5	4.5	4.5	4.5	表4-23
	Y产品	6	6	6	6	6	表4-23

续表

项　　目		1 季度	2 季度	3 季度	4 季度	全年	资料来源
预计销量/件	X 产品	800	1 000	1 200	1 000	4 000	表 4-6
	Y 产品	500	800	1 000	1 200	3 500	表 4-6
变动销售费用	X 产品	3 600	4 500	5 400	4 500	18 000	
	Y 产品	3 000	4 800	6 000	7 200	21 000	
小计		6 600	9 300	11 400	11 700	39 000	
固定销售费用		8 700	8 700	8 700	8 700	34 800	表 4-23
现金支出合计		15 300	18 000	20 100	20 400	73 800	

（十）管理费用预算

管理费用预算是指为规划一定预算期内因管理企业预计发生的各项费用水平而编制的一种日常业务预算。

该预算的编制可采取以下两种方法：第一种是按项目反映全年预计水平，这是因为管理费用大多是固定费用；第二种方法是将管理费用划分为变动管理费用和固定管理费用两部分，前者按预算期的变动管理费用标准分配率和预计销售业务量进行测算。为简化预算编制工作，我们按第一种方法编制。

在编制管理费用总额预算的同时，还需要编制分季度的管理费用现金支出预算。在假定管理费用均为固定成本的前提下，某季度预计管理费用现金支出为全年付现支出的平均数，其公式为：

某季度预计管理现金支出 =（该年度预计管理费用 − 预计年折旧费 − 预计无形及其他资产推销额）/4

管理费用总额预算及其现金支出预算可以合并在同一张算表中。

【例 4-11】根据有关资料编制振华制造公司 2014 年度管理费用及其现金支出预算，见表 4-25。

表 4-25　2014 年度振华制造公司管理费用及其现金支出预算　　单位：元

费用项目	金　　额
1. 董事会费	2 000
2. 工会经费	160
3. 办公费	1 500
4. 管理人员薪酬	8 000
5. 折旧费	1 500
6. 无形资产摊销	500
7. 职工培训费	900
8. 差旅费	500
9. 业务招待费	1 000

续表

费用项目	金　额
10. 其他	500
合计	16 560
减：折旧费	1 500
减：无形资产摊销	500
现金支出合计	14 560
每季度平均付现	3 640

（十一）财务费用预算

财务费用预算是指反映预算期内因筹措使用资金而发生的财务费用水平的一种财务预算。因为该预算必须根据现金预算中的资金筹措及运用的相关数据来编制。

【例4-12】 振华制造公司2014年度现金预算见表4-28。

要求：编制该公司2014年度财务费用预算。

解： 编制振华制造公司2014年度财务费用预算，见表4-26。

表4-26　振华制造公司2014年度财务费用预算　　单位：元

项　目	1季度	2季度	3季度	4季度	全年	资料来源
应计并支付短期借款利息			75	525	600	表4-28
应计并支付长期借款利息	2 400	2 025	1 650	1 650	7 725	表4-28
应计并支付公司债券利息				3 200	3 200	表4-28
支付利息合计	2 400	2 025	1 725	5 375	11 525	
减：资本化利息				3 200		
预计财务费用	2 400	2 025	1 725	2 175	8 325	

（十二）经营决策预算

经营决策预算是指与短期经营决策密切相关的特种决策预算，该类预算的主要目标是通过制定最优生产经营决策和存货控制决策来高效利用和调配企业经营活动所需要的各种资源。

该类预算通常是根据短期经营决策确定的最优方案编制的，因而需要直接纳入日常业务预算体系，也将影响现金预算等财务预算。如企业耗用的某种零件的取得方式决策方案一旦确定，就要相应调整材料采购预算或生产预算、产品成本预算。

【例4-13】 某企业为提高X产品质量，拟于2014年度新增一台专用检测设备，有以下三种备选方案：

方案一，用30 000元从市场上购置，预计可用5年；

方案二，用半年时间自行研制，预计研制成本为10 000元；

方案三，采用经营租赁形式，以全年3 000元的租金向某专业租赁公司租借（每季度支付750元）。

经公司总经理办公会议决策，决定采取第三种方案。于是该项决策预算被纳入当期的制造费用预算（表4-18制造费用预算中的租赁费项目）。

（十三）特种决策预算

特种决策预算也称资本支出预算，通常是指与项目投资决策密切相关的投资决策预算。由于此类预算涉及长期建设项目的资金投放与筹措，并经常跨年度发生，因此，除个别项目外一般不纳入日常业务预算，但应计入与此有关的现金预算与预计资产负债表。

【例4-14】为了具备开发新产品（Z产品）的生产能力，振华制造公司决定2014年度引进一条新的生产线，年内安装调试完毕，年末交付使用。该固定资产投资的明细项目及其分次支付时间见表4-27，预计发生固定资产投资58 400元。

Z产品需要的主要原材料D材料，其预计单价为10元/千克，第4季度采购量为1 000千克。

为筹集该项投资所需要的资金，该公司将于2014年初发行票面利率8%、每季末支付一次利息、预计发行收入为40 000元的公司债券（建设期利息计入固定资产），于第2季度增发股本30 000元的普通股（假设无资本公积）。

根据相关资料编制的该公司2014年度投资预算及筹资方案见表4-27。

表4-27 2014年度振华制造公司Z产品生产线项目投资预算及筹资方案 单位：元

项 目	1季度	2季度	3季度	4季度	全年
固定资产投资：					
勘察设计费	800	1 100			1 900
土建工程	3 000	3 500			6 500
设备购置			12 000	28 000	40 000
安装工程				8 000	8 000
其他				2 000	2 000
合计	3 800	4 600	12 000	38 000	58 400
流动资金垫支					
D材料采购（下年度使用）				10 000	10 000
投资支出总额	3 800	4 600	12 000	48 000	68 400
投资资金筹措					
发行公司债券（利率8%）	40 000				40 000
增发普通股		30 000			30 000
筹资总额	40 000	30 000	0	0	70 000

该项目建设期一年，2014年度应付公司债利息为3 200元（40 000×8%），该利息应予以资本化，计入固定资产原值，则：

$$预算期完工的固定资产原值 = 58\,400 + 3\,200 = 61\,600（元）$$

本预算中，只有D材料采购被纳入直接材料采购预算（表4-13），其余均未涉及日常业务预算。

课堂讨论

企业预算期内的项目投资支出和筹资收入是否需要列入现金预算范围？

4.4 财务预算的编制实例

（一）现金预算

1. 现金预算的编制依据

现金预算亦称现金收支预算，它是以日常业务预算和专业决策预算为基础所编制的反映一定预算期现金收支情况的综合预算。

现金收支差额与期末余额均要通过协调资金筹措及运用来调整，应当在保证各项支出所需资金供应的前提下，注意保持期末现金余额在合理的上下限度内波动。因为现金储备过少会影响现金周转，现金过多又会降低资金使用效益，造成不必要的浪费。因此，企业不仅要定期筹措到抵补收支差额短缺的现金，还必须有一定的现金储备。当收支差额为正值（现金结余），在偿还了利息和借款本金之后仍超过现金余额上限时，就应当将部分现金用于购买有价证券；还本付息之后的收支差额低于现金余额下限时，就应当卖出部分有价证券收回现金。如果现金收支差额为负值（现金短缺），可采取向银行借款或卖出有价证券等措施，确保现金流转顺畅。

2. 现金预算的编制实例

现金预算需要根据经营现金收入预算表、直接材料采购现金支出预算表、应交税费预算表、直接人工预算表、制造费用现金支出预算表、销售费用现金支出预算表和管理费用现金支出预算表、专门决策预算表等相关数据进行编制。其公式为：

某预算期现金余缺 = 期初现金余额 + 该期现金收入 − 该期现金支出

期末现金余额 = 该期现金余缺 − 现金的筹集与运用

【例4-15】 振华制造公司2014年度的经营现金收入预算、直接材料采购现金支出预算、应交税费预算、直接人工预算、制造费用现金支出预算、销售费用现金支出预算、管理费用及现金支出预算、投资预算及筹资方案分别见表4-7、表4-14、表4-15、表4-17、表4-19、表4-24、表4-25、表4-27。每季末现金余额的额定范围在5 000～6 000元。

要求：为该公司编制2014年度的现金预算。

解： 编制该公司2014年度的现金预算，见表4-28。

表 4-28 振华制造公司 2014 年度现金预算 单位：元

项　目	1 季度	2 季度	3 季度	4 季度	全年	资料来源
① 期初现金余额	4 000	5 961	5 148	5 880	4 000	
② 经营现金收入	95 584	133 614	171 288	186 264	586 750	表 4-7
③ 可运用的现金总额	99 584	139 575	176 436	192 144	590 750	①+②
④ 经营现金支出	104 923	136 320	163 331	182 310	586 866	
采购直接材料	40 051	52 948	65 675	78 104	236 778	表 4-14
支付直接人工	22 729	31 848	38 431	46 826	139 834	表 4-17
支付制造费用	11 832	14 292	16 068	15 806	57 998	表 4-19
支付销售费用	15 300	18 000	20 100	20 400	73 800	表 4-24
支付管理费用	3 640	3 640	3 640	3 640	14 560	表 4-25
支付税费	10 371	14 574	18 417	16 534	59 896	表 4-15
预交所得税	1 000	1 000	1 000	1 000	4 000	估算预交 4 000 元
⑤ 预分股利	1 500	1 500	1 500	1 500	6 000	估算数 6 000 元
⑥ 资本性现金支出	3 800	4 600	12 000	38 000	58 400	
购置固定资产	3 800	4 600	12 000	38 000	58 400	表 4-27
⑦ 现金支出合计	110 223	142 402	176 831	221 810	651 266	④+⑤+⑥
⑧ 现金余缺	(10 639)	(2 827)	(395)	(29 666)		③-⑦
⑨ 资金筹集与运用	16 600	7 975	6 275	35 625		
加：短期借款			5 000	30 000	35 000	季初贷款
发行普通股		30 000			30 000	表 4-27
发行公司债券	40 000				40 000	表 4-27
减：支付短期利息			75	525	600	年息 6%，季末支付
减：支付长期利息	2 400	2 025	1 650	1 650	7 725	
减：支付公司债券利息				3 200	3 200	年息 8%，年末支付
减：归还贷款本金	15 000	15 000			30 000	30 000 元上半年到期
减：购买有价证券	6 000	5 000	(3 000)	(11 000)	(3 000)	临时调剂
⑩ 期末现金余额	5 961	5 148	5 880	5 959	5 959	⑧+⑨

（二）预计财务报表

财务预算中的预计财务报表包括预计利润表、预计资产负债表。

预计财务报表是财务管理的重要工具，其作用与实际的财务报表有所不同。所有企业都必须在年度终了时编制实际财务状况和财务成果及实现现金流量的财务报表，这是《会计法》、《中华人民共和国证券法》（以下简称《证券法》）、会计准则的强制性规定，其主要目的是向外部报表使用人提供相关财务信息。预计财务报表则主要为企业管理当局服务，是控制企业资金、成本、利润总量的重要手段，因其能从总体上反映一定时期企业经营活动的最终预计结果，通常称为企业的“总预算”。

1. 预计利润表的编制

预计利润表是指以货币形式综合反映预算期内企业经营活动成果（包括利润总额、净利润）计划水平的一种财务预算。

该预算需要以销售预算、产品成本预算、应交税费预算、制造费用预算、销售费用预算、管理费用预算和财务费用预算等日常业务预算为基础进行编制。

【例4-16】 振华制造公司2014年度的销售预算、产品成本预算、应交税费预算、制造费用预算、销售费用及现金支出预算、管理费用及现金支出预算和财务费用预算分别见表4-6、表4-20、表4-21、表4-15、表4-18、表4-24、表4-25、表4-26。

要求：按变动成本法为该公司编制2014年度预计利润表（适用所得税率为25%）。

解： 编制振华制造公司2014年度预计利润表，见表4-29。

表4-29 振华制造公司2014年度预计利润表 单位：元

项目	金额	资料来源
销售收入	539000	表4-6
减：变动销售成本	377111	表4-20和表4-21
减：销售税金及附加	5445	表4-15
边际贡献（生产阶段）	156444	
减：变动销售费用	39000	表4-24
边际贡献（销售阶段）	117444	
减：固定制造费用	38147	表4-18
减：固定销售费用	34800	表4-24
减：管理费用	16560	表4-25
减：财务费用	8325	表4-26
利润总额	19612	
减：所得税（20%）	3922.4	
净利润	15689.6	

2. 预计资产负债表的编制

预计资产负债表是指用于总括反映企业预算期末财务状况的一种财务预算。预计资产负债表中除上年期末数已知外，其余项目均应以前述各项日常业务预算、专门决策预算、现金预算、预计利润表为基础进行编制。

【例4-17】 振华制造公司2014年度的日常业务预算、专门决策预算、现金预算和预计利润表等分别见表4-5～表4-29。另预计2014年度计提法定盈余公积金1569元，预计向投资者分配股利6000元。

要求：为该公司编制2014年度预计资产负债表（计算结果保留整数）。

解： 编制的振华制造公司2014年度预计资产负债表见表4-30。

表 4-30　振华制造公司 2014 年度预计资产负债表　　单位：元

资产项目	期末数	年初数	期末数计算过程及资料来源
货币资金	5 959	4 000	表 4-28
交易性金融资产	2 000	5 000	5 000 − 3 000，表 4-28
应收账款	74 880	31 000	表 4-7
存货	36 642	16 500	表 4-22
流动资产合计	119 481	56 500	
固定资产			
固定资产原值	278 400	216 800	216 800 + 58 400 + 3 200，表 4-27
减：累计折旧	52 447	35 600	35 600 + 15 347 + 1 500，表 4-18 和表 4-25
固定资产净值	225 953	181 200	
固定资产资产合计	225 953	181 200	
无形及其他非流动资产			
无形资产	1 000	1 500	1 500 − 500，表 4-25
无形及其他非流动资产合计	1 000	1 500	
长期资产合计	226 953	182 700	
资产合计	346 434	239 200	0
负债及股东权益项目			
短期借款	35 000	0	表 4-28
应交税费	−77. 6	0	3 922. 4 − 4 000，表 4-28 和表 4-29
应付账款	33 501	14 400	表 4-14
应付股利	0	0	每季预分 1 500 元
应付职工薪酬	7 081	3 560	3 560 + （17 605 − 14 084），表 4-17
流动负债合计	75 504. 4	17 960	
长期借款	66 000	96 000	96 000 − 30 000，表 4-28
应付债券	40 000	0	表 4-28
长期负债合计	106 000	96 000	
负债合计	181 504. 4	113 960	
股本	130 000	100 000	100 000 + 30 000，表 4-28
资本公积	6 855	6 855	
盈余公积	5 069	3 500	3 500 + 1 569，表 4-29
未分配利润	23 005. 6	14 885	14 885 + 15 689. 6 − 1 569 − 6 000
股东权益合计	164 929. 6	125 240	
负债及股东权益合计	346 434	239 200	

知识链接

小王的困惑

1. 改年度预算

小王从管理系毕业后被分配到某国营金属零件厂。在这工作已有两个多月了，他对自己的工作很满意，尤其是领导对他十分的重视。例如，现在领导又让他编制他们科室下一个年度的预算。参考了本厂去年的各项指标并与科室其他的同事商量之后，小王起草了一个预算报告并交给了科长。下一步就是向科长说明自己各项计算的依据。然后这个报告由科长送到厂部。考虑到这个预算不仅影响到自己，也影响到科长，所以小王在预算上花了很多工夫。

今天，小王花了一上午的时间准备如何向科长汇报。他认为，他预算中的每一项要求都是合理的，他要尽力争取这个预算。但是，与科长的会谈的内容同他预计的完全不一样。他的上司康科长是这样开始与他会谈的：

“小王，我看了你起草的预算报告，有几个问题想问你一下。例如，你估计行政费用是7716元?”“是的，康科长。如果你不信，可以看我的计算根据。”“噢，不必要。我之所以问这个问题是因为我觉得这个数字太不显眼。让我们把它改成8000元。”“好。”“其他几个地方也有这样的问题，我帮你都改过来。”“这样总金额是多少?”“正好74000元。”“这比我申请的要高一些。这样合适吗?”“当然。不用担心，因为你不知道将来什么东西会比你预算的要贵一些。”“行，康科长，你说行我就行。”“好。顺便问一声，你是怎么得来这些数据的?”“我首先考虑今年我们科要干什么事，然后再看各项活动大约需要多少钱。我手上有一本厂里编制预算的一个手册。我的计算公式都是从那里得来的。”“这是一种做预算的方法，但是我建议你在每一项经费里加一个保险系数。”“保险系数?”“是的。你知道，万一出了什么事也好对付。而且，你不知道厂长们会把什么经费‘砍掉’。比你真正需要的多一点总没错。你懂我的意思吗?”“我懂。”“好。这是你的预算报告。除了把各个数字变成整数之外，另加20%，然后交给我，由我送到厂里。”

2. 用掉预算结余的钱

转眼间到了年底。12月中旬的一天，康科长把小王叫到自己的办公室。“小王，我们今年花了多少钱，还剩多少钱?”“让我看看，我们科今天共花了78134元，按预算还应有23456元。”“昨天厂里开会了，要求我们把预算中结余的钱交到厂里。”“这怎么行，这些钱都是我们省吃俭用省下来的。如果上交了，明年谁还会省钱?”“如果我们今年上交了，明年就没有钱省了。”“这是什么意思?”“今年我们有多余的钱上交，明年厂里还会给我们批这么高的预算吗?”“那怎么办?”“很好办，今天交给你的一个任务是在半个月之后，把这些钱花掉。不，只留3000元左右上交”“这些钱用来干什么?”“只要是能报账，干什么都行。”“这……”“有困难吗?”“没有什么困难。”走出康科长的办公室，小王开始感到为难，要找理由花掉，小王感到有些不可理解。

3. 改行政大楼预算

小王到金属零件厂已3年了。由于他工作认真负责，所以很得领导的器重。现在他又领到了一个更重要的任务。金属零件厂是一个几百人的小型国有企业，由于国家多年未投资，该厂财力有限，厂房和设备都已落伍。厂里已一致决定，向上级主管部门申请盖一栋行政大楼。厂长说："再不盖一幢像样的楼，别说外商、港商，就是国内的客户也不愿进我们的厂门了。"厂里把这件事交给了康科长，康科长把这件事交给了小王。这件事，比为科室做年度预算显然重要多了。因此小王花了很多时间，征求了基建部门的意见，参考了市场的行情，一个月后，小王拿出了自己的预算草案。康科长约小王今天上午谈这件事情。与3年前相比，小王现在老练多了。"小王，你的预算报告我看了。你说建这栋办公楼得600万。""是的。""要这么多吗?""需要这么多，现在什么都涨价。我问了管基建的人，他们说600万还很紧。""你觉得上级主管会同意给这么多钱吗?""这我就不知道了。"

康科长和小王都沉默了。"小王，你说400万行不行?""绝对不可能。最少得500万。""400万能盖成什么样子?""主体项目能有一个大概轮廓。""你回去，花点时间，以400万为准，反过来做预算。""为什么?""厂长说：'超过400万很可能不批。'""那我不能按原来的设计方案。""必须按原来的设计方案。""这是不可能的。""没有不可能的事。""我没有听懂。"康科长笑了："小王，你是一个很聪明的人，怎么听不懂。我们现在最主要的是把这笔钱要过来，而不是真正需要多少。算得再好，钱要不来也没用。""可是400万不够用。""你放心。房子盖了一大半，钱不够，我不相信上级能看着不管。"

小王睁大了眼睛，不知说什么好。

课堂讨论

(1) 康科长第一次让小王改预算对吗？为什么？
(2) 预算结余的钱该用掉还是上交？各有什么利弊？怎样解决这个问题？
(3) 康科长第二次让小王改预算对吗？为什么？
(4) 你认为这类事件是否经常发生？
(5) 怎样杜绝这类事件的发生？

本章总结

本章主要介绍了财务预算的概念、财务预算的特征（综合性和导向性）、财务预算的功能（规划、沟通和协调、资源优化配置、运营控制和绩效评价）和作用，以及财务预算的编制准备及流程。

财务预算的编制方法包括固定预算与弹性预算、增量预算与零基预算、定期预算与滚动预算。

本章着重介绍了日常业务预算、专门决策预算及财务总预算的编制实例。

本章习题

一、思考题

1. 什么叫财务预算？有何特征？
2. 财务预算的功能有哪些？在财务管理实践中具体有哪些作用？
3. 编制财务预算前需要做好哪些准备工作？
4. 编制财务预算的程序是什么？
5. 财务预算的编制方法有哪些？各有何优缺点？

二、单项选择题

1. 固定预算编制方法的致命缺点是（　　）。
   A. 过于机械呆板　B. 可比性差　C. 计算量大　D. 可能导致保护落后
2. 关于预算的编制方法下列各项中正确的是（　　）。
   A. 零基预算编制方法适用于非盈利组织编制预算时采用
   B. 固定预算编制方法适用于产出较难辨认的服务性部门费用预算的编制
   C. 固定预算编制方法适用于业务量水平较为稳定的企业预算的编制
   D. 零基预算编制方法适用于业务量水平较为稳定的企业预算的编制
3. 增量预算方法的假定条件不包括（　　）。
   A. 现有业务活动是企业必需的　B. 原有的各项开支都是合理的
   C. 增加费用预算是值得的　D. 所有的预算支出以零为出发点
4. 定期预算的优点是（　　）。
   A. 远期指导性强　B. 连续性好
   C. 便于考核预算执行结果　D. 灵活性强
5. 销售预算中“某期经营现金收入”的计算公式正确的是（　　）。
   A. 某期经营现金收入 = 该期期初应收账款余额 + 该期含税销售收入 − 该期期末应收账款余额
   B. 某期经营现金收入 = 该期含税收入 × 该期预计现销率
   C. 某期经营现金收入 = 该期预计销售收入 + 该期销项税额
   D. 某期经营现金收入 = 该期期末应收账款余额 + 该期含税销售收入 − 该期期初应收账款余额
6. （　　）是只使用实物量计量单位的预算。
   A. 产品成本预算　B. 生产预算　C. 管理费用预算　D. 直接材料预算
7. 下列说法错误的是（　　）。

A. 应交税金及附加预算需要根据销售预算、生产预算和材料采购预算编制

B. 应交税金及附加 = 销售税金及附加 + 应交增值税

C. 销售税金及附加 = 应交营业税 + 应交消费税 + 应交资源税 + 应交城市维护建设税 + 应交教育费及附加

D. 应交增值税可以使用简捷法和常规法计算

8. 某企业编制“直接材料预算”，预计第 4 季度期初存量 600 千克，该季度生产需用量 2 400 千克，预计期末存量为 400 千克，材料单价（不含税）为 10 元。若材料采购货款有 60% 在本季度内付清，另外 40% 在下季度付清，增值税税率为 17%，则该企业预计资产负债表年末“应付账款”项目为（　　）元。

A. 8 800　　B. 10 269　　C. 10 296　　D. 13 000

9. 某企业编制“销售预算”，已知上上期的含税销售收入为 600 万元，上期的含税销售收入为 800 万元，预计预算期含税销售收入为 1 000 万元，含税销售收入的 20% 于当期收现，60% 于下期收现，20% 于下期收现。假设不考虑其他因素，则本期期末应收账款的余额为（　　）万元。

A. 760　　B. 860　　C. 660　　D. 960

10. 某企业编制应交税金及附加预算，预算期的应交增值税为 20 万元，应交消费税为 10 万元，应交资源税为 3 万元，城建税及教育费附加的征收率分别为 7% 和 3%，预交所得税 20 万元，计入管理费用的印花税 0.1 万元，则预计发生的应交税金及附加数额为（　　）万元。

A. 56　　B. 36　　C. 36.1　　D. 56.1

11. （　　）编制的主要目标是通过制定最优生产经营决策和存货控制决策来合理地利用或调配企业经营活动所需要的各种资源。

A. 投资决策预算　　B. 经营决策预算　　C. 现金预算　　D. 生产预算

12. （　　）就其本质而言属于日常业务预算，但是由于该预算必须根据现金预算中的资金筹措及运用的相关数据来编制，因此将其纳入财务预算范畴。

A. 管理费用预算　　B. 经营决策预算　　C. 投资决策预算　　D. 财务费用预算

三、多项选择题

1. 下列各项中属于总预算的是（　　）。

A. 投资决策预算　　B. 销售预算　　C. 现金预算　　D. 预计利润表

2. 弹性预算编制方法的优点是（　　）。

A. 预算范围宽　　B. 可比性强　　C. 及时性强　　D. 透明度高

3. 弹性预算的编制方法包括（　　）。

A. 公式法　　B. 因素法　　C. 列表法　　D. 百分比法

4. 增量预算编制方法的缺点包括（　　）。

A. 可能导致保护落后　　B. 滋长预算中的“平均主义”

C. 工作量大　　D. 不利于企业的未来发展

5. 滚动预算按照预算编制和滚动的时间单位不同分为（　　）。

A. 逐月滚动　　B. 逐季滚动　　C. 逐年滚动　　D. 混合滚动

6. 滚动预算的优点包括（　　）。
A. 透明度高 B. 及时性强 C. 持续性好 D. 完整性突出
7. 现金预算的编制基础包括（　　）。
A. 销售预算 B. 投资决策预算 C. 销售费用预算 D. 预计利润表
8. 下列（　　）是在生产预算的基础上编制的。
A. 直接材料预算 B. 直接人工预算 C. 产品成本预算 D. 管理费用预算
9. 下列关于本期采购付现金额的计算公式中错误的是（　　）。
A. 本期采购付现金额 = 本期采购金额（含进项税）+ 期初应付账款 - 期末应付账款
B. 本期采购付现金额 = 本期采购金额（含进项税）+ 期初应收账款 - 期末应收账款
C. 本期采购付现金额 = 本期采购本期付现部分（含进项税）+ 以前期赊购本期付现的部分
D. 本期采购付现金额 = 本期采购金额（含进项税） - 期初应付账款 + 期末应付账款
10. 应交税费预算中的应交税金不包括（　　）。
A. 应交增值税 B. 应交资源税
C. 预交所得税 D. 直接计入管理费用的印花税

四、判断题

1. 财务预算具有资源分配的功能。（　）
2. 滚动预算又称滑动预算，是指在编制预算时，将预算期与会计年度脱离，随着预算的执行不断延伸补充预算，逐期向后滚动，使预算期永远保持为一个固定期间的一种预算编制方法。（　）
3. 弹性预算编制的百分比法适用于单一品种经营或采用分算法处理固定成本的多品种经营的企业。（　）
4. 增量预算与零基预算相比能够调动各部门降低费用的积极性。（　）
5. 生产预算是预算编制的起点。（　）
6. 根据“以销定产”原则，某期的预计生产量应当等于该期预计销售量。（　）
7. 经营决策预算除个别项目外一般不纳入日常业务预算，但应计入与此有关的现金预算与预计资产负债表。（　）
8. 预计资产负债表是以货币形式综合反映预算期内企业经营活动成果计划水平的一种财务预算。（　）
9. 弹性预算编制的列表法不能包括所有业务量条件下的费用预算，适用面较窄。（　）
10. 现金预算中的现金支出包括经营现金支出、分配股利的支出及缴纳税金的支出，但是不包括资本性支出。（　）
11. 在财务预算的编制过程中，编制预计财务报表的正确程序是，先编制预计资产负债表，然后再编制预计利润表。（　）

五、计算分析题

1. 某公司2014年的现金预算见表4-31：假定企业没有其他现金收支业务，也没有其他负债。预计2014年年末的现金余额为7000万元。

要求：根据表4-31中资料填写表中用字母表示的部分。

表4-31　某公司2014年的现金预算　　单位：万元

项　目	第一季度	第二季度	第三季度	第四季度
期初现金余额	6000	7000	6400	4200
本期现金流入	45000	48000	E	50000
本期现金支出	A	50400	40000	41000
现金余缺	9000	C4600	(1800)	G
资金筹措与运用	(2000)	1800	6000	H
取得借款		1800	6000	
归还借款	(2000)			(6200)
期末现金余额	B	D	F	I

2. 甲企业为生产应税消费品的企业，2013年的含税销售收入为7020万元，销售利润率为20%，适用的增值税税率为17%，材料成本占总成本的百分比为60%。假定该企业生产所使用的材料都是在当期内采购的，适用的消费税税率为5%，城市维护建设税税率为7%，教育费附加的征收率为3%，发生的各项应交税金及附加均于当期以现金形式支付。2014年甲企业预计的含税销售收入为8190万元，预交所得税200万元。

要求：

（1）计算2013年和2014年的不含税销售收入及销项税额。

（2）计算2013年的进项税额及应交增值税额。

（3）计算应交增值税估算率。

（4）计算2014年应交增值税额。

（5）计算2014年预计发生的销售税金及附加。

（6）计算2014年预计发生的应交税金及附加。

3. 某企业有关资料如下。

（1）该企业3～7月的销售量分别为10000件、11000件、12000件、13000件、12000件，单价（不含税）为10元，每月含税销售收入中，当月收到现金60%，下月收到现金40%，增值税税率为17%。

（2）各月商品采购成本按下一个月含税的销售收入的80%计算，所购货款于当月支付现金40%，下月支付现金60%。

（3）该企业4～6月的制造费用分别为10000元、11000元、12000元，每月制造费用中包括折旧费5000元。

（4）该企业4月购置固定资产，需要现金20000元。

（5）该企业在现金不足时，向银行借款（为1000元的倍数），短期借款利率为6%；现金有多余时，归还短期借款（为1000元的倍数）。借款在期初，还款在期末，3月末的长期借款余额为20000元，借款年利率12%，短期借款余额为0。假设短期借款和长期借款均为每季度末支付利息。

（6）该企业规定的现金余额的额定范围为7000～8000元，假设该企业消费税税率为8%，城市维护建设税税率为7%，教育费附加征收率为3%，其他资料见表4-32。

表4-32 现金预算 单位：元

项 目	4月	5月	6月
期初现金余额	15000		
经营现金收入			
直接材料采购支出			
直接工资支出	5000	5500	5500
制造费用支出			
其他付现费用	500	400	600
应交税金及附加支出			
预交所得税			1000
购置固定资产	20000		
现金余缺			
举借短期借款			
归还短期借款			
支付借款利息			
期末现金余额			

要求：根据以上资料，完成该企业4～6月现金预算的编制工作。

4. 某公司2013年12月销售额和2014年1～2月的预计销售额分别为150万元、100万元、200万元。其他有关资料如下。

（1）收账政策：当月销售当月收现60%，其余部分下月收回。

（2）材料采购按下月销售额的80%采购。付款政策：当月购买当月付现70%，下月支付其余的30%。

（3）假设每月现金余额不得低于3万元，现金余缺通过银行借款来调整。

（4）借款年利率为12%，借款或还款的本金必须是5000元的整倍数，利随本清，借款在期初，还款在期末。

（5）假设该企业销售的产品和购买的材料适用的增值税税率为17%。

要求：

（1）计算确定2014年1月销售现金流入量和购买材料现金流出量。

（2）计算确定2014年1月31日资产负债表中“应收账款”和“应付账款”项目金额。

（3）假设2014年1月预计的现金收支差额为-12.32万元，计算确定1月末的现金余额。

（4）假设2014年2月预计的现金收支差额为7.598万元，计算确定2月末的现金余额。

5. 已知：某公司2014年1～3月实际销售额分别为38000万元、36000万元和41000万元，预计4月销售额为40000万元。每月销售收入中有70%能于当月收现，20%于次月收现，10%于第3个月收讫，不存在坏账。假定该公司销售的产品在流通环节只需缴纳消费税，税率为10%，并于当月以现金交纳。该公司3月末现金余额为80万元，应付账款余额为5000万元（需在4月付清），不存在其他应收应付款项。4月有关项目预计资料如下：采购材料8000万元（当月付款70%）；工资及其他支出8400万元（用现金支付）；制造费用8000万元（其中折旧费等非付现费用为4000万元）；营业费用和管理费用1000万元（用现金支付）；预交所得税1900万元；购买设备12000万元（用现金支付）。现金不足时，通过向银行借款解决。4月末现金余额要求不低于100万元。

要求：根据上述资料，计算该公司4月的下列预算指标。

（1）经营性现金流入。

（2）经营性现金流出。

（3）现金余缺。

（4）应向银行借款的最低金额。

（5）4月末应收账款余额。

6. ABC公司2014年度设定的每季末预算现金余额的额定范围为50～60万元，其中，年末余额已预定为60万元。假定当前银行约定的单笔短期借款必须为10万元的倍数，年利息率为6%，借款发生在相关季度的期初，每季末计算并支付借款利息，还款发生在相关季度的期末。2014年该公司无其他融资计划。ABC公司编制的2014年度现金预算的部分数据见表4-33。

表4-33　ABC公司编制的2014年度现金预算的部分数据　　单位：万元

项　目	1季度	2季度	3季度	4季度	全年
① 期初现金余额	40	*	*	*	(H)
② 经营现金收入	1010	*	*	*	5516.3
③ 可运用现金合计	*	1396.3	1549	*	(I)
④ 经营现金支出	800	*	*	1302	4353.7
⑤ 资本性现金支出	*	300	400	300	1200
⑥ 现金支出合计	1000	1365	*	1602	5553.7
⑦ 现金余缺	(A)	31.3	-37.7	132.3	*
⑧ 资金筹措及运用	0	19.7	(F)	-72.3	*
加：短期借款	0	(C)	0	-20	0
减：支付短期借款利息	0	(D)	0.3	0.3	*
减：购买有价证券	0	0	-90	(G)	*
⑨期末现金余额	(B)	(E)	*	60	(J)

注："*"表示省略的数据。

要求：计算表4-33中用字母"A"～"J"表示的项目数值（除"H"和"J"项外，其余各项必须列出计算过程）。

第 5 章

财务报表分析

本章导读

本章将学习企业财务报表的构成内容，主要财务比率的计算分析方法及财务综合分析方法。

5.1 主要的财务报表

（一）资产负债表

资产负债表是反映企业一定日期资产情况、负债情况和投资者权益情况的报告文件。资产是指企业过去的交易或事项产生的能够给企业带来未来经济利益的各种资源，按照变现时间的长短可分为流动资产、固定资产、无形资产和长期投资等。负债是指企业承担的一种现时义务，履行该义务将导致企业经济利益的流出，包括短期负债（偿还期限在一年以内）和长期负债（偿还期限在一年以上）。投资者权益也称股东权益，它是企业的全部资产清偿全部负债后的净额，即企业的净资产。从资产负债表中可以看出，企业的全部资产一部分来源于债权人，另一部分来源于投资者。因此资产总额必然等于负债加投资者权益总额。资产负债表（简表）见表5-1。

表5-1 资产负债表（简表）

编报单位：××大酒店有限责任公司　　2013年12月31日　　单位：万元

资　　产	期末数	年初数	负债及所有者权益	期末数	年初数
货币资金	150	35	短期借款	210	220
交易性金融资产	6	10	应付票据	42	50
应收票据	7	12	应付账款	26	30
应收账款	150	200	预收账款	11	19
预付账款	20	5	其他应付款	3	2

续表

资　　产	期末数	年初数	负债及所有者权益	期末数	年初数
其他应收款	8	18	应付工资	1	2
存货	220	350	应付福利费	10	17
待摊费用	13	9	未交税金	5	9
流动资产合计	574	639	其他未交款	2	1
长期投资	85	41	预提费用	4	9
固定资产原价	2 740	2 530	流动负债合计	314	359
减：累计折旧	1 120	985	长期借款	659	582
固定资产净值	1 620	1 545	实收资本	1 000	1 000
无形资产	14	16	未分配利润	320	300
资产合计	2 293	2 241	负债及所有者权益合计	2 293	2 241

（二）利润表

利润表是反映企业一定时期收入、费用和利润情况的报告文件。收入是指企业在销售商品、提供劳务、让渡资产使用权等日常活动过程中获得的经济利益的总流入。费用是指为取得收入而发生的经济利益的总流出。利润是收入与费用的差额，它是企业在一定时期取得的财务成果。利润表见表5-2。其公式为：

企业利润总额 = 主营业务利润 + 其他业务利润 − 管理费用 − 营业费用 − 财务费用 + 投资收益 + 营业外收入 − 营业外支出

企业的净利润 = 利润总额 − 所得税

表5-2　利润表

编报单位：××大酒店有限责任公司　　2013年12月　　**单位：万元**

项　　目	本年累计	上年累计
一、主营业务收入	3 800	3 500
减：主营业务成本	2 900	2 700
主营业务税金及附加	350	310
二、主营业务利润	550	490
加：其他业务利润	30	50
减：营业费用	35	30
管理费用	76	65
财务费用	30	35
三、营业利润	439	410
加：投资收益	51	33
营业外收入	23	18

续表

项　　目	本年累计	上年累计
减：营业外支出	8	6
四、利润总额	505	455
减：所得税	158	138
五、净利润	347	317
加：年初未分配利润	300	200
六、可供分配的利润	647	517
减：提取盈余公积	52	48
应付利润	275	169
七、未分配利润	320	300

课堂讨论

财务分析的基础是什么？

知识链接

财务分析的定义

美国南加利福尼亚大学教授沃特 · B. 梅格斯（Water B. Meigs）认为，财务分析的本质在于搜集与决策有关的各种财务信息，并加以分析与解释。

美国纽约市立大学利奥波德 · A. 伯恩斯坦（Leopold A. Bernstein）认为，财务分析是一种判断的过程，旨在评估企业现在或过去的财务状况及经营成果，其主要目的在于对企业未来的状况及经营业绩进行最佳预测。

我国教授洪国赐认为，财务分析以审慎选择财务信息为起点，作为探讨的根据；以分析信息为重心，以揭示其相关性；以研究信息的相关性为手段，以评核其结果。

财务分析是以会计核算和报表资料及其他相关资料为依据，采用一系列专门的分析技术和方法，对企业等经济组织过去和现在有关筹资活动、投资活动、经营活动的偿债能力、盈利能力和营运能力状况进行分析与评价，为企业的投资者、债权人、经营者及其他关心企业的组织或个人了解企业过去、评价企业现状、预测企业未来，做出正确决策提供准确的信息或依据的经济应用学科。

(1) 财务分析是一门综合性、边缘性学科。财务分析是在企业经济分析、财务管理和会计基础上发展形成的一门综合性边缘性学科。

(2) 财务分析有完整的理论体系。从财务分析的内涵、财务分析的目的、财务分析的作用、财务分析的内容，到财务分析的原则、财务分析的形式、财务分析的组织等，都日趋成熟。

（3）财务分析有健全的方法论体系。财务分析有专门的技术方法，如水平分析法、垂直分析法、趋势分析法、比率分析法等都是财务分析的专门和有效的分析方法。

（4）财务分析有系统客观的资料依据。最基本的资料是财务报表。

（5）财务分析有明确的目的和作用。财务分析的目的受财务分析主体和财务分析服务对象的制约。

从财务分析的服务对象看，财务分析不仅对企业内部生产经营管理有着重要的作用，而且对企业外部投资决策、贷款决策、赊销决策等有着重要作用。

从财务分析的职能作用来看，它对于预测、决策、计划、控制、考核、评价都有重要作用。

5.2 财务比率分析

（一）财务报表分析

财务报表分析是指以财务报表和其他资料为依据，采用专门的方法，系统分析和评价企业的过去和现在的财务状况和经营成果，了解过去、评价现在、预测未来，帮助利益关系方改善决策。它最基本的功能是将大量的报表数据转换成对特定决策有用的信息，以减少决策的不确定性。

财务报表分析是一个认识过程，通常只能发现问题而不能提供解决问题的现成答案；只能做出评价而不能改善企业的现况；它仅仅是检查问题的手段，能检查企业偿债、获利和抵抗风险的能力，但不能提供最终的解决问题的办法。财务报表分析能指明需要详细调查和研究的项目。

1. 财务报表分析的目的

财务报表分析的一般目的可以概括为评价过去的经营业绩，衡量现在的财务状况，预测未来的发展趋势。

根据分析的目的，财务报表分析可以分为流动性分析、盈利性分析、财务风险分析、专题分析（如破产预测、注册会计师的分析性检查程序）等。

企业财务报表的主要使用人有以下七类，他们有不同的分析目的。

（1）投资者：分析企业的资产质量和盈利能力，以便做出正确的投资决策；分析盈利状况、股价变动和发展前景，决定是否转让股份；分析资产盈利水平、破产风险和竞争能力，以考查经营者业绩；分析筹资状况，以决定是否出让债权等。

（2）债权人：分析贷款的报酬和风险，以决定是否给企业贷款；分析资产的流动状况，以了解债务人的短期偿债能力；分析盈利状况和负债比率，以了解债务人的长期偿还能力；分析评价企业的价值以决定是否出让债权。

（3）经理人员：主要是为了改善财务决策而需要进行财务分析，它包括外部利益关系方关心的所有问题。

（4）供应商：通过财务报表分析，考察分析对象是否能长期合作；了解销售信用水平，决定是否给予延长付款期限的优待等。

（5）政府：通过财务报表分析了解企业纳税情况、遵守政府法规和市场秩序的情况、职工收入和就业状况等。

（6）雇员和工会：通过财务报表分析判断企业盈利与雇员收入、保险、福利等待遇之间是否相适应。

（7）中介机构（注册会计师、财务分析师等）：注册会计师通过财务报表分析可以确定审计的重点；财务分析师为各类报表使用人提供专业咨询。

2. 财务报表分析的方法

财务报表分析的方法主要有比较分析法和因素分析法两种。

（1）比较分析法

比较分析法是指对两个或几个有关的可比数据进行对比，揭示差异和矛盾。比较分析法是分析的最基本方法。

比较分析法按比较对象分类，可以与本企业历史指标相比，也称“趋势分析”；与同类企业比，也称“横向比较分析”；与计划预算比，也称“差异分析”。

比较分析法按比较内容分类，可以比较会计要素的总量，如总资产、净资产、净利润等；比较结构百分比即把利润表、资产负债表、现金流量表转换成结构百分比报表，如以收入为 100%，计算损益表各项目的比例；比较财务比率，财务比率是各会计要素的相互关系，反映了其内在联系。比率的比较是最重要的分析，它是相对数，排除了规模的影响，使不同比较对象建立起可比性。

（2）因素分析法

因素分析法是指依据分析指标和影响因素的关系，从数量上确定各因素对指标的影响程度。企业每个指标的高低都受若干因素的影响，从数量上测定各因素的影响程度，可以帮助信息使用人抓住矛盾，或更有说服力地评价经营状况。

因素分析法包括差额分析法、指标分析法、连环替代法、定基替代法等。

3. 财务报表分析的一般步骤

（1）明确分析的目的。

（2）收集有关的信息。

（3）根据分析目的把整体的各个部分分割开，予以适当安排，使之符合需要。

（4）深入研究各部分的特殊本质。

（5）进一步研究各个部分的联系。

（6）解释结果，提供对决策有帮助的信息。

4. 财务报表分析的局限性

财务报表是会计的产物，会计有特定的前提假设，并要执行统一的规范。信息使用人应在规定意义上使用报表数据，不能认为报表提供了企业的全部实际情况。财务报表的局限性至少有以下几个方面：

（1）财务报表以历史成本报告资产，不代表其现行成本或变现价值；

（2）财务报表假设币值不变，不按通货膨胀率或物价水平调整；

（3）稳健性原则要求预计损失而不预计收益，有可能夸大费用，少计收益和资产；

（4）按年度分期报告，只报告了短期信息，不能提供反映长期潜力的信息。

财务报表分析本身不能解决报表的真实性问题，因此财务分析人员应当注意财务报告是否规范，财务报告是否有遗漏，分析结果是否有反常现象，尤其要注意审计报告的意见及注册会计师的信誉。

（二）基本的财务比率

基本的财务比率包括四大类：变现能力比率、资产管理比率、负债比率和盈利能力比率。

1. 变现能力比率

变现能力比率包括流动比率和速动比率，表明企业产生现金的能力，这种能力取决于企业在近期可能转变为现金的流动资产的多少。

（1）流动比率

流动比率的公式为：

$$流动比率 = 流动资产/流动负债$$

流动比率可以反映企业的短期偿债能力，流动资产越多，短期债务越少，则偿债能力越强。如果用流动资产偿还全部流动负债，企业剩余的是营运资金，营运资金越多，说明偿债风险越少。因此营运资金的多少可以反映偿还债务的能力，但它是一个绝对数，如果企业之间规模相差很大，就缺乏可比性，而流动比率是相对数，更适合企业之间及本企业不同历史时期的比较。

【例5-1】根据表5-1计算流动比率。

解：××大酒店有限责任公司2013年年末的流动资产是574万元，流动负债是314万元，则该公司的流动比率为：

$$流动比率 = 574/314 = 1.83$$

一般认为，制造企业比较合理的最低流动比率是2，这是因为流动资产中变现能力最差的存货金额约占流动资产总额的一半，流动资产中扣除存货剩下的流动性较大的一部分至少要等于流动负债，企业的短期偿债能力才会有保证。当然，不同行业流动比率的适用性也有所不同，因此某企业计算出的流动比率只有与同行业平均流动比率或本企业历史上的流动比率进行比较，才能知道这个比率是高还是低。要找出过高或过低的原因还必须分析流动资产和流动负债所包括的内容及经营上的因素。一般情况下，营业周期、流动资产中的应收账款和存货的周转速度是影响流动比率的主要因素。

（2）速动比率

速动比率的公式为：

速动比率 = 速动资产/流动负债 = (流动资产 - 存货 - 待摊费用)/流动负债

速动资产是从流动资产中扣除存货、预付账款等变现能力较差的部分，因为在流动资产中，存货的变现速度最慢，或者由于某种原因，部分存货可能已经损失报废尚未处理，或者部分存货已作抵押，或者存货估价还存在着成本与合理市价相差较大的问题，待摊费用本身不能变现。因此将存货和预付账款从流动资产扣除而求出的速动比率更能反映企业的短期偿债能力。

【例5-2】根据表5-1计算速动比率。

解：××大酒店有限责任公司2013年年末的流动资产是574万元，其中存货为220万元，待摊费用13万元，流动负债是314万元，则该公司的速动比率为：

$$速动比率 = (574 - 220 - 13)/314 = 1.09$$

较为正常的速动比率一般为1，低于1的速动比率通常被认为是短期偿债能力偏弱。当然不同的行业，其速动比率会有较大的差别，大量采用现金销售的企业几乎没有应收款，因此速动比率低于1是非常正常的；而一些应收账款较多的企业里，速动比率就应该大于1。

影响速动比率可信性的重要因素就是应收账款的变现能力，因为账面上的应收账款不一定都能变成现金，实际坏账损失可能比计提的准备金要多。

财务分析人员应根据本企业的实际情况，分析判断速动比率所反映的短期偿债能力。

流动比率与速动比率都是从财务报表中取得的，除此之外还有一些报表之外的因素对企业短期偿债能力有较大的影响，如可动用的银行贷款指标、准备很快变现的长期资产、偿债能力的信誉等可以增强企业的变现能力；而有些或有负债一旦成为事实上的负债就会加大企业的偿债负担。

2. 资产管理比率

资产管理比率又叫运营效率比率，它是衡量企业在资产管理方面的效率的财务比率，主要有营业周期、存货周转率和存货周转天数、应收账款周转率和应收账款周转天数、流动资产周转率和总资产周转率。

(1) 营业周期。营业周期是指从取得存货开始到销售存货并收回现金为止的这段时间，其取决于存货周转天数和应收账款周转天数，即

$$营业周期 = 存货周转天数 + 应收账款周转天数$$

一般情况下，营业周期长，说明资金周转速度慢；而营业周期短，则说明资金周转速度快。

(2) 存货周转率和存货周转天数。企业存货的流动性一般用存货的周转速度来表示，它有存货周转率和存货周转天数两个指标。

存货周转率是反映和评价企业进货、投入生产、销售现变等各环节管理状况的综合性指标，它是本期销售成本与本期平均存货的比值，也称周转次数，而每周转一次所需要的时间叫作存货周转天数。

$$存货周转率（次数）= 销售成本/平均存货$$

$$存货周转天数 = 360/存货周转率$$

【例 5-3】根据表 5-1 和表 5-2 计算存货周转率和周转天数。

解：××大酒店有限责任公司 2013 年年末的存货是 220 万元，年初存货是 350 万元，本年销售成本 2 900 万元，则该公司的存货周转率和周转天数分别为：

存货周转率 = 销售成本/平均存货 = 2 900/[(350 + 220)/2] = 10.18（次）

存货周转天数 = 360/存货周转率 = 360/10.18 = 35.36（天/次）

一般来说，存货周转速度越快，存货占用额小，说明存货流动性越强，存货转换为现金或应收账款的速度就越快，可见提高存货的周转率可以提高企业的变现能力，而存货周转速度越慢则变现能力越差。存货周转率指标的高低反映了企业对存货的管理水平，这不仅影响企业的短期偿债能力，也是整个企业管理的重要组成部分。存货周转分析的目的是从不同角度查找存货管理中可能存在的问题，从而确保在保证生产经营连续性的前提下尽可能减少资金占用，提高资金的使用效率，增强企业的短期偿债能力。

（3）应收账款周转率和应收账款周转天数。反映应收账款周转速度的指标是应收账款周转率和应收账款周转天数，应收账款周转率也叫周转次数，它是年度内应收账款转化为现金的平均次数，它说明了应收账款的流动速度；应收账款周转天数也叫平均收现期，它表明了企业从取得应收账款的权利到收回款项所需要的时间，其公式为：

应收账款周转率 = 主营业务收入净额/平均应收账款

应收账款周转天数 = 360/应收账款周转率

【例 5-4】根据表 5-1 和表 5-2 计算应收账款周转率和应收账款周转天数。

解：××大酒店有限责任公司 2013 年年末的应收账款是 150 万元，年初应收账款是 200 万元，本年主营业务收入净额 3 800 万元，则该公司的应收账款周转率和应收账款周转天数分别为：

应收账款周转率 = 主营业务收入净额/平均应收账款 = 3 800/[(150 + 200)/2] = 21.71（次）

应收账款周转天数 = 360/应收账款周转率 = 360/21.71 = 16.58（天/次）

应收账款周转率越高，则平均收现期就越短，说明应收账款的收回速度越快。

存货周转率和应收账款周转率是反映企业运用资产效果好坏的最主要指标，除此以外，还有流动资产周转率和总资产周转率两个常用的资产管理比率。

（4）流动资产周转率。它是主营业务收入与本年平均流动资产总额的比值，其公式为：

流动资产周转率 = 主营业务收入净额/平均流动资产

平均流动资产 =（年初流动资产 + 年末流动资产）/2

流动资产周转率反映了流动资产的周转速度，周转速度越快，就能相对节约流动资产的投放，相当于扩大了资产的利用价值，增强了企业的盈利能力；相反，如果流动资产周转缓慢，则企业需要补充更多的流动资产去参加周转，这就会形成资金浪费，最终削弱获利能力。

（5）总资产周转率。它是企业主营业务收入与平均资产总额之间的比值，其公式为：

总资产周转率 = 主营业务收入净额/平均资产总额

平均总资产 =（年初资产总额 + 年末资产总额）/2

总资产周转率全面反映了企业总资产的周转速度，周转越快则销售能力越强，企业可通过薄利多销的手段加速总资产的周转，带来利润绝对额的增加。

总而言之，各项资产的周转指标用来衡量企业运用资产赚取收入的能力，将资产周转指标与获利能力指标结合在一起分析，可较为全面地评价企业的盈利能力。

【例 5-5】根据表 5-1 和表 5-2 计算流动资产周转率和总资产周转率。

解：××大酒店有限责任公司 2013 年年末的流动资产是 574 万元，年初流动资产是 639 万元，年末的总资产是 2 293 万元，年初总资产是 2 241 万元，本年主营业务收入净额 3 800 万元，则该公司的应收账款周转率和总资产周转率分别为：

流动资产周转率 = 主营业务收入净额/平均流动资产 = 3 800/[(574 + 639)/2] = 6.27（次）

总资产周转率 = 主营业务收入净额/平均资产总额 = 3 800/[(2 293 + 2 241)/2] = 1.68（次）

3. 负债比率

负债比率是指企业特定时期的债务总额与资产总额、净资产总额之间的比值关系。它们反映了企业偿还到期长期债务的能力。主要负债比率有资产负债率、产权比率和已获利息倍数等。

（1）资产负债率。它是负债总额与资产总额的比值，反映了全部资产中有多少比例是通过举债来筹集的，也可衡量企业在破产清算时保护债权人利益的程度，其公式为：

资产负债率 = 负债总额/资产总额 × 100%

【例 5-6】根据表 5-1 计算资产负债率。

解：××大酒店有限责任公司 2013 年年末的总资产是 2 293 万元，负债总额是 973 万元，则：

资产负债率 = 负债总额/资产总额 × 100% = 973/2 293 × 100% = 42.43%

资产负债率指标反映了债权人所提供的资本占全部资本的比例，也叫举债经营比率，可以从以下不同角度进行有针对性的分析。

① 从债权人的立场来说，他们最关心的是贷给企业的款项是否能按时收回本息，如果投资者提供的资本占全部资本的比例较小，则企业的风险将主要由债权人承担，这对债权人极为不利。因此，债权人总希望企业的负债比率越低越好，这样企业偿还债务的能力就强，贷款不会有太大的风险。

② 从投资者的立场来说，由于企业通过举债筹集的资金与投资者提供的资金在经营中发挥着同样的作用，因此，投资者所关心的是全部资本利润率是否超过借入资金的利率。在企业所得的全部资本利润率超过借款利率时，投资者获得的利润就会加大，此时对投资者来说负债比例越大越有利。反之，如果运用全部资本所得的利润率低于借款利率，则对投资者不利，企业运用全部资本所获得的利润还要倒贴给债权人。如果不举债，投资者实际赚取的利润更多，此时，投资者当然希望负债比例越小越好。

③ 从经营者的立场来说，如果举债很多，超出债权人的心理承受程度，企业就可能借不到钱；如果企业不举债或负债比例很小，则说明企业畏缩不前，经营者信心不足、缺乏开拓进取精神，利用举债经营的能力较差。因此，财务管理要求经营者能充分估计预期的利润和因举债而增加的风险，适度举债，设计最佳的资本结构，以获得最大的经济效益。

（2）产权比率。它是负债总额与所有者权益的比值，也是衡量企业长期偿债能力的指标，其公式为：

产权比率 = 负债总额/所有者权益 × 100%

【例 5-7】根据表 5-1 计算产权比率。

解：××大酒店有限责任公司 2013 年年末的净资产是 1 320 万元，负债总额是 973 万元，则

$$产权比率 = 973/1\,320 \times 100\% = 73.71\%$$

该指标反映了企业的基本财务结构是否稳定，通常所有者权益大于负债，说明企业的财务结构是较为稳定的。例如，例 5-7 中，负债总额只占所有者权益的 73.71%，说明企业举债经营的能力较强，还有较大潜力。如果产权比率超过 100%，则一旦经营不景气就会使财务风险加剧，最终损害投资者利益，当然如果经济繁荣、经营得当，则多举债可以给投资者带来额外的丰厚的利润。因此产权比率高是一种高风险、高报酬的财务结构，而产权比率低是一种低风险、低收益的财务结构。

（3）已获利息倍数，也叫利息保障倍数，它是指企业支付借款利息和缴纳所得税前的利润总额与借款利息总额的比值，用来反映企业偿付借款利息的能力，也在一定程度上反映了债权人提供资金的风险，其公式为：

$$已获利息倍数 = 息税前利润/利息总额$$

【例 5-8】根据表 5-2 利润表计算已获利息倍数。

解：××大酒店有限责任公司 2013 年净利润总额是 347 万元，利息总额是 30 万元，所得税 158 万元，则：

$$已获利息倍数 = (347 + 30 + 158)/30 = 17.83$$

应当指出的是，利息总额是指本期应付的全部利息，既包括利润表财务费用中的利息，也包括计入本期固定资产价值的资本化利息，因为资本化利息虽然不在利润表内扣除，但本期仍然是要偿付的。已获利息倍数主要是衡量企业是否有足够的偿付利息的能力，如果没有充足的息税前利润，则利息的支付就会发生困难。

企业应将该指标与其他企业，特别是本行业平均水平进行比较，来分析决断本企业已获利息倍数的合理性。同时为稳健起见，最好是比较本企业该指标连续几年的数值，并选择最低指标年度的数值作为标准。这是因为企业在经营形势喜人时需要偿付利息，而在经营状况不佳时也要偿付利息，某一个年度利润高会使已获利息倍数很高，但不可能每年如此，采用该指标最低年度的数据，就可保证最基本的偿付能力。

4. 盈利能力比率

盈利能力是指企业赚取利润的能力，无论是投资者、债权人还是企业经理人都十分关心企业的盈利能力。反映企业盈利能力的指标主要有销售净利润率、销售毛利率、总资产净利润率、净资产收益率等。

（1）销售净利润率。它是企业一定时期的净利润总额（税后利润）与主营业务收入净额的比值，其公式为：

$$销售净利润率 = 净利润总额/主营业务收入净额 \times 100\%$$

【例 5-9】根据表 5-2 计算销售净利润率。

解：××大酒店有限责任公司 2013 年净利润总额是 347 万元，主营业务收入总额 3 800 万元，则

$$销售净利润率 = 净利润总额/主营业务收入总额 \times 100\%$$

$$=347/3\,800\times100\%=9.13\%$$

该指标表示每百元销售额能创造 9.13 元的净利润，体现了销售收入的收益水平。企业在增加销售收入的同时必须相应地获得更多的净利润，才能使销售净利润率保持不变或有所提高，通过分析销售净利润率的升降变动，可以促使企业在扩大销售的同时，重视改善经营管理并提高盈利水平。

（2）销售毛利率。它是毛利占主营业务收入的比例。毛利是指主营业务收入与主营业务成本的差额。

$$\text{销售毛利率}=\text{销售毛利}/\text{主营业务收入总额}\times100\%$$

【例 5-10】 根据表 5-2 计算销售毛利率。

解： ××大酒店有限责任公司 2013 年主营业务收入总额 3 800 万元，主营业务成本总额 2 900 万元，则

$$\text{销售毛利率}=\text{销售毛利}/\text{主营业务收入总额}\times100\%$$
$$=(3\,800-2\,900)/3\,800\times100\%=23.68\%$$

该指标表示每百元销售额能创造 23.68 元的毛利，它是构成企业销售净利率的最初基础，企业形成的毛利是在满足开支管理费用、营业费用和财务费用后产生的净利润。

（3）总资产净利率，也叫总资产收益率，它是旅游企业一定时期的净利润总额与平均总资产的比值，其公式为：

$$\text{总资产净利率}=\text{净利润}/\text{平均总资产}\times100\%$$
$$\text{平均总资产}=(\text{期初总资产}+\text{期末总资产})/2$$

【例 5-11】 根据表 5-1 和表 5-2 计算总资产收益率。

解： ××大酒店有限责任公司 2013 年净利润总额是 347 万元，年初资产总额是 2 241 万元，年末资产总额是 2 293 万元，则

$$\text{总资产净利率}=347/[(2\,241+2\,293)/2]\times100\%=15.31\%$$

该指标可以综合反映企业全部资产的利用效果，这是一个正指标，比率越高则表明全部资产的利用效率越高，说明企业在增加收入和节约资金使用方面取得了较好的效果。

为了正确评价企业经济效益的好坏、充分挖掘创造利润的潜力，企业可将此指标与本企业该指标的前期数、计划数、本行业平均数和本行业最佳数值进行对比，分析形成差异的原因。影响总资产收益率高低的因素主要有产品（或服务）的价格、单位成本、产品（服务）的销售数量、资产占用额等。

（4）净资产收益率，也叫权益净利润率或净资产报酬率，它是企业一定时期净利润总额占企业平均净资产总额的百分比。

【例 5-12】 根据表 5-1 和表 5-2 计算净资产收益率。

解： ××大酒店有限责任公司 2013 年净利润总额是 347 万元，年初净资产总额是 1 300 万元，年末净资产总额是 1 320 万元，则

$$\text{净资产收益率}=\text{净利润}/\text{平均净资产}\times100\%$$
$$=347/[(1\,300+1\,320)/2]\times100\%=26.49\%$$

该指标反映了企业投资者净资产的收益水平，具有很强的综合性，具体分析方法详见本章 5.3.1。

5.3 财务综合分析

(一) 杜邦财务分析体系

杜邦财务分析体系是由美国杜邦公司的经理创造的，又叫杜邦系统（The Du Pont System）。

杜邦财务分析体系的核心内容是以净资产收益率为起点，层层解剖分析形成净资产收益率的具体因素，进而说明净资产收益率升降的具体原因，以便采取措施，改善经营管理提高经济效益。

1. 净资产收益率的计算与分解原理

净资产收益率的公式为：

净资产收益率 = 净利润/净资产 = (净利润/总资产) × (总资产/净资产)

= (净利润/主营业务收入) × (主营业务收入/总资产) × (总资产/净资产)

式中，净利润/主营业务收入为销售净利润率；主营业务收入/总资产为总资产周转率；总资产/净资产为权益乘数。因此：

净资产收益率 = 销售净利润率 × 总资产周转率 × 权益乘数

权益乘数是资产净值率的倒数，也可以换算为：

权益乘数 = 总资产/净资产 = 总资产/(总资产 − 负债总额)

= 1/(1 − 资产负债率)

2. 杜邦系统的应用

【例 5-13】 以 × × 大酒店有限责任公司 2012 年、2013 年两年的有关数据为依据（表 5-1 和表 5-2），分析净资产收益率变动的具体原因。

解： 年初负债总额为 941 万元，年末负债总额为 973 万元，年初总资产 2 241 万元，年末总资产 2 293 万元，则：

资产负债率 = [(941 + 973)/2]/[(2 241 + 2 293)/2] × 100%

= 957/2 267 × 100% ≈ 42.21%

权益乘数 = 1/(1 − 42.21%) ≈ 1.73

净资产收益率 = 销售净利润率 × 总资产周转率 × 权益乘数

= 9.13% × 1.68 × 1.73 = 26.53%

净资产收益率的分解如图 5.1 所示。

其中，净利润等于主营业务收入扣除主营业务成本、主营业务税金及附加、管理费用、财务费用、营业费用等，加上其他业务利润和营业外收支净额；总资产由流动资产和长期资产构成，流动资产由货币资金、应收款、存货和其他流动资产构成。

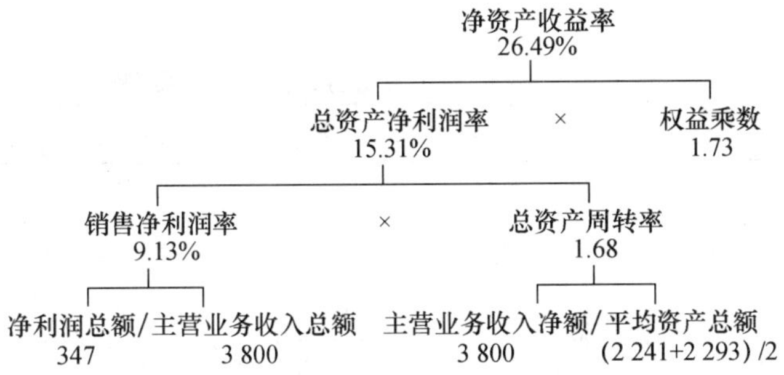

图 5.1　××大酒店有限责任公司杜邦系统

从杜邦财务分析体系中可以看出，决定企业净资产收益率高低的因素有 3 个：销售净利率、总资产周转率和权益乘数，这样可以把综合指标净资产收益率升降的原因具体化。

权益乘数主要受资产负债率的影响，负债比例越大，权益乘数就越高，说明企业经营者有举债经营的开拓精神，能给企业带来较多的杠杆利益，同时企业也将承受较高的风险。

销售净利率高低的因素分析，可以从销售额和销售成本两方面展开，总资产周转率是反映运用资产可以产生收入能力的一项指标。对总资产周转率的分析，需要对影响资产周转的各因素进行分析，除了对资产的各构成部分从占用比例上是否合理进行分析外，还可通过对应收账款周转率、存货周转率和流动资产周转率等有关资产使用效率的分析，判断影响资产周转的主要问题。

（二）财务比率综合评分法

1. 财务比率综合评分法的含义

每项财务比率分别反映了企业某一方面的情况。为了能对企业财务状况进行总的评价，可以在这些财务比率中选择若干重要的指标，并分别给定其在总评价中占的比例，总和为 100 分，然后确定各项比率指标的标准值，再以实际比率与确定的标准比率相比较，评出每项指标的得分，最后求出总比分。这种方法称为财务比率综合评价法。

评价指标通常由反映企业财务效益状况、资产营运状况、偿债能力状况和发展能力状况四个方面内容的基本指标、修正指标和评议指标三层次共二十多项指标构成。

2. 财务比率综合评分法的程序

（1）选定评价财务状况的财务比率。
（2）确定财务比率标准评分值。
（3）确定财务比率评分值的上下限。
（4）确定财务比率的标准值。
（5）计算关系比率。
（6）计算各项财务比率的实际得分。

【例 5-14】根据资料（表 5-3）对振华公司相关比率进行综合评分，并对比先进企业的标准值做出客观评价。

表 5-3　振华公司综合财务评分的相关资料

财务比率	分值	上下限	标准值	实际值	关系比率	实际得分
流动比率	10	20/5	1. 8	1. 6		
速动比率	15	20/6	0. 7	0. 75		
现金流量/债务	15	20/6	0. 5	0. 55		
资产/负债	8	15/4	1. 33	1. 25		
应收账款周转率	10	20/5	11	9		
总资产周转率	12	20/4	2	1. 65		
销售净利率	15	20/6	28%	26%		
净资产收益率	15	20/6	25%	23%		
合计	100	—	—	—	—	

综合评分的结果见表 5-4。

表 5-4　振华公司综合财务评分的结果

财务比率	分值	上下限	标准值	实际值	关系比率	实际得分
流动比率	10	20/5	1. 8	1. 6	0. 89	8. 89
速动比率	15	20/6	0. 7	0. 75	1. 07	16. 07
现金流量/债务	15	20/6	0. 5	0. 55	1. 10	16. 50
资产/负债	8	15/4	1. 33	1. 25	0. 94	7. 52
应收账款周转率	10	20/5	11	9	0. 82	8. 18
总资产周转率	12	20/4	2	1. 65	0. 83	9. 90
销售净利率	15	20/6	28%	26%	0. 93	13. 93
净资产收益率	15	20/6	25%	23%	0. 92	13. 80
合计	100	—	—	—	—	94. 79

根据评分结果，振华公司除速动比率、现金流量/债务两个指标略优于标准值外，其他财务比率均低于标准值，总得分为 94. 79 分，明显低于标准值，说明整体财务比率不够理想。

课堂讨论

为什么说杜邦财务分析体系是一种综合财务分析方法？

知识链接

所谓财务综合分析，就是将企业营运能力、偿债能力和盈利能力等方面的分析纳入一个有机的分析系统之中，全面地对企业财务状况、经营状况进行解剖和分析，从而对企业经济效益做出较为准确的评价与判断。

本章总结

本章主要介绍了财务报表分析的目的和具体的财务比率计算方法和分析方法。财务比率主要有反映偿债能力的比率、反映获利能力的比率、反映资产营运能力的比率等。杜邦财务分析体系是一种综合性的财务指标分解方法。任何财务报表分析方法关键不在于指标的计算，而在于对指标的理解和运用。财务报表分析的结果只能揭示相关财务指标的差异，无法从根源上发现问题和存在的原因，不能提供解决问题的方案。因此必须针对出现的差异，进行深入细致的调查研究，在实际调查研究并发现问题根源的基础上，提出切实可行的解决问题的办法。

本章习题

一、思考题

1. 什么叫资产负债表？它由哪些要素构成？
2. 什么叫利润表？它由哪些要素构成？
3. 什么叫财务报表分析？其目的有哪些？
4. 主要财务比率有哪些？
5. 简述流动比率的分析方法。
6. 简述负债比率的分析方法。
7. 简述资产管理比率的分析方法。
8. 简述盈利能力比率的分析方法。
9. 简述杜邦财务分析体系。

二、单项选择题

1. 在财务报表分析中，投资者是指（　　）。
   A. 社会公众　　B. 金融机构
   C. 优先股东　　D. 普通股东
2. 流动资产和流动负债的比值被称为（　　）。

A. 流动比率　　B. 速动比率
C. 营运比率　　D. 资产负债比率

3. 下列各项中，(　　) 不是影响固定资产净值升降的直接因素。
A. 固定资产净残值　　B. 固定资产折旧方法
C. 折旧年限的变动　　D. 固定资产减值准备的计提

4. 资产负债表的附表是（　　）。
A. 利润分配表　　B. 分部报表
C. 财务报表附注　　D. 应交增值税明细表

5. 下列属于变动能力比率的有（　　）。
A. 资产负债率　　B. 净资产收益率
C. 流动比率　　D. 总资产周转率

6. 下列属于盈利能力比率的有（　　）。
A. 应收账款周转率　　B. 净资产收益率
C. 流动比率　　D. 速运比率

7. 成龙公司2000年的主营业务收入为60111万元，其年初资产总额为6810万元，年末资产总额为8600万元，该公司总资产周转率及周转天数分别为（　　）。
A. 8.83次，40.77天　　B. 6.99次，51.5天
C. 8.83次，51.5天　　D. 7.8次，46.15天

8. 计算应收账款周转率时应使用的收入指标是（　　）。
A. 主营业务收入　　B. 赊销净额
C. 销售收入　　D. 营业利润

9. 正常情况下，如果同期银行存款利率为4%，那么市盈率应为（　　）。
A. 20　　B. 25　　C. 40　　D. 50

10. 当销售利润率一定时，投资报酬率的高低直接取决于（　　）。
A. 销售收入的多少　　B. 营业利润的高低
C. 投资收益的大小　　D. 资产周转率的快慢

三、多项选择题

1. 影响毛利变动的内部因素包括（　　　）。
A. 开拓市场的意识和能力　　B. 成本管理水平
C. 产品构成决策　　D. 企业战略要求
E. 以上都包括

2. 下列属于资产管理能力比率的有（　　　）。
A. 总资产周转率　　B. 净资产收益率
C. 存货周转天数　　D. 应收账款周转率
E. 净资产周转率

3. 单一产品毛利的变动受（　　　）因素的影响。
A. 销售单价　　B. 变动成本　　C. 单位成本
D. 销量　　E. 固定成本

4. 影响营业利润率的因素主要包括两项，即（　　　）。
A. 其他业务利润　B. 资产减值准备　C. 财务费用
D. 主营业务收入　E. 营业利润
5. 分析长期资本收益率指标所适用的长期资本额是指（　　　）。
A. 长期负债　B. 长期股票投资　C. 长期债券投资
D. 所有者权益　E. 长期资产
6. 作为财务报表分析主体的政府机构，包括（　　　）。
A. 税务部门　B. 国有企业的管理部门
C. 证券管理机构　D. 会计监管机构
E. 社会保障部门
7. 从杜邦财务分析体系可知，提高净资产收益率的途径在于（　　　）。
A. 加强负债管理，降低负债比例　B. 加强成本管理，降低成本费用
C. 加强销售管理，提高销售利润率　D. 加强资产管理，提高资产周转率
8. 基本的财务比率的有（　　　）。
A. 劳动生产率　B. 变动能力比率
C. 资产管理比率　D. 盈利能力比率
E. 人员流失比率
9. 在对企业进行业绩评价时，下列属于评价企业获利能力的基本指标是（　　　）。
A. 净资产收益率　B. 总资产报酬率
C. 营业净利率　D. 成本费用利润率
10. 某酒店当年的经营利润很多，却不能偿还到期债务，为查清具体原因，应检查的财务比率有（　　　）。
A. 流动比率　B. 速动比率
C. 应收账款周转率　D. 资产负债率

四、计算分析题

1. 某酒店客房的本年实际收入与预算收入的比较数据如下。
实际销售收入：(8 万间 ×500 元/间) 4 000 万元；
预算销售收入：(9 万间 ×480 元/间) 4 320 万元；
差异：320 万元（不利）。
要求：分别用定基分解法、连环替代法分解差异。
2. 某旅行社有限公司 2013 年实现净利润 500 000 元，当年提取的固定资产折旧 120 000 元，摊销无形资产 30 000 元，处理固定资产收益 90 000 元，出售短期投资损失 30 000 元，当年发生利息支出 10 000 元。有关资产年末比年初变动情况为应收账款减少 150 000 元，坏账准备减少 450 元，存货减少 100 000 元，待摊费用增加 10 000 元，应付账款增加 314 000 元，无形资产减值准备 3 000 元。
要求：计算该年度经营活动产生的净现金流量。
3. 某酒店连续 3 年的资产负债表中相关资产项目的数额见表 5-5。

表 5-5　资产负债表中相关资产项目的数额　　单位：万元

项　目	2011 年年末	2012 年年末	2013 年年末
流动资产	2 200	2 680	2 680
其中：应收账款	944	1 028	1 140
存货	1 060	928	1 070
固定资产	3 800	3 340	3 500
资产总额	8 800	8 060	8 920

已知 2013 年主营业务收入额为 10465 万元，比 2012 年增长了 15%，2013 年主营业务成本为 8 176 万元，比 2012 年增长了 12%。

要求：

（1）计算该酒店 2012 年和 2013 年的应收账款周转率、存货周转率、流动资产周转率、固定资产周转率、总资产周转率。

（2）对该酒店的资产运用效率进行评价。

第 6 章

企业筹资管理

本章导读

本章将学习认识企业筹资渠道和方式、资本成本和资本结构，以及经营杠杆和财务杠杆等。

6.1 企业筹资概述

（一）筹资的概念

企业的财务活动是以筹集企业必需的资金为前提的，企业的生存与发展离不开资金的筹措。筹资是指企业根据其生产经营、对外投资及调整资本结构的需要，通过筹资渠道和资金市场，并运用筹资方式，经济有效地筹集企业所需的资金。

筹资的目标是以较低的筹资成本和较小的筹资风险，获取较多的资金。筹资的基本目的是为了自身的正常生产经营与发展，一方面满足其生产经营需要，另一方面满足其资本结构调整的需要。

（二）筹资分类、渠道和方式

1. 筹资分类

企业筹集的资金可按不同方式进行不同的分类，这里只介绍以下两种最主要的分类。

（1）按资金使用期限的长短分为短期资金和长期资金。

短期资金指供一年以内使用的资金。短期资金主要投资于现金、应收账款、存货等，一般在短期内可收回。短期资金常采用商业信用、银行流动资金、借款等方式来筹集。

长期资金是指供一年以上使用的资金。长期资金主要投资于新产品的开发和推广、生产规模的扩大、厂房和设备的更新，一般需几年或几十年才能收回。长期资金通常采用吸收投资、发行股票、发行债券、长期借款、融资租赁、留存收益等方式来筹集。

（2）按资金的来源渠道分为所有者权益资金和负债资金。

企业通过发行股票、吸收投资、内部积累等方式筹集的资金都属于企业的所有者权益资金，所有者权益资金不用还本，因而称为企业的自有资金、主权资金或权益资金。自有资金不用还本，因此筹集自有资金没有财务风险。但自有资金要求的回报率高，资本成本高。

企业通过发行债券、银行借款、融资租赁等方式筹集的资金属于企业的负债资金，到期要归还本金和利息，因而又称为企业的借入资金或负债资金。企业采用借入的方式筹集资金，一般承担较大的财务风险，但相对而言资金成本低。

2. 筹资渠道

筹资渠道是指筹集资金来源的方向与通道，体现了资金来源与供应量。我国企业目前筹资渠道主要有以下几种。

（1）国家财政资金。国家对企业的直接投资是国有企业最主要的资金来源渠道，特别是国有独资企业，其资本全部由国家投资形成，从产权关系上看，产权归国家所有。

（2）银行信贷资金。银行对企业的各种贷款是我国各类企业最主要的资金来源。我国提供贷款的银行主要有两个：商业银行和政策性银行。商业银行以盈利为目的，为企业提供各种商业贷款；政策性银行为特定企业提供政策性贷款。

（3）非银行金融机构资金。非银行金融机构主要指信托投资公司、保险公司、租赁公司、证券公司及企业集团所属的财务公司。他们所提供的金融服务，既包括信贷资金的投放，也包括物资的融通，还包括为企业承销证券。

（4）其他企业资金。其他企业资金是指企业生产经营过程中产生的部分闲置的资金，可以互相投资，也可以通过购销业务形成信用关系从而形成其他企业资金，这也是企业资金的重要来源。

（5）居民个人资金。居民个人资金指“游离”于银行及非银行金融机构之外的个人资金，可用于对企业进行投资，形成民间资金。

（6）企业自留资金。企业自留资金指企业通过计提折旧、提取公积金和未分配利润等形式形成的资金，这些资金的重要特征之一是企业无须通过一定的方式去筹集，它们是企业内部自动生成或转移的资金。

（7）外商资金。外商资金指外国投资者以及我国港澳台地区的投资者投入的资金，它是外商投资企业的重要资金来源。

3. 筹资方式

筹资方式是指企业筹集资金所采用的具体方式。目前我国企业的筹资方式主要有直接投资、股票、留存收益、银行借款、发行债券、商业信用和融资租赁。

企业筹资管理的重要内容是针对客观存在的筹资渠道，选择合理的筹资方式进行筹资，有效的筹资组合可以降低筹资成本，提高筹资效率。

筹资渠道与筹资方式存在一定的对应关系，一定的筹资方式只使用于某一特定的筹资渠道，具体的对应关系见表6-1。

表6-1　筹资渠道与筹资方式的一般对应关系

方式 渠道	直接投资	股票	留存收益	银行借款	发行债券	商业信用	融资租赁
国家财政资金	√	√					
银行信贷资金				√			
非银行金融机构资金	√	√		√	√		√
其他企业资金	√	√			√	√	√
居民个人资金	√	√			√		
企业自留资金	√		√				
外商资金	√	√			√		√

（三）筹资须考虑的因素及原则

1. 筹资须考虑的因素

（1）经济性因素：筹资成本、筹资风险、投资项目及其收益能力、资本结构及其弹性。

（2）非经济性因素：筹资的顺利程度、资金使用的约束程度、筹资的社会效应、筹资对企业控制权的影响、筹资时机。

2. 筹资原则

企业筹集资金的原则可概括为以下几个。

（1）规模适度，成本节约。

（2）结构合理，方式经济。

（3）时机得当，筹措及时。

（4）依法筹资，来源合理。

（四）筹资规模的确定

企业应根据法定注册资本的最低要求和企业实际投资规模确定合理的筹资规模。筹资具有层次性的特点，即先确定筹资总规模，然后确定自有资本规模，再确定对外筹资规模。筹资规模与资产占用具有对应性，即为购置长期稳定占用资产，应确定不变资金规模；为购置波动性资产，则应确定变动资金规模。筹资还具有时间性的特点，在经营旺季或经济繁荣时期可能需要筹集较大规模的资金，而在经营淡季或经济萧条时期则可能需要压缩筹资规模。确定筹资规模的方法有销售百分比法、资金习性法等。

课堂讨论

企业可以通过哪些渠道筹集生产经营所需资金？

知识链接

筹资的含义与分类

1. 筹资的含义

筹资是指企业为满足生产经营资金的需要，向企业外部单位或个人及从其企业内部筹措资金的一种财务活动。资金是企业的“血液”，是企业生存和发展所不可缺少的。企业没有资金，无法进行生产经营活动；有了资金如果使用不当，也会影响生产经营活动的正常进行。

2. 筹资的分类

筹集的资金可按以下几种标准进行分类。

(1) 按资金使用期限长短分为中长期资金（一年后偿还）、短期资金（一年内偿还）。中长期资金的筹集方式有吸收直接投资、发行股票、发行长期债券、长期银行借款、融资租赁等。

短期资金的筹集方式有发行短期债券、短期银行借款、商业信用等。

组合原则是将资金来源与资金运用结合起来，合理进行期限搭配，寻求最佳资本结构。策略是用长期资金来满足固定资产、无形生产、长期占用的流动资产的需要，用短期资金满足临时波动的流动资金需要。

(2) 按资金来源渠道分为自有资金（所有者权益）、借入资金（负债）。一般而言，自有资金的成本高于借入资金，筹资风险小于借入资金。

(3) 按所筹资金的权益性质不同分为股权资本（成本高、风险低）和负债（成本低、风险高）。股权资本的筹集方式有吸收直接投资、发行股票、留存收益等。负债的筹集方式有发行债券、银行借款、融资租赁、商业信用等。

3. 筹资的目的

(1) 满足企业创建对资金的需要。

(2) 满足企业发展对资金的需要。

(3) 保证日常经营活动顺利进行。

(4) 调整资金（本）结构。

6.2 资本金的构成、筹集与管理

（一）资本金的构成

资本金是指企业在工商行政管理部门登记的注册资金，即创办企业的本钱。所谓注册资金是指企业设立时由投资者认缴的，经工商行政管理部门核准登记的资金总额。因此通常所讲的资本金就是指注册资金，它是企业开展正常生产经营活动的必要前提条件。《中华人民共和国企业法人登记管理条例》规定，企业法人必须有符合国家规定的与其生产经营和服务规模相适应的资金数额，能够独立承担民事责任。因此资本金还是有限公司对公司承担的法律责任。

资本金按投资主体可分为国家资本金、法人资本金、个人资本金及外商资本金等。国家资本金是指有权代表国家投资的部门或者机构以国有资产投入企业形成的资本金，法人资本金是指其他法人单位包括企业法人和社会团体法人以其可支配的资产投入企业形成的资本金，个人资本金为社会个人或本企业内部职工以个人合法财产投入企业形成的资本金，外商资本金是指外国投资者及我国港澳台投资者投入企业形成的资本金。

（二）资本金的筹集与管理

根据国家法律法规的规定，可以采取国家投资、各方集资和发行股票等方式筹集资本金。

企业筹集资本金的具体形式可以是现金、实物资产、无形资产等。但无论采取什么形式筹集资本金，都必须符合国家法律法规的规定。例如企业不得吸收投资者已设立担保物权资产的出资，企业吸收的无形资产投资一般不得超过注册资本总额的 20% 等。

企业资本金可以一次筹集或分次筹集。一次筹集的，应当在营业执照签发之日起 6 个月内筹足；分次筹集的，首次筹集的资金不得低于投资者认缴出资的 15%，并在营业执照签发之日起 3 个月内缴清，最后一次出资应当在营业执照签发之日起 3 年内缴清。

投资者出资后，企业应当聘请注册会计师进行验资，出具验资报告，并据以向投资者开具出资证明书。

筹集到位的资本金可供企业长期使用，无须偿还，能自由支配。在企业持续经营期间，投资者对其投入企业的资本金除国家另有规定外，一般只能依法转让，不得以任何形式抽回投资。中外合作经营企业的外方投资者按合同约定先行收回投资的，必须按照法律规定或合同约定承担企业的债务责任，在缴纳所得税前收回投资的，还须报经当地主管财政机关批准。

企业投资者对企业净资产按其出资比例或合同、协议规定享有所有权，并分享利润和分担亏损等风险。投资者对企业净资产的所有权就是所有者权益，包括资本金、资本公积金、盈余公积金及未分配利润等。

随着我国企业股份制改革进程的不断推进，越来越多的企业采用发行股票的形式筹集资本金，下面着重讨论普通股的筹集与管理。

1. 普通股的含义及其种类

普通股是指股份有限公司发行的无特别权利的股份，也是最基本的标准的股份，通常情况下股份公司只发行普通股。

普通股股票的持有者为普通股股东，依照我国《中华人民共和国公司法》（以下简称《公司法》）的规定，普通股股东享有以下权利：出席或委托代理人出席股东大会，并依公司章程规定行使表决权，股份转让权，股利分配请求权，对公司账目和股东大会决议的审查和对公司事务的质询权，分配公司剩余资产的权利，公司章程规定的其他权利。

同时普通股股东也基于其资格，对公司负有相应义务。我国《公司法》中规定了股东具有遵守公司章程、缴纳股款、对公司负有有限责任、不得退股等义务。

2. 普通股的种类

普通股按不同的分类方式可分为以下几种。

（1）普通股按是否记名可分为记名股票和不记名股票。我国《公司法》规定，对发起人、国家授权的投资机构和法人发行的股票应当为记名股票。

（2）普通股按是否标明票面金额可分为有面值股票和无面值股票。目前我国《公司法》不承认无面值的股票，明确规定了股票应记载股票的面额，并且发行价格不得低于票面金额。

（3）普通股按投资主体可分为国家股、法人股、社会公众股等。

（4）普通股按发行对象和上市地点的不同可分为 A 股（以人民币标明面额并以人民币认购和交易的股票）、B 股、H 股和 N 股（B 股、H 股和 N 股都是以人民币标明面额，并以外币认购和交易的股票，只是交易地点不同）。其中 B 股在沪深交易所流通，H 股在香港证券交易所流通，N 股在纽约证券交易所流通。

3. 普通股筹资的优缺点

（1）普通股筹资的优点

与其他筹资方式相比，普通股筹集资本具有以下优点。

① 发行普通股筹集资本具有永久性，无到期日，无须归还。这对保证公司对资本的最低需要、维持公司长期稳定发展极为有益。

② 发行普通股筹资没有固定的股利负担，股利的支付与否和支付多少，视公司有无盈利和经营需要而定，经营波动给公司带来的财务负担相对较小。由于普通股筹资没有固定的到期还本付息的压力，所以筹资风险较小。

③ 发行普通股筹集的资本是公司最基本的资金来源，它反映了公司的实力，可作为其他方式筹资的基础，尤其可为债权人提供保障，增强公司的举债能力。

④ 由于普通股的预期收益较高并可一定程度地抵消通货膨胀的影响（通常在通货膨胀期间，不动产升值时，普通股也随之升值），因此普通股筹资容易吸收资金。

（2）普通股筹资的缺点

运用普通股筹集资本有如下缺点。

① 普通股的资本成本较高。首先，从投资者的角度讲，投资于普通股风险较高，相应地要求有较高的投资报酬率。其次，对于筹资公司讲，普通股股利从税后利润中支付，不像债券利息那样作为费用从税前支付，因而不具有抵税作用。此外，普通股的发行费用一般也高于其他证券。

② 以普通股筹资会增加新股东，这可能会分散公司的控制权。此外，新股东分享公司未发行新股前积累的盈余，会降低普通股的每股净收益，从而可能引发股价的下跌。

6.3 资金成本

(一) 资金成本的概念

资金成本是指企业为筹集和使用资金而付出的代价。从理论上讲，企业筹集和使用任何资金，不论是短期的还是长期的，都必须付出代价。

资金成本包括资金筹集费和资金占用费两部分。资金筹集费是指在资金筹集过程中支付的各项费用，如印刷费、发行手续费、律师费、评估费、广告费、公证费等；资金占用费是指占用资金支付的费用，如借款利息、股票股利、债券利息等。因为资金筹集费通常在筹集资金时一次性发生，在计算资金成本时可作为筹资总额的扣除。

资金成本可有多种计量形式，在比较各种筹资方式时，使用个别资金成本；在进行资本结构决策时，使用加权平均资金成本；在进行追加筹资决策时，则使用边际资金成本。

资金成本是财务管理中的重要概念之一，它是企业投资者和债权人对投入企业的资金所要求的收益率，同时，资金成本还是投资项目的机会成本。资金成本广泛应用于财务管理的许多方面，对企业筹资来说，资金成本是选择资金来源、确定筹资方案的重要依据，企业力求选择资金成本最低的筹资方式；对于企业投资来说，资金成本是评价投资项目优劣、决定投资取舍的重要标准。资金成本还可用来衡量企业经营成果的尺度，即经营利润率应高于资金成本，否则表明企业业绩欠佳。

(二) 决定资金成本高低的因素

在市场经济条件下，影响企业资金成本高低的因素有很多，其中主要有总体经济环境、证券市场条件、企业内部的经营和融资状况、项目融资规模等。

(1) 总体经济环境变化的影响体现在无风险报酬率上，如果货币需求量增加，而供给却没有同步增加，则投资者便会提高其投资的期望收益率，筹资企业的资金成本就会上升；反之则会降低其要求的投资收益率，使筹资企业的资金成本降低。如果预期通货膨胀水平上升，货币购买力下降，投资者也会提出更高的收益率来补偿预期的投资损失，导致企业资金成本上升。

(2) 证券市场条件影响证券投资的风险，包括市场流动性和价格波动幅度。如果某种证券的市场流动性不好，投资者想买卖该证券相对困难，变现风险较大，则会要求较高的收益率，从而使筹资企业的资金成本上升；或者虽然有对某种证券的需求，但由于其价格波动较大，投资风险加大，投资者要求的收益率也会提高。

(3) 企业内部的经营和融资状况是指经营风险和财务风险的大小。经营风险是企业投资决策的结果，表现在资产收益率的变动上；而财务风险是企业筹资决策的结果，表现在普通股收益率的变动上。如果企业的经营风险和财务风险加大，投资者便会有较高的收益率要求，使得筹资企业的资金成本上升。

(4) 融资规模较大的企业，一般资金成本比较高。例如，企业发行股票或债券的金额很大，资金筹集费和资金占用费就会上升，同时发行规模增大还会降低其发行价格，由此也会增加企业的资金成本。

（三）资金成本的估计

1. 个别资金成本的估计

个别资金成本是指使用各种长期资金所需要付出的代价，具体又可分为长期借款成本、债券成本、留存收益成本和普通股成本。前两种称为债务资金成本，后两种称为权益资金成本。

（1）长期借款成本

长期借款成本由借款利息费用和筹资费用两部分组成，同时，由于借款利息计入所得税前的成本费用，可以起到抵税作用，因此实际利息费用应抵减相应少交的所得税金额。

一次还本按年付息的借款成本为

$$K_L = I\ (1-T)/L\ (1-F) = R\ (1-T)/(1-F)$$

式中，K_L 为长期借款成本；I 为长期借款年利息；T 为所得税税率；L 为长期借款筹资额（借款本金）；R 为长期借款年利率；F 为长期借款的筹资费用率。

【例 6-1】 某旅行社取得 5 年期长期借款 500 万元，年利率 8%，每年付息一次，到期一次还本，筹资费率为 2‰，企业所得税率为 33%，计算该长期借款的成本。

解：

$$\begin{aligned} K_L &= 500\times 8\%\times(1-33\%)/500\ (1-2‰) \\ &= 8\%\times(1-33\%)/(1-2‰) = 5.37\% \end{aligned}$$

（2）债券成本

债券成本由债券利息和筹资费用组成。债券利息费用也允许税前抵扣，筹资费用一般比长期借款的筹资费用高。

一次还本分年付息时，债券资金成本的计算公式为：

$$K_B = I_B\ (1-T)/B\ (1-F_B)$$

式中，K_B 为债券资金成本；I_B 为债券年利息；T 为所得税率；B 为债券筹资额；F_B 为债券筹资费率。

当债券票面利率等于市场实际利率，同时按年付息时，债券为按面值发行，筹资额为债券票面总额；当债券票面利率小于市场实际利率时为折价发行，实际筹资额小于面值；当债券票面利率大于市场实际利率时为溢价发行，实际筹资额大于面值。

【例 6-2】 某大酒店股份有限公司等价发行 5 年期总面值为 1 000 万元的债券，票面利率为 8%，发行费率为 3%，公司所得税率为 33%。计算债券资金成本。

解： $K_B = 1\,000\times 8\%\times(1-33\%)/1\,000\times(1-3\%) = 5.53\%$

【例 6-3】 如果例 6-2 中发行价格为 1 200 万元（溢价发行），其他条件不变。计算债券资金成本。

解： $K_B = 1\,000\times 8\%\times(1-33\%)/1\,200\times(1-3\%) = 4.6\%$

【例 6-4】 如果例 6-2 中发行价格为 900 万元（折价发行），其他条件不变。计算债券资金成本。

解： $K_B = 1\,000 \times 8\% \times (1 - 33\%)/900 \times (1 - 3\%) = 6.14\%$

（3）留存收益成本

留存收益成本也叫保留盈余成本，是企业在缴纳所得税后形成的投资者权益。投资者将这部分未分配的税后利润留存于企业内部，本质上相当于对企业的追加投资。假如留下来的利润用于再投资所取得的收益率低于投资者自己进行另一项风险相似的投资的收益率，则企业不应该保留这部分利润。

留存收益成本的估算，一般有股利增长模型法、资本资产定价模型法和风险溢价法三种。

① 股利增长模型法。它是依据股票投资的收益率不断提高的一般规律来计算留存收益成本的，假定股利以固定的增长率递增，则留存收益成本可用以下公式计算：

$$K_S = \frac{D_1}{P_0} + G$$

式中，K_S 为留存收益成本；D_1 为预期一年后的股利；P_0 为目前普通股市场价格；G 为普通股股利年增长率。

【例 6-5】 某一旅游类上市公司目前的每股市价为 8 元，估计年增长率为 10%，本年每股发放股利 0.5 元，请计算公司该项留存收益成本。

解： $$K_S = \frac{D_1}{P_0} + G = \frac{0.5 \times (1 + 10\%)}{8} + 10\% = 16.88\%$$

② 资本资产定价模型法。它的主要理论依据是，某一企业的股票风险用 β 系数表示，该企业留存收益成本受无风险报酬率、β 系数和平均风险股票的必要报酬三个因素的影响。用公式表示如下：

$$K_S = R_F + \beta\ (R_M - R_F)$$

式中，R_F 为无风险报酬率；R_M 为平均风险的股票必要报酬率；β 为该企业的风险系数。

【例 6-6】 2010 年市场无风险报酬率为 5%，平均风险股票的必要报酬率为 12%，某上市公司的普通股 β 值为 1.3，计算其留存收益的成本。

解： $K_S = R_F + \beta\ (R_M - R_F) = 5\% + 1.3 \times (12\% - 5\%) = 14.1\%$

③ 风险溢价法。其理论依据是“风险越大，要求的投资报酬率也越高”，所有者对企业的投资风险要比债券投资者的风险大，因而会在债券投资者要求的利息率的基础上再要求一定的风险溢价。因此，留存收益成本也可用下列公式计算：

$$K_S = K_B + RP_C$$

式中，K_B 为债务成本；RP_C 为所有者比债权人承担更大风险所要求的风险溢价。

债务成本（包括长期借款成本、债券成本）的计算是比较容易的，而风险溢价就比较难以确定。一般可凭经验估计，通常一个企业的普通股风险溢价对其自己发行的债券来说在 3%～5%，平均值在 4% 左右。

【例 6-7】 对于债券成本为 8% 的企业来说，计算其留存收益成本。

解： $K_S = K_B + RP_C = 8\% + 4\% = 12\%$

（4）普通股成本

普通股成本是指企业新发行的普通股，普通股成本可以按照前述留存收益成本计算中的股利增长模型的思路进行计算，由于发行新股需要一定的筹集费用，因此实际筹资额应扣减相应的筹资费用。其公式为：

$$K_{nc}=\frac{D_1}{P_0(1-F_C)}+G$$

式中，K_{nc}为普通股成本，F_C为普通股筹资费率。

【例6-8】某旅游类上市公司发行新股，市场价格为每股12元，估计年增长率为10%，本年已发放股利每股0.8元，筹资率为市价的6%，计算该普通股成本。

解：

$$K_{nc}=\frac{D_1}{P_0(1-F_C)}+G=\frac{0.8\times(1+10\%)}{12\times(1-6\%)}+10\%=17.8\%$$

2. 加权平均资金成本的估计

在现实生活中，企业筹资不可能只采用某种单一的方式，企业的筹资总额取决于企业投资项目对资金的总需求，而能否仅以某一筹资方式筹足所需资金，还得取决于当时的经济环境、法律环境和金融市场环境。为了足额筹集到所需资金，企业通常需要通过多种方式。为了判断全部资金成本的高低，就需要计算加权平均资金成本，即以各种资金占全部资金的比例为权数，计算各种资金成本的平均数。计算公式如下：

$$K_W=\sum_{j=1}^{n}K_jW_j$$

式中，K_W为加权平均资金成本；K_j为第j种个别资金成本；W_j为第j种资金占全部资金的比例。

【例6-9】某企业账面反映的长期资金总额为8 000万元，其中长期借款5 000万元，应付债券1 500万元，普通股本3 000万元，留存收益500万元；资金成本分别为5.8%、6.5%、12%、10.26%。请计算企业的加权平均资金成本。

解：

$$K_W=5.8\%\times\frac{5\,000}{8\,000}+6.5\%\times\frac{1\,500}{8\,000}+12\%\times\frac{3\,000}{8\,000}+10.26\%\times\frac{500}{8\,000}$$
$$=9.99\%$$

6.4 资本结构

（一）资本结构的含义

资本结构是企业各种长期资金来源的构成和比例关系。通常企业的资本结构由长期债务资本和权益资本构成。资本结构也就是长期债务资本占多少比例，权益资本占多少比例。短期资金的需求量和筹集的变化比较大，而且在全部资金总量中所占的比例不稳定，因此不列入资本结构的管理范围，而将其作为营运资金管理。

（二）资本结构的管理

1. 融资的每股收益分析

判断企业的资本结构是否合理，可通过分析每股收益的变化来衡量。能提高每股收益的资本结构是合理的，而不能提高每股收益甚至降低每股收益的资本结构当然是不合理的。可以运用融资的每股收益分析的方法，根据每股收益的无差别点，即每股收益不受融资方式影响的销售水平，分析判断在什么样的销售水平下适于采用何种资本结构。公式如下：

$$每股收益=\frac{税前利润\times(1-所得税率)}{普通股股数}$$

式中，税前利润 = 销售额 − 变动成本 − 固定成本 − 债务利息

在每股收益无差别点上，无论是采用负债融资还是权益融资，每股收益都是相等的。

【例6-10】某旅游类上市公司原有资本7000万元，其中债务资本3000万元（每年负担利息费用180万元），普通股资本4000万元（发行4000万股，每股1元）。由于该公司欲扩大经营范围，需追加筹资2000万元，有如下两个方案可供选择：一是全部发行普通股，增发2000万股，每股1元；二是全部筹集长期借款，债务成本为7%，增加利息费用140万元。该公司的变动成本率为40%，固定成本为2200万元，所得税税率为30%。请计算该公司的每股收益无差别点销售额。

解：设每股收益无差别点销售额为S，则

$$\frac{(S-0.4S-2200-180)\times(1-30\%)}{4000+2000}=\frac{(S-0.4S-2200-180-140)\times(1-30\%)}{4000}$$

得

$$S=4666.67\ （万元）$$

该公司的销售额达到4666.67万元时的每股收益为：

$$\frac{(4666.67-4666.67\times40\%-2200-180)\times70\%}{4000+2000}=0.049\ （元）$$

或

$$\frac{(4666.67-4666.67\times40\%-2200-180-140)\times70\%}{4000}=0.049\ （元）$$

以上计算结果表明，当该公司的销售额达到4666.67万元时，新筹资额2000万元采用长期借款方式和发行新股方式对每股收益的影响都是一样的。

当该公司销售额超过4666.67万元后，运用负债筹资可以获得较高的每股收益；当销售额低于4666.67万元后，运用权益筹资可以获得较高的每股收益。

2. 最佳资本结构

以每股收益的高低为选择筹资方式的标准，其缺陷在于没有考虑相应的风险。财务管理的目标是追求企业价值的最大化，而只有在风险不变的情况下，每股收益的增长才会导致企业价值的提升，实际上经常是随着每股收益的增长，风险也相应加大。如果每股收益

的增长不足以补偿风险增加所需的报酬，则即使每股收益增加了，也不一定会引起股票价格的上升。因此，企业的最佳资本结构应当是可以使企业的总价值最高，而不一定是每股收益最大的资本结构。同时，在企业总价值最大的资本结构下，企业的资本成本也是最低的。

为了简化计算过程，假设某上市类企业的资金来源主要是股票和债券，则其总的市场价值等于股票的总市价加上债券的总市价，即

$$企业总价值 = 股票总市价 + 债券总市价$$

为了简化计算，假设债券的市价等于其面值，而股票的市场价值可以比照永续年金的计算方法确定，则

$$股票市场价值 = \frac{(息前税前利润 - 债务利息) \times (1 - 所得税税率)}{权益资金成本}$$

而前已述及，权益资金成本可采用资产定价模型计算确定：

$$权益资金成本 = 无风险报酬率 + \beta \times (平均风险股票必要报酬率 - 无风险报酬率)$$

【例 6-11】某旅游类上市公司每年息税前利润为 1 000 万元，全部资金均由普通股资本组成，股票价值 8 000 万元，所得税率 30%。该公司根据财务总监的建议，认为目前的资本结构不够合理，欲采用发行债券购回部分股票的办法予以调整。经市场调查，目前的债务成本和权益资金成本见表 6-2。

表 6-2 不同筹资金额下的债务成本与权益资金成本

债券价值/百万元	税前债务成本	股票 β 值	无风险报酬率	平均风险股票必要报酬率	权益资金成本
0	—	1.1	5%	9%	9.4%
10	6%	1.2	5%	9%	9.8%
20	6%	1.3	5%	9%	10.2%
30	7%	1.4	5%	9%	10.6%
40	8%	1.8	5%	9%	12.2%
50	9%	2.1	5%	9%	13.4%

根据表 6-2，计算筹借不同金额的债务时公司的价值和加权平均资金成本，见表 6-3。

表 6-3 加权平均资金成本计算

债券价值/百万元	股票市场价值/百万元	公司价值/百万元	税前债务成本	权益资金成本	加权平均资金成本
0	74.4681	74.4681	—	9.4%	9.4%
10	67.1429	77.1429	6%	9.8%	9.07%
20	60.3922	80.3922	6%	10.2%	8.7%
30	52.1698	82.1698	7%	10.6%	8.52%
40	39.0164	79.0164	8%	12.2%	8.85%
50	28.7313	78.7313	9%	13.4%	8.89%

解：① 没有债务资金时，

$$股票价值=\frac{(1000-0)\times(1-30\%)}{9.4\%}=7446.81（万元）$$

公司总价值＝股票价值＝7446.81（万元）

② 债务为1000万元时，

$$股票价值=\frac{(1000-1000\times6\%)\times(1-30\%)}{9.8\%}=6714.29（万元）$$

公司总价值＝1000＋6714.29＝7714.29（万元）

$$加权平均资金成本=6\%\times(1-30\%)\times\frac{1000}{7714.29}+9.8\%\times\frac{6714.29}{7714.29}=0.54\%+8.53\%$$

$$=9.07\%$$

③ 债务为2000万元时，

$$股票价值=\frac{(1000-2000\times6\%)\times(1-30\%)}{10.2\%}=6039.22（万元）$$

公司总价值＝2000＋6039.22＝8039.22（万元）

$$加权平均资金成本=6\%\times(1-30\%)\times\frac{2000}{8039.22}+10.2\%\times\frac{6039.22}{8039.22}$$

$$=1.04\%+7.66\%=8.7\%$$

④ 债务为3000万元时，

$$股票价值=\frac{(1000-3000\times7\%)\times(1-30\%)}{10.6\%}=5216.98（万元）$$

公司总价值＝3000＋5216.98＝8216.98（万元）

$$加权平均资金成本=7\%\times(1-30\%)\times\frac{3000}{8216.98}+10.6\%\times\frac{5216.98}{8216.98}$$

$$=1.79\%+6.73\%=8.52\%$$

⑤ 债务为4000万元时，

$$股票价值=\frac{(1000-4000\times8\%)\times(1-30\%)}{12.2\%}=3901.64（万元）$$

公司总价值＝4000＋3901.64＝7901.64（万元）

$$加权平均资金成本=8\%\times(1-30\%)\times\frac{4000}{7901.64}+12.2\%\times\frac{3901.64}{7901.64}$$

$$=2.83\%+6.02\%=8.85\%$$

⑥ 债务为5000万元时，

$$股票价值=\frac{(1000-5000\times9\%)\times(1-30\%)}{13.4\%}=2873.13（万元）$$

公司总价值＝5000＋2873.13＝7873.13（万元）

$$加权平均资金成本=9\%\times(1-30\%)\times\frac{5000}{7873.13}+13.4\%\times\frac{2873.13}{7873.13}$$

$$=4\%+4.89\%=8.89\%$$

以上计算结果表明，在没有债务资金的前提下，公司的总价值就是其原有股票的市场价值，当公司用债务资金部分地替换权益资金时，一开始公司总价值上升，加权平均资金成本下降；在债务资金达到3000万元时，公司总价值最高，加权平均资金成本最低；当债务资金超过3000万元后，公司总价值开始下降，加权平均资金成本又回升。因此，债务资金为3000万元时的资本结构是该公司的最佳资金结构。

6.5 经营杠杆、财务杠杆与总杠杆

（一）经营杠杆

在某一固定成本比例的作用下，销售量变动对利润产生的作用被称为经营杠杆，经营杠杆用来衡量经营风险的大小。

经营杠杆的作用大小一般用经营杠杆系数来表示，它是企业息税前利润变动率与销售量变动率之间的比率。计算公式如下：

$$\mathrm{DOL}=\frac{\Delta \mathrm{EBIT}}{\mathrm{EBIT}} \Big/ \frac{\Delta Q}{Q}$$

式中，DOL为经营杠杆系数；ΔEBIT为息税前利润变动额；EBIT为变动前的息税前利润；ΔQ为销售变动量；Q为变动前销量。

假设企业的成本-销量-利润保持线性关系，可变成本在销售收入中所占的比例不变，固定成本也保持稳定，经营杠杆系数便可通过销售额和成本来表示，公式如下：

$$\mathrm{DOL}_S=\text{边际贡献}/\text{息税前利润}=(S-\mathrm{VC})/(S-\mathrm{VC}-F)$$

式中，DOL_S为销售额为S时的经营杠杆系数；S为销售额；VC为变动成本总额，F为固定成本总额。

【例6-12】 某五星级大酒店餐饮年固定成本为300万元，变动成本率为48%，当餐饮销售额分别为5000万元、3000万元、2000万元时，经营杠杆系数分别是多少？

解：

$$\mathrm{DOL}_1=\frac{5000\times(1-48\%)}{5000\times(1-48\%)-300}=1.13$$

$$\mathrm{DOL}_2=\frac{3000\times(1-48\%)}{3000\times(1-48\%)-300}=1.24$$

$$\mathrm{DOL}_3=\frac{2000\times(1-48\%)}{2000\times(1-48\%)-300}=1.41$$

以上经营杠杆系数的计算结果表明：在一定的固定成本水平下，经营杠杆系数说明了销售额增长（降低）所引起利润增长（降低）的幅度。例如，DOL_1说明在销售额为5000万元时，销售额的增加（降低）会引起利润1.13倍的增长（降低）；DOL_3说明在销售额为2000万元时，销售额增长（降低）会引起利润1.41倍的增长（降低）。在一定的固定成本水平下，销售额越大，经营杠杆系数越小，经营风险也就越小；反之，销售额越小，经营杠杆系数越小，经营风险就越大。经营杠杆系数越大，说明利润变动的不稳定性越大。

企业通常可采取以下措施以求降低经营风险：一是努力增加销售额；二是在保证产品（服务）质量的前提下不断降低单位变动成本，努力降低固定资产成本水平。但这些措施

往往会受到多种条件的制约。

（二）财务杠杆

财务杠杆是企业在制定资本结构决策时对债务筹资的利用。因而财务杠杆又可称为融资杠杆、资本杠杆或者负债经营。这种定义强调了财务杠杆是对负债的一种利用。

也可以这样理解：财务杠杆是指在筹资中适当举债，调整资本结构给企业带来额外收益。如果负债经营使得企业每股利润上升，便称为正财务杠杆；如果使得企业每股利润下降，通常称为负财务杠杆。

与经营杠杆作用的表示方式类似，财务杠杆作用的大小通常用财务杠杆系数来表示。财务杠杆系数越大，说明财务杠杆作用越大，财务风险也越大；财务杠杆系数越小，说明财务杠杆作用越小，财务风险也就越小。其计算公式为

$$\mathrm{DFL}=\frac{\Delta \mathrm{EPS}}{\mathrm{EPS}} \Big/ \frac{\Delta \mathrm{EBIT}}{\mathrm{EBIT}}=\frac{\mathrm{EBIT}}{\mathrm{EBIT}-I}$$

式中，DFL 为财务杠杆系数；ΔEPS 为每股收益变动额；EPS 为变动前每股收益；I 为债务利息。

财务杠杆系数即每股收益变动率与息税前利润变动率之间的比值，也可推算为息税前利润与税前利润的比值。

【例 6-13】 甲、乙、丙为三家经营业务相同的高星级酒店有限公司，见表 6-4。

表 6-4 三家公司财务杠杆系数和杠杆收益对比 单位：万元

项目＼公司	甲	乙	丙
普通股股本	5 000	3 000	1 000
发行在外的股份数	5 000	3 000	1 000
债务总额（利率 6%）	0	2 000	4 000
资本总额	5 000	5 000	5 000
息税前利润	3 000	3 000	3 000
债务利息	0	120	240
税前利润	3 000	2 880	2 760
所得税（税率 30%）	900	864	828
税后利润	2 100	2 016	1 932
财务杠杆系数	1	1. 042	1. 087
每股收益	0. 42	0. 672	1. 932
息税前利润增加额	3 000	3 000	3 000
债务利息	0	120	240
税前利润	6 000	5 880	5 760
所得税（税率 30%）	1 800	1 764	1 728
税后利润	4 200	4 116	4 032
每股收益	0. 84	1. 372	4. 032

表6-4中的计算结果表明：财务杠杆系数是息税前利润增长所引起的每股收益的增长幅度。例如，甲公司的息税前利润增长1倍时，其每股收益也增长1倍［(0.84－0.42)/0.42］；乙公司息税前利润增长1倍时，其每股收益增长1.042倍［(1.372－0.672)/0.672］；丙公司息税利润增长1倍，其每股收益增长1.087倍［(4.032－1.932)/1.932］。在资本总额、息税前利润相同的情况下，负债比率越高，财务杠杆系数越大，财务风险越大，但预期的每股收益也越高。例如，甲公司无负债，100%是权益资金；乙公司有负债2000万元，占总资本的40%；丙公司负债4000万元，占总资本的90%。三家公司的财务杠杆系数依次递增，分别为1、1.042、1.087，说明丙公司的财务风险最大，乙公司次之，甲公司无财务风险，而丙公司的每股收益最大。

企业的负债比例是可以控制的，企业可以通过合理安排资本结构，适度负债，使企业获得的财务杠杆利益能全面抵消财务风险增大所带来的不利影响。

财务杠杆可以给企业带来额外的收益，也可能造成额外损失，这就是构成财务风险的重要因素。财务杠杆利益并没有增加整个社会的财富，是既定财富在投资人和债权人之间的分配；财务风险也没有增加整个社会的风险，是经营风险向债权人的转移。财务杠杆利益和财务风险是企业资本结构决策的重要考虑因素，资本结构决策需要在杠杆利益与其相关的风险之间进行合理的权衡。任何只顾获取财务杠杆利益，无视财务风险而不恰当地使用财务杠杆的做法都是企业财务决策的重大失误，最终将损害投资人的利益。

（三）总杠杆

前已述及，经营杠杆通过扩大销售影响息税前利润，而财务杠杆通过扩大息税前利润影响收益。如果两种杠杆共同起作用，那么销售稍有变动就会使收益产生更大的变动，通常把这两杠杆的连锁作用称为总杠杆作用。

总杠杆作用的程度可用总杠杆系数（DTL）表示，它是经营杠杆系数与财务杠杆系数的乘积。计算公式是：

$$DTL = DOL \cdot DFL = \frac{\text{销售收入} - \text{变动成本}}{\text{销售收入} - \text{变动成本} - \text{固定成本} - \text{债务利息}}$$

即总杠杆系数可以通过边际贡献除以税前利润求得。

【例6-14】某大酒店股份有限公司的经营杠杆系数为1.2，财务杠杆系数为1.8，求该酒店的总杠杆系数。

解： $DTL = DOL \cdot DFL = 1.2 \times 1.8 = 2.16$

总杠杆作用主要表现在以下两个方面。一是能够估计出销售变动对每股收益造成的影响，例6-14中，该酒店销售每增长（或减少）1倍，则收益就会增长（或减少）2.16倍。二是反映了经营杠杆与财务杠杆之间的相互关系，即为了达到某一总杠杆系数，经营杠杆和财务杠杆可以有多种不同的组合。一般来说，经营杠杆系数大的公司可以在较低的程度上使用财务杠杆；反之，经营杠杆系数小的公司则可以使用较大程度的财务杠杆。

本章总结

企业财务活动是以筹集企业必需的资金为前提的，企业的生存与发展离不开资金的筹措。本章从筹资的基本理论入手，进而介绍每一位财务管理人员都应该了解的筹资的确定问题，并重点介绍了两种最主要的筹资模式：股权资本筹集和债务筹资。

介绍筹资所涉及的财务政策问题，包括筹资所形成的资本成本、筹资风险，以及如何寻找最佳的资本结构。

本章习题

一、思考题

1. 简述企业的资金筹集渠道和方式。
2. 权益资金与债务资金的特点有哪些？
3. 什么是普通股？普通股筹资的优缺点有哪些？
4. 什么是资本成本？具体有哪些计算方法？
5. 什么叫资本结构？如何确定最佳资本结构？
6. 什么叫经营杠杆、财务杠杆和总杠杆？如何合理运用杠杆原理？

二、单项选择题

1. 根据财务管理理论，按照资金来源渠道不同，可将筹资分为（　　）。
   A. 权益筹资与负债筹资　　B. 直接筹资与间接筹资
   C. 短期筹资与长期筹资　　D. 内源筹资与外源筹资
2. 在不考虑筹资限制的前提下，下列筹资方式中个别资金成本最高的是（　　）。
   A. 发行普通股　　B. 发行公司债券
   C. 长期借款　　D. 留存收益

3. 某企业按年利率5.8%向银行借款1 000万元，银行要求保留15%的补偿性余额，则这项借款的实际利率约为（　　）。
   A. 6.4%　　B. 6.8%　　C. 5.8%　　D. 7.4%

4. 与短期借款融资相比，短期融资券筹资的特点是（　　）。
   A. 筹资风险比较小　　B. 筹资条件比较严格
   C. 筹资弹性比较大　　D. 筹资条件比较宽松

5. 如果企业的资金来源全部为自有资金，且没有优先股存在，则企业财务杠杆系数为（　　）。
   A. 等于0　　B. 小于1　　C. 等于1　　D. 大于1

6. 某酒店某年财务杠杆系数为2.5，息税前利润（EBIT）的计划增长率为10%，假定其他因素不变，则该年普通股每股收益（EPS）的增长率为（　　）。

A. 4%　　B. 20%　　C. 25%　　D. 5%

7. 假定某旅行社的权益资金与负债资金的比例为60∶40，据此可以断定该企业（　　）。

A. 经营风险大于财务风险　　B. 经营风险小于财务风险

C. 只存在经营风险　　D. 同时存在经营风险和财务风险

8. 最佳资金结构是指企业在一定时期最适宜且符合（　　）。

A. 企业目标资本结构　　B. 企业利润最大的资本结构

C. 风险最低的目标资本结构　　D. 同时存在经营风险和财务风险

9. 经营杠杆系数（DOL）、财务杠杆系数（DFL）和总杠杆系数（DTL）之间的关系是（　　）。

A. DTL = DOL/DFL　　B. DTL = DOL + DFL

C. DTL = DOL − DFL　　D. DTL = DOL · DFL

10. 下列各项中，不影响经营杠杆系数的是（　　）。

A. 固定成本　　B. 产品销售数量

C. 产品销售价格　　D. 利息费用

三、多项选择题

1. 相对权益资金的筹资方式而言，长期借款筹资的缺点主要有（　　）。

A. 筹资成本较高　　B. 筹资速度较慢

C. 财务风险较大　　D. 筹资数额有限

2. 下列各项中，属于商业信用条件的是（　　）。

A. 商业票据

B. 延期付款但无现金折扣

C. 预收账款

D. 延期付款但提早付款可享受现金折扣

3. 下列属于来源于国家财政资金渠道的资金是（　　）。

A. 国家财政直接拨款

B. 国家给予的“税前还贷”优惠形成的资金

C. 国家减免各种税款形成的资金

D. 国家政策性银行提供的政策性贷款

4. 关于保留盈余的资本成本，正确的说法是（　　）。

A. 它的成本计算不考虑筹资费用

B. 在企业实务中一般不予考虑

C. 它相当于股东投资于某种股票所要求的必要收益率

D. 它不存在成本问题

5. 吸收直接投资的优点包括（　　）。

A. 有利于壮大企业经营实力　　B. 有利于降低企业财务风险

C. 有利于降低资金成本　　D. 有利于加强对公司的控制

6. 在短期借款的利息计算和偿还方法中，企业实际负担利率高于名义利率的有

(　　　)。

A. 贴现法付息　　B. 贷款期内定期等额偿还贷款

C. 利随本清法付息　　D. 到期一次偿还贷款

7. 在边际贡献大于固定成本的前提下，下列措施有利于降低公司复合风险的有(　　　)。

A. 提高资产负债率　　B. 增加销量

C. 提高单价　　D. 节约固定成本支出

8. 影响公司边际贡献大小的因素有(　　　)。

A. 单位变动成本　　B. 销量

C. 销售单价　　D. 固定成本

9. 下列筹资活动会加大财务杠杆作用的是(　　　)。

A. 增发公司债券　　B. 增发普通股

C. 利用留存收益　　D. 增加银行借款

四、判断题

1. 资金成本是投资人对投入资金所要求的最低收益率，也可作为判断投资项目是否可行的取舍标准。(　　)

2. 筹资渠道解决的是资金的来源问题，筹资方式解决的是通过何种方式取得资金的问题，它们之间不存在对应关系。(　　)

3. 留存收益是公司利润所形成的，因此它没有资金成本。(　　)

4. 资金成本计算的正确与否，是影响筹资决策的主要因素，但不影响投资决策。(　　)

5. 补偿性余额的约束有助于降低银行贷款风险，但也减少了公司实际可动用的借款额，提高了借款的实际利率。(　　)

6. 某公司按年利率10%向银行借款，银行要求按借款额的15%作为补偿性余额，则该借款的实际利率为25%。(　　)

7. 我国短期融资券的发行人为金融机构，发行对象为社会公众，发行利率由发行人根据国家相关法规，在一定范围内自主决定。(　　)

8. 经营杠杆系数趋近于无穷大时，说明销售额处于盈亏临界水平，公司利润为零。(　　)

9. 经营杠杆给企业带来的风险是指由于存在固定成本，使得业务量的较小变动导致息税前利润更大变动的风险。(　　)

10. 公司最优资本结构是指在一定条件下使公司自有资金成本最低的资金结构。(　　)

五、计算分析题

1. 某旅游酒店2010年销售收入为2亿元，销售净利率为15%，净利润的60%分配给投资者。2010年12月31日的资产负债表(简表)见表6-5。

表 6-5 资产负债表（简表）

××酒店有限公司　　2013 年 12 月 31 日　　单位：万元

资　　产	期末余额	权　　益	期末余额
货币资金	1 000	应付账款	1 000
应收账款净额	3 000	应付票据	2 000
存货	6 000	长期借款	9 000
固定资产净值	7 000	实收资本	4 000
无形资产	1 000	留存收益	2 000
资产合计	18 000	权益合计	18 000

该酒店计划 2014 年销售收入比上年增长 20%，为实现这一目标，公司需新增厨房设备一套，价值 280 万元。据历年财务数据分析，公司流动资产与流动负债随销售额同比率增减。公司如需对外筹资，可通过按面值发行票面年利率为 6%、期限为 5 年、每年年末付息的公司债券解决。假定该公司 2014 年的销售净利率和利润分配政策与上年保持一致，公司债券的发行费用可忽略不计，适用的企业所得税税率为 25%。

要求：

（1）计算 2014 年公司需增加的营运资金。

（2）预测 2014 年需要对外筹集的资金量。

（3）计算发行债券的资金成本。

2. 某旅行社拟采购一批旅游商品，价值 22 000 元，供应商规定的付款条件：① 立即付款，支付 21 340 元；② 第 20 天付款，支付 21 560 元；③ 第 40 天付款，支付 21 780 元；④ 第 60 天付款，支付全额。每年按 360 天计算。

要求：

（1）在银行短期贷款利率为 15% 时，放弃现金折扣的成本，并确定对该旅行社最有利的付款日期和金额。

（2）假设目前有一项短期投资，报酬率为 25%，确定对该旅行社最有利的付款日期和金额。

第 7 章 企业项目投资管理

本章导读

投资有多种分类标志，还有特定的工作程序，并且应遵循一定的投资决策原则。投资决策分析中最重要的分析方法是现金流量分析法，因此本章重点学习项目投资现金流量的构成、具体项目投资决策评价指标的计算及其运用。

7.1 企业投资管理概述

（一）投资的含义及其种类

1. 投资的含义

投资是指特定经济主体为了在未来可预见的时期内获得收益或使资金增值，在一定时间向一定领域的标的物投放足够数额的资金或实物等货币等价物的经济行为。

从企业角度看，投资就是企业为获取收益而向一定对象投放资金的经济行为，如购建酒店大楼、对酒店餐厅和客房进行更新改造、建设景区、旅行社购建办公大楼、利用闲置资金购买股票债券等有价证券等。

2. 投资的种类

投资可按以下不同标志进行分类。

（1）按照投资行为的介入程度，分为直接投资与间接投资。

直接投资是指由投资人直接介入的投资行为，即将货币资金直接投入投资项目，形成实物资产或者购买现有资产。其特点是，投资行为可以直接将投资者与投资对象联系在一起。

间接投资是指投资者以其资本购买公债、公司债券、金融债券或公司股票等，以期获取一定收益的投资，也称为证券投资。

（2）按照投入的领域不同，分为生产性投资和非生产性投资。

生产性投资是指将资金投入生产、建设等物质生产领域中，并能够形成生产能力或可以产出生产资料的一种投资，又称为生产资料投资。这种投资的最终成果是各种生产性资产，包括固定资产投资、无形资产投资、其他资产投资和流动资产投资，其中前三项属于垫支资本投资，流动资产投资属于周转资本投资。

非生产性投资是指将资金投入非物质生产领域中，不能形成生产能力，但能形成社会消费或服务能力，满足人民的物质文化生活需要，这种投资的最终成果是形成各种非生产性资产。企业的景区投资、酒店的娱乐设施投资、客房投资、餐厅投资、旅行社线路规划投资等均属于此类投资。

（3）按照投资的方向不同，分为对内投资和对外投资。

从企业的角度看，对内投资就是项目投资，是指企业将资金投放于为取得经营用的固定资产、无形资产、其他资产和垫支流动资金而形成的一种投资。

对外投资是指企业为购买国家和其他企业发行的有价证券或其他金融产品（包括期货与期权、信托产品、保险产品），或以货币资金、实物资产、无形资产向其他企业（如联营企业、子公司等）注入资金的行为。

（4）按照投资的内容不同，分为固定资产投资、无形资产投资、其他资产投资、流动资产投资、房地产投资、有价证券投资、期货与期权投资、信托投资、保险投资等多种形式。

（二）投资的程序

企业投资的程序与一般企业没有本质区别，主要包括以下几个步骤。

（1）提出投资领域和投资对象。这需要在把握良好投资机会的情况下，根据企业的长远发展战略、中长期投资计划和投资环境的变化来确定。

（2）评价投资方案的财务可行性。在分析和评价特定投资方案经济、技术可行性的基础上，需要进一步评价其是否具备财务可行性。

（3）比较和选择投资方案。在财务可行性评价的基础上，对可供选择的多个投资方案进行比较和选择。

（4）执行投资方案，即具体实施投资行为。

（5）再评价投资方案。在投资方案的执行过程中，应注意原来做出的投资决策是否合理、正确。一旦出现新的情况和问题，应随时根据变化的情况做出新的评价和调整。

（三）投资决策应遵循的原则

企业进行投资决策时应遵循以下原则。

（1）综合性原则。

（2）可操作性原则。

（3）相关性和准确性原则。

（4）实事求是原则。

（5）科学性原则。

课堂讨论

企业进行投资时为何要先进行投资可行性评价?

7.2　企业项目投资的现金流量分析

(一) 项目投资

1. 项目投资的定义

项目投资是一种以特定建设项目为对象，直接与新建项目或更新改造项目有关的长期投资行为。

2. 项目投资的特点

与其他形式的投资相比，项目投资具有投资内容独特（每个项目都至少涉及一项固定资产投资）、资产数额多、影响时间长（至少一年或一个营业周期以上）、发生频率低、变现能力差和投资风险大的特点。例如，兴建酒店大楼、建设某一景区等都具有这些特点。

3. 项目计算期的构成

项目计算期是指投资项目从投资建设开始到最终清理结束整个过程的全部时间，包括建设期和运营期。其中，建设期是指从项目资金正式投入开始到项目建成投入使用为止所需要的时间，建设期的第一年初称为建设起点，建设期的最后一年年末称为投入经营日。在实践中，通常应参照项目建设的合理工期或项目的建设进度计划是否合理确定建设期。项目计算期的最后一年年末称为终结点，假定项目最终报废或清理均发生在终结点。从投入经营日到终结点之间的时间间隔称为运营期，运营期又包括试营期和正常运营期。运营期一般应根据项目主要制备的经济使用寿命期来确定。项目计算期的公式为：

$$项目计算期 = 建设期 + 运营期$$

【例7-1】某五星级酒店拟购建一组中央空调系统，预计使用寿命为5年。

要求：按以下两种情况分别确定该项目的计算期。

(1) 在建设起点投资并投入运营。

(2) 建设期为1年。

解：(1) 项目计算期 = 0 + 5 = 5（年）

(2) 项目计算期 = 1 + 5 = 6（年）

4. 项目投资的内容

从项目投资的角度看，原始投资（或称初始投资）等于企业为使该项目完全达到预定可使用状态、开展正常经营而投入的全部现实资金，包括建设投资和流动资金投资两项内容。

（1）建设投资

建设投资是指在建设期内按一定经营规模和建设进行的投资，包括固定资产投资（如酒店的餐厅、客房、健身房、网球场、游泳池等）及无形资产和其他资产投资三项内容。

固定资产投资是指项目用于购置或安装固定资产应当投入的资金，其公式为

固定资产原值 = 固定资产投资 + 建设期资本化借款利息

无形资产投资是指项目用于取得无形资产应当投入的资金。

其他资产投资是指建设投资中除固定资产和无形资产以外的投资，包括开办费等。

（2）流动资金投资

流动资金投资是指项目投入运营前后分次或一次投放于流动资产项目的投资增加额，又称垫支流动资金或营运资金投入，如酒店营业前购置的大量厨具、餐具、桌椅、客房家具和棉织品等。

项目总投资是反映项目投资总体规模的价值指标，等于原始投资与建设期资本化利息之和。

5. 项目投资资金的投入方式

原始投资的投入方式分为一次投入和分次投入。一次投入方式是指投资行为集中一次发生在项目计算期第一个年度的年初或年末；如果投资行为涉及两个或两个以上年度，或虽然只涉及一个年度但同时在该年度的年初和年末发生，则属于分次投入方式。

【例 7-2】某企业拟新建一个五星级酒店，需要在建设起点一次投入固定资产投资 4 000万元，建设期 1 年，在建设期末投入无形资产 500 万元，建设期资本化利息为 200 万元全部计入固定资产原值。流动资金投资合计为 170 万元。

解：根据上述资料可计算该项目有关指标如下：

① 固定资产原值 = 4 000 + 200 = 4 200（万元）

② 建设投资 = 4 000 + 500 = 4 500（万元）

③ 原始投资 = 4 500 + 170 = 4 670（万元）

④ 项目总投资 = 4 670 + 200 = 4 870（万元）

（二）项目投资现金流量分析

1. 现金流量的内容

不同类型的投资项目，其现金流量的具体内容存在一定的差异。

（1）单纯固定资产投资项目的现金流量

单纯固定资产投资项目是指只涉及固定资产投资而不涉及无形资产、其他资产和流动资金投资的建设项目，它以新增经营能力提高经营效率为特征。其公式为：

现金流入量 = 增加的营业收入 + 回收固定资产余值

现金流出量 = 固定资产投资 + 新增经营成本 + 增加的各项税费

（2）完整新建投资项目现金流量

完整的新建项目投资不仅包括建设投资，还包括流动资金投资。其公式为：

现金流入量 = 营业收入 + 补贴收入 + 回收固定资产余值 + 回收流动资金

现金流出量 = 项目总投资 + 经营成本 + 营业税金及附加 + 维持运营投资和调整所得税

（3）固定资产更新改造投资项目的现金流量

固定资产更新改造投资项目可分为以恢复固定资产使用效率为目的的更新项目和以改善企业经营条件为目的的改造项目两种类型。其公式为：

现金流入量 = 因使用新固定资产增加的收入 + 旧固定资产处置净收入 + 新旧固定资产回收余值差额

现金流出量 = 购置新固定资产的投资 + 因使用新固定资产增加的经营成本 + 因使用新固定资产增加的流动资金投资和增加的各项税费

其中，因提前报废固定资产所发生的清理净损失而发生的抵减所得税税额用负值表示。

2. 计算投资项目现金流量时应注意的问题和相关假设

（1）应注意的问题

在计算现金流量时，为防止多算或漏算有关内容，需要注意：应考虑现金流量的增量，尽量利用现有的会计利润数据，不能考虑沉没成本因素，充分关注机会成本，考虑项目对企业其他部门的影响。

（2）相关假设

为克服确定现金流量的困难，简化现金流量的计算过程，应做以下假设。

① 投资项目的类型假设。假设投资项目只包括单纯固定资产投资项目、新建完整投资项目和更新改造投资项目三种类型。

② 财务可行性分析假设。假设投资决策是从企业投资者的立场出发，投资决策者确定现金流量就是为了进行项目财务可行性研究，该项目已经具备技术可行性和国民经济可行性。

③ 项目投资假设。假设在确定项目的现金流量时，站在企业投资者的立场上，考虑全部投资的运动情况，而不具体区分自有资金和借入资金等具体形式的现金流量。即使实际存在借入资金也将其作为自有资金对待（但在计算固定资产原值和总投资时，还需要考虑借款利息因素）。

④ 经营期与折旧年限一致假设。假设项目主要固定资产的折旧年限或使用年限与经营期相同。

⑤ 时点指标假设。为便于利用货币时间价值的形式，不论现金流量具体内容所涉及的价值指标实际上是时点指标还是时期指标，均假设按照年初或年末的时点指标处理。其中，建设投资在建设期内有关年度的年初或年末发生，流动资金投资则在年初发生；经营期内各年的收入、成本、折旧、摊销、利润、税金等项目的确认均在年末发生；项目最终报废或清理均发生在终结点（但更新改造项目除外）。

⑥ 确定性因素假设。假定与项目现金流量有关的价格、销量、成本水平、所得税税率等因素均为已知常数。

⑦ 产销平衡假设。在项目投资决策中，假定运营期同一年的产量等于该年的实际销售量，如酒店的餐位入座率100%、客房出租100%、景区的实际接待规模达到设计规模、旅行社的组团接团规模达到预定规模等。

3. 完整投资项目的现金流量估算

由于项目资金的投入、回收及收益的形成均以现金形式表现，因此在整个项目计算期的各个阶段上，都有可能发生现金流量。因此，必须逐年估算每一时点上的现金流入量和现金流出量。

（1）现金流入量估算

营业收入是运营期最主要的现金流入量，应按项目在经营期内有关产品或服务的各年预计单价和预测销售量进行估算。

补贴收入是与经营期收益有关的政府补贴，可根据按政策退还的各项税费、按销量或服务规模分期计算的定额补贴和其他财政补贴等予以估算。

在终结点上一次回收的流动资金等于各年垫支的流动资金投资额的合计数。回收流动资金和回收固定资产余值统称为回收额。

【例7-3】某企业整体投资项目的流动资金投资总额为170万元，终结点固定资产余值为200万元。

解：该投资项目终结点的回收额应为：

$$170+200=370\text{（万元）}$$

（2）现金流出量估算

① 建设投资的估算。固定资产投资是所有类型的项目投资在建设期必然会发生的现金流出量，应按项目规模和投资计划所确定的各项建设工程费用、设备购置费用、安装工程费用和其他费用估算。在估算构成固定资产原值的资本化利息时，可根据长期借款本金、建设期年数和借款利率按复利计算，且假定建设期资本化利息只计入固定资产原值。

② 无形资产投资和其他资产投资，应根据需要和可能，逐项按有关资产的评估方法和计价标准进行估算。

③ 流动资金投资的估算。在项目投资决策中，流动资金是指在运营期内长期占用并周转使用的营运资金。其公式为：

某年流动资金投资额 = 本年流动资金需用数 − 截至上年的流动资金投资额

或　　某年流动资金投资额 = 本年流动资金需用数 − 上年流动资金需用数

本年流动资金需用数 = 该年流动资产投资额 − 该年流动负债可用数

式中，流动资产只考虑存货、现实货币资金、应收账款和预付账款等项内容，流动负债只考虑应付账款和预收账款。

由于流动资金属于垫付周转金，因此在理论上，开始经营第一年所需要的流动资金应在项目开始经营前安排，即最晚应发生在建设期末。

【例7-4】某五星级酒店完整投资项目开始经营第一年预计流动资产总投入为200万元，当年流动负债可用80万元，假定该项目投资发生在建设期末；经营第二年预计流动资产总投入为300万元，当年流动负债可用130万元，假定该项投资发生在经营第一年年末。

要求：根据上述资料估算以下指标。

（1）每次发生的流动资金投资额。

（2）终结点回收的流动资金。

解：（1）经营第一年的流动资金需用额＝200－80＝120（万元）

第一次流动资金投资额＝120－0＝120（万元）

经营第二年流动资金需用额＝300－130＝170（万元）

第二次投资的流动资金＝170－120＝50（万元）

（2）终结点回收的流动资金＝170（万元）

④ 经营成本的估算。经营成本又称为付现成本，是指在运营期内为满足正常生产经营而动用现实货币资金支付的成本费用。经营成本是所有类型的项目投资在运营期都要发生的主要现金流出量，它与融资方案无关。其公式为：

某年经营成本＝该年外购的原材料燃料和动力费用＋该年职工薪酬＋该年修理费＋该年其他付现费用

或　　某年经营成本＝该年不包括财务费用的总成本费用－该年折旧额－该年无形资产和开办费摊销额。

【例7-5】某企业完整投资项目开始经营后第1～5年，每年预计外购原材料、燃料和动力费为1600万元、职工薪酬700万元、其他费用200万元、每年折旧300万元、无形资产摊销费100万元；第6～10年，每年不包括财务费用的总成本为2950万元，其中每年预计外购原材料、燃料和动力费用为1700万元，每年折旧为300万元，无形资产摊销费为0万元。

要求：根据上述资料估算下列指标。

（1）开始经营后各年的经营成本。

（2）开始经营后第1～5年，每年不包括财务费用的总成本费用。

解：（1）开始经营第1～5年每年的经营成本＝1600＋700＋200＝2500（万元）

开始经营第6～10年每年的经营成本＝2950－300－0＝2650（万元）

（2）开始经营后1～5年，每年不包括财务费用的总成本费用＝2500＋300＋100＝2900（万元）

⑤ 营业税金及附加的估算。在项目投资决策中，应按在运营期内应缴纳的营业税、增值税、消费税、资源税、城市维护建设税和教育费附加进行估算。

【例7-6】接例7-5，该酒店项目开始经营后第1～5年，每年预计营业收入为4000万元；第6～10年，每年预计的营业收入为4200万元，适用的营业税税率为5%，城市维护建设税税率为7%，教育费用附加率为5%。该酒店不缴纳增值税、消费税等。

要求：根据以上资料估算下列指标。

（1）开始经营后各年的应交营业税。

（2）开始经营后各年的营业税金及附加。

解：（1）开始经营后1～5年的应交营业税＝4000×5%＝200（万元）

开始经营后6～10年的应交营业税＝4200×5%＝210（万元）

（2）开始经营后1～5年的应交营业税金及附加 = 200 ×（1 + 7% + 5%）= 224（万元）
开始经营后6～10年的应交营业税金及附加 = 210 ×（1 + 7% + 5%）= 235.2（万元）

⑥ 所得税的估算。为简化计算，所得税等于息税前利润与适用的企业所得税税率的乘积。

【例7-7】根据例7-5和例7-6的资料，该酒店适用的所得税税率为25%。要求估算：
（1）开始经营后各年的息税前利润。
（2）开始经营后各年的所得税额。

解：（1）开始经营后1～5年的息税前利润 = 4 000 − 2 900 − 224 = 876（万元）
开始经营后6～10年的息税前利润 = 4 200 − 2 950 − 235.2 = 1 014.8（万元）
（2）开始经营后1～5年的所得税 = 876 × 25% = 219（万元）
开始经营后6～10年的所得税 = 1 014.8 × 25% = 253.7（万元）

4. 净现金流量的确定

净现金流量又称现金净流量，是指在项目计算期内由每年现金流入量与同年现金流出量之间的差额所形成的序列指标。净现金流量具有两个特征：第一，无论是在经营期内还是在建设期内都存在现金净流量这个范畴；第二，由于项目计算期不同阶段上的现金流入和现金流出发生的可能性不同，使得各阶段上的净现金流量在数值上表现出不同的特点。例如，建设期内的净现金流量一般小于或等于零，而经营期内的净现金流量则多为正值。

净现金流量又分为所得税前净现金流量和所得税后净现金流量两种情况，其中所得税前净现金流量不受融资方案和所得税政策变化的影响，是全面反映投资项目方案本身财务获利能力的基础数据。计算时，现金流出量的内容中不包括调整的所得税因素；所得税后净现金流量则将所得税视为现金流出，可用于评价在考虑融资条件下项目投资对企业价值所做的贡献，可以在所得税前净现金流量的基础上直接扣除调整的所得税求得。其公式为：

某年净现金流量 = 该年现金流入量 − 该年现金流出量

即

$$NCF_t = CI_t - CO_t \quad (t = 0, 1, 2, \cdots)$$

现金流量表包括项目投资现金流量表、项目资本金现金流量表、投资各方现金流量表等不同形式。

项目投资现金流量表要详细列示所得税前净现金流量、累计所得税前净现金流量、所得税后净现金流量、累计所得税后净现金流量，并要求根据所得税前后的净现金流量分别计算内部收益率、净现值和投资回收期指标。

【例7-8】某五星级酒店整体项目建设投资估算额如例7-2的结果所示，其回收额的估算如例7-3的结果所示，其流动资金估算额如例7-4的结果所示，其经营成本的估算额如例7-5的结果所示，其营业税金及附加的估算额如例7-6的结果所示，其调整所得税的估算如例7-7的结果所示。据此编制的该项目投资现金流量表见表7-1。

表 7-1　某星级酒店整体项目投资现金流量表（项目投资）　　金额单位：万元

项目计算期（第 t 年）	建设期		运营期										合计
	0	1	2	3	4	5	6	7	8	9	10	11	
1. 现金流入	0	0	4 000	4 000	4 000	4 000	4 000	4 200	4 200	4 200	4 200	4 570	41 370
1.1 营业收入			4 000	4 000	4 000	4 000	4 000	4 200	4 200	4 200	4 200	4 200	41 000
1.2 补贴收入													
1.3 回收固定资产余值												200	200
1.4 回收流动资金												170	170
2. 现金流出	4 000	620	2 774	2 724	2 724	2 724	2 724	2 885.2	2 885.2	2 885.2	2 885.2	2 885.2	32 716
2.1 建设投资	4 000	500											4 500
2.2 流动资金投资		120	50										170
2.3 经营成本			2 500	2 500	2 500	2 500	2 500	2 650	2 650	2 650	2 650	2 650	25 750
2.4 营业税金及附加			224	224	224	224	224	235.2	235.2	235.2	235.2	235.2	2 296
2.5 维持运营投资													
3. 税前净现金流量	-4 000	-620	1 226	1 276	1 276	1 276	1 276	1 314.8	1 314.8	1 314.8	1 314.8	1 684.8	8 654
4. 累计税前净现金流量	-4 000	-4 620	-3 394	-2 118	-842	434	1 710	3 024.8	4 339.6	5 654.4	6 969.2	8 654	—
5. 调整所得税			219	219	219	219	219	253.7	253.7	253.7	253.7	253.7	2 363.5
6. 所得税后净现金流量	-4 000	-620	1 007	1 057	1 057	1 057	1 057	1 061.1	1 061.1	1 061.1	1 061.1	1 431.1	6 290.5
7. 累计税后净现金流量	-4 000	-4 620	-3 613	-2 556	-1 499	-442	615	1 676.1	2 737.2	3 798.3	4 859.4	6 290.5	—

净现值（税前）=4 034.203 万元（行业基准折现率 7%）

净现值（税后）=2 501.908 5 万元（行业基准折现率 7%）

内部收益率（税前）= 18% + 2% × 403.134 92/(403.134 92 + 4.613 12) = 19.98%（20% 净现值 -4.613 12，18% 净现值 403.134 92）

内部收益率（税后）= 15% + 1% × 121.351 42/(121.351 42 + 89.652 1) = 15.58%（16% 净现值 -89.652 1，15% 净现值 121.351 42）

包括建设期的投资回收期（税前）=4 +842/1 276 =4.66（年）

不包括建设期的投资回收期（税前）=3.66（年）

包括建设期的投资回收期（税后）=5 +442/1 057 =5.42（年）

不包括建设期的投资回收期（税后）=4.42（年）

（三）项目投资净现金流量的简化计算方法

为了简化净现金流量的计算过程，可以根据项目计算期不同阶段的现金流入量和现金流出量的具体内容，直接计算各阶段净现金流量。

1. 单纯固定资产投资项目

若单纯固定资产投资项目的投资额都在建设期内投入，则建设期净现金流量可按以下简化公式计算：

建设期某年的净现金流量 = －该年发生的固定资产投资额

运营期净现金流量的简化公式为：

运营期某年税前净现金流量 = 该年因使用该固定资产新增的息税前利润 + 该年因使用该项固定资产新增的折旧 + 该年回收的固定资产净残值

运营期某年所得税后净现金流量 = 运营期某年税前净现金流量 － 该年因使用该固定资产新增的所得税

【例 7-9】某五星级酒店拟购建一健身房，需在建设起点一次投入全部资金 200 万元，按直线法折旧，使用寿命 10 年，期末有 5 万元残值，建设期一年，发生建设期资本化利息 10 万元，预计投入使用后每年可获得息税前利润 20 万元。

要求：采用简化方法计算该项目的所得税前净现金流量。

解：固定资产原值 = 固定资产投资 + 建设期资本化利息 = 200 + 10 = 210（万元）

年折旧 =（原值 － 净残值）/固定资产使用年限 =（210 － 5）/10 = 20.5（万元）

项目计算期 = 建设期 + 运营期 = 1 + 10 = 11（年）

建设期某年净现金流量 = －该年发生的固定资产投资

即 $NCF_0 = -200$，$NCF_1 = 0$

运营期某年所得税前净现金流量 = 该年因使用该固定资产新增的息税前利润 + 该年因使用该项固定资产新增的折旧 + 该年回收的固定资产净残值

$NCF_{2\sim10} = 20 + 20.5 = 40.5$（万元），$NCF_{11} = 20 + 20.5 + 5 = 45.5$（万元）

【例 7-10】某企业一项固定资产需要一次投资 800 万元，建设期 1 年，建设期资本化利息为 40 万元，该固定资产使用年限为 10 年，按直线法提取折旧，期满后有残值 20 万元。投入使用后，可使用运营期第 1～10 年每年增加营业收入 600 万元，每年增加经营成本 350 万元，营业税金及附加增加 34 万元，该酒店适用所得税税率为 25%，无税收优惠。

要求：按简化公式计算该项目的所得税前后的净现金流量。

解：项目计算期 = 1 + 10 = 11（年），固定资产原值 = 800 + 40 = 840（万元）

年折旧 =（840 － 20）/10 = 82（万元）

经营期第 1～10 年每年不含财务费用的总成本费用增加额 = 350 + 82 + 34 = 466（万元）

经营期第 1～10 年每年息税前利润增加额 = 600 － 466 = 134（万元）

经营期第 1～10 年每年增加的调整所得税 = 134 × 25% = 33.5（万元）

按简化公式计算的建设期净现金流量：

$$NCF_0 = -800,\ NCF_1 = 0$$

运营期某年所得税前净现金流量：

$$NCF_{2\sim10} = 134 + 82 = 216\text{（万元）},\ NCF_{11} = 134 + 82 + 20 = 236\text{（万元）}$$

运营期某年所得税后净现金流量：

$$NCF_{2\sim10} = (134 - 33.5) + 82 = 182.5\text{（万元）},$$

$$NCF_{11} = (134 - 33.5) + 82 + 20 = 202.5\text{（万元）}$$

2. 完整投资项目

假如完整投资项目的全部原始投资都在建设期内投入，那么建设期净现金流量可以按下列简化公式计算：

建设期某年净现金流量（NCF_t）= －该年原始投资 = $-I_t$（$t = 0, 1, 2, \cdots, s, s \geqslant 0$）

式中，$-I_t$ 为第 t 年原始投资额；s 为建设期年数。

由此可见，当建设期 s 不为零时，建设期净现金流量的数量特征取决于其投资方式是一次投入还是分次投入。

如果项目在运营期内不追回流动资金投资，则完整投资项目的运营期所得税前净现金流量可按下列简化公式计算：

NCF_t = 该年息税前利润 + 该年折旧 + 该年摊销 + 该年回收额 − 该年维持运营投资

$= EBIT_t + D_t + M_t + R_t - O_t$（$t = s+1, s+2, \cdots, n$）

式中，$EBIT_t$ 为第 t 年的息税前利润；D_t 为第 t 年的折旧费用；M_t 为第 t 年的摊销费；R_t 为第 t 年的回收额；O_t 为第 t 年的维持运营投资。

完整投资项目的运营期所得税后净现金流量可按下列简化公式计算：

NCF_t = 该年息税前利润 ×（1 − 所得税税率）+ 该年折旧 + 该年摊销 + 该年回收额 − 该年维持运营投资

$= EBIT_t \times (1 - T) + D_t + M_t + R_t - O_t$（$t = s+1, s+2, \cdots, n$）

运营期所得税后净现金流量也称为运营期自由现金流量，是指投资者可以作为偿还借款本金及利息、分配利润、对外投资等财务活动资金来源的净现金流量。

假如不考虑维持运营投资，回收额为零，则运营期所得税后净现金流量又叫经营净现金流量。按有关回收额均发生在终结点上的假设，经营期内回收额不为零时的所得税后净现金流量也叫终结点所得税后净现金流量，因此终结点所得税后净现金流量等于终结点那一年的经营净现金流量与该期回收额之和。

【例7-11】某大酒店完整投资项目需要原始投资5 600万元，其中固定资产投资5 000万元，开办费100万元，流动资金投资500万元。建设期为1年，建设期发生与购建固定资产有关的资本化利息300万元。固定资产及开办费在建设期起点投入，流动资金在项目完工时（第一年年末）投入。该项目的使用寿命期10年，固定资产按直线法折旧，期满后有100万元净残值，开办费于运营第一年一次摊销完毕，流动资金在终结点一次回收。项目运营后每年可获得息税前利润分别为550万元、600万元、660万元、700万元、630万元、720万元、800万元、850万元、920万元、1 000万元。该酒店适用所得税税率为25%。

要求：采用简化方法计算该项目各年的所得税税前和税后的净现金流量。

解：(1) 该项目所得税税前净现金流量：

项目计算期 = 1 + 10 = 11（年）

固定资产原值 = 5 000 + 300 = 5 300（万元）

固定资产年折旧 = (5 300 − 100)/10 = 520（万元）

建设期的净现金流量为：

$NCF_0 = -(5\,000 + 100) = -5\,100$（万元），$NCF_1 = -500$（万元）

运营期所得税前各年净现金流量为：

$NCF_2 = 550 + 520 + 100 + 0 = 1\,170$（万元）

$NCF_3 = 600 + 520 + 0 + 0 = 1\,120$（万元）

$NCF_4 = 660 + 520 + 0 + 0 = 1\,180$（万元）

$NCF_5 = 700 + 520 + 0 + 0 = 1\,220$（万元）

$NCF_6 = 630 + 520 + 0 + 0 = 1\,150$（万元）

$NCF_7 = 720 + 520 + 0 + 0 = 1\,240$（万元）

$NCF_8 = 800 + 520 + 0 + 0 = 1\,320$（万元）

$NCF_9 = 850 + 520 + 0 + 0 = 1\,370$（万元）

$NCF_{10} = 920 + 520 + 0 + 0 = 1\,440$（万元）

$NCF_{11} = 1\,000 + 520 + 0 + (100 + 500) = 2\,120$（万元）

(2) 该项目所得税税后净现金流量：

项目计算期 = 1 + 10 = 11（年）

固定资产原值 = 5 000 + 300 = 5 300（万元）

固定资产年折旧 = (5 300 − 100)/10 = 520（万元）

建设期的净现金流量为：

$NCF_0 = -(5\,000 + 100) = -5\,100$（万元），$NCF_1 = -500$（万元）

运营期所得税后各年净现金流量为：

$NCF_2 = 550 \times (1 - 25\%) + 520 + 100 + 0 = 1\,032.5$（万元）

$NCF_3 = 600 \times (1 - 25\%) + 520 + 0 + 0 = 970$（万元）

$NCF_4 = 660 \times (1 - 25\%) + 520 + 0 + 0 = 1\,015$（万元）

$NCF_5 = 700 \times (1 - 25\%) + 520 + 0 + 0 = 1\,045$（万元）

$NCF_6 = 630 \times (1 - 25\%) + 520 + 0 + 0 = 992.5$（万元）

$NCF_7 = 720 \times (1 - 25\%) + 520 + 0 + 0 = 1\,060$（万元）

$NCF_8 = 800 \times (1 - 25\%) + 520 + 0 + 0 = 1\,120$（万元）

$NCF_9 = 850 \times (1 - 25\%) + 520 + 0 + 0 = 1\,157.5$（万元）

$NCF_{10} = 920 \times (1 - 25\%) + 520 + 0 + 0 = 1\,210$（万元）

$NCF_{11} = 1\,000 \times (1 - 25\%) + 520 + 0 + (100 + 500) = 1\,870$（万元）

课堂讨论

企业项目投资的现金流量估算主要包括哪些内容？

知识链接

投资项目现金流量的组成

投资项目的现金流量由以下三部分组成。

(1) 原始投资。即开始投资时发生的现金流量，主要为现金流出量。一般包括固定资产投资，即房屋和建筑物、机器设备等的购入或建造、运输、安装成本等；流动资产投资，即由于新增固定资产而增加的营运资金：其他投资费用，与固定资产投资有关的其他费用，如筹建费用、职工培训费；原有固定资产的变现收入，表现为现金流入，常见于固定资产更新投资。

(2) 固定资产使用中的现金流量。这是指固定资产在投产后，由于正常业务所引起的现金流量。营业收入是主要的现金流入量；发生的成本费用是主要的流出量。需要注意的是折旧，虽然折旧在会计核算中确认为费用，但是，这部分资金并没有流出企业，所以不能作为现金的流出量。

(3) 固定资产清理的现金流量。这是指固定资产使用期满，进行清理阶段发生的现金流量，包括收回固定资产的残值、收回原垫付的流动资金等，都是企业的现金流入。其公式为

净现金流量 = 各年的现金流入量 - 各年的现金流出量 = 销售收入 - 付现成本 - 所得税 = 净利润 + 固定资产的折旧额

3. 更新改造投资项目

更新改造项目净现金流量的公式为：

更新改造期间某年净现金流量 = -（该年发生的新固定资产投资 - 旧固定资产变价净收入）

更新改造期末的净现金流量 = 因旧固定资产提前报废发生净损失而抵减的所得税税额

假如更新改造期为零，则运营期所得税后净现金流量的简化公式为

运营期第一年所得税后净现金流量 = 该年因更新改造而增加的息税前利润 ×（1 - 所得税率）+ 该年因更新改造而增加的折旧 + 因旧固定资产提前报废发生净损失而抵减的所得税额

运营期其他各年所得税后净现金流量 = 该年因更新改造而增加的息税前利润 ×（1 - 所得税率）+ 该年因更新改造而增加的折旧 + 该年回收新固定资产净残值超过旧固定资产净残值的差额

在计算运营期第一年所得税后净现金流量的公式中，该年“因更新改造而增加的息税前利润”不应当包括“因旧固定资产提前报废发生的净损失”。之所以要单独计算“因旧固定资产提前报废发生净损失而抵减的所得税额”，是因为更新改造不仅会影响更新改造项目本身，还会影响到企业的总体所得税水平，从而形成“抵税效应”。如果将“因旧固定资产提前报废发生的净损失”计入“因更新改造而增加的息税前利润”，就会歪曲这种效应的计量结果。

因旧固定资产提前报废发生净损失而抵减的所得税额 = 旧固定资产清理净损失 × 所得税率

【**例** 7-12】某酒店打算变卖一套尚可使用 5 年的厨房旧设备，另购置一套新的厨房设备来替换它。取得新设备的投资额为 250 000 元，旧设备的折余价值为 92 000 元，其变价净收入为 70 000 元，到第 5 年年末新设备与继续使用旧设备届时的预计净残值相等。新旧设备的替换将在当年内完成（无更新改造期）。使用新设备可使该酒店在第 1 年增加营业收入 80 000 元，增加营业成本 35 000 元；第 2～5 年内每年增加营业收入 90 000 元，增加营业成本 40 000 元。设备采用直线法计提折旧。适用所得税税率为 25%。

要求：采用简化方法计算该更新设备项目在计算期内各年的差量净现金流量。

解： 更新设备比继续使用旧设备增加的投资额 = 250 000 − 70 000 = 180 000（元）

运营期第 1～5 年每年因更新设备而增加的折旧 = 180 000/5 = 36 000（元）

运营第 1 年不包括财务费用的总成本费用变动额 = 35 000 + 36 000 = 71 000（元）

运营第 2～5 年不包括财务费用的总成本费用变动额 = 40 000 + 36 000 = 76 000（元）

因旧设备提前报废发生的净损失 = 92 000 − 70 000 = 22 000（元）

因旧设备提前报废发生净损失而抵减的所得税额 = 22 000 × 25% = 5 500（元）

运营期第 1 年息税前利润的变动额 = 80 000 − 71 000 = 9 000（元）

运营期第 2～5 年息税前利润的变动额 = 90 000 − 76 000 = 14 000（元）

按简化公式计算的更新期差量净现金流量为：

$$\Delta NCF_0 = -(250\,000 - 70\,000) = -180\,000 \text{（元）}$$

$$\Delta NCF_1 = 9\,000 \times (1 - 25\%) + 36\,000 + 5\,500 = 48\,250 \text{（元）}$$

$$\Delta NCF_{2\sim5} = 14\,000 \times (1 - 25\%) + 36\,000 = 46\,500 \text{（元）}$$

7.3 企业项目投资决策评价指标及其计算

（一）投资决策评价指标及其类型

为了衡量与比较投资项目的可行性，便于进行方案决策，需要依据定量的标准和尺度，即投资决策评价指标。投资决策评价指标包括财务指标和非财务指标，财务指标主要包括静态投资回收期、投资收益率、净现值、净现值率、现值指数、内部收益率等。

投资决策评价指标可分为以下几类。

（1）按是否考虑资金时间价值，投资决策评价指标可分为静态评价指标和动态评价指标，也称静态指标和动态指标。静态评价指标计算不考虑资金时间价值，包括静态投资回收期和投资收益率；动态评价指标计算需要充分考虑和利用资金的时间价值，包括净现值、净现值率、现值指数、内含报酬率等。

（2）按指标性质，投资决策评价指标可分为正指标和反指标。在一定范围内越大越好的指标叫正指标，而越小越好的叫反指标。在所有相关指标中，只有静态投资回收期属于反指标。

（3）按指标在决策中的重要程度，投资决策评价指标可分为主要指标、次要指标和辅助指标。主要指标包括净现值、净现值率、现值指数、内含报酬率等，次要指标有静态投资回收期，辅助指标有投资收益率。

（4）按指标数量特征，投资决策评价指标可分为绝对量和相对量。绝对量包括静态投资回收期、净现值，相对量包括投资收益率、净现值率、内部报酬率，现值指数是指数形式表现的。

（二）静态评价指标

1. 静态投资回收期

静态投资回收期是指以投资项目经营净现金流量抵偿原始总投资所需要的全部时间，包括两种表现形式：包括建设期的投资回收期和不包括建设期的投资回收期。确定静态投资回收期指标可分别采用公式法和列表法。

（1）公式法

若某一项目的投资全部集中发生在建设期内，投资后一定期间内每年经营净现金流量相等，且其合计大于或等于原始投资额，则可简化计算出投资回收期：

$$\text{不包括建设期的投资回收期} = \text{原始投资额}/\text{每年相等的净现金流量}$$

$$\text{包括建设期的投资回收期} = \text{建设期} + \text{不包括建设期的回收期}$$

【例 7-13】 有关净现金流量的资料参见例 7-9 计算结果。

要求：判断是否可采用公式法计算静态投资回收期，若可以，请计算其结果。

解： 依题意，建设期为 1 年，投资后 2～10 年净现金流量相等为 40.5 万元，运营期 9 年，原始投资额为 200 万元。因为经营期前 9 年的净现金流量总额为 364.5 万元，大于原始投资额 200 万元，所以可以采用简化公式计算静态投资回收期。

$$\text{不包括建设期的投资回收期} = 200/40.5 = 4.94\ (\text{年})$$

$$\text{包括建设期的投资回收期} = 1 + 4.94 = 5.94\ (\text{年})$$

简化的公式法必须满足以下前提条件：项目投入使用后的若干年内每年的净现金流量应当相等，而且其累计数必须大于或等于原始投资额。否则就不能采用公式法，只能采用列表法计算投资回收期。

（2）列表法

列表法是指通过列表计算“累计净现金流量”与原始投资额进行比较，来推算包括建设期的投资回收期，在此基础上推算出不包括建设期的投资回收期。不论项目投资使用后各年的净现金流量是否相等，都可以通过此方法来确定投资回收期。因此，列表法是计算投资回收期的基本方法。

列表法的基本原理是，按照投资回收期的定义，包括建设期的投资回收期 P 满足下列关系式：

$$\sum_{t=0}^{P} NCF_t = 0$$

此关系式表示在财务现金流量表的“累计现金流量”一栏中，包括建设期的投资回收期 P 恰好是累计净现金流量为 0 的年限。

【例 7-14】某企业拟投资一套中央空调设备，建设期为 1 年，建设期期初投入 300 万元，项目建成后可使用 8 年，运营期前 7 年每年净现金流量为 100 万元，最后一年净现金流量为 120 万元。要求按列表法计算该投资项目的投资回收期。

解：依题意列表，见表 7-2。

表 7-2 某企业固定资产投资项目现金流量表（项目投资） **金额单位：万元**

项目计算期（第 t 年）	建设期		经营期								合计
	0	1	2	3	4	5	6	7	8	9	
…	…	…	…	…	…	…	…	…	…	…	…
净现金流量	-300	0	100	100	100	100	100	100	100	120	520
累计净流量	-300	-300	-200	-100	0	100	200	300	400	520	—

因为第 4 年的累计净现金流量为 0，所以，包括建设期的投资回收期为 4 年，不包括建设期的投资回收期为 3 年。

如果无法在“累计净现金流量”栏中找到 0，则应当按下列公式计算包括建设期的投资回收期：

包括建设期的投资回收期 = 最后一项为负值的累计净现金流量对应的年数 +（最后一项为负值的累计净现金流量绝对值/下年净现金流量）

【例 7-15】依据例 7-9 计算的相关数据，按列表法计算项目投资回收期。

解：依题意列表，见表 7-3。

表 7-3 某企业固定资产投资项目现金流量表（项目投资） **金额单位：万元**

项目计算期（第 t 年）	建设期		经营期								合计
	0	1	2	3	4	5	6	…	10	11	
…	…	…	…	…	…	…	…	…	…	…	…
净现金流量	-200	0	40.5	40.5	40.5	40.5	40.5	…	40.5	45.5	210
累计净流量	-200	-200	-159.5	-119	-78.5	-38	2.5	…	164.5	210	—

因为第 5 年的累计净现金流量小于 0，第 6 年的累计净现金流量大于 0，因此，

包括建设期的投资回收期 $=5+|-38|/40.5=5.94$（年）

不包括建设期的投资回收期 $=5.94-1=4.94$（年）

如果考虑所得税因素，同样可以计算出所得税前后的投资回收期指标（例 7-8）。

投资回收期指标能够直观地反映原始总投资额的回收期限，便于理解，计算过程也比较简单，可以直接利用回收期之前的净现金流量信息，但这个指标没有考虑资金的时间价值及以回收期满后继续发生的现金流量，无法正确地反映出不同投资方式对项目的影响。

一般情况下，只有投资回收期指标小于或等于期望投资回收期的投资项目才具有财务可行性。

2. 投资收益率

投资收益率也叫投资报酬率，是指项目运营期间正常年份的息税前利润或年均息税前利润占项目总投资额的百分比，公式表示如下：

$$\text{投资收益率} = \text{年息税前利润或年均息税前利润}/\text{项目总投资额} \times 100\%$$

【例 7-16】 有关资料见例 7-9，要求计算该项目的投资收益率指标。

解： 依题意，该项目息税前利润为 20 万元，项目总投资额为 200 万元，则

$$\text{投资收益率} = 20/200 \times 100\% = 10\%$$

投资收益率指标计算过程相当简单，但该指标也没有考虑资金的时间价值因素，不能正确地反映出建设期长短及不同投资方式和投资回收期长短对项目的影响。公式中分子与分母计算口径的可比性较差，无法直接利用净现金流量信息。

只有投资收益率指标大于或等于期望投资收益率的投资项目才具有财务可行性。

（三）动态评价指标

1. 净现值

净现值（NPV）是指在项目计算期内，按设定的折现率或基准收益率计算的各年净现金流量的现值之和。其理论计算公式表述如下：

$$NPV = \sum_{t=0}^{n}（\text{第 } t \text{ 年的净现金流量} \times \text{第 } t \text{ 年的复利现值系数}）$$

计算净现值指标的方法包括公式法或列表法、年金现值法、Excel 插入函数法。

（1）公式法或列表法

公式法或列表法是指根据净现值的定义，直接根据理论计算公式来计算某投资项目净现值，或通过现金流量表，根据已知的各年净现金流量，分别乘以各年对应的复利现值系数，从而计算出各年折现的净现金流量，然后加总求得项目净现金流量的总现值。

【例 7-17】 有关净现金流量数据见例 7-11，该项目的基准折现率为 7%，要求用公式法或列表法计算该项目的净现值。

解： 依题意，按公式法的计算结果如下：

$NPV = -5\,100 \times 1 + (-500) \times 0.934\,6 + 1\,170 \times 0.873\,4 + 1\,120 \times 0.816\,3 + 1\,180 \times 0.762\,9 + 1\,220 \times 0.713 + 1\,150 \times 0.666\,3 + 1\,240 \times 0.622\,7 + 1\,320 \times 0.582 + 1\,370 \times 0.543\,9 + 1\,440 \times 0.508\,3 + 2\,120 \times 0.475\,1 = 2\,929.856$（万元）

采用列表法计算该项目的净现金流量，所列部分现金流量表见表 7-4。

表 7-4　某企业固定资产投资项目现金流量表（项目投资）　　金额单位：万元

项目计算期（第 t 年）	建设期			经营期							合计
	0	1	2	3	4	5	6	…	10	11	
所得税前净现金流量	-5 100	-500	1 170	1 120	1 180	1 220	1 150	…	1 440	2 120	7 730
7%的复利现值系数	1	0.934 6	0.873 4	0.816 3	0.762 9	0.713	0.666 3	…	0.508 3	0.475 1	—
折现的净现金流量	-5 100	-467.3	1 022	914	900	870	766	…	732	1 007	2 929.856

该项目采用公式法与列表法计算的现金流量的净现值相同，为 2 929.856 万元。

（2）年金现值法

年金现值法是指在特殊条件下，当项目运营后各年的净现金流量相等时，可利用计算年金现值或递延年金现值的方法直接计算出项目的净现值。

当建设期为零，项目运营后的净现金流量（NCF_t）表现为普通年金形式时，项目净现值的公式为：

$$NPV = NCF_0 + NCF_{1-n} \times (P/A, i, n)$$

【例 7-18】某景区拟建一项临时景观，需投资 20 万元，按直线法折旧，使用寿命 5 年，期末无残值。该项目于当年投入运营，预计运营期间每年可获得息税前利润 4 万元。假定该项目的行业基准折现率为 8%。要求计算该项目的净现值。

解：依题意，

$$NCF_0 = -20\text{（万元）}, \quad NCF_{1\sim5} = 4 + 20/5 = 8\text{（万元）}$$

$$NPV = -20 + 8 \times (P/A, 8\%, 5) = -20 + 8 \times 3.9927 = 11.9416\text{（万元）}$$

当建设期为 0，项目运营后每年经营净现金流量（不含项目报废回收额）相等，但终结点第 n 年有项目报废回收额（X_n）时，可按下面两种方法计算净现值。

① 将 1～$(n-1)$ 年每年相等的经营净现金流量视为普通年金，第 n 年净现金流量视为第 n 年终值。即通过计算 1～$(n-1)$ 每年相等的经营净现金流量的普通年金现值加上第 n 年净现金流量的现值减去原始投资额（NCF_0），求得项目净现值指标。公式如下：

$$NPV = NCF_0 + NCF_{1\sim(n-1)} \times (P/A, i, n-1) + NCF_n \times (P/F, i, n)$$

② 计算 1～$n-1$ 年每年相等的经营净现金流量的普通年金现值，第 n 年发生的项目报废回收额单独计算复利现值。即通过计算 1～n 年每年相等的经营净现金流量的普通年金现值加上第 n 年项目报废回收额的复利现值减去原始投资额（NCF_0），求得项目净现值指标。公式如下：

$$NPV = NCF_0 + NCF_{1\sim n} \times (P/A, i, n) + X_n \times (P/F, i, n)$$

【例 7-19】有关资料见例 7-18，假如某景区该项目报废时有 5 万元残值，其他资料不变，要求计算该项目的净现值（所得税税前）。

解：依题意，

$NCF_0 = -20$（万元），$NCF_{1-4} = 4 + (20-5)/5 = 7$（万元），$NCF_5 = 7 + 5 = 12$（万元）

$NPV = -20 + 7 \times (P/A, 8\%, 4) + 12 \times (P/F, 8\%, 5)$

$= -20 + 7 \times 3.3121 + 12 \times 0.6806 = 11.3519$（万元）

或 $NPV = -20 + 7 \times (P/A, 8\%, 5) + 5 \times (P/F, 8\%, 5)$

$= -20 + 7 \times 3.9927 + 5 \times 0.6806 = 11.3519$（万元）

当建设期（s）不为0，全部投资额在建设期初一次投入，运营后每年净现金流量为递延年金形式时，项目净现值的计算公式为

$$NPV = NCF_0 + NCF_{(s+1)\sim n} \times [(P/A, i, n) - (P/A, i, s)]$$

或 $$NPV = NCF_0 + NCF_{(s+1)\sim n} \times (P/A, i, n-s) \times (P/F, i, s)$$

【例7-20】 有关资料见例7-18，假定建设期为1年，运营期5年，项目报废后无残值，其他数据不变。要求计算该项目的净现值。

解： 依题意，

$NCF_0 = -20$（万元），$NCF_1 = 0$，$NCF_{2\sim6} = 8$（万元）

$NPV = -20 + 8 \times [(P/A, 8\%, 6) - (P/A, 8\%, 1)] = -20 + 8 \times (4.6229 - 0.9259)$

$= 9.576$（万元）

或 $NPV = -20 + 8 \times (P/A, 8\%, 5) \times (P/F, 8\%, 1) = -20 + 8 \times 3.9927 \times 0.9259$

≈ 9.575（万元）

当建设期（s）不为0，全部投资在建设期内分次投入，运营后每年净现金流量为递延年金形式时，项目净现值的计算公式如下：

$$NPV = NCF_0 + NCF_1 (P/F, i, 1) + \cdots + NCF_s (P/F, i, s) + NCF_{(s+1)\sim n} \times [(P/A, i, n) - (P/A, i, s)]$$

【例7-21】 有关资料见例7-18，假定建设期为1年，建设资金于年初和年末分别投入15万元和5万元，运营期5年，项目报废后无残值，其他数据不变。要求计算该项目的净现值。

解： 依题意，

$NCF_0 = -15$（万元），$NCF_1 = -5$（万元），$NCF_{2\sim6} = 8$（万元）

$NPV = -15 + [-5 \times (P/F, 8\%, 1)] + 8 \times [(P/A, 8\%, 6) - (P/A, 8\%, 1)]$

$\approx -15 - 4.6295 + 29.576 = 9.9465$（万元）

（3）Excel插入函数法

Excel插入函数法是在微软的Excel系统中，通过插入财务函数“*NPV*”，并根据计算机系统的提示正确地录入已知的基准折现率和电子表格中的净现金流量，从而由电子表格自动计算项目净现值的方法。

Excel系统的设计者将项目建设期内发生的第1次投资定义为第1年年末，即该系统只承认第1～n期的净现金流量，而不承认0～n期的净现金流量，在第1年年初净现金流量不等于0时，该系统自动将$NCF_{0\sim n}$按照$NCF_{1\sim n+1}$来处理。因此，在建设期初发生投资的情况下，按Excel插入函数法计算的项目净现值应进行必要的调整。

调整前的净现值为提前一年的现值，应乘以一元现金终值（一年期），即

$$调整后的净现值 = 按插入法求得的净现值 \times (F/P, i, 1)$$

【例7-22】 有关现金流量见例7-11，公式法计算的净现值为2 929.856万元（见例7-17），要求采用Excel系统的“*NPV*”函数直接计算净现值。

解：依题意，本项目在建设期初发生了5 100万元的原始投资，按Excel插入函数法求得的调整前净现值为2 738.421 4万元（折现率为7%）。

本项目调整后的净现值 = 2 738.421 4 × (F/P，7%，1) = 2 738.421 4 × 1.07 = 2 930.110 9（万元）

本例的计算结果与例7-17的计算结果相差0.254 9万元，为计算机系统保留精度不同而形成的误差，在实务中可以忽略不计。

如果建设起点不发生投资额，则按Excel插入函数法计算的净现值就是所求的项目净现值，不再需要调整。

在以上介绍的计算项目净现值的各种方法中，公式法的计算过程稍嫌烦琐，列表法较简洁些，年金现值法需要查表计算，在Excel系统中插入函数最快捷，但在建设期初有投资额时需要进行调整。

净现值指标的优点是综合考虑了资金的时间价值、项目计算期内的全部净现金流量和投资风险；缺点是无法从动态的角度直接反映投资项目的实际收益率水平，而且计算过程技术性要求较高。

只有净现值指标大于或等于零的投资项目才具有财务可行性。

2. 净现值率

净现值率（*NPVR*）是指投资项目的净现值占原始投资额现值总和的比率，也可以理解为单位原始投资额的现值所创造的净现值。

$$NPVR = 投资项目净现值/原始投资额的现值之和$$

【例7-23】 相关净现值数据见例7-21，要求计算该项目的净现值率。

解：依题意，该项目净现值 $NPV = 9.946\,5$（万元）

原始投资额的现值之和 = |−15 + [−5 × (P/F，8%，1)]| = |−15 − 4.629 5|

= 19.629 5（万元）

$$NPVR = 9.946\,5/19.629\,5 \approx 0.506\,7$$

净现值率指标可以从动态角度反映投资项目的资金投入与净产出之间的比例关系，计算过程比较简单，不足之处是无法直接反映投资项目的实际收益率。

只有净现值率指标大于或等于0时的投资项目才具有财务可行性。

3. 现值指数

现值指数（*PI*）也称获利指数，是指项目运营后按基准收益率或设定的折现率折算的各年净现金流量的现值合计与原始投资的现值合计之比。计算公式如下：

$$PI = 项目运营后各年净现金流量的现值合计/原始投资的现值合计$$

或

$$现值指数 = 1 + 净现值率$$

【例7-24】 相关净现值数据见例7-21，要求计算该项目的现值指数，并验证现值指数与净现值率之间的关系。

解：$PI = 29.576/|(-15-4.629\,5)| = 1.506\,7$

根据例7-23，净现值率 $NPVR = 9.946\,5/19.629\,5 \approx 0.506\,7$

因此，可验证现值指数 $PI = 1 + 净现值率 = 1 + 0.506\,7 = 1.506\,7$

现值指数指标的优点是可以从动态的角度反映投资项目的资金投入与产出之间的数量

关系，但该指标的计算必须在计算出各年净现金流量的现值，因此计算过程有较高的技术要求。

只有现值指数大于或等于 1 的投资项目才具有财务可行性。

4. 内含报酬率

内含报酬率（*IRR*）也叫内部收益率，是指项目投资实际可望达到的收益率，实质上，它是能使投资项目的净现值等于零时的折现率，或者是现值指数为 1 时的折现率。*IRR* 应该满足下列等式：

$$\sum_{t=0}^{n}[NCF_t \times (P/F, IRR, t)]Z = 0$$

计算内含报酬率指标的方法如下。

（1）普通年金形式下的推算方法

普通年金形式下的推算方法是指当项目运营后的净现金流量每年相等，表现为普通年金形式，可以直接利用年金现值系数推算项目内含报酬率。使用此方法的前提条件是，项目的全部投资（*I*）都在建设期起点一次投入，建设期为 0，运营期若干年按内含报酬率（*IRR*）折算的年金（*NCF*）现值恰好等于原始投资额，即

$$NCF \times (P/A, IRR, n) - I = 0$$

式中，*NCF* 为项目投入运营后的每年相等的净现金流量；（*P/A*，*IRR*，*n*）为设定折现率为 *IRR* 的年金现值系数；*I* 为在建设期初一次投入的原始投资额。依上式可求得

$$(P/A, IRR, n) = I/NCF$$

根据求得的（*P/A*，*IRR*，*n*）数值，查 *n* 年的年金现值系数表，若在 *n* 年系数表上恰好能找到等于该数值的年金现金系数，则该系数所对应的折现率为所求的内含报酬率。

若在系数表上不能找到精确的对应数值（*P/A*，*IRR*，*n*），则需要找出系数表上与该数值临近的大小两个数值，并找出这两个系数对应的折现率，欲求解的内含报酬率介于这两个折现率之间。需要应用内插法求得近似的内含报酬率。

$$(P/A, r_a, n) > (P/A, IRR, n)$$

$$(P/A, r_b, n) < (P/A, IRR, n)$$

则

$$IRR = r_a + \frac{(P/A, r_a, n) - (P/A, IRR, n)}{(P/A, r_a, n) - (P/A, r_b, n)} \times (r_b - r_a)$$

【例 7-25】某五星级酒店一个中央空调机组一次性投入 557.2 万元，当年完工并投入运营，运营后每年可获得净现金流量为 200 万元，运营期为 8 年。要求计算该项目的内含报酬率。

解：依题意，　　$I = 557.2$ 万元，$NCF = 200$ 万元，则

$$(P/A, IRR, 8) = 557.2/200 = 2.786$$

查“一元年金现值系数表”（见附录 4）得：*n* 为 8 的年金现值系数 2.786 对应的折现率恰好是 32%，即（*P/A*，32%，8）= 2.786，因此内含报酬率 IRR = 32%。

【例 7-26】续例 7-25，假如运营后每年可获得的净现金流量为 150 万元，其他资料不变，要求计算该项目的内含报酬率。

解：依题意，

$$(P/A, IRR, 8) = 557.2/150 = 3.7147$$

"一元年金现值系数表"（见附录4）中 $n=8$ 对应的系数中找不到确切的3.7147，只有相邻的大小两个数据3.8372和3.4212，对应的折现率为20%和24%，则采用内插法计算：

$$IRR = 20\% + (24\% - 20\%) \times (3.8372 - 3.7147)/(3.8372 - 3.4212) \approx 21.18\%$$

（2）非普通年金现值的推算法

非普通年金现值的推算法是指在不满足项目一次性投资及运营期净现金流量相等这些条件的情况下，投资项目的内含报酬率需要采用逐次测试逼近的方法推算求得，即设法找到能使投资项目净现值等于0的对应折现率。计算步骤如下。

① 先随意设定一个折现率，计算投资项目的净现值，如果大于0，则应提高折现率再计算投资项目的净现值。

② 继续提高折现率，计算投资项目的净现值，如果小于0，则应降低折现率再计算投资项目的净现值。

③ 经过多次测试后，投资项目净现值恰好为0的对应折现率为该投资项目的内含报酬率。

④ 如果只能测算到0附近的一正一负两个净现值。

$NPV_a > 0$，对应的折现率为 r_a，

$NPV_b < 0$，对应的折现率为 r_b，

则 $$IRR = r_a + (r_b - r_a) \times NPV_a/(NPV_a - NPV_b)$$

【例7-27】某企业一项固定资产投资项目的各年现金流量见表7-5，要求计算该项目的内含报酬率。

解：根据表7-5中列示的各年净现金流量，先按15%折现率计算净现值为27.31万元，由于净现值大于0，应提高折现率到16%继续计算净现值为6.88万元，仍大于0，因此，应提高折现率到17%继续计算净现值为-12.65万元。说明该投资项目的内含报酬率在16%～17%。根据内插法计算如下：

$$内含报酬率\ IRR = 16\% + (17\% - 16\%)/(6.88 - 0)/(6.88 + 12.65) \approx 16.35\%$$

表7-5 某企业固定资产投资项目现金流量 **单位：万元**

	A	B	C	D	E	F	G	H	I
1	期间 n	0	1	2	3	4	5	6	合计
2	净现金流量	-500	-100	100	200	300	300	200	500.00
3	复利现值系数15%	1	0.8696	0.7561	0.6575	0.5718	0.4972	0.4323	
4	净现值15%	-500	-86.96	75.61	131.5	171.54	149.16	86.46	27.31
5	复利现值系数16%	1	0.8621	0.7432	0.6407	0.5523	0.4762	0.4104	
6	净现值16%	-500	-86.21	74.32	128.14	165.69	142.86	82.08	6.88
7	复利现值系数17%	1	0.8547	0.7305	0.6244	0.5337	0.4561	0.3898	
8	净现值17%	-500	-85.47	73.05	124.87	160.10	136.83	77.97	(12.65)

在测算投资项目内含报酬率的过程中，通常需要采用内插法求解，其基本原理是，假定自变量在较小变动区间内，它与因变量之间存在线性关系，因而可采取近似计算的方法进行处理。即通过相似三角形对应边的比例关系，建立数学模型（图7.1）。

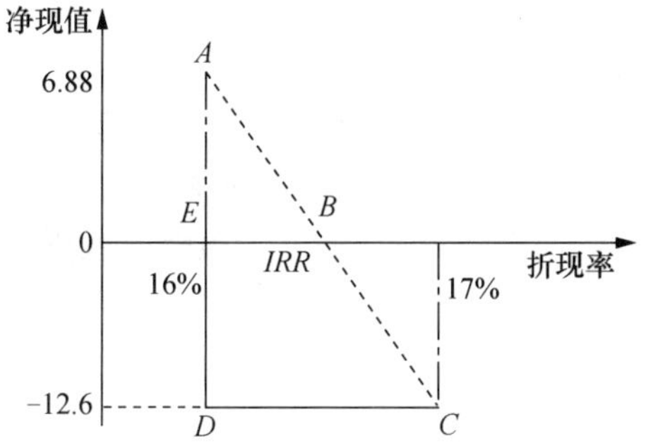

图7.1　内插法基本原理

图7.1中，三角形 ABE 与三角形 ACD 相似，因此两个三角形的对应边成比例关系：

$AE:AD=BE:CD$，$AE=6.88-0$，$AD=6.88+12.65$，$BE=IRR-16\%$，$CD=17\%-16\%$

因此得出：

$$(6.88-0):(6.88+12.65)=(IRR-16\%):(17\%-16\%)\text{，即}$$

$$(IRR-16\%)=(17\%-16\%)\times(6.88-0)/(6.88+12.65)$$

$$IRR=16\%+(17\%-16\%)\times(6.88-0)/(6.88+12.65)\approx16.35\%$$

（3）内含报酬率指标计算的插入函数法

内含报酬率指标计算的插入函数法是在微软的Excel系统中，通过插入财务函数"*IRR*"，并根据计算机系统的提示正确地录入已知的电子表格中的净现金流量，从而由电子表格自动计算项目内含报酬率的方法。

Excel系统的设计者将项目建设期内发生的第一次投资定义为第一年年末，即该系统只承认第1～n期的净现金流量，而不承认0～n期的净现金流量，在第一年年初净现金流量不等于0时，该系统自动将 $NCF_{0\sim n}$ 按照 $NCF_{1\sim n+1}$ 来处理，相当于该投资项目无论投资期还是运营期都比原来晚了一年。在这种情况下，按插入函数法求得的项目内含报酬率一定会小于项目的真实内含报酬率，但在项目计算期不短于两年的前提下，误差通常会小于1个百分点。

与按Excel插入函数法计算净现值不同，由于内含报酬率指标本身计算上的复杂性，即使在建设起点发生投资的情况下，也无法将按插入函数法求得的内含报酬率调整为项目真实的内含报酬率。但这并不会妨碍利用该指标对投资项目的决策进行评价，因为内含报酬率是一个正指标，如果根据计算数值较低的内含报酬率就可以做出该投资项目具有财务可行性的判断，那么根据计算数值较高的真实内含报酬率也就一定能得出同样的结论。

如果建设起点不发生任何投资，则按插入函数法计算求得的内含报酬率为投资项目的真实内含报酬率。

【例7-28】仍以7-27中的项目现金流量为例，要求按插入函数法计算项目的内含报酬率，并直接判断该数据与项目真实内含报酬率之间的关系。

解：依题意，在Excel电子表格中（表7-5）单击J2单元格，直接插入函数*IRR*（B2：H2），求得的内含报酬率为16%，因为该项目建设期初发生了第一次投资500万元，因此可以判断该项目的真实内含报酬率一定高于16%（真实的内含报酬率由例7-27按内插法求得为16.35%）。

内含报酬率指标的优点是，既可以从动态角度直接反映投资项目的实际收益水平，又不受基准折现率高低的影响，对投资项目的财务评价比较客观。缺点是，计算过程较为繁杂，尤其在经营期追加投资时，又需要重新计算内含报酬率，会对实际应用效果产生负面影响。

只有内含报酬率指标大于或等于投资人的期望报酬率或资金成本的投资项目才具有财务可行性。

5. 动态指标之间的关系

净现值（*NPV*）、净现值率（*NPVR*）、现值指数（*PI*）和内含报酬率（*IRR*）这四个动态指标之间存在以下数量关系：

当$NPV>0$时，$NPVR>0$，$PI>1$，$IRR>$基准折现率

当$NPV=0$时，$NPVR=0$，$PI=1$，$IRR=$基准折现率

当$NPV<0$时，$NPVR<0$，$PI<1$，$IRR<$基准折现率

此外，净现值率*NPVR*的计算需要先计算出净现值*NPV*，内含报酬率*IRR*的计算也需要以净现值*NPV*为基础。这些指标都会受到建设期长短、投资方式及各年净现金流量的数量特征的影响。净现值*NPV*是绝对数指标，其他指标均为相对数指标，计算净现值*NPV*、净现值率*NPVR*和现值指数*PI*所依据的折现率都是事先设定的基准折现率，而内含报酬率*IRR*的计算与基准折现率高低无关。

课堂讨论

企业投资决策评价指标主要有哪些？

7.4 企业项目投资决策评价指标的具体运用

本章上一节主要介绍了投资项目决策各种指标的计算方法，企业在对具体的投资项目进行投资决策评价时，需要合理选择适当的指标体系（包括静态评价指标和动态评价指标），依据科学的项目投资决策指标，做出正确的投资决策。

（一）独立方案财务可行性评价及投资决策

1. 独立方案的含义

假如某企业拟进行几项投资活动，这一组投资方案有扩建海鲜楼、购置一辆冷冻箱式货车、新建客房辅楼等。这一组投资方案中各个方案之间没有什么关联，互相独立，并不

存在相互比较和选择的问题，酒店既可以接受全部投资方案，也可以只接受其中一个投资方案或几个投资方案。

我们将一组相互分离、互不排斥的方案称为独立方案。在独立方案中，选择某一方案并不排斥选择另一方案。就一组完全独立的方案而言，其存在的前提条件如下。

（1）投资资金来源无限制。

（2）投资资金无优先使用的排列。

（3）各投资方案所需人力、物力均能得到满足。

（4）不考虑地区、行业之间的相互关系及其影响。

（5）每一投资方案是否可行，仅取决于本方案的经济效益，与其他方案无关。

2. 独立方案的财务可行性评价与投资决策的关系

对于独立方案而言，评价其财务可行性也就是对其做出最终决策判断的过程。因为对于一组独立方案中的任何一个方案，都存在着“接受”或“拒绝”的选择。只有完全具备或基本具备财务可行性的方案，才可以被接受；完全不具备或基本不具备财务可行性的方案，只能选择“拒绝”。从而“拒绝”本身也是一种方案，通常称为“0方案”。因此任何一个独立方案都要与“0方案”进行比较决策。

3. 评价方案财务可行性的要点

在评价投资方案的财务可行时，应掌握以下要点。

（1）判断方案是否完全具备财务可行性的条件

假如某一投资方案的所有评价指标均处于可行状态，即同时满足以下条件时，则可以判断该投资方案无论从哪个角度看都具备财务可行性，或完全具备可行性。这些条件包括以下几个。

① 净现值 $NPV \geqslant 0$。

② 净现值率 $NPVR \geqslant 0$。

③ 现值指数 $PI \geqslant 1$。

④ 内含报酬率 $IRR \geqslant$ 基准（或行业平均）折现率 i。

⑤ 包括建设期的静态投资回收期 $PP \leqslant \frac{n}{2}$（项目计算期的一半）。

⑥ 不包括建设期的静态投资回收期 $PP' \leqslant \frac{p}{2}$（运营期的一半）。

⑦ 项目投资收益率 $\geqslant$ 基准（或期望）投资收益率 i（事先设定）。

（2）判断方案是否完全不具备财务可行性的条件

① 净现值 $NPV < 0$。

② 净现值率 $NPVR < 0$。

③ 现值指数 $PI < 1$。

④ 内含报酬率 $IRR <$ 基准（或行业平均）折现率 i。

⑤ 包括建设期的静态投资回收期 $> \frac{n}{2}$（项目计算期的一半）。

⑥ 不包括建设期的静态投资回收期 $>\frac{p}{2}$（运营期的一半）。

⑦ 项目投资收益率 < 基准（或期望）投资收益率 i（事先设定）。

（3）判断方案是否基本具备财务可行性的条件

假如在评价过程中发现某投资项目的主要评价指标在可行状态（如净现值 $NPV\geqslant 0$，净现值率 $NPVR\geqslant 0$，现值指数 $PI\geqslant 1$，内含报酬率 $IRR\geqslant$ 基准或行业平均折现率 i），但次要指标或辅助指标在不可行状态（如包括建设期的静态投资回收期 $>\frac{n}{2}$，不包括建设期的静态投资回收期 $>\frac{p}{2}$，项目投资收益率 < 基准或期望投资收益率），则可以判断该投资项目基本上具备财务可行性。

（4）判断方案是否基本不具备财务可行性的条件

假如在评价过程中发现某投资项目的主要评价指标不可行（如净现值 $NPV<0$，净现值率 $NPVR<0$，现值指数 $PI<1$，内含报酬率 $IRR<$ 基准或行业平均折现率 i），即使次要指标或辅助指标在可行状态（如包括建设期的静态投资回收期 $\leqslant\frac{n}{2}$，不包括建设期的静态投资回收期 $\leqslant\frac{p}{2}$，项目投资收益率 $\geqslant$ 基准或期望投资收益率），也可以判断该投资项目基本上不具备财务可行性。

4. 独立投资方案财务评价中其他应当注意的问题

在对独立投资方案进行财务可行性评价时，除了要熟练掌握和运用上述判断条件外，还必须明确以下两点。

（1）主要评价指标在评价财务可行性的过程中起主导作用。在对独立投资项目进行财务可行性评价和投资决策过程中，当次要指标静态投资回收期或辅助指标投资收益率的评价结论与净现值等主要指标的评价结论发生冲突时，应当以主要指标的结论为准。

（2）利用动态指标对同一个投资项目进行评价和决策，会得出完全相同的结论。在对同一个投资项目进行财务可行性评价时，净现值、净现值率、现值指数和内含报酬率指标的评价结论是完全一致的。

【例 7-29】 某企业的固定资产投资项目只有一个方案，其原始投资额为 3 000 万元，项目计算期为 8 年（其中运营期为 7 年），基准或行业平均投资收益率为 15%，行业基准折现率为 10%。有关投资决策的评价指标如下：该项目的投资收益率为 18%；该项目包含建设期的静态回收期 4.5 年，不包含建设期的静态回收期 3.5 年；该项目净现值为正数 122.48 万元，净现值率为 4.08%，现值指数为 1.09，内含报酬率为 22.62%。

要求：评价该投资项目的财务可行性。

解： 因为该项目的投资收益率 18%，大于基准或行业平均投资收益率 15%；不包含建设期的静态回收期 3.5 年，等于运营期的一半；净现值为正数 122.48 万元，大于 0；净现值率为 4.08%，大于 0；现值指数为 1.09，大于 1；内含报酬率为 22.62%，大于行业基准折现率；尽管包含建设期的静态回收期 4.5 年大于整个项目计算期的一半（8/2），但该方案各项主要动态评价指标均达到或超过相应标准，所以可以判断该投资项目基本上具备财务可行性。可以实施该投资方案。

（二）多个互斥方案的比较决策

互斥方案是指互相关联又互相排斥的方案，即一组方案中的各个方案彼此可以相互替代，采纳方案组中的某一方案，就会自动排斥这组方案中的其他方案。因此，互斥方案具有排他性。

多个互斥方案比较决策是指在每个入选方案已具备财务可行性的前提下，利用具体决策方法比较各个方案的优劣，利用评价指标从各个备选方案中最终选出一个最优方案的过程。

项目投资多方案比较决策的方法是指利用特定评价指标作为决策标准或依据的各种方法的统称，包括净现值法、净现值率法、差额投资内含报酬率法、年等额净回收额法和计算期统一法等。

1. 净现值法

净现值法是通过比较已具备财务可行性的所有投资方案的净现值指标的大小来选择最优方案的方法。该方法适用于原始投资额相同且项目计算期相等的多方案比较决策，净现值最大的方案是最优方案。

【例 7-30】 某企业拟对现有客房进行更新改造，工程总投资额为 2 000 万元，有 A、B、C、D 四个互相排斥的备选方案可供选择，各方案的净现值指标分别为 550.68 万元、889.45 万元、468.86 万元、900.18 万元。

要求：（1）评价四个方案的财务可行性。

（2）按净现值法进行比较决策。

解：（1）因为 A、B、C、D 四个方案的净现值均大于 0，所以这四个方案均具备财务可行性。

（2）按净现值法进行比较决策：因为 $900.18 > 889.45 > 550.68 > 468.86$，所以 D 方案最优、其次是 B 方案、再次是 A 方案，C 方案为最差方案。

2. 净现值率法

净现值率法是通过比较已具备财务可行性的所有投资方案的净现值率指标的大小来选择最优方案的方法。净现值率最大的方案为最优方案。

在原始投资额相等的互斥方案比较决策中，采用净现值率法与净现值法的结论是完全相同的；但在原始投资额不等的情况下，两种方法得出的结论可能是不一致的。

【例 7-31】 A 项目与 B 项目为互斥方案，它们的项目计算期相同。A 项目原始投资的现值为 400 万元，净现值为 88 万元；B 项目的原始投资的现值为 200 万元，净现值为 68 万元。

要求：（1）分别计算两个项目的净现值率指标。

（2）讨论能否运用净现值法或净现值率法在 A 项目和 B 项目之间做出比较决策。

解：（1）计算净现值率：

A 项目的净现值率 =（88/400）×100% =22%

B 项目的净现值率 =（68/200）×100% =34%

（2）评价方案优劣：

因为 A 方案的净现值 88 万元大于 B 方案的净现值 68 万元，A 方案优于 B 方案；

因为 A 方案的净现值率 22% 小于 B 方案的净现值率 34%，B 方案优于 A 方案；

由于这两个方案的原始投资额不等，导致两种方法的决策结论相互矛盾，看似无法据此做出正确的比较决策。但前者再投资报酬率的基点是相对合理的资金成本，而后者再投资报酬率是基于一个相对较高的内含报酬（高于净现值法的资金成本）。考虑到两者在再投资报酬假设上的区别，净现值法将更具合理性。

3. 差额投资内含报酬率法

差额投资内含报酬率法是指在两个原始投资额不同方案的差量净现金流量（用 ΔNCF 表示）的基础上，计算出差额内含报酬率（用 ΔIRR 表示），并据以与行业基准折现率进行比较，进而判断方案优劣的方法。该法适用于两个原始投资不相同，但项目计算期相同的多方案比较决策。当差额内含报酬率指标大于或等于行业基准折现率时，原始投资额大的方案较优；否则，投资额少的方案较优。

假设有 A 和 B 两个投资方案，A 方案的投资额大于 B 方案。我们可以把 A 方案看成两个方案：第一个方案是 B 方案，即把 A 方案投资于 B 方案；第二个方案是把 A 与 B 两方案的投资差额投于 C 方案。

C 方案的净现金流量等于 A 方案的净现金流量减去 B 方案的净现金流量而形成的差量净现金流量（ΔNCF）。根据差量净现金流量（ΔNCF）计算出来的差额内含报酬率（ΔIRR），其实质就是 C 方案的内含报酬率。

在这种情况下，A 方案等于 B 方案与 C 方案之和；A 方案与 B 方案的比较，实际上就是 B 方案与 C 方案两方案之和与 B 方案的比较。如果差额内含报酬率 ΔIRR 大于或等于行业基准折现率，则 C 方案具有财务可行性，这就意味着 A 方案优于 B 方案；如果差额内含报酬率 ΔIRR 小于行业基准折现率，则 C 方案不具有财务可行性，这就意味着 B 方案优于 A 方案。

因此，当差额内含报酬率 ΔIRR 大于或等于行业基准折现率时，原始投资额大的方案较优；反之，则原始投资额少的方案较优。

该方法通常被用于更新改造项目的投资决策中，当该项目的差额内含报酬率指标大于或等于基准折现率时，就应当进行更新改造；反之，就应继续使用旧的固定资产。

差额内含报酬率 ΔIRR 的计算过程和计算技巧与一般的内含报酬率 IRR 完全一样，只是所依据的是差额净现金流量（ΔNCF）。

【例 7-32】 A 项目与 B 项目为互斥方案，它们的项目计算期相同，均为 8 年。A 项目原始投资的现值为 300 万元，1～8 年的每年净现金流量为 78 万元；B 项目的原始投资的现值为 200 万元，1～8 年每年净现金流量为 55 万元。行业基准折现率为 18%。

要求：（1）计算差量净现金流量 ΔNCF。

（2）计算差额内含报酬率 ΔIRR。

（3）用差额投资内含报酬率法做出比较投资决策。

解：（1）$\Delta NCF_0 = -300-(-200) = -100$（万元）

$\Delta NCF_{1\sim8} = 78-55 = 23$（万元）

（2）差额内含报酬率：

$(P/A, \Delta IRR, 8) = 100/23 \approx 4.3478$

$(P/A, 15\%, 8) = 4.4873$；$(P/A, 16\%, 8) = 4.3436$

$\Delta IRR = 15\% + (16\%-15\%) \times (4.4873-4.3478)/(4.4873-4.3436) \approx 15.97\%$

（3）用差额投资内含报酬率法决策：

由于 ΔIRR 为 15.97%，小于行业基准折现率 18%，因此不应投资 A 项目。

【例 7-33】某企业拟对旧的中央空调设备（尚可使用 5 年）进行更新改造，新设备总投资额为 800 万元（折旧年限 5 年），旧设备的账面净值为 200 万元，处置收益 50 万元。假设到第 5 年年末新旧设备的净残值均为 0。新旧设备的替换在当年内完成（建设期为 0）。使用新设备可使第 1 年增加营业收入 400 万元，增加营业成本 180 万元，第 2～5 年内每年增加营业收入 500 万元，增加营业成本 230 万元。设备采用直线法折旧。适用税率为 25%。

要求：（1）计算该项目的差额内含报酬率 ΔIRR。

（2）分别对以下两种不相关情况做出是否更新设备的决策，并说明理由：① 该酒店的行业基准折现率为 18%；② 该酒店的行业基准折现率为 22%。

解：（1）计算该项目的差额内含报酬率：

$\Delta NCF_0 = -(800-50) = -750$（万元）

$\Delta NCF_1 = (400-180-750/5) \times (1-25\%) + 750/5 + (200-50) \times 25\% = 240$（万元）

$\Delta NCF_{2\sim5} = (500-230-750/5) \times (1-25\%) + 750/5 = 240$（万元）

即 5 年的现金净流量相等，表现为普通年金形式，则

$(P/A, \Delta IRR, 5) = 750/240 = 3.125$，查普通年金现值系数表，得

$(P/A, 20\%, 5) = 2.9906$，$(P/A, 24\%, 5) = 2.7454$

因此 $\Delta IRR = 18\% + (20\%-18\%) \times (3.1272-3.125)/(3.1272-2.9906) \approx 18.03\%$

（2）比较决策

第①种情况，由于差额内含报酬率 20.7% 大于行业基准折现率 18%，所以应当更新设备；

第②种情况，由于差额内含报酬率 20.7% 小于行业基准折现率 22%，所以不能更新设备。

4. 年等额净回收额法

年等额净回收额法是指通过比较所有投资方案的年等额净回收额指标（用 NA 表示）的大小来选择最优方案的决策方法。该方法适用于原始投资额不同，特别是项目计算期不同的多方案比较决策。在此方法下，年等额净回收额最大的方案为最优方案。

某方案的年等额净回收额等于该方案净现值与相关回收系数（或年金现值系数的倒数）的乘积。计算公式如下：

$$NA = 该方案净现值 \times 回收系数$$

或

$$NA = 该方案净现值 \times \frac{1}{年金现值系数}$$

【例 7-34】 某旅行社拟新建一支车队，现有三个方案可供选择：A 方案的原始投资为 1 200 万元，项目计算期为 6 年，净现值为 982 万元；B 方案的原始投资为 1 000 万元，项目计算期为 5 年，净现值为 910 万元；C 方案的净现值为 -8.6 万元。行业基准折现率为 12%。

要求：（1）判断每个方案的财务可行性。

（2）用年等额净回收额法做出最终的投资决策。

解：（1）判断每个方案的财务可行性：

因为 A 方案和 B 方案的净现值均大于 0，因此都具备财务可行性；但 C 方案的净现值小于 0，所以 C 方案不具备财务可行性。

（2）比较决策：

$$A 方案的年等额净回收额 = A 方案的净现值 \times \frac{1}{(P/A,\ 12\%,\ 6)}$$

$$= 982 \times (1/4.1114) = 238.85 \text{（万元）}$$

$$B 方案的年等额净回收额 = 910 \times \frac{1}{(P/A,\ 12\%,\ 5)} = 910 \times (1/3.6048) = 252.44 \text{（万元）}$$

由于 A 方案的年等额净回收额小于 B 方案，因此 B 方案优于 A 方案。

5. 计算期统一法

计算期统一法是指通过对计算期不相等的多个互斥方案选定一个共同的计算分析期，以满足时间可比性的要求，进而根据调整后的评价指标来选择最优方案的方法。该方案包括方案重复法和最短计算期法两种具体方法。

（1）方案重复法

方案重复法也称为计算期最小公倍数法，是将各方案计算期的最小公倍数作为比较方案的计算期，进而调整有关指标，并据此进行多方案比较决策的一种方法。应用该方法可以采用以下两种方式。

第一种方式是，首先将各方案计算期的各年净现金流量或费用流量进行重复计算，直到与最小公倍数计算期相等；其次，计算净现值、净现值率、差额内含报酬率或费用现值等评价指标；最后根据调整后的评价指标进行方案的比较决策。

第二种方式是直接计算每个方案项目原计算期内的评价指标（主要指净现值），再按照最小公倍数原理分别对其折现，并求代数和，最后根据调整后的净现值指标进行方案的比较决策。

【例 7-35】 A、B 两个投资方案均在年末投资，它们的计算期分别为 8 年和 12 年，有关资料见表 7-6，基准折现率 10%。

表 7-6　两个方案的净现金流量资料　　　　**单位：万元**

项目＼年份	1	2	3	4	5～8	9～11	12	NPV
A	－800	－800	500	550	660			791.83
B	－2 500	－500	700	800	1 200	1 200	1 500	984.45

要求：采用计算期统一法中的方案重复法（第二种方式）做出最终的投资决策。

解：依题意，A 方案的项目计算期为 8 年，B 方案的项目计算期为 12 年，两个方案计算期的最小公倍数为 24 年（统一为 24 年）。

在此期间，A 方案重复两次，而 B 方案重复一次，则调整后的净现值指标为

$NPV'_A = 791.83 + 791.83 \times (P/F, 10\%, 8) + 791.83 \times (P/F, 10\%, 16)$

$= 791.83 \times (1 + 0.4665 + 0.2176) \approx 1\,333.52$（万元）

$NPV'_B = 984.45 + 984.45 \times (P/F, 10\%, 12) = 984.45 \times (1 + 0.3186) = 1\,298.1$（万元）

由于调整后的 A 方案净现值大于 B 方案，因此 A 方案优于 B 方案。

由于有些方案的计算期相差很大，按最小公倍数所确定的计算期往往很长。例如，有四个互斥方案的计算期分别为 15 年、25 年、30 年和 50 年，则它们的最小公倍数为 150 年，显然考虑这么长时间内的重复计算既复杂又无必要，为了克服方案重复法的缺点，人们设计了最短计算期法。

（2）最短计算期法

最短计算期法又称最短寿命期法，是指在所有方案的净现值均还原为等额年回收额的基础上，再按照最短的计算期算出相应的净现值，进而根据调整后的净现值指标进行多方案的比较决策。

【例 7-36】 仍按例 7-35 的资料，要求：用最小计算期法做出最终的投资决策。

解：依题意，A、B 两个方案中最短的计算期为 8 年，则调整后的净现值指标为

$NA_A = 791.83 \times [1/(P/A, 10\%, 8)]$

$NA_B = 984.45 \times [1/(P/A, 10\%, 12)]$

$NPV''_A = 791.83 \times [1/(P/A, 10\%, 8)] \times (P/A, 10\%, 8) = 791.83$（万元）

$NPV''_B = 984.45 \times [1/(P/A, 10\%, 12)] \times (P/A, 10\%, 8)$

$= 984.45 \times (1/6.8137) \times 5.3349 = 770.79$（万元）

因为 $NPV''_A > NPV''_B$，所以 A 方案优于 B 方案。

（三）多方案组合或排队方案投资决策

1. 组合或排队方案的含义

如果一组方案中既不属于相互独立，又不属于相互排斥，而是可以实现任意组合或排队，则这些方案被称作组合或排队方案，其中又包括先决方案、互补方案和不完全互斥方案等形式。在这种方案决策中，除了要求首先评价所有方案的财务可行性，淘汰不具备财务可行性的方案外，在接下来的决策中需要反复衡量和比较不同组合条件下的有关评价指

标的大小，从而做出最终决策。

2. 组合或排队方案决策的含义

组合或排队方案决策分为两种情况：① 在资金总量不受限制的情况下，可按每一项目的净现值大小排队，确定优先考虑的项目投资顺序；② 在资金总量受到限制的情况下，则需要按净现值率或现值指数的大小，结合净现值进行各种组合排队，从中选出能使方案总净现值最大的最优组合。

3. 组合或排队方案决策的程序

第一，以各方案的净现值率高低为序，逐项计算累计的投资额，并与限定投资总额进行比较。

第二，当截止到某项投资项目（假定为第 x 项）的累计投资额恰好达到限定的投资额时，则第 1～x 项的项目组合为最优的投资组合。

第三，若在排序过程中未能直接找到最优的组合，必须按下列方法进行必要的修正：① 当排序中发现第 x 项的累计投资额首次超过限定投资额，而删除该项后，按顺延的项目计算的累计投资额却小于或等于限定的投资额时，可将第 x 项与第 $x+1$ 项交换位置，继续计算累计投资额，这种交换可连续进行；② 当排序中发现第 x 项的累计投资额首次超过限定投资额，又无法与下一项进行交换，第 $x-1$ 项的原始投资大于第 x 项原始投资，可将第 x 项与 $x-1$ 项交换位置，继续计算累计投资额，这种交换可连续进行。

最后若经过反复交换位置，已经不能再进行交换，仍未能找到能使累计投资额恰好等于限定投资额的项目组合时，可将最后一次交换后的项目组合作为最优组合。

总之，在主要考虑投资效益的条件下，多方案比较决策的主要依据就是能否保证在充分利用资金的前提下，获得尽可能多的净现值总量。

【例 7-37】 某景区 A、B、C、D、E5 个投资项目为非互斥方案，有关资料见表 7-7。

表 7-7 某景区 5 个投资项目的相关资料 单位：万元

投资项目	原始投资额	净现值	净现值率	内含报酬率
A	400	160	0.40	17%
B	300	150	0.50	23%
C	300	75	0.25	38%
D	200	60	0.30	15%
E	200	40	0.20	40%

要求：分别就以下不相关情况做出多方案组合决策。

（1）投资总额不受限制；

（2）投资总额受到限制，分别为 200、300、400、500、700、1 000、1 100、1 200 和 1 400 万元。

解： 按各方案净现值率的大小排序，并计算累计原始投资和累计净现值数据，其结果见表 7-8。

表 7-8　按净现值率的排序　　单位：万元

顺　序	投资项目	原始投资额	累计原始投资	净现值	累计净现值
1	B	300	300	150	150
2	A	400	700	160	310
3	D	200	900	60	370
4	C	300	1 200	75	445
5	E	200	1 400	40	485
				485	

根据表 7-8 数据按投资组合决策原则做如下决策。

(1) 当投资总额不受限制或限额大于或等于 1 400 万元时，最优的投资组合方案为 B + A + D + C + E；

(2) 当限定投资总额为 200 万元，只能为 B 项目，可获得 150 万元净现值，比 D 方案 60 万元和 E 方案 40 万元都要多；

(3) 当限定投资总额为 300 万元，只能为 B 项目，可获得 150 万元净现值，比 C 方案 75 万元要多；

(4) 当限定投资总额为 400 万元，只能为 A 方案，可获得 160 万元净现值，比 B 方案 150 万元要多。

(5) 当限定投资总额为 500 万元，最优组合为 B + D，可获得 210 万元净现值，比D + C 和 C + E 组合都要多。

(6) 当限定投资总额为 700 万元，组合方式有 B + A = 310（万元），A + C = 235（万元），B + D + E = 250（万元），D + C + E = 175（万元），因此最优投资组合为 B + A。

(7) 当限定投资总额为 1 000 万元，最佳投资组合为 B + A + C = 385（万元）（B + D + C + E 仅有净现值 325 万元）。

(8) 当限定投资总额为 1 100 万元，最佳投资组合为 B + A + D + E = 415（万元）。

(9) 当限定投资总额为 1 200 万元，最佳投资组合为 B + A + D + C = 445（万元）。

本章总结

本章主要介绍了四个方面的内容，一是投资管理概述，即企业为获取收益而向一定对象投放资金的经济行为，投资程序分为五个步骤，开展投资决策时必须遵循五项原则；二是项目投资的现金流量分析；三是项目投资决策评价指标及其计算，其中净现值指标是投资决策评价指标中最重要的指标；四是项目投资决策评价指标的具体运用，独立方案财务可行性评价及投资决策可以同时完成，互斥方案的决策则必须以方案具备财务可行性为前提，项目投资多方案比较决策的方法是指利用特定评价指标作为决策标准或依据的各种方法的统称，主要包括净现值法、净现值率法、差额投资内含报酬率法、年等额净回收额法和计算期统一法等具体方法，不同的方法有不同的适用条件。

本章习题

一、思考题

1. 投资可按哪些标准进行分类？
2. 现金流量具体包括哪些内容？如何进行项目现金流量的估算？
3. 估算项目现金流量时应注意哪些问题？
4. 投资项目决策评价有哪些指标？
5. 如何进行单一独立投资项目的财务可行性评价？
6. 如何进行多个互斥方案的比较决策？
7. 如何进行多个投资方案的组合决策？

二、单项选择题

1. 下列投资项目评价指标中，不受建设期长短、投资回收时间先后及现金流量大小影响的评价指标是（　　）。

A. 净现值　　B. 投资回收期　　C. 投资收益率　　D. 内含报酬率

2. 某投资项目在建设起点一次投入全部原始投资额 2000 万元，若利润采用 Excel 插入函数法所计算的方案净现值为 180 万元，行业基准折现率 10%，则方案本身的现值指数为（　　）。

A. 2.099　　B. 0.198　　C. 1.099　　D. 1.198

3. 若某投资项目的净现值为 50 万元，包括建设期的投资回收期为 5 年，项目计算期为 9 年，则该方案（　　）。

A. 完全不具备财务可行性　　B. 基本不具备财务可行性
C. 基本具备财务可行性　　D. 完全具备财务可行性

4. 下列指标中没有直接利用净现金流量的是（　　）。

A. 净现值率　　B. 内含报酬率　　C. 投资收益率　　D. 现值指数

5. 某投资项目在建设期内投入全部原始投资，该项目的现值指数为 1.66，则该项目的净现值率为（　　）。

A. 1.34　　B. 0.166　　C. 0.66　　D. 0.34

6. 某企业计划投资 60 万元建一健身房，预计投资后每年可获净利 8 万元，项目使用寿命 5 年，无残值，采用直线法折旧。则该项目的投资回收期为（　　）。

A. 1.5 年　　B. 5 年　　C. 3 年　　D. 7.5 年

7. 在财务管理中，将企业为使项目完全达到设计生产能力、开展正常经营而投入的全部现实资金称为（　　）。

A. 建设投资　　B. 现金流量　　C. 原始投资　　D. 投资总额

8. 某投资项目按 9% 折现率计算的净现值大于 0，按 11% 折现率计算的净现值小于 0，则该项目的内含报酬率肯定（　　）。

A. 大于11%　　B. 小于9%

C. 大于9%小于11%　　D. 等于10%

9. 某完整投资项目预计运营第1年的流动资产需用数为300万元，流动负债可用数为200万元；运营第2年的流动资产需用数为380万元，流动负债可用数为220万元，则运营第2年新增的流动资金额应为（　　）万元。

A. 160　　B. 80　　C. 60　　D. 20

10. 某完整投资项目的固定资产投资为5 000万元，无形资产为800万元，开办费200万元。预计运营后第2年的总成本为1 500万元，当年的折旧费为480万元，无形资产摊销为80万元，计入财务费用的利息支出为100万元，则该年用于计算净现金流量的经营成本为（　　）万元。

A. 940　　B. 660　　C. 840　　D. 1 400

三、多项选择题

1. 下列各种方法中，可用于计算单一方案净现值指标的有（　　）。

A. 公式法　　B. 列表法　　C. Excel插入函数法　　D. 方案重复法

2. 在项目计算期不同的情况下，能够应用于多个互斥投资方案比较决策的方法有（　　）。

A. 年等额净回收额法　　B. 差额投资内含报酬率法

C. 最短计算期法　　D. 方案重复法

3. 评价投资方案的投资回收期指标的主要缺点是（　　）。

A. 不能衡量投资方案的投资报酬率高低

B. 没有考虑回收期后的现金流量

C. 没有考虑资金的时间价值

D. 无法衡量项目的投资风险

4. 采用净现值法评价项目可行性时，所采用的折现率通常包括（　　）。

A. 行业平均资金收益率　　B. 投资项目的内含报酬率

C. 投资项目的资金成本率　　D. 投资的机会成本率

5. 在一般投资项目中，当一项投资方案的净现值为0时，即表明（　　）。

A. 该方案的净现值率大于0　　B. 该方案的现值指数等于1

C. 该方案不具备财务可行性　　D. 该方案的内含报酬率等于设定的折现率

6. 下列属于净现值指标缺点的是（　　）。

A. 无法从动态角度直接反映项目的实际收益率

B. 净现金流量的测量及折现率的确定比较困难

C. 没有考虑投资项目的风险

D. 各项目投资额不等时仅用净现值无法确定投资方案优劣

7. 按照投资行为的介入程度，投资分为直接投资和间接投资，其中直接投资的对象包括（　　）。

A. 股票　　B. 债券　　C. 现金　　D. 设备

8. 若有两个投资项目方案，原始投资额不相同、项目计算期也不一样，彼此相互排斥，可以采用下列哪些方法进行选择优（　　）。

A. 年等额净回收额法　　B. 统一计算期法

C. 差额内含报酬率法　　D. 净现值法

9. 如果其他因素不变，一旦折现率提高，则下列指标中其数值将变小的是（　　）。

A. 净现值率　　B. 内含报酬率

C. 净现值　　D. 现值指数

10. 按 Excel 插入函数法求得的内含报酬率与真实内含报酬率的关系表述不可能的是（　　）。

A. 等于项目的真实内含报酬率 ×（1 + 设定折现率）

B. 大于项目的真实内含报酬率

C. 大于项目的真实内含报酬率

D. 等于项目的真实内含报酬率

四、判断题

1. 按照投资的方向不同可以将投资分为对内投资和对外投资，从企业来看，对外投资包括以货币资金、实物资产、无形资产向其他企业注入资金。（　　）

2. 在应用差额投资内含报酬率法对固定资产更新改造投资项目进行决策时，如果差额内含报酬率大于或等于行业基准折现率或资金成本率，就应当进行更新改造。（　　）

3. 在项目投资决策中，净现金流量是指在项目计算期（包括建设期和运营期）内年现金流入量与同年现金流出量之间的差额所形成的序列指标。（　　）

4. 根据项目投资理论，完整投资项目的运营期某年所得税前净现金流量等于该年的自由现金流量。（　　）

5. 在不考虑资金时间价值的前提下，投资项目的回收期越短，该投资项目的获得能力越强。（　　）

6. 按照项目投资假设，建设期资本化利息属于建设投资的范畴，在计算固定资产原值并计提折旧时应考虑资本化利息。（　　）

7. 对于独立投资项目方案，完全具备或基本具备财务可行性的方案就可以接受。（　　）

8. 只有增量现金流量才是与投资项目相关的现金流量。（　　）

9. 使某投资方案的净现值小于零的折现率，一定小于项目本身的内含报酬率。（　　）

10. 在互斥方案的选优决策中，若差额内含报酬率指标大于基准收益率或设定的折现率，则原始投资额较小的方案为较优方案。（　　）

五、计算分析题

1. 某企业有一投资项目，原始投资额 800 万元，其中设备投资 750 万元，开办费 9 万元，垫支流动资金 41 万元。该项目建设期为 1 年，建设期资本化利息 60 万元。设备投资及开办费于建设起点投入，流动资金于设备运营日垫支。该项目寿命期为 5 年，按直线法折旧，预计残值 10 万元；开办费在项目运营后分 3 年摊销。预计项目运营后第 1 年可获得息税前利润 200 万元，以后每年递增 40 万元。该酒店适用的所得税税率为 25%，最低报酬率为 15%。

要求：

（1）计算该项目的各年现金流量，填入表 7-9。

表 7-9　该项目的各年现金净流量　　**单位：万元**

年限 / 项目	0	1	2	3	4	5	6
设备投资							
开办费投资							
垫支流动资金							
息前税后利润							
年折旧							
开办费摊销							
残值收入							
收回流动资金							
净现金流量							
累计现金流量							

（2）计算该项目的回收期、投资收益率。

（3）计算该项目的净现值和内含报酬率。

2. 某酒店计划更新一套厨房设备。旧设备预计还可使用 5 年，其账面折余价值为 12 万元，目前变价收入 7 万元。新设备投资额为 22 万元，预计使用 5 年。至第 5 年年末，新设备的预计残值为 2 万元，旧设备的预计残值为 1 万元。预计使用新设备可使酒店第一年增加营业收入 4 万元，第 2～4 年每年增加营业收入 5.667 万元，第 5 年增加营业收入 4.5 万元，使用新设备每年可节省成本 5 000 元。该企业采用直线法折旧，适用所得税税率为 25%。

要求：

（1）计算使用新设备比使用旧设备增加的投资额。

（2）计算因旧设备提前报废发生的处理固定资产净损失抵税额。

（3）计算使用新设备比使用旧设备每年增加的息税前利润。

（4）计算使用新设备比使用旧设备每年增加的净现金流量。

（5）计算该方案的差额投资内含报酬率。

（6）若酒店期望报酬率为 22%，确定应否用新设备替换现有旧设备。

第 8 章

证券投资管理

本章导读

本章介绍证券投资的概念及相关知识、风险及其衡量，股票、债券、基金等证券投资决策评价方法，证券投资组合的相关内容。

8.1 证券投资管理概述

（一）证券投资及其特点

证券投资（Investment In Securities）是指投资者（法人或自然人）购买股票、债券、基金券等有价证券，以及这些有价证券的衍生品，以获取红利、利息及资本利得的投资行为和投资过程，是间接投资的重要形式。

证券投资工具指在投资活动中以书面证明所有权或债权债务关系的凭证，是一种具有法律效力的合法金融契约。

证券投资具有如下一些特点。

（1）证券投资具有高度的“市场力”，即证券在指定的交易所买卖自由、价格波动显著。

（2）证券投资是对预期会带来收益的有价证券的风险投资。

（3）投资和投机是证券投资活动中不可缺少的两种行为。

（4）二级市场的证券投资不会增加社会资本总量，而是在持有者之间进行再分配。

（二）证券投资的构成要素

证券投资主要由 3 个要素构成：收益、风险和时间。

证券投资的收益可以用绝对数和相对数来表示。绝对数由所得利得（根据证券发行者经营的成果定期取得的收益，如债券利息、股息）和资本利得（在证券流通市场上通过买卖证券所实现的差价收益）两部分组成；相对数即证券收益率，有当期收益率（证券的年息除以证券当前的市场价格所计算出的收益率）和持有期收益率（持有证券一段时间后出现增值后的收益，等于持有期内实际收益额与证券买进价格的比率）。

证券投资风险就是未来收益状况的不确定性，即发生盈利和亏损的可能性。有系统风险和非系统风险、整体性风险和局部性风险之分。

系统风险是指社会政治、宏观经济情况的变化等对整个证券市场的影响和冲击，具有不可抗拒性和不可分散性。

非系统风险是指个别原因对个别证券的影响和冲击。

整体性投资风险包括货币购买力风险、利率风险、经济波动风险、经济政策风险、政治风险、市场技术风险。

局部性风险包括信用风险、局部价格投资风险等。

（三）证券投资的原则和目标

1. 证券投资的原则

（1）效益与风险最佳组合原则，效益与风险最佳组合，风险一定的前提下，尽可能使收益最大化；或收益一定的前提下，风险最小化。

（2）分散投资原则，证券的多样化，建立科学的有效证券组合。

（3）理智投资原则，证券投资在分析、比较后审慎地投资。

（4）投资程序，确定投资方案、选择证券经纪商、办理证券交割、办理证券过户。

2. 证券投资的目标

（1）取得收益，将剩余资金灵活地运用。

（2）降低风险，证券投资的灵活性、多样性。

（3）补充资产流动性，在现金多余时买入证券，在现金短缺时卖出证券。

（四）证券投资的作用

（1）证券投资为社会提供了筹集资金的重要渠道。

（2）证券投资有利于调节资金投向，提高资金使用效率，从而引导资源合理流动，实现资源的优化配置。

（3）证券投资有利于改善企业经营管理，提高企业经济效益和社会知名度，促进企业的行为合理化。

（4）证券投资为中央银行进行金融宏观调控提供了重要手段，对国民经济的持续、高效发展具有重要意义。

（5）证券投资可以促进国际经济交流。

（五）风险及其衡量

1. 风险及其报酬

（1）风险

一般来讲，风险是指在一定条件下和一定时间内某一行动发生的不确定性，具有客观性，其大小随时间延续而变化。从财务管理的角度而言，风险就是企业在各项财务活动中由于各种难以预料或无法控制的因素作用，使企业的实际收益与预计收益发生背离，从而存在不确定的结果可能性。风险具有两面性，风险本身未必只能带来超出预计的损失，风险同样可以带来超出预期的收益。

（2）风险报酬

任何投资者宁愿要肯定的某一报酬率，而不愿意要不肯定的同一报酬率，这种现象称为风险反感。在风险反感普遍存在的情况下，诱使投资者进行风险投资的，是超过时间价值的那部分额外报酬，即风险报酬。风险报酬有两种表示方法：绝对数和相对数，即可以用风险报酬和风险报酬率表示。

风险报酬是指投资者因冒风险进行投资而获得的超过时间价值的那部分额外的报酬。风险报酬率是指投资者因冒风险进行投资而获得的超过时间价值的那部分额外的报酬率，如果不考虑通货膨胀的话，投资者进行风险投资所要求或期望的投资报酬率就是资金的时间价值与风险报酬率之和，即期望投资报酬率 = 资金时间价值（或无风险报酬率） + 风险报酬率。例如，资金时间价值为 10%，某项投资期望报酬率为 15%，那么该项投资的风险报酬率就是 5%。

2. 风险的分类

从个别理财主体的角度看，风险分为市场风险和企业特别风险两类。市场风险是指那些影响所有企业的风险，如战争、自然灾害、经济衰退、通货膨胀等。这类风险涉及所有企业，不能通过多角化投资来分散，因此，又称不可分散风险或系统风险。企业特别风险是发生于个别企业的特有事项造成的风险，如罢工、诉讼失败、失去销售市场等。这类事件是随机发生的，可以通过多角化投资来分散。这类风险也称可分散风险或非系统风险。从企业本身来看，按风险形成的原因，可将企业特有风险进一步分为经营风险和财务风险两大类。

（1）经营风险是指生产经营方面的原因给企业盈利带来的不确定性。例如，由于原材料供应地的政治经济情况变动，运输路线改变，原材料价格变动，新材料、新设备的出现等因素给供应方面带来的影响；由于产品生产方向不正确，生产组织不合理而造成的因素给生产方面带来的风险；由于销售失策、产品广告推销不力及货款回收不及时给销售方面带来的风险。这些均属于经营风险。

（2）财务风险又称筹资风险，是指由于举债给企业财务带来的不确定性。财务风险是企业利用财务杠杆引起的风险。对一个没有负债，全部由自有资金经营的企业，只有经营风险而没有财务风险。企业负债经营会引起两方面的结果：① 企业运用全部资产创造息税前利润，当息税前资金利润率高于借入资金的利息率时，使用借入资金给企业带来的收益大于为借入资金支付的利息，使用借入资金提高了自有资金利润率；② 当企业经营后产生的税息前利润率低于负债利息率，使用借入资金获得的利润还不够支付利息，就要用自有资金获得的一部分利润来支付利息，使用借入资金就会降低自有资金利润率。

另外，企业举债经营，全部资本中除一部分自有资本外，还有一部分借入资本，借入资本需还本付息，一旦无力偿还到期债务，企业就会陷入财务困境甚至破产。

保持合理的资本结构，维持适当的债务水平是风险管理的关键，既要充分利用举债经营这一手段获取财务杠杆收益，提高自有资金盈利能力，同时要防止过度举债而引起的财务风险的增大。从根本上来说，财务风险是由经营风险造成的。

3. 风险衡量

风险客观存在，广泛地影响着企业的财务和经营活动，因此正视风险，将风险程度予以量化是财务管理的一项重要工作。风险与概率直接相关，并由此同期望值、标准离差、标准离差率等发生联系，因此对风险进行衡量时要考虑这几个指标值。风险衡量的步骤如下。

（1）确定概率分布

风险是一种可能性，具有可能性的事件称为随机事件。随机事件是否发生可以用概率来表示。风险的概率分布用下面的例子说明。

【例 8-1】 某企业甲产品投产后预计收益情况与市场销售有关可用表 8-1 描述各种可能的收益概率分布。

表 8-1　可能的收益概率分布　　单位：百万元

市场情况	年收益 X_i	概率 p_i
销量很好	5	0.1
销量较好	4	0.2
销量一般	3	0.4
销量较差	2	0.2
销量很差	1	0.1

概率分布有连续概率分布和不连续概率分布两种。不连续概率分布的特点是概率分布在各个特定的点上。连续概率分布的特点是概率分布在一个连续的图形上。

（2）期望值计算

根据平均数的计算原理，可以得到期望值的计算公式为：

$$\overline{E} = \sum_{i=1}^{n} X_i P_i$$

以例 8-1 的数据为依据计算甲产品的收益期望值：

$$\overline{E} = \sum_{i=1}^{n} X_i P_i = 5 \times 0.1 + 4 \times 0.2 + 3 \times 0.4 + 2 \times 0.2 + 1 \times 0.1 = 3(\text{百万元})$$

即甲产品的期望收益为 3 百万元。为了衡量甲产品取得期望收益的风险，还要考虑各个标志值（年收益）距离平均数的离散程度，在统计上通常用标准离差指标来衡量。

（3）离散程度

① 方差是用来表示随机变量与期望值之间的离散程度的一个数值。其计算公式为：

$$\sigma^2 = \sum (X_i - \overline{E})^2 p_i$$

② 标准离差是反映概率分布中各种可能结果对期望值的偏差程度，它是一个绝对数指标，通常以符号 σ 表示，其计算公式为：

$$\sigma = \sqrt{\sum_{i=1}^{n} (X_i - \overline{E})^2 \cdot P_i}$$

以例 8-1 的数据为依据计算标准离差：

$$\sigma = \sqrt{(5-3)^2 \times 0.1 + (4-3)^2 \times 0.2 + (3-3)^2 \times 0.4 + (2-3)^2 \times 0.2 + (1-3)^2 \times 0.1}$$
$$= 1.095$$

在期望值相同的情况下，标准离差越大，说明各个标志值距离期望值的离散度越大，取得期望值的风险也越大。

（3）标准离差率是标准离差同期望值之比，通常用符号 q 表示，其计算公式为：

$$q = \sigma / \overline{E}$$

标准离差率是一个相对指标，它以相对数反映决策方案的风险程度，适用于期望值不同的决策方案的决策。期望值不同的情况下，标准离差率越大，风险越大，标准离差率越小，风险越小。以例 8-1 的数据为依据计算甲产品的预计年收益的标准离差率：

$$q_{甲} = \sigma / \overline{E} = 1.095/3 = 0.365$$

若投资乙产品，$\overline{E} = 3.5$，$\sigma = 0.945$，则

$$q_{乙} = \sigma / \overline{E} = 0.945/3.5 = 0.27$$

可见，乙产品的标准离差率小于甲产品的标准离差率，投资乙产品的风险较小。

综上可知，对于多方案的择优，决策者的行动准则应是选择低风险、高收益的方案，即选择标准离差最低、期望收益最高的方案。但究竟选择何种方案，还要看投资人对风险的态度。喜欢冒风险的人，可能要求的风险报酬也低；或倾向于高风险高收益的项目。而对风险偏于保守的人，则倾向于低风险低收益的项目。

课堂讨论

1. 证券投资与其他投资有何不同之处？
2. 如何理解风险与收益的关系？

知识链接

在投资市场上，可供投资者选择的工具可谓五花八门、种类繁多。除了传统的物业、股票、储蓄、债券以外，黄金、期权、期货等投资工具也日益流行起来。黄金作为这些投资工具中的一分子，必定和其他的投资工具一样存在着优点和缺陷。也正是这些投资工具存在着这样那样的优点和缺点，投资者才对这些投资工具各有取舍。下面从保本、风险、回报速度和流动性几方面，对存款、物业、债券、股票、黄金和外汇几个投资工具进行对比分析。

1. 保本

（1）存款。存款在理论上一定会有利息，肯定不会折本。但是在严重通货膨胀的情况下，所收到的利息根本就不足以补偿在通货膨胀中的损失。因此，在通货膨胀的

情况下将货币存入银行是最不明智的选择。除非银行的利率提高到高于通胀率的水平。

(2) 物业。物业是各个长期投资工具中最理想的。除了可以自己使用以外，还可以达到保值和升值的目的。

(3) 债券。债券和存款相类似，理论上可以保本，但是如果债券的利息收入追不上通胀率，同样也不是一种理想的投资工具。债券与存款唯一不同的地方就是债券会在存款利息下降的时候升值。不过相应的，在利息上升的时候，债券却会跌价，同样具有一定的风险，也存在着缺点。

(4) 股票。股票的波动比楼市和债券等更加剧烈。在理论上而言，股票并不一定保证会保本。但是假如你购买的是业绩较好的股票，而且是长时间的持有，即使是短期的跌价，在长期也会达到保本的目的。但是假如业绩突然下滑，或者出现违法行为，同样有股价一沉不起，甚至清盘的风险。

(5) 外汇。外汇牌价有升有跌，而且还和各个国家的各方面状况有很大的相关性。其风险固然比起存款和物业投资大得多，并不一定可以保本。

(6) 黄金。黄金既没有利息收入，又需要地方储存。在世界动荡的 20 世纪 80—90 年代期间，世界经历了多少次动荡，但是金价却仍然保持其熊市的走态，常年在低位浮沉。昔日世界第一位的保值地位已经受到了动摇。不过，如果黄金的市价跟黄金的开采价格的差距不大，黄金还是能够执行其保本之功能，因为黄金的生产价从理论上说是黄金的底价。

2. 风险

(1) 存款。如果不出现银行挤兑或清盘的情况，存款的风险可以说是很低的，除非出现十分高的通胀率。虽然，银行的管理机构对银行进行着严密的监管，但是一些突发事件（如阿根廷的经济危机等）也会使存款的风险增加。因此银行也绝非没有风险。

(2) 物业。除非政治上出现大动乱，否则物业投资的风险也不会很大。不过，以投机的形式炒卖楼花为出发点的投资者，就得另作别论了。

(3) 债券。如果是在和平时期，债券的风险主要就来自存款利率。利息上升，就会带动债券价格的下降，由此产生风险。不过，假如进行的是长线投资，购入政府债券，持有十年八载，如果不出现政局的动荡，其风险其实是很低的。

(4) 股票。股票的风险从理论上来看，主要来自公司的业绩。另外的一些方面还要看这个国家的国民经济状况，当大盘处于熊市时，业绩再优良的股票都会顺势下调。此时，大部分的资金都会离开股市，而进入其他投资市场。

(5) 外汇。假如你打开外汇的报价系统，就会发现，外汇市场上一切数字的走动都是极其得迅速。每个国家的各个方面的消息、政策都可能引起汇市的剧烈变动。风险可想而知。

(6) 黄金。黄金在受到一些因素影响的情况下，可能会做出较大幅度的变动。黄金市场虽然要比一些业绩较差的股票风险小得多，但是如果进行的是黄金和约的买卖，同样会有很大的风险。

3. 回报

(1) 存款。存款一般有着相当稳定的回报率。在将存款存入银行时，收益率就已经确定了。不过现在有一些国家和地区，为了适应自身的经济状况，也实行了零存款利率或自由存款利率的政策。这些政策必然会影响存款所获得的利润。

(2) 物业。进行物业投资是一个长期的过程。现在随着人口的增加，住房需求逐渐加大，城市开发速度不可预料。假如在进行物业投资之初，选址得当，几年内出现较大的涨幅完全有可能。方法得当，回报率必然客观。

(3) 债券。债券的回报率和存款有些相似，主要取决于其利息率的高低。债券相当于定期存款，在债券到期以前，举债公司或政府不会归还本金及利息。正是因为这个原因，债券的利息一般要高过存款的利息。债券还可以在二级市场上进行交易，假如操作得当，还会赚取更高的利润。

(4) 股票。股票在理论上来说，购买的是发行股票商家的预期收益。因此，股票收益应该主要来自于股息收入。一只业绩比较优良的股票，每年也应该有10%的收益。但是，就目前国内市场来看，每一只股票的股息收入都少得可怜。因此，国内股票收益的主要来源，其实是股票的价格差价。正是由于以上特点，股票的回报率其实很难确定，与投资者的投资理念有很大的相关性。

(5) 外汇。外汇和储蓄一样，可以获得利息收入。由于影响外汇价格的因素有很多方面，而且有的根本不能提前预料，这必然会对外汇投资的回报造成很大的影响。在外汇市场上不可能有常胜将军。有时，所获得的利息根本无法补偿汇价的损失，但是获得的收益也有高出其利息收入的可能。

(6) 黄金。和一些投资工具一样，黄金也没有其固定的利息收入。进行黄金买卖的收益主要来自黄金买卖的价格差。只要对各方面的因素进行充分的分析，也有可能获得较高的投资回报率。

4. 资本流动率

资本流动率是计算在进行一种投资后，收回资金的速率。流动速率越高，在一定的时间内就可以进行更多的投资行为。

(1) 存款。银行的活期存款是可以随时提取的。在这方面，活期存款具有最好的流动性。即使是定期存款，在没有到期以前也可以按照活期存款的利率来提取。

(2) 物业。物业投资要升值，必定要经过一定的时间。再加上再次出售时，还要在市场上寻找买主、办理复杂的手续，物业投资的流动性就要差得多。

(3) 债券。债券本身就可以在市场上进行买卖，套现能力良好。

(4) 股票。在你购买较大数量的股票时，你手中股票的套现能力就要取决于其交易活跃程度了。也就是说，如果你购买的是热门股票，即使遇到淡市，也会在市场上有很多买盘，套现也就相对容易一点；但是如果你购买的是冷门股票，在证券市场上一天的成交量都小得可怜，套现也就很难实现。

(5) 外汇。外汇市场是一个完全公开的市场，并且实行24小时的全天交易。外汇市场是一个全球性的市场，买卖的交易量都会很大，其流动性也相当高。

（6）黄金。黄金是国际公认的货币，而且黄金市场也是 24 小时的全天交易市场，要想将自己手中的黄金出手根本不难。而且还有一些根本不计较黄金的价格，只需要购买黄金的政府机构。黄金的流动性也相当高。

总体来说，在黄金投资市场上，可以通过黄金买卖达到保值的目的，也可以通过黄金期货买卖来获取暴利。一种主要是防守型的策略，另外一种是进攻型的策略，投资者在实际操作中应该如何来运用两种手段，关系到投资的成败。

8.2　债券投资

我国自 1981 年恢复发行国债以来，债券市场已走过了 30 多年的发展历程。目前我国债券市场已发展为以国债为主体，包括政策性金融债、央行票据、商业银行次级债、企业债、短期融资券等多品种的，以机构投资者为主的批发与零售相结合的；以银行间债券市场为主体、包括交易所债券市场和银行柜台债券市场的多元化、分层次的债券市场体系。

（一）债券的类型

1. 政府债券

政府债券是指政府财政部门或其他代理机构为筹集资金，以政府名义发行的债券，主要包括国库券和公债两大类。政府债券（Government Bonds）的发行主体是政府。一般国库券由财政部发行，用以弥补财政收支不平衡；公债是指为筹集建设资金而发行的一种债券。有时也将两者统称为公债。中央政府发行的称为中央政府债券（国家公债），地方政府发行的称为地方政府债券（地方公债）。

2. 央行票据

央行票据即中央银行票据，是中央银行为调节商业银行超额准备金而向商业银行发行的短期债务凭证，其实质是中央银行债券。之所以叫“央银票据”，是为了突出其短期性特点（从已发行的央行票据来看，期限最短的为 3 个月，最长的也只有 3 年）。但央行票据与金融市场各发债主体发行的债券具有根本的区别，各发债主体发行的债券是一种筹集资金的手段，其目的是为了筹集资金，即增加可用资金；而中央银行发行的央行票据是中央银行调节基础货币的一项货币政策工具，目的是回笼基础货币，减少商业银行可贷资金量。商业银行在支付认购央行票据的款项后，其直接结果就是可贷资金量的减少。目前央行票据是货币政策日常操作的一项重要工具，央行固定于每周二和周四发行中央银行票据。央行票据目前是我国债券市场上托管规模最大的一种债券。

3. 企业债券

企业债券是指企业依照法定程序发行、约定在一定期限内还本付息的有价证券。在我国，企业债券泛指各种所有制企业发行的债券。在西方国家，由于只有股份公司才能发行企业债券，企业债券即公司债券，它包括的范围较广，如可转换债券和资产支持证券等。

4. 可转换公司债券

可转换公司债券是指发行公司依法发行、在一定期间内一举约定的条件可以转换成股份的公司债券。按照最新的《上市公司证券发行管理办法》，可转换债券的期限最短为1年，最长为6年。《上市公司证券发行管理办法》还规定符合条件的上市公司可以发行可分离交易的可转换公司债券。普通可转换公司债券中的转换权一般是与债券同步到期的，行权后债券注销；而可分离交易的可转换公司债券的认股权和债权分开上市交易，认股权的行权不影响原公司债券的存在。普通可转换公司债券在转换前是公司债形式，转换后相当于增发了股票，兼有债权和股权的双重性质。普通可转换公司债券与一般的债券一样，在转换前投资者可以定期得到利息收入，但此时不具有股东的权利；当发行公司的经营业绩取得显著增长时，普通可转换公司债券的持有人可以在约定期限内，按预定的转换价格转换成公司的股份，以分享公司业绩增长带来的收益。而分离交易的可转换公司债券的原公司债券部分与一般的债券完全一样，认股权和一般的认股权证一样，认股权行权相当于一次股票增发。

5. 金融债券

金融债券是指银行及非银行金融机构依照法定程序发行并约定在一定期限内还本付息的有价证券。金融机构的资金来源很大部分靠吸收存款，但有时它们为改变资产负债结构或者用于某种特定用途，也有可能发行债券以增加资金来源。我国目前的金融债券种类非常多，包括政策性银行债券、商业银行债券、非银行金融机构债券、证券公司债券、证券公司短期融资券等。其中政策性银行债券发行规模最大。

6. 短期融资券

短期融资券是指企业依照本办法规定的条件和程序在银行间债券市场发行和交易，并约定在一定期限内还本付息的有价证券。短期融资券的期限最长不超过365天，无须担保，凭借企业的信用发行，是目前我国债券市场上唯一真正意义上的信用债券。短期融资券是目前债券市场发行最频繁的债券品种。

7. 资产支持证券

资产支持证券（Asset-Backed Securities，ABS）是指发起人把若干笔资产进行捆绑组合，构造一个资产池，然后将资产池出售给一家专门从事该项目基础资产的购买并发行资产支持证券的特殊目标机构（Special Purpose Vehicle，SPV），SPV以购买到的资产为基础发行证券，并委托发起人处置资产，资产处置形成的现金回流用于向证券购买者支付证券本息。目前国内债券市场的资产支持证券主要是两类：一类是以商业银行信贷资产为基础发行的资产支持证券；一类是以可产生稳定现金流的企业资产为支持发行的资产支持收益专项资产管理计划。

截至2013年4月，中央结算公司统计的托管类证券余额见表8-2。

表 8-2　截至 2013 年 4 月托管类债券余额　　单位：亿元

合　　计	246 986. 69
政府债券	82 197. 53
记账式国债	71 855. 45
储蓄国债（电子式）	3 842. 09
地方政府债	6 500. 00
央行票据	12 389. 72
政策性银行债	82 331. 33
国家开发银行	54 454. 53
中国进出口银行	12 230. 70
中国农业发展银行	15 646. 10
政府支持机构债券	8 100. 00
政府支持债券	0. 00
商业银行债券	13 169. 60
普通债	2 968. 10
次级债	9 970. 50
混合资本债	231. 00
非银行金融机构债券	373. 00
企业债券	21 778. 59
中央企业债券	6 528. 75
地方企业债券	15 213. 02
集合企业债	36. 82
资产支持证券	49. 59
中期票据	26 424. 10
集合票据	133. 23
外国债券	40. 00
国际机构债券	40. 00
其他债券	0. 00

注：政府支持机构债中目前包括汇金公司发行的债券、2013 年以来铁路总公司发行的债券，以及原铁道部发行的所有债券。

另外，近年来为支持企业融资，截至 2012 年年末，非公开定向债务融资工具和交易所企业私募债券累计已有 353 只，存量规模达 4 577 亿元，约占债券市场总存量的 2%。

（二）债券交易的类型

1. 现券交易

现券交易是指交易双方以约定的价格转让债券所有权的交易行为。被批准在相应交易场所交易的债券都可进行现券交易。目前各交易场所均可进行现券交易。2012 年，银行间债券市场的现券交易量为 69. 81 万亿元。

2. 质押式回购

质押式回购也叫封闭式回购，是指在交易中买卖双方按照约定的利率和期限达成资金拆借协议，由资金融入方提供一定的债券作为质押获得资金，并于到期日向资金融出方支付本金及相应利息。目前银行间债券市场和交易所债券市场均可进行质押式回购交易。质押式回购是成交量最大的交易类型。2012 年银行间债券市场质押式回购交易量为 136. 62 万亿元。

3. 买断式回购

买断式回购又称开放式回购，是指债券持有人在将一笔债券卖出的同时，与买方约定在未来某一日期，再由卖方以约定价格从买方购回该笔债券的交易行为。目前银行间债券市场和交易所债券市场均可进行买断式回购交易。与质押式回购相比，买断式回购的标的债券的所有权发生了转移，因此质押式回购仅有融资功能，而买断式回购兼具融资和融券的功能。但买断式回购推出后成交并不活跃。2012 年银行间债券市场买断式回购交易量为 4. 92 万亿元。

4. 远期交易

远期交易指交易双方约定在未来某一日期以约定价格和数量买卖标的债券。远期交易于 2005 年 6 月 15 日推出，目前仅银行间债券市场可进行远期交易。2012 年银行间债券结算量 218. 47 万亿元。

5. 人民币利率互换交易

人民币利率互换交易是指交易双方约定在未来的一定期限内，根据约定数量的人民币本金交换现金流的行为，其中一方的现金流根据浮动利率计算，另一方的现金流根据固定利率计算。

6. 债券借贷

债券借贷是指债券融入方以一定数量的债券为质物，从债券融出方借入标的债券，同时约定在未来某一日期归还所借入标的债券，并由债券融出方返还相应质物的债券融通行为。

（三）债券相关术语

1. 债券面值

债券面值是指债券发行时所设定的票面金额，它代表着发行人借入并承诺于未来某一特定日期（如债券到期日），偿付给债券持有人的金额。

2. 债券期限

债券期限即在债券发行时就确定的债券还本的年限，债券的发行人到期必须偿还本金，债券持有人到期收回本金的权利得到法律的保护。债券按期限的长短可分为长期债券、中期债券和短期债券。长期债券期限在 10 年以上，短期债券期限一般在 1 年以内，中期债券的期限则介于二者之间。债券的期限越长，则债券持有者资金周转越慢，在银行利率上升时有可能使投资收益受到影响。债券的期限越长，债券的投资风险也越高，因此要求有较高的收益作为补偿，而收益率高的债券价格也高。所以，为了获取与所遭受的风险相对称的收益，债券的持有人当然对期限长的债券要求较高的收益率，因而长期债券价格一般要高于短期债券的价格。

3. 债券票面利率

债券票面利率即债券券面上所载明的利率，在债券到期以前的整个时期都按此利率计算和支付债息。在银行存款利息率不变的前提下，债券的票面利率越高，则债券持有人所获得的债息就越多，所以债券价格也就越高。反之，则越低。

4. 剩余年限

剩余年限是指债券距离最终还本付息还有多长时间，一般以年为计算单位，其计算公式如下：

$$剩余年限 =（债券最终到期日 - 交割日）/365$$

5. 应计利息

应计利息是指自上一利息支付日至买卖结算日产生的利息收入，具体而言，零息债券是指发行起息日至交割日所含利息金额；附息债券是指本付息期起息日至交割日所含利息金额；贴现债券没有票面利率，其应计利息额为零或按发行收益率计算。

附息债券应计利息的计算公式如下（以每百元债券所含利息额列示）：

$$应计利息额 = 票面利率/365 \times（买卖结算日 - 上一利息支付日）\times 100$$

实行净价交易的短期贴现国债的应计利息计算公式如下（以每百元债券所含利息额列示）：

$$应计利息额 =（到期兑付额 - 发行价格）/ 起息日至到期日的实际天数 \times 起息日至交割日的实际天数$$

6. 现值与终值

在债券买卖计价中，首先涉及的基本概念是现值与终值。计算投资债券的现值和终值，是计算债券到期收益率的基础，而收益率则是衡量某笔债券投资得失多寡的重要依据。现值指债券当前的价值，即市价，是债券成交时需要支付的价钱，也就是债券购买者购买债券时的支出。终值指持有债券到期所能获得现金，即“本金 + 利息”，是债券购买者购买债券并持有到期时所获得的全部收入。债券投资到期收益 = 终值 - 现值。

7. 净价和全价

债券现值的表示方法有净价和全价之分。由于债券的利息是定期支付，因此，债券在二级市场买卖时，其报价和成交价都可能包含应计而未付的利息收入，这种价格就是全价。如果债券报价和成交价中包含应计未付的利息，则价格不能真实反映债券本金价值的变化，还可能涉及税收政策问题，于是就有了净价的概念。净价是扣除应计未付利息后的价格，即

全价 = 净价 + 应计利息

目前银行间债券市场所有债券和交易所国债债券买卖实行净价交易；交易所企业债券买卖实行全价交易。

所谓的净价交易，是指在债券交易时，以不含应计利息的价格（净价）报价并成交的交易方式。在债券交易中，将债券的净价和应计利息分解，净价仅反映本金价值的变化；而应计利息则根据票面利率按天计算，债券持有人享有持有期间的利息收入。在净价交易方式下，由于债券交易价格不含有应计利息，其价格形成及变动能够更加准确地体现债券的内在价值、供求关系和市场利率的变动趋势。并且，由于国债的利息收入一般都享有免税待遇，因此净价交易也有利于国债交易的税务处理。在净价交易中，交易时采用净价，结算时仍然采用全价。

8. 到期收益率

到期收益率是使债券上得到的所有回报的现值与债券当前价格相等的收益率。它反映了投资者如果以既定的价格投资某个债券，那么按照复利的方式，得到未来各个时期的货币收入的收益率。目前银行间债券市场债券到期收益率的计算公式是由财政部、人民银行、证监会三家联合发文确定的。其计算公式如下。

（1）处在最后付息周期的附息债券（包括固定利率债券和浮动利率债券）、贴现债券和剩余期限在一年及以内的到期一次还本付息债券，按单利计算，公式为：

$$y = \frac{FV - PV}{PV} \Big/ \frac{D}{365}$$

式中，y 为货币市场到期收益率；PV 为债券全价（包括净价和应计利息）；FV 为到期本息之和，其中，贴现债券 $FV = 100$，到期一次还本付息债券 $FV = M + N \times C$，附息债券 $FV = C/f + M$，M 为债券面值，N 为债券偿还期限（年），C 为债券票面年利息，f 为债券每年的利息支付频率；D 为从债券交割日至债券兑付日为止的剩余流通天数。

（2）剩余期限在一年以上的到期一次还本付息债券的到期收益率采取复利计算，计算

公式为：

$$y = \sqrt[L]{\frac{M + N \times C}{PV}} - 1$$

式中，y 为到期收益率；M 为债券面值；N 为债券偿还期限（年）；C 为票面年利息；PV 为债券的全价；L 为债券的剩余流通期限（年），等于（债券交割日至到期兑付日的天数）/365。

（3）不处于最后付息周期的固定利率附息债券和浮动利率债券的到期收益率采取复利计算，计算公式为：

$$PV = \frac{C/f}{(1+y/f)^{w}} + \frac{C/f}{(1+y/f)^{w+1}} + \cdots + \frac{C/f}{(1+y/f)^{w+n-1}} + \frac{M}{(1+y/f)^{w+n-1}}$$

式中，y 为所求的到期收益率；PV 为债券的全价（包括净价和应计利息）；C 为当年票面年利息；f 为债券每年的利息支付频率；n 为剩余的付息次数，$n-1$ 即为剩余的付息周期数；D 为从债券交割日距最近一次付息日的天数；w 等于 $D/$当前付息周期的实际天数；M 为债券面值。

9. 持有期收益率

持有期收益率是指从购入到卖出这段特有期限里所能得到的收益率。持有期收益率和到期收益率的差别在于将来值的不同。

10. 债券信用评级

信用评级是指专业资信评级公司按照一定程序和方法对债券发行人如期还本付息能力和偿债意愿进行综合评价并以信用等级划分方法来标识的信用风险级别。按照国际惯例，长期债券 BBB 以上的为投资级。根据《中国人民银行信用评级管理指导意见》，信用评级标识的具体含义如下。

（1）银行间债券市场长期债券信用等级划分为三等九级，符号表示分别为 AAA、AA、A、BBB、BB、B、CCC、CC、C。等级含义如下。

AAA 级：偿还债务的能力极强，基本不受不利经济环境的影响，违约风险极低。

AA 级：偿还债务的能力很强，受不利经济环境的影响不大，违约风险很低。

A 级：偿还债务能力较强，较易受不利经济环境的影响，违约风险较低。

BBB 级：偿还债务能力一般，受不利经济环境影响较大，违约风险一般。

BB 级：偿还债务能力较弱，受不利经济环境影响很大，有较高违约风险。

B 级：偿还债务的能力较大地依赖于良好的经济环境，违约风险很高。

CCC 级：偿还债务的能力极度依赖于良好的经济环境，违约风险极高。

CC 级：在破产或重组时可获得保护较小，基本不能保证偿还债务。

C 级：不能偿还债务。

除 AAA 级、CCC 级以下等级外，每一个信用等级可用“+”、“-”符号进行微调，表示略高或略低于本等级。

（2）银行间债券市场短期债券信用等级划分为四等六级，符号表示分别为：A-1、A-2、A-3、B、C、D。等级含义如下。

A－1级：最高级短期债券，其还本付息能力最强，安全性最高。

A－2级：还本付息能力较强，安全性较高。

A－3级：还本付息能力一般，安全性易受不良环境变化的影响。

B级：还本付息能力较低，有一定的违约风险。

C级：还本付息能力很低，违约风险较高。

D级：不能按期还本付息。

每一个信用等级均不进行微调。

（四）债券投资的风险及其防范

任何投资都是有风险的，风险不仅存在于价格变化之中，也可能存在于信用之中。尽管和股票相比，债券的利率一般是固定的，但人们进行债券投资和其他投资一样，仍然是有风险的。因此，正确评估债券投资风险，明确未来可能遭受的损失，是投资者在投资决策之前必须做的工作。

1. 违约风险

违约风险又称信用风险，是指发行债券的借款人不能按时支付债券利息或偿还本金，而给债券投资者带来损失的风险。在所有债券之中，财政部发行的国债，由于有政府做担保，往往被市场认为是金边债券，因此没有违约风险。但除中央政府以外的地方政府和公司发行的债券则或多或少存在违约风险。因此，信用评级机构要对债券进行评价，以反映其违约风险。一般来说，如果市场认为一种债券的违约风险相对较高，那么就会要求债券的收益率要较高，从而弥补可能承受的损失。

违约风险一般是由于发行债券的公司或主体经营状况不佳或信誉不高带来的风险，因此，避免违约风险的最直接的办法就是不购买质量差的债券。在选择债券时，一定要仔细了解公司的情况，包括公司的经营状况和公司以往的债券支付情况，尽量避免投资经营状况不佳或信誉不好的公司债券，在持有债券期间，应尽可能对公司经营状况进行了解，以便及时做出卖出债券的抉择。同时，由于国债的投资风险较低，保守的投资者应尽量选择投资风险低的国债。

2. 债券的利率风险

债券的利率风险是指由于利率变动而使投资者遭受损失的风险。毫无疑问，利率是影响债券价格的重要因素之一：当利率提高时，债券的价格就降低；当利率降低时，债券的价格就会上升。由于债券价格会随利率变动，因此即便没有违约风险的国债也会存在利率风险。

应采取的防范措施是分散债券的期限，长短期配合，如果利率上升，短期投资可以迅速地找到高收益投资机会；若利率下降，长期债券却能保持高收益。

3. 通货膨胀风险

通货膨胀风险又称购买力风险，是指由于通货膨胀而使货币购买力下降的风险。通货膨胀期间，投资者实际利率应该是票面利率扣除通货膨胀率。若债券利率为 10%，通货膨胀率为 8%，则实际的收益率只有 2%。通货膨胀风险是债券投资中最常出现的一种风险。实际上，在 20 世纪 80 年代末到 90 年代初，由于国民经济一直处于高通货膨胀的状态，我国发行的国债销路并不好。

对于通货膨胀风险，最好的规避方法就是分散投资，以分散风险，使购买力下降带来的风险能为某些收益较高的投资收益所弥补。通常采用的方法是将一部分资金投资于收益较高的投资方式上，如股票、期货等，但带来的风险也随之增加。

4. 流动性风险

流动性风险即变现能力风险是指投资者在短期内无法以合理的价格卖掉债券的风险。如果投资者遇到一个更好的投资机会，想出售现有债券，但短期内找不到愿意出合理价格的买主，要把价格降到很低或者很长时间才能找到买主，那么，他不是遭受降低损失，就是丧失新的投资机会。

针对流动性风险，投资者应尽量选择交易活跃的债券，如国债等，便于得到其他人的认同，冷门债券最好不要购买。在投资债券之前也应考虑清楚，应准备一定的现金以备不时之需，毕竟债券的中途转让不会给持有债券人带来好的回报。

5. 再投资风险

再投资风险是指投资者以定期收到的利息或到期偿还的本金进行再投资时，市场利率变化使得再投资收益率低于初始投资收益率的风险。

对于再投资风险，应采取的防范措施是分散债券的期限，长短期配合，如果利率上升，短期投资可迅速找到高收益投资机会，若利率下降，长期债券却能保持高收益。也就是说，要分散投资，以分散风险，并使一些风险能够相互抵消。

6. 经营风险

经营风险是指发行债券的单位管理与决策人员在其经营管理过程中发生失误，导致资产减少而使债券投资者遭受损失。

为了防范经营风险，选择债券时一定要对公司进行调查，通过对其报表进行分析，了解其盈利能力和偿债能力、信誉等。由于国债的投资风险极小，而公司债券的利率较高但投资风险较大，因此，需要在收益和风险之间做出权衡。

(五) 债券投资的认购方式

债券投资既可以在发行市场（也称一级市场）上进行认购，也可以在证券交易市场（也称二级市场）上进行买卖。在一级市场上认购债券的方式主要有以下几种。

1. 按面值认购

按面值认购是指认购价格与债券面值相等。当债券的票面利率与市场实际利率相等并按年付息时，债券的发行价格就等于其面值。投资者可按面值乘以票面利率计算取得利息，到期时按面值收回本金。

2. 按溢价认购

按溢价认购是指认购价格高于债券面值。当债券票面利率高于市场实际利率时，债券的发行价格就会超过其面值。投资者仍按债券面值乘以债券票面利率计算取得利息，到期按面值收回本金。实际投资收益为收取的利息扣除溢价款之后的差额。

3. 按折价认购

按折价认购是指认购价格低于债券面值。当债券票面利率低于市场实际利率时，债券的发行价格就会低于其面值。投资者仍按债券面值乘以债券票面利率计算取得利息，到期按面值收回本金。实际的投资收益为收取的利息加上折价款之后的差额。

（六）债券的评价模式

1. 债券价格（或价值）

债券价格（或价值）取决于债券利息的多少，而债券利息的多少取决于票面利率的高低，这直接影响着债券投资收益的高低。前已述及，如果债券票面利率高于市场实际利率，则债券的价格会高于其面值，也叫升水；若债券的票面利率小于市场实际利率，则债券的价格会低于其面值，也称贴水。当债券票面利率等于市场实际利率并按年付息一次时，债券的价格与其面值相等。

债券价格（或价值）由两部分构成：一是到期面值部分的现值，二是各期利息的现值。折现率为购买债券时的实际市场利率。

【例 8-2】 某公司 2012 年 5 月 1 日欲购买某上市公司新发行的面值为 1 000 元的债券，其票面利率为 8%，每年的 5 月 1 日付息一次，并于 3 年后的 4 月 30 日到期。当时市场利率为 6%，债券的市价为 1 100 元，问购买该债券是否合算？

解：

$$V = 1\,000 \times (P/S, 6\%, 3) + 80 \times (P/A, 6\%, 3)$$
$$= 1\,000 \times 0.839\,6 + 80 \times 2.673\,0$$
$$= 839.6 + 213.84 = 1\,053.44 \text{（元）}$$

由于该债券的市价 1 100 元高于其现值，即使不考虑其他风险，按市价购买该债券是不合算的，因此不应该投资该上市公司债券。

2. 债券的收益评价

债券的投资收益一般是指债券的利息收入，但溢价购入的债券，其投资收益为利息收入减去溢价额；而折价购入的债券，其投资收益为利息收入加上折价额。

债券的到期收益率是指购进债券后一直持有该债券至到期日可获得的收益率，它是购买债券后未来现金流入的现值等于债券买入价格的贴现率。可按以下公式测算债券到期收益率：

$$P = I \times (P/A, i, n) + M \times (P/S, i, n)$$

式中，P 为未来现金流入的现值；I 为票面利息；M 为面值；i 为折现率；n 为期数。

【例 8-3】 某公司 2013 年 1 月 1 日购入一张面额 10 000 元的公司债券，其票面利率为 7%，每年年末计算并支付利息一次，并于 2017 年 12 月 31 日到期，分别按面值、溢价、折价购入，测算该债券的到期收益率。

解：（1）按 10 000 元购入，按 7% 折现率测算：

$$V = I \times (P/A, 7\%, 5) + M \times (P/S, 7\%, 5)$$
$$= 700 \times 4.1002 + 10000 \times 0.713 = 10000 \text{（元）}$$

可见，按面值购入并按年付息的债券，其到期收益率与票面利率一致。

（2）按 12 000 元购入，按 3% 折现率测算：

$$V = I \times (P/A, 3\%, 5) + M \times (P/S, 3\%, 5)$$
$$= 700 \times 4.5797 + 10000 \times 0.8626 = 11831.79 \text{（元）}$$

按 2% 折现率测算：

$$V = I \times (P/A, 4\%, 5) + M \times (P/S, 4\%, 5)$$
$$= 700 \times 4.7135 + 10000 \times 0.9057 = 12356.45 \text{（元）}$$

采用内插法求解到期收益率：

$$i = 2\% + (3\% - 2\%) \times (12356.45 - 12000)/(12356.45 - 11831.79) = 2.68\%$$

可见，按溢价购入的债券，其到期收益率小于债券票面利率。

（3）若按 9 000 元购入，按 9% 折现率测算：

$$V = I \times (P/A, 9\%, 5) + M \times (P/S, 9\%, 5)$$
$$= 700 \times 3.8897 + 10000 \times 0.6499 = 9221.79 \text{（元）}$$

按 10% 折现率测算：

$$V = I \times (P/A, 10\%, 5) + M \times (P/S, 10\%, 5)$$
$$= 700 \times 3.7908 + 10000 \times 0.6209 = 8862.56 \text{（元）}$$

采用内插法求解到期收益率：

$$i = 9\% + (10\% - 9\%) \times (9221.79 - 9000)/(9221.79 - 8862.56) = 9.62\%$$

可见，按折价购入的债券，其到期收益率大于债券票面利率。

上述测算结果还可以用以下简化的公式进行计算：

$$i = \frac{I + (M - P)/n}{(M + P)/2}$$

$$i_1 = 700/10000 = 7\%$$

$$i_2 = [700 + (10000 - 12000)/5] \div (10000 + 12000)/2 = 2.73\%$$

$$i_3 = [700 + (10000 - 9000)/5] \div (10000 + 9000)/2 = 9.47\%$$

课堂讨论

1. 如何有效防范债券投资风险？
2. 如何评价债券投资收益？

知识链接

债券交易指南

1. 银行间债券市场交易

(1) 账户开立

银行间债券市场账户结构如图8.1所示。

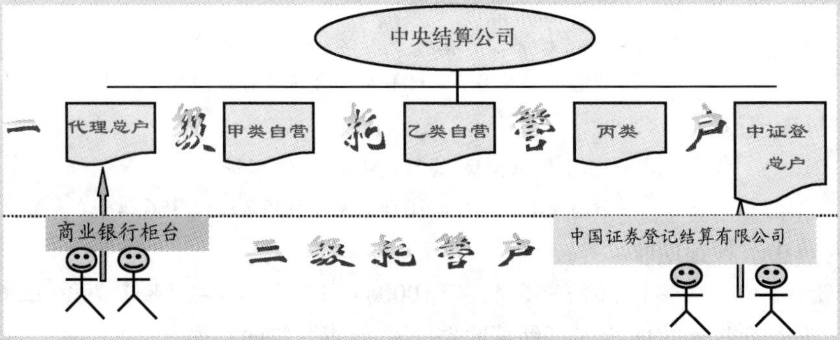

图8.1 银行间债券市场账户结构

金融机构投资者可选择在中央结算公司开立甲类或乙类托管账户，或通过债券结算代理人开立丙类托管账户；其他机构投资者可通过债券结算代理人在中央结算公司开立丙类托管账户。各类账户开立需提交的文件列表及格式请查询www.chinabond.com.cn。

(2) 一级市场认购流程

一级市场认购流程如图8.2所示。

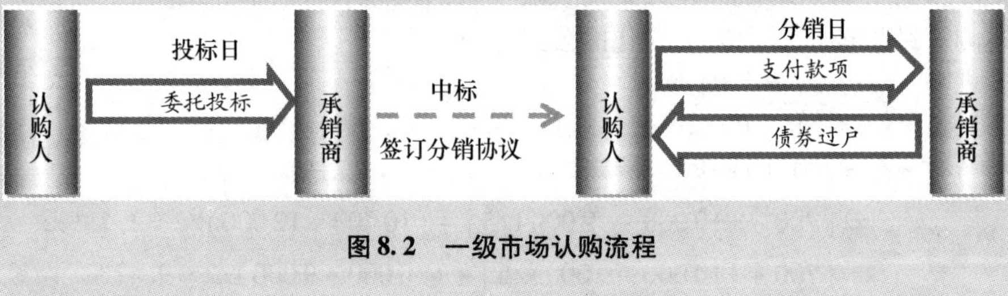

图8.2 一级市场认购流程

(3) 现券交易流程

现券交易流程如图8.3所示。

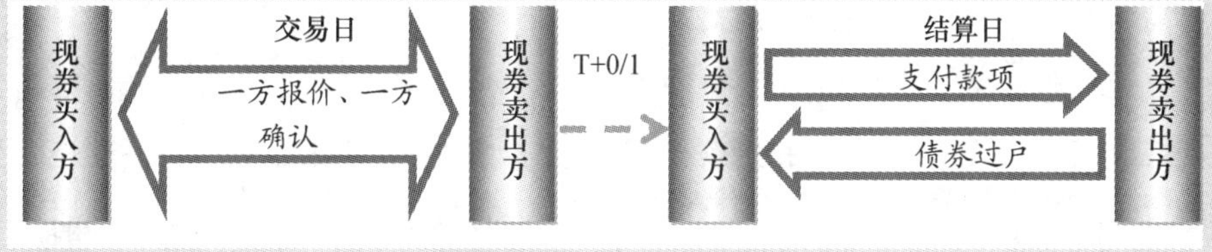

图 8.3　现券交易流程

(4) 回购交易流程

回购交易流程如图 8.4 所示。

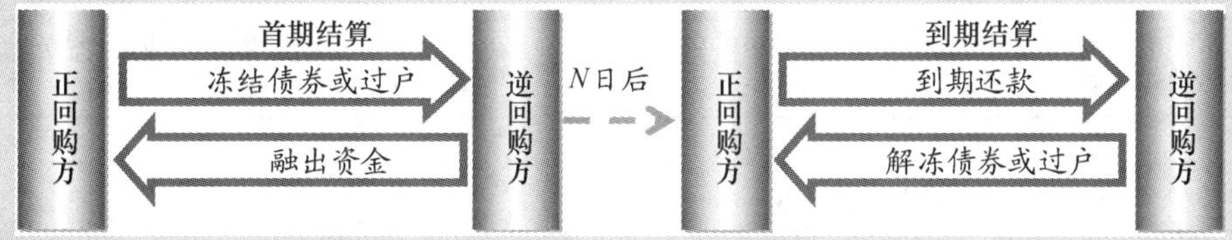

图 8.4　回购交易流程

(5) 远期交易流程

远期交易流程如图 8.5 所示。

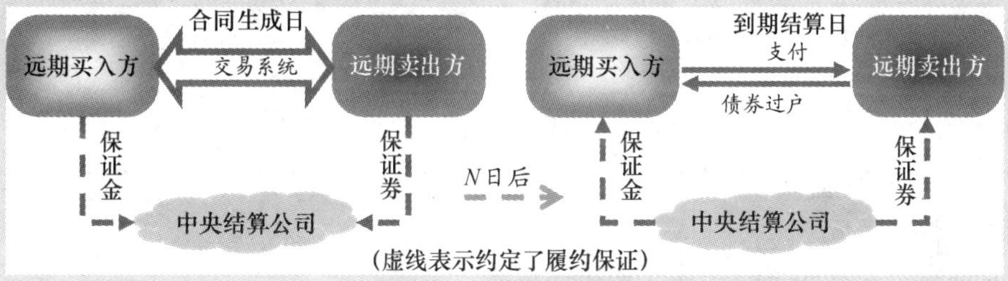

图 8.5　远期交易流程

2. 交易所债券市场交易

(1) 账户开立

交易所债券交易采用深沪证券账户，无需单独开立账户。未开户者可参照股票开户程序去平安证券任一营业部办理开户手续。

(2) 国债、企业债现券交易

国债、企业债现券交易见表 8-3。

表 8-3　国债、企业债现券交易

交易方法	国债实行净价交易；企业债实行全价交易	交易单位	以“手”为单位（1 手为 1 000 元面值）
计价单位	每百元面值债券的价格	申报价格最小变动单位	0.01 元
交易方式	T+0 回转交易，即当天买入的债券可在当日卖出	交易清算	债券结算按 T+1 方式进行

(3) 国债、企业债质押式回购交易

国债、企业债质押式回购交易见表8-4。

表8-4 国债、企业债质押式回购交易

申报账户	国债按证券账户申报；企业债实行按席位申报	申报办法	融资方按“买入”申报；融券方案“卖出”申报
申报单位	以“手”为单位（1手为1 000元面值）	申报数量	申报100手或其整数倍，不超过1万手
计价单位	每百元资金到期年收益	申报价格最小变动单位	0.005元
交易方式	当日购买的债券，当日可用于质押券申报，并可进行相应的债券回购交易	交易清算	一次交易，两次结算，清算交收T+1

(4) 国债买断式回购交易

国债买断式回购交易见表8-5。

表8-5 国债买断式回购交易

申报账户	按证券账户申报	申报办法	融资方按“买入”申报；融券方案“卖出”申报
申报单位和数量	以“手”为单位（1手为1 000元面值），申报数量1 000手或其整数倍，不超过5万手	申报价格最小变动单位	0.01元或其整数倍
申报价格	每百元面值债券到期购回净价	交易清算	一次交易，两次结算，清算交收T+1

(5) 可转换债券交易

① 普通可转换债券的买卖交易同国债和企业债。

② 行权：在规定的转换期间内投资者可按照约定的价格和比例将普通可转换为股票。

③ 可分离交易的可转换债券纯债部分的买卖交易同国债和企业债；认股权的买卖交易和行权同权证。

(6) 一级市场申购

① 国债和网上发行系统发行的企业债：申购方法同现券买入交易。

② 可转换债券：申购方法同新股申购。

③ 安排柜台零售的企业债：在安排零售的网点柜台系统开立账户认购，债券托管在证券公司的代理总户下，待债券在交易所上市后可以由售出债券的证券公司协助将认购债券转托管到个人投资者的深沪证券账户下。

3. 银行间柜台债券市场交易

(1) 凭证式国债。个人投资者在每期凭证式国债发行期间去各凭证式国债承销团成员（40家商业银行）的营业网点购买，购买手续类似定期存款，采取实名制，不可转让，可提前支付，但承受一定利息损失。

（2）记账式国债。目前记账式柜台交易系统仅四大国有商业银行试点。记账式国债不是每期都安排银行柜台系统发行。仅在有安排柜台系统发行时，个人投资者可在发行期间去四大商业银行指定网点认购记账式国债。待国债上市后，商业银行会根据每天全国银行间债券市场交易的行情，在营业网点柜台挂出国债买入和卖出价，个人投资者则根据柜台挂出的价格买卖国债。

8.3　股票投资

（一）股票投资目的

股票是一种有价证券，是股份公司在筹集资本时向出资人公开或私下发行的、用以证明出资人的股本身份和权利，并根据持有人所持有的股份数享有权益和承担义务的凭证。只有股份有限公司可以发售股票。

股票投资（Stock Investment）是指企业或个人用积累起来的货币购买股票，借以获得收益的行为。

股票投资的目的包括：① 获利，即作为一般的证券投资，获取股利收入及股票买卖差价。② 控股，即通过购买某一企业的大量股票达到控制该企业的目的。

（二）股票投资与其他投资的区别

1. 股票投资与储蓄投资的不同

（1）性质不同。股票投资和储蓄存款都是建立在某种信用基础上的，但股票是以资本信用为基础，体现着股份公司与股票投资者之间围绕股票投资行为而形成的权利与义务关系；而储蓄存款则是一种银行信用，建立的是银行与储蓄者之间的借贷性债务债权关系。

（2）股票持有者与银行存款人的法律地位和权利内容不同。股票持有者处于股份公司股东的地位，依法有权参与股份公司的经营决策，并对股份公司的经营风险承担相应的责任；而银行存款人的存款行为相当于向银行贷款，处于银行债权人的地位，其债权的内容仅限于定期收回本金和获取利息，不能参与债务人的经营管理活动，对其经营状况也不负任何责任。

（3）投资增值的效果不同。股票和存款储蓄都可以使货币增值，但货币增值的多少是不同的。股票是持有者向股份公司的直接投资，投资者的投资收益来自于股份公司根据盈利情况派发的股息红利。这一收益可能很高，也可能没有，它受股份公司当年经营业绩的影响，处于经常性的变动之中。而储蓄存款是通过实现货币的储蓄职能来获取货币的增值部分，即存款利息的。这一回报率是银行事先约定的，是固定的，不受银行经营状况的影响。

（4）存续时间与转让条件不同。股票是无期的，只要股票发行公司存在，股东不能要求退股以收回本金，但可以进行买卖和转让；储蓄存款一般是固定期限的，存款到期时存款人收回本金和利息。普通的储蓄存款不能转让，大额可转让储蓄存单除外。

（5）风险不同。股票投资行为是一种风险性较高的投资方式，其投资回报率可能很高，但高回报率伴随的必然是高度的风险；银行作为整个国民经济的重要金融支柱，其地位一般说来是稳固的，很少会衰落到破产的危险地步。尽管银行存款的利息收入通常要低于股票的股息与红利收益，但它是可靠的，而且存款人存款后也不必像买入股票后那样要经常性地投入精力去关注它的变化。

2. 股票投资与债券投资的不同

（1）发行主体不同。债券的发行主体可以是政府、金融机构或企业（公司）；股票发行主体只能是股份有限公司。

（2）收益来源不同。债券投资者从发行者手中得到的收益是利息收入，债券利息固定；股票投资者作为公司股东，有权参与公司利润分配，得到股息、红利，股息和红利是公司利润的一部分，在股票市场上买卖股票时，投资者还可能得到资本收益。股票价格和股息具有不确定性。

（3）保本能力不同。在经济萧条、市场系统风险集中释放或公司倒闭的情况下，股票投资可能血本无归；而债券在一般情况下，本金得到保证，即使是在公司破产的情况下，债权人也具有优先求偿权。

（4）经济利益关系不同。股票反映的是一种所有权关系，是一种所有权凭证，投资者购买股票后就成为公司的股东；债券反映的是债权债务关系，是一种债权凭证，投资者购买债券后就成为公司的债权人。

（5）风险性不同。一般情况下，股票的风险大于债券。股票价格的波动性大，是一种高风险、高收益的投资品种；债券可以给投资者带来一定的利息收入，波动性也较股票要小，是一种低风险、低收益的投资品种。

3. 股票投资和证券投资基金的不同

（1）投资者地位不同。股票持有人是公司的股东，有权对公司的重大决策发表自己的意见；基金单位的持有人是基金的受益人，体现的是信托关系。

（2）风险程度不同。一般情况下，股票投资的风险大于基金投资。当其所投资的股票因股市下跌或企业财务状况恶化时，资本金有可能化为乌有；而基金的基本原则是组合投资，分散风险，把资金按不同的比例分别投于不同期限、不同种类的有价证券，把风险降至最低程度。

（3）收益情况不同。股票投资和基金投资的收益是不确定的，股票价格波动幅度比基金更大，优质股票的投资回报率相当惊人，而基金投资更注重稳健性投资组合，相对于股票投资来说，基金投资收益会较低。

（4）投资方式不同。与股票、债券的投资者不同，证券投资基金是一种间接的证券投资方式，基金的投资者不再直接参与有价证券的买卖活动，不再直接承担投资风险，而是由专家具体负责投资方向的确定、投资对象的选择。

（5）价格取向不同。在宏观政治、经济环境一致的情况下，基金的价格主要决定于资产净值；而影响债券价格的主要因素是利率；股票的价格则受供求关系的影响巨大。

（6）投资回收方式不同。股票投资是无限期的，除非公司破产、进入清算，投资者不得从公司收回投资，如要收回，只能在证券交易市场上按市场价格变现；投资基金则要视所持有的基金形态不同而有区别：封闭型基金有一定的期限，期满后，投资者可按持有的份额分得相应的剩余资产。在封闭期内还可以在交易市场上变现；开放型基金一般没有期限，但投资者可随时向基金管理人要求赎回。

（三）股票投资收益

股票投资的收益由股利收益和资本利得两部分构成。

1. 股利收益

股利收益是指股票投资者以股东身份，按照持股的份额，在公司盈利分配中得到的股息和红利的收益。

2. 资本利得

资本利得是指投资者在股票价格的变化中所得到的收益，即将股票低价买进，高价卖出所得到的差价收益。

（四）股票投资成本

股票投资成本由机会成本与直接成本两部分构成。

1. 机会成本

当投资者打算进行投资时面临着多种选择，如选择了股票投资，就必然放弃其他的投资，即放弃了从另外的投资中获取收益的机会，这种因选择股票投资而只好放弃别的投资获利机会，就是股票投资的机会成本。

2. 直接成本

直接成本是指股票投资者花费在股票投资方面的资金支出，它由股票价款、交易费用、税金和为了进行有效的投资并取得市场信息所花费的信息情报费四部分构成。

（1）股票价款。股票价款 = 委托买入成交单价 × 成交股数。

（2）交易费用。交易费用指投资者在股票交易中需交纳的费用，它包括委托买卖佣金、委托手续费、记名证券过户费、实物交割手续费。目前国内买卖上海股票收费标准如下。

委托买卖佣金。股票买卖成交后，投资者（委托人）要按实际成交额向证券商支付委托买卖佣金。

委托买卖手续费。投资者如买卖股票没有成交，应向证券商交纳委托手续费每笔 1 元。

记名证券过户费。凡记名证券成交后都要办理过户手续。

实物交割手续费。因为上海证券交易所在证券交易活动中推行无实物交割制度，但目前还有部分投资者买入证券后要提领实物，这样证券交易所必须为投资者繁复地提领证券，增加了许多工作量。为此，上海证券交易所规定，要提领实物的投资者要交纳相当于委托买卖佣金50%的费用，相反，如不提取实物，证券交易所则代投资者免费保管。

（3）税金。根据我国现行税务规定：在股票交易中对买卖当事人双方各按股票市值付印花税；对股份公司股东领取的股息红利超过一年期储蓄存款利息部分收取个人收入调节税。

（4）信息情报费。信息情报费包括为分析股票市场行情，股票上市公司经营及财务状况，广泛搜集有关信息、情况资料所发生的费用开支和为搜集、储存、分析股票行情信息所添置的通信设备、微机等所花费的资金。

（五）股票投资策略

（1）选择股性活跃的股票。几乎所有的热门股都具有较好的股性，这类股票认同程度高，大多有主力机构介入，主力对其股性熟悉，会反复介入，从而也形成了该股的独特股性。选择股票时应该先考虑个股的市场属性，最好不要选择落后于大势股的弱势股，而优先考虑热门指标股。

（2）选择波幅大的股票。波动大的股票最适合短线炒手进出，但波幅大同时意味着风险也大，如何低买高卖便是关键。这种操作方式可以有效回避市场风险，保存资金实力和培养市场感觉，但对投资者短线研判能力要求较高。

（3）选择有发展潜力的低价股。股价低，同时意味着风险较小，这自然也成为它的一个优势。选择有潜力的低价股可参考以下原则。① 盈利收益稳定，公司盈利稳定或即将扭亏为盈是基本面向好的标志，最终会反映到股价的涨升上来。② 行业准入标准高，由于准入标准高使公司具有不可替代性，往往成为炒作题材。③ 市场潜力大，一些公司当前市场并未完全拓展，但其产品或服务的市场前景却非常广阔，如果公司运营正常，迟早会使股价上涨。但是，低价并非一定就好，如果上市公司亏损太多，扭亏为盈的可能性不太大，这样的低价股还是不买为好。

（4）选择新上市公司的股票。新股上市第一天没有涨跌幅限制，因此被广大投资者关注。但新股上市第一天投机成分非常大，若选不好股，不但不能获利，还会产生很大损失。投资者在选择新股时，应注意以下几点。

第一，应关注公司基本面情况。应根据招股说明书了解相关事项，判断未来公司发展前景。

第二，分析新股上市定价在当时的环境下是否合理。

第三，关注上市后首日的换手率。这是未来股价走势的关键。判断新股是否有短线机会，最重要的一点就是换手是否充分，如果首日换手接近60%，炒作的主力资金才有疯狂拉高股价，使价格脱离成本区的可能。

（5）选择强势产业的股票。强势产业的股票常常是引领大市的主角，具有市场的指标作用。选择强势产业的领头股，常能领先于大市获利。

（6）选择便宜的“实质股”。实质股是指以低于股票真实价值的低价股票，也可称为便宜股。在股市中，有时会推崇一种逆大众心理，即购买那些被其他股民忽视或错误回避的股票，这类股票代表的上市公司一般来说实质好，市场价位又偏低。由于其具有较高的投资回报率，可以吸引有眼光的股民，从而使该股市价逐渐升高。

（7）选择成长股。成长股代表的公司是处于迅速发展中的股份公司，公司业绩与股价紧密相关，公司的成长性越好，股价上涨的可能性就越大。

（8）选择投机股。投机股是指那些被投机者操纵而使股价暴涨暴跌的股票。投机者通过买卖投机股可以在短时间内赚取相当可观的利润，同时，也要承担相当大的风险。

（9）选择热门股。股市上有句话叫“新手求稳妥，老手炒热门”。所谓热门股，就是在特定时间内走红的股票。它们或是成长股，或是实质股，或是供求紧张的个股，或是有潜力的小型股。从成交量上判断，热门股每天成交的金额，在当天股票的总成交金额排名中，一般在前 30 位以内。

（六）股票的价值

股票的价值是指股票期望提供的所有未来收益的现值。

1. 股票评价的基本模式

股票带给股东的现金流入包括两部分：股利收入和出售时的资本利得。股票的内存价值由未来各年的股利收入的现值和将来出售股票时售价的现值所构成。如果股东永远持有股票，则只获取每年一定数额的股利，是一个永续年金的流入，其每年股利收入的现值就是股票的价值，其计算公式为

$$V=\frac{D_1}{(1+R_S)^1}+\frac{D_2}{(1+R_S)^2}+\cdots+\frac{D_n}{(1+R_S)^n}$$

R_S 为折现率，折现率的主要作用是把所有未来不同时间的现金流入折算为现在的价值。折算现值的比率应当是投资者所要求的收益率。

D_n 为某年股利额，股利的多少取决于公司实现的可供分配的利润和股利支付率两个因素。股票评价的基本模式要求无限期地预计历年的股利，但实际上是不可能做到的，因此应用的模型都是各种简化办法，如每年相等的股利额或固定股利增长率等。

2. 零成长股票的价值

假设未来每期股利不变，其支付股利的过程是一个永续年金的问题，则股票价值为

$$P_0=D/R_S$$

【例 8-4】 某上市公司每年的每股股利为 0.8 元，最低报酬率为 9%，则该股票的价值是多少？

解：
$$P_0=0.8\div 9\%=8.89\ (\text{元})$$

也就是说，该股票每年可以为股东带来每股 0.8 元的收益，在市场利率为 9% 的条件下，它相当于 8.89 元资本的收益，所以它的价值是 8.89 元。当然，市场上的股价不一定就是 8.89 元，这还要看股东对风险的态度，市场价格高于或低于 8.89 元都是可能的。如果股票市场上该股票的价格为 8 元，每年股利 0.8 元，则其预期报酬率为 10%（0.8/

$8\times100\%$)。

可见，市场价格低于股票价值时，预期收益率将超过最低报酬率。

3. 固定成长股票的价值

对于不断发展的公司来说，每年的股利为持续地增长，虽然各公司的成长率有所不同，但整个平均增长率应等于国民生产总值的成长率，或者说是真实的国民生产总值增长率加通货膨胀率。

假设某上市公司当年的股利为 D_0，股利年增长率为 g，则 t 年的股利为

$$D_t = D_0 \times (1+g)^t$$

固定成长股票的股价计算公式如下：

$$P = \sum_{t=1}^{\infty} \frac{D_0 \cdot (1+g)^t}{(1+R_S)^t}$$

当 g 为常数，并且 $R_S > g$ 时，上式可简化为

$$P = \frac{D_0 \cdot (1+g)}{R_S - g} = \frac{D_1}{R_S - g}$$

【例 8-5】某上市公司投资者要求的报酬率为 12%，年增长率 5%，D_0 为 0.8 元，计算该公司股票的内在价值。

解：$D_1 = 0.8\times(1+5\%) = 0.84$（元）

$P = 0.84/(12\% - 5\%) = 12$（元）

4. 非固定成长股票的价值

在现实生活中，有的公司股利是不固定的。例如，在一段时间里高速成长，在另一段时间里正常固定增长或固定不变。在这种情况下，就要分段计算，才能确定股票的价值。

【例 8-6】某企业持有 XYZ 股份公司的股票，该企业投资要求的最低报酬率为 10%，预计 XYZ 公司未来 3 年的每年股利将增长 15%，3 年后转为正常增长率 5%，XYZ 最近支付的股利为 2 元。计算 XYZ 公司股票的内在价值。

解：先计算前 3 年非正常增长期的股利现值，见表 8-6。

表 8-6　前 3 年非正常增长期的股利现值

年份	股利（D_t）/元	现值系数（10%）	现值（$PV\ D_t$）/元
1	$2\times(1+20\%)=2.4$	0.9091	2.182
2	$2.4\times(1+20\%)=2.88$	0.8264	2.380
3	$2.88\times(1+20\%)=3.456$	0.7513	2.596
合计			7.158

然后计算第三年年底（第四年年初）的该股票的内在价值：

$$P_3 = \frac{D_4}{R_S - g} = \frac{3.456\times(1+5\%)}{10\% - 5\%} = 72.58 \text{（元）}$$

其现值 $PV = 72.58 \times (P/S, 10\%, 3) = 72.58 \times 0.7513 = 54.53$（元）

最后计算该股票目前的总价值：

$$P_0 = 7.158 + 54.53 = 61.69 \text{（元）}$$

（七）股票的收益率

前面已经讨论了股票内在价值的计算方法，通过股票的内在价值，可以对比其市场价格，以判断市场是高估还是低估了该股票的价值。现在假设股票价格是公平的市场价格，证券市场处于均衡状态；在任一时点证券价格都能完全反映有关该公司的任何可获得的公开信息，并且证券价格对新信息能迅速做出反应。在此假设条件下，股票的期望收益率等于其必要的收益率。

根据固定增长股利模型，已知：

$$P_0 = D_1/(R - g)$$

对上式进行移项整理得：

$$R = D_1/P_0 + g$$

即股票的总报酬率可分为两部分：第一部分是 D_1/P_0，叫作股利收益率，它是根据预期现金股利除以当前股价计算的；第二部分是 g，即股利增长率。由于股利的增长速度也就是股价的增长速度，因此 g 可以解释为股价增长率或资本利得增长率，它可以根据公司的可持续增长率估计。P_0 是股票市场形成的价格。只要能预计出下一期的股利，就可以估计出股东的预期报酬率，在有效市场中它就是与该股票风险相适应的必要报酬率。

【例 8-7】某上市公司的股票价格为 15 元，预计下期的股利为 0.8 元，该股利将以 8% 的速度持续增长。计算该股票的预期报酬率。

解：

$$R = 0.8/15 + 8\% = 13.33\%$$

如果以 13.33% 作为必要报酬率，则一年后的股价为：

$$\begin{aligned} P_1 &= D_1 \times (1+g)/(R-g) \\ &= 0.8 \times (1+8\%)/(13.33\% - 8\%) \\ &= 16.2 \text{（元）} \end{aligned}$$

即如果投资者以 15 元购买该股票，年末将收到 0.8 元的股利，并且得到 1.2 元的资本利得。

$$\begin{aligned} \text{总报酬率} &= \text{股利收益率} + \text{资本利得收益率} \\ &= 0.8/15 + 1.2/15 = 13.33\% \end{aligned}$$

课堂讨论

1. 如何选择股票投资策略？
2. 如果开展股票投资评价？

知识链接

股市术语

“看空”与“看多”的“看”是表示投资者对未来市场行情发展的研判，而“多”与“空”则是代表投资者对“买入”或“卖出”行为所构成的系统风险之评估。因此，简要地说，“看多”与“看空”就是投资者对市场系统风险大小的主观判断，而“做多”与“做空”则是基于这种判断所做出的市场操作行为（买进、卖出）的理性选择。

多头。多头是指对股票后市看好，先行买进股票，等股价涨至某个价位，卖出股票赚取差价的人。

空头。空头是指变为股价已上涨到了最高点，很快便会下跌，或当股票已开始下跌时，变为还会继续下跌，趁高价时卖出的投资者。

多翻空。原本看好行情的多头，看法改变，不但卖出手中的股票，还借股票卖出，这种行为称为翻空或多翻空。

空翻多。原本做空头者，改变看法，不但把卖出的股票买回，还买进更多的股票，这种行为称为空翻多。

牛市。股票市场上买入者多于卖出者，股市行情看涨称为牛市。形成牛市的因素很多，主要包括以下几个方面：① 经济因素，股份企业盈利增多、经济处于繁荣时期、利率下降、新兴产业发展、温和的通货膨胀等都可能推动股市价格上涨；② 政治因素，政府政策、法令颁行、或发生了突变的政治事件都可引起股票价格上涨；③ 股票市场本身的因素：如发行抢购风潮、投机者的卖空交易、大户大量购进股票都可引发牛市发生。

熊市。熊市与牛市相反。股票市场上卖出者多于买入者，股市行情看跌称为熊市。引发熊市的因素与引发牛市的因素差不多，不过是向相反方向变动。

牛皮市。牛皮市是指走势波动小，陷入盘整，成交极低。

成长股。成长股是指这样一些公司所发行的股票，它们的销售额和利润额持续增长，而且其速度快于整个国家和本行业的增长。这些公司通常有宏图伟略，注重科研，留有大利润作为再投资以促进其扩张。

优绩股。优绩股是指过去几年业绩和盈余较佳，展望未来几年仍可看好，只是不会再有高度成长的可能的股票。该行业远景尚佳，投资报酬率也能维持一定的高水平。

投机股。投机股是指那些从事开发性或冒险性的公司的股票。这些股票有时在几天内上涨许多倍，因而能够吸引一些投机者。这种股票的风险性很大。

多头、多头市场。多头是指投资者对股市看好，预计股价将会看涨，于是趁低价时买进股票，待股票上涨至某一价位时再卖出，以获取差额收益。一般来说，人们通常把股价长期保持上涨势头的股票市场称为多头市场。多头市场股价变化的主要特征是一连串的大涨小跌。

空头、空头市场。空头是投资者和股票商认为现时股价虽然较高，但对股市前景看坏，预计股价将会下跌，于是把借来的股票及时卖出，待股价跌至某一价位时再买进，以获取差额收益。采用这种先卖出后买进、从中赚取差价的交易方式称为空头。人们通常把股价长期呈下跌趋势的股票市场称为空头市场，空头市场股价变化的特征是一连串的大跌小涨。

买空。买空是指投资者预测股价将会上涨，但自有资金有限不能购进大量股票于是先缴纳部分保证金，并通过经纪人向银行融资以买进股票，待股价上涨到某一价位时再卖，以获取差额收益。

卖空。卖空是指投资者预测股票价格将会下跌，于是向经纪人交付抵押金，并借入股票抢先卖出。待股价下跌到某一价位时再买进股票，然后归还借入股票，并从中获取差额收益。

利多。利多是指刺激股价上涨的信息，如股票上市公司经营业绩好转、银行利率降低、社会资金充足、银行信贷资金放宽、市场繁荣等，以及其他政治、经济、军事、外交等方面对股价上涨有利的信息。

利空。利空是指能够促使股价下跌的信息，如股票上市公司经营业绩恶化、银行紧缩、银行利率调高、经济衰退、通货膨胀、天灾人祸等，以及其他政治、经济军事、外交等方面促使股价下跌的不利消息。

长空。长空是指长时间做空头的意思。投资者对股势长远前景看坏，预计股价会持续下跌，在借股卖出后，一直要等股价下跌很长一段时间后再买进，以期获取厚利。

长多。长多是指长时间做多头的意思。投资者对股势前景看好，现时买进股票后准备长期持有，以期股价长期上涨后获取高额差价。

短多。短多是指对股价短期内看好，买进股票，如果股价略有不涨即卖出的行为。

多杀多。多杀多是指普遍认为当天股价将上涨，于是市场上抢多头帽子的特别多，然而股价却没有大幅度上涨，等交易快结束时，竞相卖出，造成收盘价大幅度下跌的情况。

死多。死多是指抱定主意做多头的意思。投资者对股势长远前景看好，买进股票准备长期持有，并抱定一个主意，不赚钱不卖，宁可放上若干年，一直到股票上涨到一个理想价位再卖出。

跳空。股价受利多或利空影响后，出现较大幅度上下跳动的现象。当股价受利多影响上涨时，交易所内当天的开盘价或最低价高于前一天收盘价两个申报单位以上。当股价下跌时，当天的开盘价或最高价低于前一天收盘价在两个申报单位以上。或在一天的交易中，上涨或下跌超过一个申报单位。以上这种股价大幅度跳动现象称为跳空。

吊空。股票投资者做空头，卖出股票后，但股票价格当天并未下跌，反而有所上涨，只得高价赔钱买回，这就是吊空。

实空。实空是指以自己手中持有的股票放空，股价反弹时并不需要着急补回的人。

空手。空手是指手中无股票，即不是空头，也不是多头，观望股势，等待股价低时买进，高时借股放空的人。

补空。补空是指空头买回以前借来卖出的股票。

短空。短空是指对股市前途看跌，借来股票卖出，但于短时间内即买回。

轧空。轧空是指普遍认为当天股价将下跌，于是都抢空头帽子，然而股价并未大幅度下跌，无法低价买进，收盘前只好竞相补进，反而使收盘价大幅度升高的情况。

实多。实多是指投资者对股价前景看涨，利用自己的资金实力做多头，即使以后股价出现下跌现象，也不急于将购入的股票出手。

开盘价。开盘是指某种证券在证券交易所每个营业日的第一笔交易，第一笔交易的成交价即为当日开盘价。按上海证券交易所规定，如开市后半小时内某证券无成交，则以前一天的盘价为当日开盘价。有时某证券连续几天无成交，则由证券交易所根据客户对该证券买卖委托的价格走势，提出指导价格，促使其成交后作为开盘价。首日上市买卖的证券经上市前一日柜台转让平均价或平均发售价为开盘价。

开平盘。开平盘是指今日的开盘价与前一营业日的收盘价相同。

收盘价。收盘价是指某种证券在证券交易所一天交易活动结束前最后一笔交易的成交价格。如当日没有成交，则采用最近一次的成交价格作为收盘价，因为收盘价是当日行情的标准，又是下一个交易日开盘价的依据，可据以预测未来证券市场行情，所以投资者对行情分析时，一般采用收盘价作为计算依据。

成交数量。成交数量是指当天成交的股票数量。

最高价。最高价是指当天股票成交的各种不同价格是最高的成交价格。

最低价。最低价是指当天成交的不同价格中最低成交价格。

升高盘。升高盘是指开盘价比前一天收盘价高出许多。

开低盘。开低盘是指开盘价比前一天收盘价低出许多。

盘档。盘档是指投资者不积极买卖，多采取观望态度，使当天股价的变动幅度很小，这种情况称为盘档。

整理。整理是指股价经过一段急剧上涨或下跌后，开始小幅度波动，进入稳定变动阶段，这种现象称为整理，整理是下一次大变动的准备阶段。

盘坚。股价缓慢上涨，称为盘坚。

盘软。股价缓慢下跌，称为盘软。

跳空。跳空是指受强烈利多或利空消息刺激，股价开始大幅度跳动。跳空通常在股价大变动的开始或结束前出现。

回档。回档是指股价上升过程中，因上涨过速而暂时回跌的现象。

反弹。反弹是指在下跌的行情中，股价有时由于下跌速度太快，受到买方支撑面暂时回升的现象。反弹幅度较下跌幅度小，反弹后恢复下跌趋势。

成交笔数。成交笔数是指当天各种股票交易的次数。

成交额。成交额是指当天每种股票成交的价格总额。

最后喊进价。最后喊进价是指当天收盘后，买者欲买进的价格。

最后喊出价。最后喊出价是指当天收盘后，卖者的要价。

8.4 基金投资

（一）基金及其分类

1. 基金及其发展现状

基金（Fund）有广义和狭义之分，从广义上说，基金是指为了某种目的而设立的具有一定数量的资金。例如，信托投资基金、公积金、保险基金、退休基金、各种基金会的基金。人们平常所说的基金主要是指证券投资基金。

证券投资基金指一种利益共享、风险共担的集合证券投资方式，即通过发行基金单位，集中投资者的资金，由基金托管人托管，由基金管理人管理和运用资金，从事股票、债券等金融工具投资。国际经验表明，基金对引导储蓄资金转化为投资、稳定和活跃证券市场、提高直接融资的比例、完善社会保障体系、完善金融结构具有极大的促进作用。我国证券投资基金的发展历程也表明，基金的发展与壮大，推动了证券市场的健康稳定发展和金融体系的健全完善，在国民经济和社会发展中发挥日益重要的作用。

证券投资基金在美国被称为“共同基金”；在英国及中国香港被称为“单位信托基金”；在日本和中国台湾称为“证券投资信托基金”；在欧洲一些国家称为“集合投资基金”或“集合投资计划”。

我国证券投资基金开始于 1998 年 3 月，在较短的时间内就成功地实现了从封闭式基金到开放式基金、从资本市场到货币市场、从内资基金管理公司到合资基金管理公司、从境内投资到境外理财的几大历史性的跨越，走过了发达国家几十年上百年走过的历程，取得了举世瞩目的成绩。证券投资基金目前已经具有了相当规模，成为我国证券市场的最重要机构投资力量和广大投资者的最重要投资工具之一。2001 年 9 月，我国设立第一只开放式基金——“华安创新”。2004 年 6 月 1 日《中华人民共和国证券投资基金法》实施。

截至 2012 年 12 月 31 日，全行业已开展业务的 72 家基金管理公司管理资产规模合计 36 142.79 亿元，其中：管理的非公开募集资产（社保基金、企业年金和特定客户资产）规模 7 481.79 亿元，占全行业管理资产规模的 20.70%；公募基金（封闭式基金和开放式基金）规模 28 661 亿元，占全行业管理资产规模的 79.30%。公募基金产品 1 173 只，其中：封闭式基金 68 只，净值规模 1 412.99 亿元，占全行业管理资产规模的 3.91%；股票型基金 534 只，净值规模 11 475.28 亿元，占全行业管理资产规模的 31.75%；混合型基金 218 只，净值规模 5 646.17 亿元，占全行业管理资产规模的 15.62%；债券型基金 225 只，净值规模 3 779.70 亿元，占全行业管理资产规模的 10.46%；货币市场基金 61 只，净值规模 5 717.28 亿元，占全行业管理资产规模的 15.82%；QDII 基金 67 只，净值规模 629.58 亿元，占全行业管理资产规模的 1.74%。2012 年，全行业管理资产规模较 2011 年增长 30.23%，其中非公开募集资产规模增长 27.39%，公募基金规模增长 30.99%。

2. 基金分类

证券投资基金的种类繁多，可按不同的方式进行分类。

（1）根据基金单位是否可增加或赎回，证券投资基金可分为开放式基金和封闭式基金。开放式基金不上市交易（2004 年以后也可以按规定上市交易，即 LOF），通过银行、券商、基金公司申购和赎回，基金规模不固定；封闭式基金有固定的存续期，一般在证券交易场所上市交易，投资者通过二级市场买卖基金单位。

（2）根据组织形态的不同，证券投资基金可分为公司型基金和契约型基金。基金通过发行基金股份成立投资基金公司的形式设立，通常称为公司型基金；由基金管理人、基金托管人和投资人三方通过基金契约设立，通常称为契约型基金。我国的证券投资基金均为契约型基金。

（3）根据投资风险与收益的不同，证券投资基金可分为成长型、收入型和平衡型基金。成长型基金是这类基金中最常见的一种。该类基金资产长期增值。为了达到这一目标，基金管理人通常将基金资产投资于信誉度较高的、有长期成长前景或长期盈余的公司的股票。收入型基金是主要投资于可带来现金收入的有价证券，以获取当期的最大收入为目的。收入型基金资产成长的潜力较小，损失本金的风险相对也较低，一般可分为固定收入型基金和权益收入型基金。平衡型基金是其投资目标是既要获得当期收入，又要追求长期增值，通常是把资金分散投资于股票和债券，以保证资金的安全性和赢利性。

（4）根据投资对象的不同，证券投资基金可分为股票基金、债券基金、指数基金、货币市场基金等。

股票基金是指主要投资于股票市场的基金，这是一个相对的概念，并不是要求所有的资金买股票，也可以有少量资金投入到债券或其他的证券，我国有关法规规定，基金资产的不少于20%的资金必须投资国债。一个基金是不是股票基金，往往要根据基金契约中规定的投资目标、投资范围去判断。国内所有上市交易的封闭式基金及大部分的开放式基金都是股票基金。

债券基金是指全部或大部分投资于债券市场的基金。假如全部投资于债券，可以称其为纯债券基金，如华夏债券基金；假如大部分基金资产投资于债券，少部分可以投资于股票，可以称其为债券型基金，例如南方宝元债券型基金，其规定债券投资占基金资产的45%～95%，股票投资的比例占基金资产的0～35%，股市不好时，则可以不持有股票。

指数基金是按指数化的方式进行投资的基金，简单地说，就是选择一定的市场的指数进行跟踪，被动地投资于市场，使得基金的收益与这个市场指数的收益一致。

货币市场基金是投资于银行定期存款、商业本票、承兑汇票等风险低、流通性高的短期投资工具的基金品种，因此具有流通性好、低风险与收益较低的特性。

（5）其他分类，基金还可以分为 ETF 和 LOF。

ETF 是 Exchange Traded Fund 的英文缩写，中文译为“交易型开放式指数基金”，又称交易所交易基金。ETF 是一种在交易所上市交易的开放式证券投资基金产品，交易手续与股票完全相同。ETF 管理的资产是一揽子股票组合，这一组合中的股票种类与某一特定指数，如上证 50 指数，包含的成分股票相同，每只股票的数量与该指数的成分股构成比例一致，ETF 交易价格取决于它拥有的一揽子股票的价值，即“单位基金资产净值”。ETF

的投资组合通常完全复制标的指数，其净值表现与盯住的特定指数高度一致，如上证50ETF 的净值表现就与上证 50 指数的涨跌高度一致。

LOF 是英文 Listed Open-Ended Fund 的缩写，中文译为“上市型开放式基金”，在国外又称共同基金。也就是上市型开放式基金发行结束后，投资者既可以在指定网点申购与赎回基金份额，也可以在交易所买卖该基金。它是一种发行额可变，基金份额（单位）总数可随时增减，投资者可按基金的报价在基金管理人指定的营业场所申购或赎回的基金。与封闭式基金相比，开放式基金具有发行数量没有限制、买卖价格以资产净值为准、在柜台上买卖和风险相对较小等特点，特别适合中小投资者进行投资。

LOF 与 ETF 的区别：① 申购、赎回的标的不同，LOF 是基金份额与现金的交易，ETF 是基金份额与“一揽子”股票的交易；② 申购、赎回的场所不同，ETF 通过交易所进行，LOF 在代销网点进行；③ 对申购、赎回的限制不同，ETF 要求的数额较大，在 50 万份以上（有变动），LOF 在申购、赎回上没有特别要求；④ 基金投资策略不同，ETF 通常采用完全被动式管理方法，以拟合某一指数为目标，而 LOF 既可以采用主动方式，也可以采用被动方式；⑤ 在二级市场的净值报价上，ETF 每 15 秒提供一个基金净值报价，而 LOF 通常一天只提供一个或几次基金净值报价；⑥ 套利机制不同，ETF 可实时套利，而 LOF 在套利上没有 ETF 方便，需要承担较大的套利风险。

基金还有专门投资于房地产的房地产基金，专门投资于期货、期权的期货和期权基金，专门投资于黄金市场的黄金基金，专门投资于实业的产业基金等。

知识链接

基金投资的相关知识

1. 基金成立日

基金成立日是指基金达到成立条件后，基金管理人宣布基金成立的日期。

2. 基金募集期

基金募集期是指自招募说明书公告之日起到基金成立日的时间段。

3. 基金存续期

基金存续期是指基金发行成功，并通过一段时间的封闭期后，称作基金的存续期。

4. 基金单位

基金单位是指基金发起人向不特定的投资者发行的，表示持有人对基金享有资产所有权、收益分配权和其他相关权利，并承担相应义务的凭证。

5. 基金开放日

基金开放日就是可以办理开放式基金的开户、申购、赎回、销户、挂失、过户等一系列手续的工作日。对于一只开放式基金来说，并不是在任何一个工作日都可以进行交易，因此，规定每周的某几个工作日进行交易，这几个工作日就称为开放日。

6. 基金认购

基金认购是指投资者在开放式基金募集期间、基金尚未成立时购买基金单位的过程。通常认购价为基金单位面值（1元）加上一定的销售费用。投资者认购基金应在基金销售点填写认购申请书，交付认购款项。

7. 基金申购

基金申购是指投资者到基金管理公司或选定的基金代销机构开设基金账户，按照规定的程序申请购买基金单位。申购基金单位的数量是以申购日的基金单位资产净值为基础计算的，具体计算方法须符合监管部门有关规定的要求，并在基金销售文件中载明。

8. 基金转托管

基金转托管是指投资者同一基金在不同托管点（不同销售商及同一销售商的不能通存通兑的城市或分行）之间实施的所持基金份额托管机构变更的操作。

9. 基金转换

基金转换是指投资者在持有本公司发行的任一开放式基金后，可直接自由转换到本公司管理的其他开放式基金，而不需要先赎回已持有的基金单位，再申购目标基金。例如，在本公司目前已经发行的两只开放式基金当中，投资者可以将持有的南方宝元债券型基金的份额转换为南方稳健成长基金的份额，也可以将持有的南方稳健成长基金的份额转换为南方宝元债券型基金的份额。

10. 非交易过户

非交易过户是指因遗产继承、捐赠或司法执行等原因引起的基金单位持有人的变更行为。基金非交易过户包括遗产继承、捐赠和司法执行。

11. 基金交易费用

基金交易费用是指在进行基金交易时发生的费用，主要包括认购费、申购费、赎回费、基金转托管费、基金转换费等。

12. 基金运营费

基金运营费指的是在基金运作过程中所发生的费用，通常是从基金资产中扣除，因此会降低基金净值。主要的基金运营费包括基金管理费、基金托管费、持续销售法、证券交易费用、基金信息披露费用、与基金相关的会计师费和律师费、召开持有人大会费用等按照国家有关规定可以列入的运营费用等。

13. 基金收益

基金收益是指基金资产在运作过程中所产生的超过自身价值的部分。具体地说，基金收益包括基金投资所得红利、股息、债券利息、买卖证券价差、存款利息和其他收入。

14. 基金净收益

基金净收益是指基金收益减去按照国家有关规定可以在基金收益中扣除的费用后的余额。

15. 权益登记日

权益登记日是基金管理人进行红利分配时，需要定出某一天，界定哪些基金持有人可以参加分红，定出的这一天就是股权登记日。也就是说，在权益登记日当天仍持有或申购南方稳健成长基金并得到确认的投资者均可享受此次分红。

16. 除息日

除息日是权益登记日（T 日）后的第一个工作日，即 T+1 日。

17. 红利再投资

红利再投资是指将投资者分得的收益再投资于基金，并折算成相应数量的基金单位这实际上是将应分配的收益折为等额的新的基金单位送给投资者。

（二）基金投资风险

1. 基金的申购及赎回未知价风险

基金的申购及赎回未知价风险是指投资者在当日进行申购、赎回基金单位时，所参考的单位资产净值是上一个基金开放日的数据，而对于基金单位资产净值在自上一交易日至开放日当日所发生的变化，投资者无法预知，因此投资者在申购、赎回时无法知道会以什么价格成交，这种风险就是开放式基金的申购、赎回价格未知的风险。

2. 基金的投资风险

基金的投资风险是指股票投资风险和债券投资风险。其中，股票投资风险主要取决于上市公司的经营风险、证券市场风险和经济周期波动风险等，债券投资风险主要指利率变动影响债券投资收益的风险和债券投资的信用风险。基金的投资目标不同，其投资风险通常也不同。收益型基金投资风险最低，成长型基金风险最高，平衡型基金居中。投资者可根据自己的风险承受能力，选择适合自己财务状况和投资目标的基金品种。

3. 不可抗力风险

不可抗力风险是指战争、自然灾害等不可抗力发生时给基金投资者带来的风险。

4. 市场风险

市场风险主要包括政策风险、经济周期风险、利率风险、上市公司经营风险、购买力风险等。

政策风险是指因国家宏观政策（如货币政策、财政政策、行业政策、地区发展政策等）发生变化，导致市场价格波动而产生风险。

经济周期风险是指随着经济运行的周期性变化，各个行业及上市公司的盈利水平也呈周期性变化，从而影响到个股乃至整个行业板块的二级市场的走势。

利率风险是指市场利率的波动会导致证券市场价格和收益率的变动。利率直接影响着国债的价格和收益率，影响着企业的融资成本和利润。基金投资于国债和股票，其收益水平会受到利率变化的影响。

上市公司经营风险是指上市公司的经营好坏受多种因素影响，如管理能力、财务状况、市场前景、行业竞争、人员素质等，这些都会导致企业的盈利发生变化。如果基金所投资的上市公司经营不善，其股票价格可能下跌，或者能够用于分配的利润减少，使基金投资收益下降。虽然基金可以通过投资多样化来分散这种非系统风险，但不能完全规避。

购买力风险是指基金的利润将主要通过现金形式来分配，而现金可能因为通货膨胀的影响而导致购买力下降，从而使基金的实际收益下降。

（三）开放式基金认购（申购）、交易与赎回

1. 开放式基金认购

开放式基金认购是指投资者在开放式基金募集期间、基金尚未成立时购买基金份额的过程。通常认购价为基金份额面值（1 元/份）加上一定的销售费用。投资者认购基金应在基金销售点填写认购申请书，交付认购款项。

开方式基金购买分认购期和申购期。基金首次发售基金份额称为基金募集，在基金募集期内购买基金份额的行为称为基金的认购，一般认购期最长为一个月。而投资者在募集期结束后，申请购买基金份额的行为通常叫做基金的申购。在基金募集期内认购，一般会享受一定的费率优惠。以购买 100 万以下华富竞争力为例，认购费率为 1.0%，而申购费率为 1.5%。但认购期购买的基金一般要经过封闭期才能赎回，这个时间是基金经理用来建仓的，不能买卖，而申购的基金在第二个工作日就可以赎回。

基金正式发行首日，投资者参与认购分 3 个步骤进行。

（1）办理开户

① 个人投资者开户手续。

个人投资者申请开立基金账户一般须提供以下材料：本人身份证件；代销网点当地城市的本人银行活期存款账户或对应的银行卡；已填写好的《账户开户申请表》。

② 机构投资者开户。

机构投资者可以选择到基金管理有限公司直销中心或基金管理公司指定的可办理代理开户的代销网点办理开户手续。

机构投资者申请开立基金账户须提供以下材料：已填写好的《基金账户开户申请书》；企业法人营业执照副本原件及复印件，事业法人、社会团体或其他组织则须提供民政部门或主管部门颁发的注册登记书原件及复印件；指定银行账户的银行《开户许可证》或《开立银行账户申报表》原件及复印件；《法人授权委托书》；加盖预留印鉴的《预留印鉴卡》；前来办理开户申请的机构经办人身份证件原件。

（2）认购

① 个人投资者认购流程。

个人投资者认购基金必须提供以下材料：本人身份证件；基金账户卡（投资者开户时代销网点当场发放）；代销网点当地城市的本人银行借记卡（卡内必须有足够的认购资金）；已填写好的《银行代销基金认购申请表（个人）》。

② 机构投资者认购流程。

机构投资者认购基金必须提供以下材料：已填写好的《认购申请书》；基金账户卡；划付认购资金的贷记凭证回单复印件或电汇凭证回单复印件；前来办理认购申请的机构经办人身份证件原件。

机构投资者申请认购开放式基金，应先到指定银行账户所在银行，主动将足额认购资金从指定银行账户以“贷记凭证”或“电汇”方式，按规定划入“基金管理人申购专户”，并确保在规定时间内到账。

③ 代销网点认购流程。

机构投资者认购基金必须提供以下材料：已填写好的《银行代销基金认购申请表》；基金账户卡；在代销银行存款账户中存入足额的认购资金；经办人身份证件原件。

（3）确认

投资者可以在基金成立之后向各基金销售机构咨询认购结果，并且也可以到各基金销售网点打印成交确认单；此外，基金管理人将在基金成立之后按预留地址将《客户信息确认书》和《交易确认书》邮寄给投资者。

目前，我国可以办理开放式基金的认购业务的机构主要是基金管理人或委托的商业银行、证券公司等其他经认可的机构（$T+2$ 日确认）。

认购费用分前端收费与后端收费两种模式。前端收费模式是指在认购基金份额时就支付申购费用的付费模式；后端收费模式是指在认购基金份额时不收费，在赎回基金时才支付认购费用的收费模式。后端收费主要是为了鼓励投资者长期持有基金。认购费用 = 净认购金额 × 认购费率，其中，净认购金额 = 认购金额/(1 + 认购费率)。

开放式基金的认购费率不得超过认购金额的 5%。目前，我国股票基金的认购费率一般为 1%～1.5%，债券基金通常在 1% 以下，货币基金一般为 0。

目前，我国开放式基金的最低认购金额一般为 1 000 元。

2. 开放式基金的申购赎回

（1）申购、赎回的概念。

申购：投资者购买基金份额；（在募集期限内成为认购）。

赎回：投资者要求基金管理人赎回基金份额的行为，实质上是投资者卖出基金份额换回现金。

（2）申购、赎回场所：代销网点。

（3）申购、赎回时间：证券交易所交易日。

（4）申购、赎回原则：“未知价”交易原则；“金额申购、份额赎回”原则。

（5）收费模式与申购份额、赎回金额的确定。

① 收费模式与申购费率（ <5% ）：

$$净申购金额 = 申购金额 - 申购费用 = 申购金额/(1 + 申购费率)$$

$$申购费用 = 申购金额 \times 申购费率$$

前端收费模式下申购的确定：

$$申购份额 = (申购金额 - 申购费用)/申购日的基金份额净值$$

$$申购费用 = 申购金额 \times 申购费率$$

后端收费模式下申购份额的确定（低于 3 年不得免收费）：

申购份额 = 申购金额/申购日的基金份额净值

申购费用 = 申购金额 × 申购费率

② 赎回金额的确定：

赎回金额 = 赎回总额 − 赎回费用（25% 归基金财产）

赎回总额 = 赎回数量 × 赎回日基金份额净值

赎回费用 = 赎回总额 × 赎回费率（ <5% ）

实行后端收费的基金，其赎回金额 = 赎回总额 − 后端收费金额 − 赎回费用

短期交易：7 日以内大于 1.5% × 赎回金额；30 日以内大于 0.75 × 赎回金额

（6）申购、赎回款项的支付。

申购采用全额交款的方式。

赎回款项自受理有效赎回申请之日起不超过 7 个工作日办理。发生巨额赎回情况，按基金合同办理。

（7）申购、赎回的注册登记。

申购、赎回一般在 T+1 日为投资者办理增加权益或扣除权益的登记手续。

（8）巨额赎回的认定及处理方式

① 巨额赎回的认定。净赎回申请超过基金总份额的 10% 时，为巨额赎回。

② 巨额赎回的处理方式。全部接受、部分延期。巨额赎回、部分延期时，3 个工作日内信息披露。连续 2 工作日巨额赎回，可以暂停接受；可以延期接受申请，但不得超过 20 工作日。

3. 开放式基金份额的转换、非交易过户、转托管与冻结

（1）开放式基金份额的转换指投资者不需要申购、赎回就可以将其持有的一种基金份额转换为另一种基金份额的行为。（T+2 日可以赎回）

（2）非交易过户指不通过申购、赎回的方式，将基金权益从一个投资者账户内转移到另一投资者账户的行为。

（3）基金份额的转托管。基金持有人可以办理其基金份额在不同销售机构的转托管手续。

（4）基金份额的冻结是指基金份额被设定为不能交易的状态，基金份额一旦被冻结，投资者就不能对冻结份额进行正常操作，直至份额解冻，基金份额被冻结的，被冻结部分产生的权益也一并被冻结。

4. ETF 交易、申购与赎回

（1）ETF 份额折算与变更登记

① ETF 份额的折算时间。

基金合同生效后，ETF 应在不超过 3 个月的时间内建仓。

建仓后，基金管理人选定一个日期作为基金份额折算日，以标的指数的 1‰作为份额净值，对原来的基金份额进行折算。

② ETF 份额折算的原则。

基金折算后，基金总份额及基金份额持有人持有的基金份额发生调整，但比例不发生变化。基金份额折算对基金持有人的收益无实质影响。

③ ETF基金份额折算的方法

折算比例 =（计算当日的基金资产净值/基金总份额）/（标的指数的收盘值/1 000）

以四舍五入的方法保留到小数点后8位。

（2）ETF份额的交易。

买入100或整数倍；卖出不足100可以；涨跌幅限制10%；15秒公布基金净额参考值；基金申报价格最小变动单位为0.001元。

（3）ETF份额的申购与赎回

① 申购与赎回场所：代办券商处。

② 申购和赎回的时间。

申购、赎回的开始时间：在折算日之后可以开始办理申购；基金合同生效后不超过3个月的时间开始办理赎回。

开放日及开放时间，即投资者可办理申购、赎回等业务的开放日为交易所的交易日、开放时间为上午9：30—11：30和下午1：00—3：00。

③ 申购和赎回的数额限制：ETF最小申购、赎回的单位为50万份或100万份。

④ 申购和赎回的原则：

- 采取份额申购、份额赎回的方式；
- 申购和赎回的对价包括组合证券、现金替代、现金差额及其他对价；
- 申请提交后不得撤销。

⑤ 申购和赎回的程序

- 申购、赎回申请的提出，在开放日提出申请；
- 申购、赎回申请的确认与通知。在申请受理当日基金确认；
- 申购、赎回的清算交收与登记，在T日进行申购、赎回，在T+1日进行清算，在T+2日办理交收。

⑥ 申购、赎回的对价、费用及价格。

申购对价是指投资者购买基金份额应交付的组合证券、现金替代、现金差额及其他对价。

赎回对价是指基金管理人应交付给投资者的组合证券、现金替代、现金差额及其他对价。

费用：可以按0.5%的标准收取。

T日的基金份额净值在当天收市后计算。T+1日公告。

⑦ 申购、赎回清单。

- 申购、赎回清单的内容。
- 组合证券相关内容。
- 现金替代相关内容。

现金替代分为3种类型：

禁止现金替代，即不允许使用现金；

可以现金替代，即允许全部或部分替代；

必须现金替代。

- 预估现金部分相关内容。
- 现金差额相关内容。

⑧ 暂停申购、赎回的情形：

- 不可以抗力；
- 交易所临时停市；
- 代理券商、登记结算机构因异常情况无法办理申购、赎回；
- 其他情况。

5. LOF 的交易、申购和赎回

上市开放式基金募集期结束后，投资者有两种交易方式。

（1）基金开放后，投资者可通过基金管理人及其代销机构营业网点以当日收市的基金份额净值申购、赎回基金份额。

（2）基金在深交所上市后，投资者可通过深交所各会员单位证券营业部以交易系统撮合成交价买卖基金份额，会员参与上市开放式基金交易不受开放式基金代销资格限制。

上市条件：2 亿元人民币；1 000 人以上。

交易规则：0.001 元人民币；100 份或整数倍；10% 涨跌幅限制；T 日闭市后结算；$T+1$ 日可以卖出或赎回。

申购赎回：金额申购（1 元）、份额赎回（1 份），T 日申请；$T+1$ 日过户结算；$T+2$ 可以用。

LOF 份额转托管指基金份额持有人申请将其在某一销售机构交易账户持有的基金份额全部或部分转出并转入另一销售机构交易账户的行为，也可以说转托管是指同一投资人将托管在一个代销机构的基金份额转出至另一代销机构的业务。办理转托管业务需携带的证件和资料种类与办理申购与赎回时需携带的相同。投资者通过基金管理人或代销机构申购、赎回上市开放式基金需缴纳申购费、赎回费。申购和赎回费率由基金管理人在《基金招募说明书》中约定。

LOF 份额的跨系统转托管（基金注册登记系统和证券登记结算系统之间的转换）。上市开放式基金的上市首日为基金的第一个开放日。基金上市首日的开盘参考价为上市首日之前一交易日的基金份额净值（四舍五入至价格最小变动单位）。投资者通过深交所交易系统买卖上市开放式基金需缴纳交易佣金。交易佣金的收取标准与封闭式基金相同。

LOF 基金在交易所（场内）是像股票那样直接买卖交易，而在基金公司（场外）是如同一般的开基一样采用申购赎回的方式交易。这是两个不同的交易市场，如果把一个市场上的基金份额转入另一个市场，就叫做份额转托管。LOF 基金结合了封闭式基金和开放式基金的优点，这种机制可以让人有机会在两个市场进行套利。例如，当场内交易价很低时（远低于基金净值），就可以在场内买入，转托管到场外按照净值赎回赚取差价；反之如果场内交易价远高于基金净值，可以在场外以净值申购，转托管到场内按交易价卖出赚取差价。当然这种套利方式是有风险的，毕竟市场变化很快，而转托管需要一定时间，基金净值是“未知价”，还要考虑时间、手续费的成本问题。

(四) 封闭式基金认购 (申购)、交易与赎回

1. 封闭式基金的认购

封闭式基金（Close-End Funds）是指基金的发起人在设立基金时，限定了基金单位的发行总额，筹足总额后，基金即宣告成立，并进行封闭，在一定时期内不再接受新的投资。基金单位的流通采取在证券交易所上市的办法，投资者日后买卖基金单位，都必须通过证券经纪商在二级市场上进行竞价交易。基金金额持有人不得申请赎回。

由于封闭式基金成立之后不能赎回，除了成立之时投资者可以在基金公司指定的单位购买之外，整个封闭期都只能在二级市场上进行交易，直到到期日。

封闭式基金发行结束后，不能按基金净值买卖，投资者可委托券商（证券公司）在证券交易所按市价（二级市场）买卖。

拥有上海证券交易所和深圳证券交易所账户的投资者，均可直接购买封闭式基金（图 8.6）。

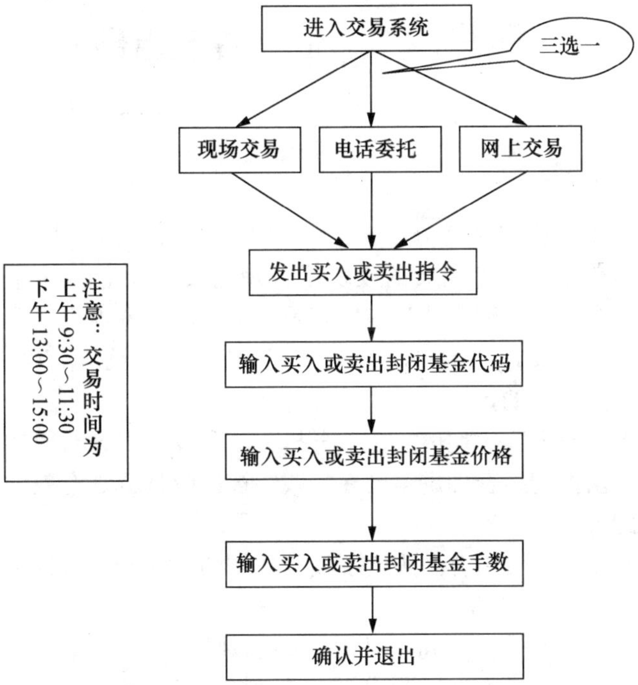

图 8.6　封闭式认购示意

2. 封闭式基金的交易

(1) 上市交易条件：① 基金发售规模达到核准规模的 80% 以上；② 基金合同期限为 5 年以上；③ 基金募集金额不低于 2 亿元人民币；④ 基金份额持有人不少于 1 000 人；⑤ 基金份额上市交易规则规定的其他条件。

（2）交易账户的开立，同股票交易账户一致。

（3）交易规则与股票相同。时间：9:30～11:30；13:00～15:00；价格优先，时间优先；报检单位每份价格；最小变动0.001元人民币；最少数量100份；单笔小于100万份；T+1日交割；10%涨跌限制。

（4）交易费用。目前，我国基金交易佣金小于成交金额的0.3%，不足5元的按5元收取。目前，我国封闭式基金不收取印花税。

（5）折（溢）价率：

折（溢）价率=(市场价格－基金份额净值)/基金份额净值×100%

课堂讨论

1. 目前我国证券投资基金的各类主要有哪些？
2. 封闭式基金和开放式基金的交易、申购与赎回有何不同点？

8.5 证券投资组合

（一）投资组合理论简介

投资组合理论有狭义和广义之分。狭义的投资组合理论指的是马科维茨投资组合理论；而广义的投资组合理论除了经典的投资组合理论及该理论的各种替代投资组合理论外，还包括由资本资产定价模型和证券市场有效理论构成的资本市场理论。同时，由于传统的EMH（Efficient Market Hypothesis，有效市场假说）不能解释市场异常现象，投资组合理论又受到行为金融理论的挑战。

该理论包含两个重要内容：均值－方差分析方法和投资组合有效边界模型。在发达的证券市场中，马科维茨投资组合理论早已在实践中被证明是行之有效的，并且被广泛应用于组合选择和资产配置。

从狭义的角度来说，投资组合是规定了投资比例的一揽子有价证券，当然，单只证券也可以当作特殊的投资组合。

人们进行投资，本质上是在不确定性的收益和风险中进行选择。投资组合理论用均值－方差来刻画这两个关键因素。所谓均值，是指投资组合的期望收益率，它是单只证券的期望收益率的加权平均，权重为相应的投资比例。当然，股票的收益包括分红派息和资本增值两部分。所谓方差，是指投资组合的收益率的方差。我们把收益率的标准离差称为波动率，它刻画了投资组合的风险。

人们在证券投资决策中应该怎样选择收益和风险的组合呢？这正是投资组合理论研究的中心问题。投资组合理论研究"理性投资者"如何选择优化投资组合。所谓理性投资，是指在给定期望风险水平下对期望收益进行最大化，或者在给定期望收益水平下对期望风险进行最小化。

因此，把上述优化投资组合在以波动率为横坐标，收益率为纵坐标的二维平面中描绘出来，形成一条曲线。这条曲线上有一个点，其波动率最低，称之为最小方差点。这条曲线在最小方差点以上的部分就是著名的投资组合有效边界，对应的投资组合称为有效投资组合。投资组合有效边界为一条单调递增的凹曲线，如图 8.7 所示。

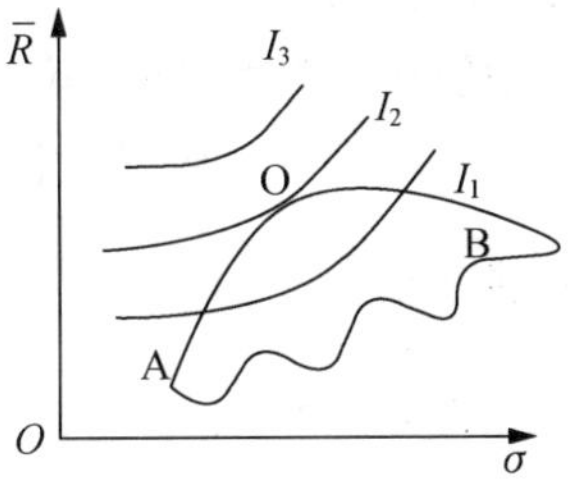

图 8.7　最优投资组合的选择

最优投资组合是指某投资者在可以得到的各种可能的投资组合中，唯一可获得最大效用期望值的投资组合，有效集的上凸性和无差异曲线的下凸性决定了最优投资组合的唯一性。

（二）现代投资理论的产生与发展

现代投资组合理论主要由投资组合理论、资本资产定价模型、APT（Arbitrage Pricing Theory，套价定价理论）模型、有效市场理论及行为金融理论等部分组成。它们的发展极大地改变了过去主要依赖基本分析的传统投资管理实践，使现代投资管理日益朝着系统化、科学化、组合化的方向发展。

1952 年 3 月，美国经济学家马科维茨发表了《证券组合选择》的论文，作为现代证券组合管理理论的开端。马科维茨对风险和收益进行了量化，建立的是均值 - 方差模型，提出了确定最佳资产组合的基本模型。由于这一方法要求计算所有资产的协方差矩阵，严重制约了其在实践中的应用。

1963 年，威廉·夏普提出了可以对协方差矩阵加以简化估计的夏普单因素模型，极大地推动了投资组合理论的实际应用。

20 世纪 60 年代，威廉·夏普、约翰·林特勒和莫森分别于 1964、1965 和 1966 年提出了 CAPM。该模型不仅提供了评价收益-风险相互转换特征的可运作框架，也为投资组合分析、基金绩效评价提供了重要的理论基础。

1976 年，针对 CAPM 所存在的不可检验性的缺陷，罗斯（Ross）提出了一种替代性的资本资产定价模型，即 APT 模型。该模型直接导致了多指数投资组合分析方法在投资实践上的广泛应用。

（三）投资组合的思想

1. 传统投资组合的思想

（1）不要把所有的鸡蛋都放在一个篮子里面，否则“倾巢无完卵”。

（2）组合中资产数量越多，分散风险越大。

2. 现代投资组合的思想

（1）最优投资比例：组合的风险与组合中资产的收益之间的关系有关。在一定条件下，存一组在使得组合风险最小的投资比例。

（2）最优组合规模：随着组合中资产种数增加，组合的风险下降，但是组合管理的成本提高。当组合中资产的种数达到一定数量后，风险无法继续下降。

3. 现代投资理论主要贡献者及其贡献

现代投资理论主要贡献者及其贡献见表 8-7。

表 8-7　现代投资理论主要贡献者及其贡献

贡献者	简介	主要贡献	代表作
詹姆斯·托宾	1981 年诺贝尔经济学奖，哈佛博士，耶鲁教授	流动性偏好、托宾比率分析、分离定理	风险条件下的流动性偏好模型
马科维茨	1990 年诺贝尔经济学奖，曾在兰德工作	投资组合优化计算、有效疆界	投资组合理论
威廉·夏普	1990 年诺贝尔经济学奖，曾在兰德工作，UCLA 博士，华盛顿大学、斯丹福大学教授	资本资产定价模型（Capital Asset Pricing Model，CAPM）	资本资产定价：风险条件下的市场均衡理论
约翰·林特勒	美国哈佛大学教授	资本资产定价模型（Capital Asset Pricing Model，CAPM）	风险资产评估以及在股票投资组合的风险投资和资本预算中的选择

（四）投资组合理论的新发展

1. 基于交易费用和流动性的投资组合理论

如果市场是无效的和存在摩擦的，就会导致交易成本的存在，而开放式基金的流动性直接与交易成本相关。

最近的研究认为证券的流动性是证券价值的决定性因素，相对于流动性证券来说，非流动性证券的定价总是存在一定的折扣。

2. 基于风格投资的投资组合理论

风格投资始于 1992 年威廉·夏普的论文《资产配置：风格管理与业绩评价》。风格投资在国外的研究主要集中在以下几方面。

第一，投资风格的分析。目前普遍接受的风格分析方法主要有基于收益的风格分析和基于组合的风格分析。前者认为通过比较基金的收益和所选择的风格指数收益之间的关系可以判定基金管理人在过去一段时间的投资风格；后者主要是根据基金实际持有的股票特征来划分基金的投资风格。

第二，风格投资的表现及形成原因研究。风格投资常常表现出小市值效应（投资于小规模公司股票所获得的收益要高于投资于大规模公司股票）和 BV/MV 效应（净资产/市值）。

第三，风格投资的周期性及风格转换策略研究。从价值型/成长型或大盘股、中小盘股等角度来看，风格投资在不同时期有着不同表现，存在周期性。由于风格投资具有周期性，因而投资者可以通过风格转换以获取更好收益。

第四，风格投资对证券市场的影响研究。在同一证券市场挂牌的基金虽持有完全不同的股票，但却同涨同跌；在不同交易所上市的同种股票也存在不同的市场表现。

3. 基于连续时间的长期投资组合理论

长久以来，马柯维茨的均值-方差理论在指导人们短期投资中占有重要地位。但事实上，长期投资和短期投资的最优资产组合不尽相同。

投资机会会随时间发生变化，长期投资者总是关心长期中投资机会所受到的冲击，并希望从中套利。忽略现实的交易成本将导致效用成本增加 0.8%～16.9%；即使将许多参数的不确定性包含进模型之后，还有足够的收益期望使长期投资者总能在股票上分配更多资产。

当投资者的风险厌恶系数大于 1 时，对风险资产的需求不仅受到资产风险溢价的影响，还受到预期收益率与预期远期利率调整的协方差的影响；当消费-财富比率不变或变动不大时，投资者的跨期预算约束条件为近似线形；在允许借入和卖空的约束条件下，将静态投资组合的选择标准结果扩展到动态的跨期模型。

4. 基于 VaR 的投资组合理论

VaR 方法在 20 世纪 50 年代才得到研究证券投资组合理论的学者们关注，它原先被人们用于测度一些金融公司交易证券的市场风险。VaR 方法的引入在一定程度上弥补了原先投资组合理论对证券投资组合风险度量的不足。

5. 基于非效用最大化的投资组合理论

科弗（Cover）是较早非效用最大化投资组合理论的学者之一，他提出了在离散时间条件下的泛组合模型。该模型的突出优点是构建它不需要知道市场参数及有关统计信息，如利率、价格波动率，甚至不需要详细描述离散时间条件下价格变动的动力学机制，只要通过跟踪不同证券权重的绩效加权变动情况便可达到最优恒定组合。科弗还描述了泛组合的渐近行为，并引用实例说明了泛组合具有较好的解释力。

Hellwing 提出了一种普遍适用的经济资源定价方法——价值维持原理（Value Preserving Principle)，即资源的内在价值（将来收益价值）不随时间变化而变化。Helwing 利用该方法考察了在离散时间、有限状态空间条件下证券市场的组合最优化问题，并表现出较好的解释力。

巴克利（Buckley）和科恩（Korn）从考察随机现金流下的指数跟踪误差的角度认为：对于那些消极跟踪指数的投资者来说，其理想状况的证券组合总是由进人指数的所有证券持有组成。这必然导致资本资产投资者持有的现金账户绩效与指数绩效的偏离（即导致跟踪误差的产生）。据此，巴克利和科恩给出了这种情形下的相关模型（即基于半鞅的一般连续时间模型），分析了投资者导致的脉冲控制问题，并给出了其存在最优控制策略的一般条件。除此之外，他们还探讨了某些扩散类型市场价值维持策略的存在性和唯一性，解决了来自于非完全市场中的期权套期保值理论的唯一价值维持测度问题（即最小鞅测度问题），并考察了附加约束对组合策略的影响。

6. 行为金融和行为投资组合理论

近20年来的金融实证研究不断发现股票收益率具有可预测性的证据，EMH的理论基础和实证检验都受到了强有力的挑战。证券市场上实证研究发现了许多无法由EMH和资本资产定价模型加以合理解释的异常现象。面对一系列金融异象，人们开始质疑以有效市场假说为核心的传统金融理论。由于行为金融学能够较好地解释这些现象，因此原先不受重视的行为金融学开始受到越来越多学者的关注。

（五）投资组合理论的应用

投资组合理论为有效投资组合的构建和投资组合的分析提供了重要的思想基础和一整套分析体系，其对现代投资管理实践的影响主要表现在以下4个方面。

（1）马科维茨首次对风险和收益这两个投资管理中的基础性概念进行了准确的定义，从此，同时考虑风险和收益就作为描述合理投资目标缺一不可的两个要件（参数）。

在马科维茨之前，投资顾问和基金经理尽管也会顾及风险因素，但由于不能对风险加以有效的衡量，也就只能将注意力放在投资的收益方面。马科维茨用投资回报的期望值（均值）表示投资收益（率），用方差（或标准差）表示收益的风险，解决了对资产的风险衡量问题，并认为典型的投资者是风险回避者，他们在追求高预期收益的同时会尽量回避风险。据此马科维茨提供了以均值-方差分析为基础的最大化效用的一整套组合投资理论。

（2）投资组合理论关于分散投资的合理性的阐述为基金管理业的存在提供了重要的理论依据。

在马科维茨之前，尽管人们很早就对分散投资能够降低风险有一定的认识，但从未在理论上形成系统化的认识。

投资组合的方差公式说明投资组合的方差并不是组合中各个证券方差的简单线性组合，而是在很大程度上取决于证券之间的相关关系。单个证券本身的收益和标准差指标对投资者可能并不具有吸引力，但如果它与投资组合中的证券相关性小甚至是负相关，它就会被纳入组合。当组合中的证券数量较多时，投资组合的方差的大小在很大程度上更多地取决于证券之间的协方差，单个证券的方差则会居于次要地位。因此投资组合的方差公式对分散投资的合理性不但提供了理论上的解释，而且提供了有效分散投资的实际指引。

（3）马科维茨提出的“有效投资组合”的概念，使基金经理从过去一直关注于对单个证券的分析转向了对构建有效投资组合的重视。

自 20 世纪 50 年代初，马科维茨发表其著名的论文以来，投资管理已从过去专注于选股转为对分散投资和组合中资产之间的相互关系上来。事实上投资组合理论已将投资管理的概念扩展为组合管理。从而也就使投资管理的实践发生了革命性的变化。

（4）马科维茨的投资组合理论已被广泛应用到了投资组合中各主要资产类型的最优配置的活动中，并被实践证明是行之有效的。

知识链接

投资组合理论在应用上的问题

马科维茨的投资组合理论不但为分散投资提供了理论依据，而且也为如何进行有效的分散投资提供了分析框架。但在实际运用中，马科维茨模型也存在着一定的局限性和困难。

（1）马科维茨模型所需要的基本输入包括证券的期望收益率、方差和两两证券之间的协方差。当证券的数量较多时，基本输入所要求的估计量非常大，从而也就使得马科维茨的运用受到很大限制。因此，马科维茨模型目前主要被用在资产配置的最优决策上。

（2）数据误差带来的解的不可靠性。马科维茨模型需要将证券的期望收益率、期望的标准差和证券之间的期望相关系数作为已知数据作为基本输入。如果这些数据没有估计误差，马科维茨模型就能够保证得到有效的证券组合。但由于期望数据是未知的，需要进行统计估计，因此这些数据就不会没有误差。这种由于统计估计而带来的数据输入方面的不准确性会使一些资产类别的投资比例过高而使另一些资产类别的投资比例过低。

（3）解的不稳定性。马科维茨模型的另一个应用问题是输入数据的微小改变会导致资产权重的很大变化。解的不稳定性限制了马科维茨模型在实际制定资产配置政策方面的应用。如果基于季度对输入数据进行重新估计，用马科维茨模型就会得到新的资产权重的解，新的资产权重与上一季度的权重差异可能很大。这意味着必须对资产组合进行较大的调整，而频繁的调整会使人们对马科维茨模型产生不信任感。

（4）重新配置的高成本。资产比例的调整会造成不必要的交易成本的上升。资产比例的调整会带来很多不利的影响，因此正确的政策可能是维持现状而不是最优化。

（六）投资组合理论在我国证券市场的应用

今天，在我国股票市场运用投资组合理论进行决策分析至少具有两个方面的意义。

一是马科维茨投资组合理论的核心思想是利用不同证券收益的相关性分散风险。

我国股票市场的投资者（包括机构投资者）在投资决策中主要应用技术分析面和基本面进行分析，而这两种分析方法都是注重单只证券，基本上忽略了证券收益的相关性。

二是在我国股票市场中，马科维茨投资组合理论可以用来稳定地战胜市场。

通过研究发现，市场综合指数较大幅度地偏离了投资组合有效边界。在此条件下，利用投资组合有效边界完全可以稳定地战胜市场。

知识链接

巴菲特（Buffet）的整个投资组合涵盖了39只股票（一些太小的投资没有列出，应该有60多个），表面上看是很分散的，但是，如果考虑到巴菲特的整个公司的规模（Market Capital：1 650亿美元），那这样的投资组合并非是分散的，相反是绝对集中的，平均每一个投资标的价值40亿美元。同时，投资比重最大的前6个公司的份额占到了71.6%，其中前4位的可口可乐（Coca-Cola）17.9%、美国运通（American Express）17.1%、富国银行（Wells Fargo）13.5%、宝洁（Procter & Gamble）12.0%，合计占60.5%。假如伯克希尔哈撒韦（Berkshire Hathaway）是一个长期的封闭基金的话，其相当于10个规模165亿的基金，一般来说一个规模165亿美元的基金其组合也至少有50～60个（平均的会有上百个股），那巴菲特的组合数目也至少有500个以上。相对区区的39个股票，巴菲特的投资集中度是十分高的。

绝对的集中符合巴菲特的投资理念，巴菲特一向反对过度分散投资。按照巴菲特的选股标准，能达到要求的股票十分少。所以一旦发现十分理想的投资标的，巴菲特会不断加仓，往往会从小股东—大股东—控股股东，直至进入董事会。这其实很符合巴菲特“buy a business”的投资策略。

正是因为巴菲特相对集中的策略保证了绩效的“长期高收益”，并能长期“战胜市场”。相对于很多基金经理的“撒胡椒面”似的投资策略，巴菲特的策略大大提高了收益，同时也降低了选股的风险。这也就是为什么大部分的基金经理的业绩很难战胜大市。

本章总结

证券投资是指投资者（法人或自然人）购买股票、债券、基金券等有价证券，以及这些有价证券的衍生品，以获取红利、利息及资本利得的投资行为和投资过程，是直接投资的重要形式。

证券投资主要由3个要素构成：收益、风险和时间。

风险与概率直接相关，并由此同期望值、标准离差、标准离差率等发生联系

债券交易包括现券交易、质押式回购、买断式回购、远期交易、利率互换、债券借贷等。

债券投资应充分衡量并规避信用风险、利率风险、通货膨胀风险、流动性风险、再投资风险、经营风险。债券投资既可以在发行市场（也称一级市场）上进行认购，也可以在证券交易市场（也称二级市场）上进行买卖。债券价格取得于债券利息的多少，而债券利息的多少取决于票面利率的高低，这直接影响着债券投资收益的高低。

股票是一种有价证券，是股份公司在筹集资本时向出资人公开或私下发行的、用以证明出资人的股本身份和权利，并根据持有人所持有的股份数享有权益和承担义务的凭证。只有股份有限公司可以发售股票。股票投资是指企业或个人用积累起来的货币购买股票，借以获得收益的行为。股票投资的目的包括获利和控股。股票投资策略有选择股性活跃的股票、选择波幅大的股票、选择有发展潜力的低价股、选择新上市公司的股票、选择强势产业的股票、选择便宜的“实质股”、选择成长股、选择投机股、选择热门股。

股票的价值是指股票期望提供的所有未来收益的现值。股票的收益率可以用 $R = D_1/P_0 + g$ 模型来测算。

基金有广义和狭义之分，从广义上说，基金是指为了某种目的而设立的具有一定数量的资金。例如，信托投资基金、公积金、保险基金、退休基金、各种基金会的基金。人们平常所说的基金主要是指证券投资基金。不同的基金，其认购（申购）、交易与赎回的规则和程序也有所不同。

投资组合理论有狭义和广义之分。狭义的投资组合理论指的是马科维茨投资组合理论；而广义的投资组合理论除了经典的投资组合理论及该理论的各种替代投资组合理论外，还包括由资本资产定价模型和证券市场有效理论构成的资本市场理论。同时，由于传统的 EMH 不能解释市场异常现象，投资组合理论又受到行为金融理论的挑战。

现代投资组合理论主要由投资组合理论、资本资产定价模型、APT 模型、有效市场理论及行为金融理论等部分组成。它们的发展极大地改变了过去主要依赖基本分析的传统投资管理实践，使现代投资管理日益朝着系统化、科学化、组合化的方向发展。

本章习题

一、思考题

1. 证券投资的意义是什么？
2. 如何衡量股票、债券的投资风险？
3. 股票、债券的投资收益评价方法有哪些？
4. 基金有哪些种类？
5. 如何正确理解投资组合的收益与风险问题？
6. 发行公司债券的条件有哪些？债券投资的认购方式有哪几种？

二、单项选择题

1. 某企业准备购入 A 股票，预计 3 年后出售可得 2 200 元，该股票 3 年中每年可获股利收入 160 元，预期报酬率为 10%。该股票的价格为（　　）元。

A. 2 050.76　　B. 3 078.57　　C. 2 552.84　　D. 3 257.68

2. 由于市场利率变动，使投资人遭受损失的风险叫作（　　）。

A. 利息率风险　　B. 期限性风险　　C. 违约风险　　D. 流动性风险

3. 一般而言，下列已上市流通的证券中，流动性风险相对较小的是（　　）。

A. 可转换债券　　B. 普通股股票　　C. 公司债券　　D. 国库券

4. 股票投资的主要缺点为（　　）。

A. 投资收益小　　B. 市场流动性差　　C. 购买力风险高　　D. 投资风险大

5. （　　）能比较好地避免购买力风险。

A. 企业债券　　B. 国库券　　C. 优先股票　　D. 普通股票

6. 以折现方式发行的债券的估价模型中，不涉及的参数是（　　）。

A. 债券面值　　B. 票面利率

C. 市场利率或必要收益率　　D. 付息总期数

7. 相对于公募债券而言，私募债券的主要缺点是（　　）。

A. 发行费用较高　　B. 流通性较差

C. 限制条件较多　　D. 发行时间较长

8. 通常认为，企业进行长期债券投资的主要目的在于（　　）。

A. 控制被投资企业　　B. 调剂现金余额

C. 获得稳定收益　　D. 增强资产流动性

9. 某旅游类上市公司发行可转换债券，每张面值为 500 元，转换比率为 20，则该可转换债券的转换价格为（　　）。

A. 20　　B. 25　　C. 30　　D. 50

10. 证券按其收益的决定因素不同可分为（　　）。

A. 所有权证券和债权证券　　B. 原生证券和衍生证券

C. 公募证券和私募证券　　D. 凭证证券和有价证券

11. 企业进行短期债券投资的主要目的是（　　）。

A. 获得对被投资企业的控制权　　B. 调节现金余缺获取适当收益

C. 增加资产流动性　　D. 获得稳定收益

12. 相对于股票投资而言，下列项目中能够揭示债券投资特点的是（　　）。

A. 无法事先预知投资收益水平　　B. 投资收益率比较高

C. 投资收益率的稳定性比较强　　D. 投资风险较大

13. 某公司发行认股权证筹资，规定每张认股权证可按 45 元认购 10 股普通股票，若公司当前的普通股市价为 7 元，则公司发行的每张认股权证的价值为（　　）元。

A. 2.5　　B. 25　　C. 15　　D. 45

14. 下列不属于股票投资技术分析方法的有（　　）。

A. K 线分析法　　B. 形态分析法

C. 宏观分析法　　D. 波浪分析法

15. 基金的价值取决于（　　）。
A. 基金净资产能给投资者带来的未来现金
B. 基金净资产账面价值
C. 基金净资产现有市场价值
D. 基金净资产给投资者带来的未来现金现值

16. 可转换债券持有人是否行使转换权，主要看转换时普通股市价是否（　　）。
A. 高于转换价值　　B. 低于转换价值
C. 高于转换价格　　D. 低于转换价格

三、多项选择题

1. 下列表述正确的有（　　）。
A. 购买看涨期权可以获得在期权合约有效期内根据合约所确定的履约价格买进一种特定商品或证券的权利
B. 购买看涨期权可以获得在期权合约有效期内根据合约所确定的履约价格卖出一种特定商品或证券的权利
C. 购买看跌期权可以获得在期权合约有效期内根据合约所确定的履约价格买进一种特定商品或证券的权利
D. 购买看跌期权可以获得在期权合约有效期内根据合约所确定的履约价格卖出一种特定商品或证券的权利

2. 下列属于金融期货的有（　　）。
A. 利率期货　　B. 股指期货
C. 原油期货　　D. 铜期货

3. 股票投资的缺点是（　　）。
A. 投资风险小　　B. 求偿权居后
C. 价格不稳定　　D. 投资收益稳定

4. 投资基金的优点是（　　）。
A. 具有专家理财优势　　B. 能完全规避投资风险
C. 能获得很高的投资收益　　D. 具有资金规模优势

5. 与股票投资相比，债券投资的优点是（　　）。
A. 投资收益率高　　B. 购买力风险低
C. 本金安全性好　　D. 收益稳定性好

6. 股票投资的技术分析方法有（　　）。
A. 形态分析法　　B. K 线分析法
C. 指标分析法　　D. 波浪分析法

7. 证券投资相对于实物投资的区别主要是（　　）。
A. 交易成本很高　　B. 流动性好
C. 投资风险较大　　D. 价值不稳定

8. 企业进行股票投资的主要目的是（　　　）。

A. 获得股利收入及股票买卖价差　　B. 取得对被投资企业的控股权

C. 获取稳定收益　　D. 调节现金余额

四、判断题

1. 可转换债券的赎回条款具有强制转换作用，有利于促使投资者将手中的债券转换为股票。（　）

2. 股票期货属于商品期货，股指期货属于金融期货。（　）

3. 套利策略是指利用供需之间的暂时不平衡，或由于市场对各种证券的反应存在时滞，所导致的在不同的市场之间或不同的证券之间出现暂时的价格差异，从中获取无风险的或几乎无风险的收益。（　）

4. 投资基金的收益率是通过基金净资产的价值变化来衡量的。（　）

5. 相对于实物资产的交易，证券买卖的交易快速、简捷，且成本较低。（　）

6. 基金价值与股票价值一样都是指能够给投资者带来的未来现金流量的现值。（　）

7. 债权性证券与所有权证券相比，由于在企业破产时债权性证券的清偿权先于所有权证券，因此其承担的风险小于所有权证券承担的风险。（　）

8. 评价基金业绩最基本和最直观的指标是基金的单位净值。（　）

9. 在通货膨胀期间，一般来说，变动收益证券（如股票）的购买力风险会高于固定收益证券（如债券）。（　）

10. 技术分析只关心市场上证券价格的波动和如何获得证券投资的短期收益，很少涉及证券市场以外的因素。（　）

五、计算分析题

1. 甲公司2010年税后利润为2000万元，发行在外的普通股份数为1000万股，资本支出1000万元，折旧和摊销900万元，2010年比2009年营业流动资产增加400万元。按照经济预期，长期增长率为5%，该公司目前的负债比例为20%，预计将来继续保持这一比例，经估计该公司的股权成本为10%。

要求：

（1）计算该公司的每股价值。

（2）若目前该公司股价为35元，请判断投资者是否值得投资。

2. 某基金公司的相关资料如下。

资料一：2009年1月1日基金总资产（市场公允价）为27000万元，负债总规模（公允价）为5000万元，基金份数为20000万元份。在基金交易中该基金公司收取首次认购费和赎回费，分别为基金净值的2%和1%。

资料二：2009年12月31日，按收盘价计算的资产总额为39000万元，负债总额为3000万元，基金售出总数为30000万元份。

资料三：假定2009年某投资者持有该基金20000份，到2007年12月31日持有该基金份数不变，预计此时基金单位净值为1.25元。

要求：

（1）根据资料一计算 2009 年 1 月 1 日该基金的下列指标：① 基金净资产价值总额；② 基金单位净值；③ 基金认购价；④ 基金赎回价。

（2）根据资料二计算 2009 年 12 月 31 日基金单位净值。

（3）根据资料三计算 2010 年该投资者的预计基金收益率。

第 9 章

企业营运资金管理

本章导读

营运资金为企业正常经营过程中必需的周转资金，它的多少直接影响企业的经营活动和效果。正确的营运资金策略可以有效降低营运成本、提高企业经济效益。营运资金中的流动资产主要包括现金、应收账款、存货等，本章将重点讨论流动资产的管理。

9.1 企业营运资金概述

（一）企业营运资金的概念与构成

营运资金是指流动资产扣除流动负债后的余额，营运资金的管理包括流动资产的管理和流动负债的管理。企业营运资金越大，风险越小，但收益率也越低；相反，营运资金越小，风险越大，但收益率也越高。因此，对营运资金的管理显得尤为重要。

营运资金中的流动资产是指在一年内或超过一年的营业周期内变现的资产，包括货币资金、短期投资、应收或预付账款、存货等；营运资金中的流动负债是指在一年内或超过一年的一个营业周期内偿还的债务，包括短期借款、应付及预收款项等。

根据会计基本恒等式资产总额等于权益总额，可以推导出以下公式：

$$流动资产+非流动资产=流动负债+长期资本$$

上式左右移项后，得：

$$流动资产-流动负债=长期资本-非流动资产$$

（二）企业营运资金的特点

（1）营运资金的周转具有短期性，一般在一年以内，而且流动性很大。

（2）营运资金的实物形态具有很强的变现性，如短期投资、应收账款等极易变现。

（3）营运资金的数额随着企业经营业务的变化而变化。

（4）营运资金的来源具有灵活多样性，具体有短期借款、商业信用、应交税金、应付工资、应付股利等。

课堂讨论

企业营运资金的具体内容有哪些?

知识链接

营运资金管理的基本原则

(1) 认真分析生产经营状况，合理确定营运资金的需要数量。

(2) 在保证生产经营需要的前提下，节约使用资金。

(3) 加速营运资金周转，提高资金的利用效果。

(4) 合理安排流动资产与流动负债的比例关系，保证企业有足够的短期偿债能力，流动资产、流动负债及二者之间的关系能较好地反映企业的短期偿债能力。

9.2 企业现金管理

现金是可以立即投入流通的交换媒介，一般被称为非收益性资产，其最大的特点是普遍的可接受性。尽管企业必须以现金支付工资、购买原料与固定资产、支付所得税等，但现金本身并不能给企业带来盈利。现金管理的目的是在现金的流动性（安全性）与盈利性之间做出合理决策，以获取最大的长期收益。

(一) 持有现金的动机

1. 一般性动机

(1) 交易性动机：满足企业日常业务支付的需要，如用于购买存货、支付工资、交纳税金、支付股利等。

(2) 预防性动机：应付意外事件对现金的需求。它主要取决于企业对现金流量的预见能力和企业的负债能力。

(3) 投机性动机：以满足其特殊机会的需要，以取得收益。

企业缺乏必要的现金将无法应付日常业务开支，置存过量的现金又会因资金不能投入周转而无法取得收益而遭受损失。

2. 特殊动机

(1) 企业持有充足的现金可较易获取交易中的现金折扣，从而获取较大的经济利益。

(2) 企业持有充足的现金可提高与维持企业的信用等级（对企业信用等级评价时，

现金多少是一个非常重要的因素）。

（3）企业持有充足的现金，可以有效地提高企业在竞争中的灵活性。

（二）现金持有量确定

1. 存货模式

存货模式是指存货批量模型，可用于确定目标现金持有量，它能够使现金管理的机会成本与固定转换成本之和保持最低的现金持有量，即为最佳现金持有量。

设 T_c 为现金管理总成本，T 为一个周期内现金总需求量，F 为每次转换有价证券的固定成本，Q 为最佳现金持有量，K 为资金成本率，则：现金管理总成本 = 持有机会成本 + 固定性转换成本，即

$$T_c = (Q/2) \times K + (T/Q) \times F$$

最佳现金持有量的计算公式为：

$$Q = \sqrt{2TF/K}$$

【例 9-1】某企业现金收支情况良好，预计全年现金总需求量为 300 万元，现金和有价证券的转换成本为每次 500 元，资金成本率为 5%，则：

最佳现金持有量 $Q = \sqrt{2 \times 3\,000\,000 \times 500/5\%} = 244\,949$（元）

最低现金管理总成本 $T_c = \sqrt{2 \times 3\,000\,000 \times 500 \times 5\%} = 12\,247$（元）

验证：

转换成本 $= T/Q \times F = 3\,000\,000/244\,949 \times 500 = 6\,123.72$（元）

机会成本 $= Q/2 \times K = 244\,949/2 \times 5\% = 6\,123.72$（元）

有价证券转换次数 $= T/Q = 3\,000\,000/244\,949 = 12.25$（次）

有价证券转换间隔期 = 360/12.25 = 29.39（天）

2. 成本模式

成本模式是通过分析持有现金的成本（包括机会成本、管理成本、短缺成本），确定其持有成本最低时的现金持有量。

机会成本是指企业因占用现金而失去的投资机会，是持有现金而付出的隐性代价，现金持有量越大，机会成本就越大。

管理成本是指企业持有现金而发生的相关费用，如出纳员工资、安全措施费用等。现金管理费用在一定范围内属于固定费用，一般与现金持有量无明显的比例关系。

短缺成本是企业现金不足时，不能应付经营业务开支需要而蒙受的信用损失，短缺成本与现金持有量成反比。

机会成本、管理成本和短缺成本三项之和最小的现金持有量就是最佳现金持有量。最佳现金持有量的计算，可以首先计算出各种方案的机会成本、管理成本、短缺成本，再通过比较分析找出其中总成本最低的最佳现金持有量。

【例 9-2】某五星级酒店有 4 种现金持有方案，经测算有关数据见表 9-1。

表 9-1　4 种现金持有方案

单位：万元

项目＼方案	A	B	C	D
机会成本	15	20	25	30
管理成本	5	5	5	5
短缺成本	15	8	1	0
总成本	35	33	31	35

对比上述 4 个方案可知，其中 C 方案的总成本为最低，说明企业现金持有量为 31 万元时，现金持有总成本最低，因此 31 万元是企业最佳现金持有量。

（三）现金日常管理与控制

1. 制度性管理

（1）内部控制制度

现金内部控制主要应遵循“钱账分管”的原则，即管钱不管账，管账不管钱，出纳人员不得兼管稽核、收入费用债权债务账目的登记、会计档案等工作。

（2）现金管理制度

现金管理制度规定了现金的使用范围：主要是企业对个人的各项支付，包括支付给职工的工资、津贴和奖金，支付给个人的劳务报酬，支付的各种劳保福利费用，以及规定支付给个人的其他支出，支付差的差旅费，向个人收购农副产品和其他物资的价款，结算起点（2 000 元）以下的零星支出等。

现金管理制度规定了企业库存现金限额，即允许企业保留现金的最高数额，一般按企业日常零星开支 3～5 天的需要额核定。

现金管理制度规定企业不得从当天现金收入中直接开支企业的相关费用，当天现金收入应当及时送存开户银行。

现金管理制度规定不得以白条抵充库存现金，不准假造用途套取现金。不得保留账外公款，不得公款私存，不得出租出借账户，不得签发空头支票和远期支票，不得套取银行信用等。

2. 日常管理策略

（1）力争现金收支同步。即指企业尽量使它的现金流入与现金流出发生的时间趋于一致，这样就可以使其所持有的经营性现金余额降到最低水平。

（2）合理使用现金浮游量。是指企业开出支票，收款人收到支票并存入银行，到银行将款项划出企业账户，中间需要一段时间，按结算常规这笔现金仍有一段时间保留在企业的账户内，可由企业暂时使用。不过在使用现金浮游量时一定要控制使用时间，否则会发生透支。

企业能否享受现金浮游量主要取决于以下两个因素：① 企业收到客户支票后，将其加速转换为现金的能力；② 企业开出支票后延期付款的能力。

（3）加速收款时间。是指企业采取各种措施，缩短应收账款的时间，及时收回账款。如合理确定信用政策、正确分析客户的信用情况、及时组织催收账款等。

缩短赊账时间：如将信用条件“1/10，*n*/40”改为“1/10，*n*/30”。具体做法有集中银行系统、锁箱系统、尽快处理巨额款项（如特别催收、提前邮寄账单、账单特殊递送）。

（4）控制付款。如推迟付款，在不影响企业信誉的条件下尽可能地推迟货款的支付期，充分利用供货方提供的信誉优惠，甚至可放弃供货方提供的现金折扣优惠，在信用期的最后一天付款；还可以利用汇票付款、利用支票支付工资；适度透支制度，信誉好的企业，银行允许一定限额的透支，以弥补其资金的暂时短缺。

课堂讨论

企业为何必须持有一定数量的现金？

9.3 企业应收账款管理

应收账款是流动资产管理的一个重要内容。企业通过赊销、委托代销和分期收款等商业信用的形式，利用应收账款可以扩大销售、减少存货，从而增加销售利润，但是也会相应增加应收账款成本。它包括机会成本、管理成本和坏账成本。

应收账款管理的目标，就是在充分发挥应收账款有利于促销增效积极作用的同时，努力控制和降低应收账款的成本。而制定正确合理的应收账款政策，是实现这一目标的首要条件。

（一）应收账款持有成本

（1）机会成本。企业资金如果不占用在应收账款，就可用于其他投资，如有价证券，从而取得一定的收益，这种因投资于应收账款而放弃其他投资相应减少的收益，就是应收账款的机会成本。

（2）管理成本。应收账款的管理成本主要包括：调查顾客信用状况的费用；收集各种信息的费用；应收账款的核算费用；应收账款的收账费用；其他管理费用。

（3）坏账损失成本。因种种原因而无法收回的应收账款，就是坏账损失成本，它一般与应收账款的数额成正比。

（二）应收账款政策

应收账款政策又称信用政策，主要包括以下三方面的内容。

1. 信用标准

信用标准是指公司同意向客户提供商业信用而要求的最低条件。如果客户的信用状况和财务能力达不到这一最低标准，则公司不予赊销。信用标准一般用预计的坏账损失率来衡量。公司如果采用严格的信用标准，会不利于销售规模的扩大，但有利于降低应收账款成本；如果采用宽松的信用标准，则结果会反之。

【例 9-3】 某公司原先的信用标准是对预计坏账损失率在 10‰以下的客户同意赊销。现有两种改变原先信用标准的方案可供选择（表 9-2），假如销售利润率为 18%，有价证券投资收益率即应收账款的机会成本为 12%，则这两个方案的分析见表 9-2。由此可见，采用方案 B 显然要比方案 A 好。

表 9-2　可供选择的方案

项　　目	严格信用标准的 A 方案	放宽信用标准的 B 方案
信用标准（预计坏账损失率）	5‰	15‰
信用标准改变对销售收入的影响/元	－10 000	＋15 000
应收账款平均收款期/天	60	75
应收账款坏账率/‰	7.5	12.5
销售利润的增减额/元	－10 000×18% ＝ －1 800	＋15 000×18% ＝ ＋2700
应收账款机会成本的增减额/元	－10 000×12% ÷360×60 ＝ －200	＋15 000×12% ÷360×75 ＝ ＋375
应收账款管理成本的增减额/元	－100	150
对利润的综合影响/元	－1 800 －（ －200 －100 －75）＝ －1 425	2 700 －（375 ＋150 ＋1 875） ＝300

2. 信用条件

信用条件是指公司要求客户支付赊销款项的有关条件，包括信用期限、现金折扣期限和现金折扣率。信用期限是公司对客户规定的最长付款时间。现金折扣是公司为了鼓励客户提前付款而同意给予的折价优惠。例如，合同条款中注明的“2/10，1/20，*n*/30”即表示客户若能提前在 10 天内付款，可享受 2% 的折扣；若提前在 20 天内付款，也可享受 1% 的折扣；超过 20 天则不享受折扣，并必须在 30 天内付清全部货款。这时的 30 天就是信用期限，10 天与 20 天则是现金折扣期限，2% 与 1% 是与之相应的现金折扣率。公司如果采用宽松的信用期限，会有利于扩大销售，但同时也会增加应收账款成本。而结合采用优惠的现金折扣政策，则会因加速应收账款的回收而降低应收账款成本，但同时又会因增加现金折扣成本而影响公司利润。

3. 收账政策

收账政策是指当客户违反信用条件时，公司所采取的催收款项的策略与方式。收账政策可分为积极的收账政策和消极的收账政策。

公司如果采用积极严厉的收账政策，会降低应收账款的机会成本与坏账成本，但会增加收账费用的支出，同时因频繁催讨施压，又会使今后部分客户流失而影响销售与利润；如果采用消极宽松的收账政策，则结果会反之。因此，公司应该在成本与收益等方面权衡利弊以采取适宜的收账政策。

（三）应收账款信用政策的内容

企业应当根据客户履行偿债义务的可能性、偿债能力财务实力和财务状况、能否提供足够的抵押，以及可能影响付款能力的经济环境确定对客户的信用期和现金折扣。

1. 信用期

信用期一般是由企业从客户购买旅游产品到付款之间的时间，就是企业给客户的付款时间。例如，某地接旅行社允许组团社在选择旅游线路并发团后 60 天内付款，则信用期为 60 天。信用期过短不足以吸引组团社，在竞争中使营业额下降；信用期过长，对增加营业收入固然有利，但只顾及营业额增长而盲目放宽信用期，所得的收益有时会被增长的费用抵消，甚至造成利润减少。因此，旅游产品销售方必须慎重确定恰当的信用期。

信用期的确定主要是分析改变现行的信用期对收入和成本的影响。延长信用期会使营业额增加，产生有利影响；与此同时，应收账款占用成本、收账费用和坏账损失会相应增加，从而产生不利影响。当前者大于后者时，可以延长信用期，否则不宜延长。

2. 现金折扣政策

企业为了扩大市场占有率，吸引更多的客源从而获得更多的边际利润，允许购买方在一定的条件下先消费和付款。但这种赊销经常是无担保的，当客户无力偿付欠款时，企业虽然有权索取账款，但因为没有担保物，使企业承担了较大的风险。因此，企业在允许客户欠款时，可以做出在一定期限内付款则给予相应现金折扣的优惠，并规定赊账的最长期限，以鼓励客户及时付款，同时给不同的客户规定不同的赊欠最高限额等，以减少可能发生的坏账损失。

折扣的表示常采用如 5/10、2/20、1/30、*N*/40 这样一些符号形式，表示 10 天内付款给予 5% 的现金折扣；如果超过 10 天但能在 20 天内付款，还可以给予 2% 的折扣；若超过 20 天尚能在 30 天内付款，则只能给予 1% 的现金折扣；如果超过 30 天则无任何优惠，而且最长赊欠时间为 40 天。

（四）应收账款信用政策的变动分析

应收账款信用政策的变动分析主要采取增量分析法（边际收益分析法），计算方法如下。

（1）计算增量边际贡献：

（2）计算应收账款投资成本（机会成本）：

$$投资成本 = 日赊销额 \times 平均收账期 \times 变动成本率 \times 资本成本率$$

（3）计算收账管理费用与坏账损失。

（4）确定增量利润。

【例 9-4】海南某旅行社长期从事“海南七日游”的接团工作，现在采用 30 天按发票金额付款（即不给折扣），拟将信用期放宽至 60 天，仍按发票金额付款。该旅行社的最低报酬率要求达到 15%，其他数据见表 9-3。

表 9-3　其他数据

项目＼信用期	30 天	60 天
旅行团人数/人	200	300
营业额（每人 2 000 元）/元	400 000	600 000
成本：		
变动成本（每人 1 200 元）/元	240 000	360 000
固定成本/元	100 000	100 000
毛利/元	60 000	140 000
可能发生的收账费用/元	5 000	15 000
可能发生的坏账损失/元	2 000	6 000

在分析时先计算放宽信用期后得到的收益，然后计算增加的成本，最后根据两者比较的结果做出判断。

① 收益增加 = 增加的游客人数 × 单位边际贡献 = (300 − 200) × (2 000 − 1 200) = 80 000（元）

② 应收账款占用资金的应计利息增加：

应收账款应计利息 = 应收账款占用资金 × 资金成本

应收账款占用资金 = 应收账款平均余额 × 变动成本率

应收账款平均余额 = 日营业额 × 应收账款回收天数

30 天信用期应计利息 = (400 000/360) × 30 × (240 000/400 000) × 15% = 3 000（元）

60 天信用期应计利息 = (600 000/360) × 60 × (360 000/600 000) × 15% = 9 000（元）

应计利息增加 = 9 000 − 3 000 = 6 000（元）

③ 收账费用和坏账损失：

收账费用增加 = 15 000 − 5 000 = 10 000（元）

坏账损失增加 = 8 000 − 2 000 = 6 000（元）

④ 改变信用政策的税前损益 = 收益增加 − 成本费用增加

= 80 000 − (6 000 + 10 000 + 6 000) = 58 000（元）

由于放宽信用期后能取得增量利润，因此该旅行社应当采用 60 天的信用期。

课堂讨论

企业持有应收账款的成本有哪些？

9.4 企业存货管理

（一）存货管理的目标

存货是指企业在经营过程中为销售或者耗用而储备的物资，如酒店餐饮部门为制作各种菜肴所储备的原材料、商场用来出售的各式商品、日常使用的各种家具、用具等低值易耗品等。

如果企业在经营过程能即时购入原材料或商品，即能按需购入各种物资，就不需要存货，但在实际上，企业总有储存各种物资的需要，并因此占用或多或少的资金，这种存货的需要出自以下原因。

首先保证生产或销售的经营需要。实际上企业很少能做到随时购入生产经营所需要的各种物资，即使是市场供应量充足的物资也是如此。这不仅因为常有某种物料的市场断档，还因为企业距供货点较远而需要必要的途中运输及可能出现的运输故障。一旦生产经营所需物料短缺，就会导致生产经营活动的被迫停顿，从而给企业带来损失。为了避免或减少出现停工待料、停业待货等现象，企业必须储备存货。

其次是出自价格的考虑。零购物资的价格往往较高，而整批购买在价格上常有优惠。但是过多的存货要占用较多的资金，并且会增加包括仓储费用、保险费用、维护费用、管理人员工资在内的各项支出。存货占用资金是有代价的，占用过多会使利息支出增加并导致利润的损失；各项开支的增加更直接使成本上升。财务部门期望存货占用资金少；采购部门期望大批量采购，以降低采购成本；生产部门希望保持较高存货，进行均衡生产；销售部门期望有大量成品存货，以满足市场需求。

存货管理就是要努力进行平衡，要尽力在各种存货成本与存货效益之间做出权衡，达到两者的最佳结合，这就是存货管理的目标。

（二）存货管理的相关成本

1. 进货成本

进货成本即为取得某种存货而发生的经济利益的流出，包括进价成本与进货费用两部分，通常用 TC_a 来表示。

（1）进价成本。是指存货本身的价值，经常用数量与单价的乘积来确定。每年的存货需要量用 D 表示，单价用 P 表示，进价成本为 DP。在存货基本模型中（不考虑数量折扣），属于决策的无关成本。

（2）进货费用。为取得货物而发生的各种费用，如采购部门的办公费、差旅费、邮费、电话通信费用等支出。按与订货次数的关系分为变动成本与固定成本，变动成本是指与订货次数有关的费用，如差旅费、邮资、电话通信费用等，这些变动成本为决策的相关成本；固定成本是指与订货次数无关的费用，如常设采购机构的各项基本开支等。固定采

购成本用 F_1 表示，每次采购成本用 K 表示，每年采购次数等于年存货需要量 D 与每次进货数量 Q 之商。进货总成本的计算公式为

$$进货总成本 = 进价成本 + 进货费用$$

$$TC_a = DP + F_1 + K \cdot D/Q$$

2. 储存成本

储存成本是指为保持存货丧失或流出的经济利益，包括占用存货资金应计的利息（若企业用自有的现金购买存货，便失去了现金存放银行或投资于证券本应取得的利息，即“放弃利息”；若企业用借款购买存货，便要支付利息费用，即“付出利息”）、仓库费用、保险费用、存货破损和变质损失等，通常用 TC_C 来表示。储存成本按与储存量的关系可分为变动储存成本与固定储存成本。变动储存成本与存货储存数量的多少相关，如存货资金的利息、存货破损和变质损失、存货的保险费用等，单位变动储存成本用 K_C 表示，变动储存成本为决策的相关成本；固定储存成本与存货数量多少无关，如仓库折旧、租金、仓库职工的固定月工资等，通常用 F_2 表示。储存成本的计算公式为

$$储存成本 = 固定储存成本 + 变动储存成本$$

$$TC_C = F_2 + K_C \times Q/2$$

3. 缺货成本

缺货成本是指存货不足给企业造成的损失，包括材料供应中断造成的停工损失，商品库存缺货导致的拖欠发货损失和丧失销售机会的损失（还有商誉损失），紧急采购而发生的额外购入成本（紧急采购的开支会大于正常采购的开支）。缺货成本大多属于机会成本，用 TC_S 表示。在不允许缺货条件下，缺货成本为不相关成本。

如果以 TC 来表示储备存货的总成本，它的计算公式如下：

$$TC = DP + F_1 + K \cdot D/Q + F_2 + K_C \cdot Q/2 + TC_S$$

企业存货的最优化，就是使上式的 TC 值最小。

（三）经济订购批量基本模型

存货决策涉及4项内容：决定进货项目、选择供应单位、决定进货时间和决定进货批量。决定进货项目和选择供应单位是生产销售部门和采购部门的职责。财务部门要做的是决定进货时间和进货批量（分别用 T 和 Q 表示）。根据存货管理的目标，需要通过确定合理的每次进货批量和进货时间，使存货的总成本最低，这个每次的采购量称为经济订货量或经济批量。有了经济批量就可以很容易地找出最适宜的进货时间。

1. 基本假设

（1）及时补充存货。

（2）集中到货。

（3）不允许缺货，无缺货成本，即 TC_S 为0。

（4）需求已知。

（5）单价不变。

（6）现金充裕。

（7）货源充足。

2. 基本模型

在以上基本假设后，存货总成本可以简化为

$$TC = DP + F_1 + K \cdot D/Q + F_2 + K_C \cdot Q/2$$

当 D、P、F_1、K、F_2、K_C 为常数时，TC 的大小取决于 Q。为了求出 TC 的极小值，对其进行求导运算，可得出下列公式：

$$Q^* = \sqrt{\frac{2KD}{K_C}}$$

这就是经济订货量基本模型，求出的每次订货批量，可使 TC 达到最小值。

每年最佳订货次数：

$$N^* = \frac{D}{Q^*} = \sqrt{\frac{DK_C}{2K}}$$

与批量有关的存货总成本公式：

$$TC\ (Q^*) = 进货变动成本 + 储存变动成本$$

$$= \left(D/\sqrt{\frac{2KD}{K_C}}\right) \times \mathrm{K} + \left(\sqrt{\frac{2KD}{K_C}}\right)/2 \times K_C$$

$$= \sqrt{2\mathrm{KDK_C}}$$

最佳订货周期公式：

$$t^* = \frac{360}{N^*}$$

经济订货量占用资金：

$$I^* = \frac{Q^*}{2} \times U$$

【例 9-5】某旅游度假大酒店餐饮部每年耗用某种原料 6 400 千克，该原料单位成本 80 元，单位储存成本 4 元，一次订货成本 50 元。则：

$$Q^* = \sqrt{\frac{2KD}{K_C}} = \sqrt{\frac{2 \times 6\,400 \times 50}{4}} = 400\ （千克）$$

$$N^* = \frac{D}{Q^*} = 6\,400/400 = 16\ （次）$$

$$TC\ (Q^*) = \sqrt{2KDK_C} = \sqrt{2 \times 50 \times 6\,400 \times 4} = 1\,600\ （元）$$

$$t^* = \frac{360}{N^*} = 360/16 = 22.5\ （天）$$

$$I^* = \frac{Q^*}{2} \times U = 400/2 \times 80 = 16\,000\ （元）$$

（四）订货点

1. 影响订货点的因素

订货点就是企业一项存货再次订购时所应保持的存货量。确定订货点应考虑的三要素：订购时间、日均需要量、安全存量。

2. 订货点的确定

（1）基本模型：

$$订货点 = 日均需要量 \times 订货时间 + 安全存量$$

（2）订货时间确定，需要量稳定：

$$订货点 = 日均需要量 \times 订货时间$$

（3）订货时间确定，需要量不稳定：

$$安全存量 = (预计日最高需要量 - 日均用量) \times 订货时间$$

（4）订货时间与需要量均不稳定：

$$安全存量 = 延误天数 \times 日均需要量 + (延误天数 + 订货时间) \times (日最高用量 - 日均需要量)$$

3. 缺货条件下安全存量的确定

建立安全储备，固然可以使企业避免缺货或供应中断造成的损失，但存货平均储备量加大却会使储备成本升高。研究安全储备的目的，就是要找出合理的保险储备量，使缺货或供应中断损失和储备成本之和最小。方法上可先计算出各不同保险储备的总成本，然后再对总成本进行比较，选定其中最低的。

相关总成本 = 缺货成本 + 保险储备成本

= 缺货数量 × 单位缺货成本 × 全年订货次数 + 安全存量 × 单位存货成本

现实中，缺货数量具有概率性，其概率可根据历史经验估计得出；保险储备量可估计或按其他方法选择而定。

【例9-6】假定某存货的年需要量为3 600件，单位储存变动成本2元，单位缺货成本4元，交货时间10天；已经计算出经济订货量为300件，每年订货次数12次。交货期内的存货需要量及其概率分布见表9-4。

表9-4　交货期内的存货需要量及其概率分布

需要量	70	80	90	100	110	120	130
概率	0.01	0.04	0.2	0.5	0.2	0.04	0.01

先计算不同安全储备的总成本。

（1）不设置安全储备量。

即按100件为再订货点。此种情况下，当需求量为100件或其以下时，不会发生缺货，其概率为0.75（0.01 + 0.04 + 0.20 + 0.50）；当需求量为110件时，缺货10件（110 − 100），其概率为0.20；当需求量为120件时，缺货20件（120 − 100），其概率为0.04；

当需求量为130件时，缺货30件（130－100），其概率为0.01。因此：

缺货量＝(110－100)×0.2＋（120－100）×0.04＋（130－100）×0.01
＝3.1（件）

相关总成本＝4×3.1×12＋0×2＝148.8（元）

（2）安全储备量为10件。

即以110件为再订货点。此种情况下，当需求量为110件或以下时，不会发生缺货，其概率为0.95（0.01＋0.04＋0.20＋0.50＋0.20）；当需求量为120件时，缺货10件（120－110），其概率为0.04；当需求量为130件时，缺货20件（130－110），其概率为0.01。因此：

缺货量＝(120－110)×0.04＋（130－110）×0.01＝0.6（件）

相关总成本＝4×0.6×12＋10×2＝48.8（元）

（3）保险储备量为20件。

同样运用以上方法，可计算缺货量与相关总成本如下：

缺货量＝(130－120)×0.01＝0.1（件）

相关总成本＝4×0.1×12＋20×2＝44.8（元）

（4）保险储备量为30件。

即以130件为再订货点。此种情况下可满足最大需求，不会发生缺货，因此：

相关总成本＝4×0×12＋30×2＝60（元）

然后，比较上述不同保险储备量的总成本，以其低者为最佳。

结论：当安全存量为20件时总成本最低，即在订货点为120件时最佳。

（五）存货的ABC控制法

企业的存货品种繁多，收发频繁。为了在管理上分清主次，区别对待，抓住重点，以达到事半功倍的效果，可以采用ABC控制法。就是将各种存货按全年需要额（需要量乘以单位成本，即存货占用资金）的大小划分为A、B、C三类，以区分主次，在此基础上，对不同类别的存货采用不同的方法进行计划和控制的一种方法。一般将品种数占全部品种15%而资金占用额占全部存货总额的70%左右的存货划分为A类；将资金占用额和品种数各占20%的存货划分为B类；将品种数占65%左右和资金占用额占10%以下的存货划分为C类。

【例9-7】某企业各种存货分类见表9-5。

表9-5 某企业各种存货分类

类别	品种数	品种结构	资金占用额/万元	资金占用额比例/%
A	145	14.5%	56.32	70.4
B	215	21.5%	16	20
C	640	64%	7.68	9.6
合计	1000	100%	80	100

为了针对上述3类存货进行有效的管理，首先应当对A类存货进行重点控制，严格把关，控制好A类存货，也就等于控制了存货的大部分，因此可以首先计算出A类存货的

经济订货量和订货点，千方百计地减少每次订货量，适当增加全年的订货次数，使日常存货量达到最优水平；其次要应用永续盘存卡片，及时登记每次订购、入库、发出和结余的数量，当实际库存达到订货点时，需立即发出请购信号，通知采购部门进行采购。同时还要经常对存货的动态进行严格监督，以便及时发现问题并采取措施加以解决。对于 B 类存货的控制，也要事先为每个品种计算经济订货量和订货点，平时也要进行永续盘存记录，但相对于 A 类存货而言，不必经常监督盘查，只要定期进行检查即可。对于 C 类存货，由于它们品种繁多价值不大，可以酌情增大每次订货量，适当减少订货次数，即使存货数量较大，也不会对存货总的资金占用额产生较大影响，定期进行盘存即可。

课堂讨论

企业持有存货的相关成本有哪些？如何计算经济进货批量？

知识链接

供应链金融解决小微企业营运资金问题

供应链金融是指把供应链上的相关企业作为一个整体，根据交易中构成的链条关系和行业特点设定融资方案，将资金有效注入处于相对弱势的中小企业，并为大型企业提供资金理财服务，从而解决供应链中资金分配的不平衡问题，并提升整个供应链的企业群体竞争力。

1. 动产质押融资

动产质押融资是指企业以银行认可的货物为质押申请融资。企业将合法拥有的货物交付银行认定的仓储监管公司监管，不转移所有权。企业既可以取得融资，又不影响正常经营周转。

动产质押融资支持多种融资方式，包括贷款、开立银行承兑汇票、信用证、保函、保证贴现商业承兑汇票等，企业可以灵活选择合适的方式使用融资。

动产质押可采用逐批质押、逐批融资的方式，企业需要销售时可以交付保证金提取货物，也可以采用以货易货的方式，用符合银行要求的、新的等值货物替代打算提取的货物。

业务办理流程：① 银行、客户、物流监管仓库签订《仓储监管协议》；② 客户将存货质押给银行；③ 银行为客户提供授信；④ 客户存入保证金、汇入款项或补充同类质押物；⑤ 银行向监管仓库发出放货指令。

2. 未来货权质押开证

未来货权质押开证是指进口商采用信用证结算方式进口时，以未来货权为质押，免除银行授信担保抵押的限制向银行申请开立国际信用证。客户在深发展办理该业务只需交纳极少比例的保证金，充分利用银行信用，完成大宗商品的进口采购。授信安排上，既可针对长期订单给予开证额度，也可单笔办理。

业务优点：以进口货物未来货权质押，无须提供其他保证或抵质押担保；利用少量保证金完成大宗采购，杠杆效益显著；充分利用银行信用，扩大进口规模，获得贸易折扣；与银行国内贸易融资产品衔接，为进口及国内销售提供全程融资。

凡是长期从事大宗物资或基础原材料等商品的进口贸易，或为大型企业提供购销服务的专业外贸企业，均可向银行申请此项服务。

无资质进口物资方案如下。

背景：B 公司欲进口铁矿砂（或煤炭），有进口资质但无银行授信；A 公司有银行授信但无进口资质。

解决方案：转口贸易加直接进口方案。

当事方：

A 公司，境内无资质进口公司（在开户银行有授信敞口）；

B 公司，境内有资质进口公司（在 A 公司开户行开立一般存款账户）；

C 香港公司（为 A 公司控制，并在 A 公司开户行开立 NRA 账户）；

D 香港公司（为 B 公司控制，并在 A 公司开户行开立 NRA 账户）；

E 国外供应商。

业务流程如图 9.1 所示。

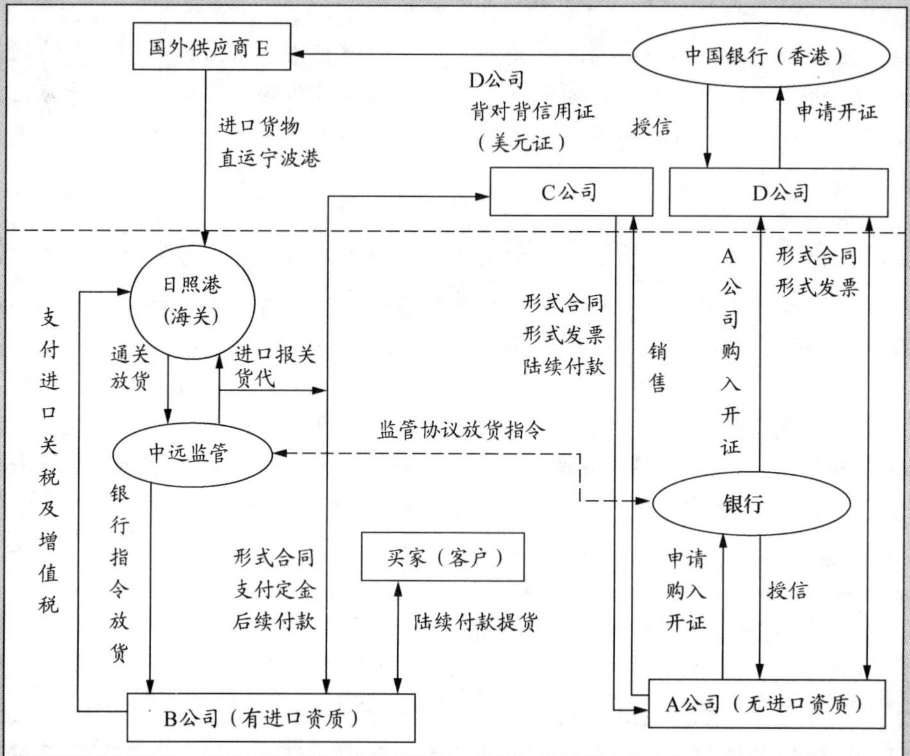

图 9.1 未来货权质押融资方案流程图

(1) B 与 E 签订长期供货协议。

(2) A 通过开户行开立 LC 给 D。

(3) D 背对背开立 LC 给国外供应商 E。

(4) 国外供应商 E 发货至指定港口，授信行指定物流公司监管。

(5) D 将单据给 A。

(6) A 通过转口贸易将提单及货物转让给 C。

(7) C 通过人民币现金结算转卖给 B。

(8) C 将收到现金转付 A，开户行查询到款金额，向监管物流公司发出放货指令。

(9) 按外管局要求，A 公司在与香港 C、D 公司收付款的单据中注明“转口贸易”。

附加产品：① A 公司转口贸易，先支后收，先支情况下给予短期进口押汇，后收款用于归还押汇；② A 公司转口贸易，先支后收，先支情况下给予短期进口代付，后收款存立后用于补交代付全额保证金，并将外币保证金配以外币理财产品，理财所得若高于代付成本，则双赢，银行与客户分成所获利润。

本章总结

本章主要介绍了营运资金管理的实务问题，主要包括现金的管理、应收账款管理和存货的管理。现金管理的重点在于确定最佳现金持有量，即持有现金的机会成本、管理成本和短缺成本之和最低时的持有量；应收账款管理的重点是制定恰当的信用政策和有效的收账政策，在扩大收益的同时努力降低收账费用和坏账损失；存货管理的目标在于尽力在各种存货成本与存货效益之间做出权衡，达到两者的最佳结合。

本章习题

一、思考题

1. 什么叫营运资金？具体包括哪些内容？有哪些特点？
2. 现金管理的具体内容是什么？
3. 什么叫最佳现金持有量？有哪些计算模型？
4. 什么是应收账款？产生应收账款的原因是什么？
5. 信用政策的具体内容有哪些？
6. 持有应收账款的成本包括哪些内容？
7. 什么是存货？企业保留存货的目的是什么？
8. 什么是存货经济批量？什么是 ABC 控制法？

二、单项选择题

1. 持有现金的动机中，属于应付未来现金流入和流出随机波动的动机是（　　）。
   A. 预防动机　　B. 交易动机
   C. 长期投资动机　　D. 投机动机
2. 由信用期限、折扣期限及现金折扣3个要素构成的付款要求是（　　）。
   A. 资信程度　　B. 信用条件
   C. 信用标准　　D. 收账方针
3. 存货ABC分类控制法中对存货划分的最基本分类标准是（　　）。
   A. 品种数量标准　　B. 重量标准
   C. 金额标准　　D. 金额与数量标准
4. 某五星级酒店测算，若采用银行业务集中法，增设收账中心，可使酒店的应收账款余额由目前的4000万元降低到3000万元，每年增加相关费用35万元，该酒店的综合资金成本率为5%，则该酒店（　　）。
   A. 应采用邮政信箱法顾问　　B. 不应采用银行业务集中法
   C. 难以确定　　D. 应采用银行业务集中法
5. 基本经济进货批量模型所依据的假设不包括（　　）。
   A. 允许缺货　　B. 存货需求稳定均衡
   C. 进货进价不变　　D. 全年进货总量可以准确预测
6. 某酒店餐饮部预计年度赊销收入净额为3600万元，应收账款收账期为40天，变动成本率为45%，资金成本率为8%，则应收账款的机会成本是（　　）万元。
   A. 10　　B. 18　　C. 7.2　　D. 36
7. 已知某种存货的全年需求量为72000件，该存货的再订货点为2000个，每年按360天计算，则存货的订货在途时间为（　　）。
   A. 18　　B. 12　　C. 10　　D. 30
8. 已知某种存货的年需要量为3600个，订货在途时间为20天，则该存货的再订货点为（　　）个。
   A. 10　　B. 360　　C. 18　　D. 200
9. 持有过量现金可能导致的不利后果是（　　）。
   A. 资产流动性下降　　B. 收益水平下降
   C. 财务风险加大　　D. 偿债能力下降
10. 下列各项与存货有关的成本费用中，不影响经济进货批量的是（　　）。
   A. 采购员的差旅费　　B. 常设采购机构的基本开支
   C. 存货资金占用费　　D. 存货保险费

三、多项选择题

1. 在基本模型假设前提下确定经济订货量时，下列表述正确的有（　　）。
   A. 使年相关储存成本与年相关进货费用之和的总成本为最低时的采购批量叫经济订货量

B. 每次进货批量的变动，相关进货费用与相关储存成本呈反向变化
C. 相关储存成本的高低与每次进货批量成正比
D. 相关订货成本的高低与每次进货批量成反比

2. 下列属于存货变动储存成本的有（　　）。
A. 紧急额外采购增加的成本　　B. 存货占用资金的应计利息
C. 存货破损变质损失　　D. 存货保险费用

3. 对客户进行资信评估应当考虑的因素是（　　）。
A. 信用品质　　B. 资本和抵押品
C. 偿付能力　　D. 经济状况

4. 营运资金周转是营运资金从现金投入经营开始到最终转化为现金为止的过程。下列会使营业周转期缩短的情形有（　　）。
A. 缩短预收账款周转期　　B. 缩短存货周转期
C. 缩短应付账款周转期　　D. 缩短应收账款周转期

5. 赊销在酒店经营中所发挥的作用是（　　）。
A. 促进销售　　B. 增加现金
C. 减少借款　　D. 降低存货

6. 下列各项中属于现金持有成本的是（　　）。
A. 现金被盗损失　　B. 现金管理人员工资
C. 现金安全措施费用　　D. 现金的再投资收益

7. 为了提高现金的使用效率，企业应该（　　）。
A. 加速收款并尽可能推迟付款　　B. 尽可能使用汇票付款
C. 使用现金浮游量　　D. 用现金支付工资

8. 提供比较优惠的信用条件，可增加销售量，但也会付出一定代价，主要有（　　）。
A. 坏账损失　　B. 现金折扣成本
C. 收账费用　　D. 应收款占用的机会成本

9. 在应收账款信用政策中确定现金折扣政策的目的在于（　　）。
A. 扩大销售量　　B. 吸引顾客为享受优惠而提前付款
C. 缩短平均收账期　　D. 降低税收负担

10. 确定再订货点要考虑的因素是（　　）。
A. 经济订货批量　　B. 单位储存成本
C. 每天存货需求量　　D. 存货订货在途时间

11. 缺货成本指由于不能及时满足生产经营需要而给企业带来的损失，包括（　　）。
A. 临时紧急采购发生的超额费用　　B. 停工待料损失
C. 信誉或商誉损失　　D. 延期交货的违约金

12. 下列有关及时生产的存货系统表达正确的有（　　）。
A. 只有在使用之前才从供应商处进货，最大限度降低原材料库存
B. 只有在出现需求或接到订单时才开始生产，避免产品库存

C. 要求企业在生产经营的需要与材料物资的供应之间实现同步

D. 其目的是将企业存货降低到极小值，甚至达到零库存

四、判断题

1. 企业营运资金余额越大，说明企业风险越小，收益率越低。 ( )

2. 企业之所以持有一定数量的现金，主要是出于长期投资的动机。 ( )

3. 在确定应收账款机会成本时，应收账款的平均余额是根据平均每日赊销额与平均收账天数的乘积确定的，这里平均收账天数一般按各客户赊账额占总赊账额的比例为权数的所有客户收账天数的加权平均数。 ( )

4. 保险储备的存在虽然可以减少缺货成本，但增加了储存成本。最佳的存货政策就是在这些成本之间进行权衡，选择使总成本最低的再订货点和保险储备量。 ( )

5. 在存货的 ABC 分类管理法下，应该重点管理的是品种数量少但金额较大的存货。 ( )

6. 银行业务集中法能加速现金回收，但只有当分散收账收益净额为负数时，企业采用此法才有利。 ( )

7. 企业现金持有量过多会降低企业的收益水平。 ( )

8. 进行正常的短期投资活动所需要的现金是投机动机所需的现金。 ( )

9. 在年存货需求量确定的情况下，经济订货批量越大，进货间隔时间就越短。 ( )

10. 如果存货市场供应不充足，即使满足其他的基本假设，经济订货批量模型也不可用。 ( )

五、计算分析题

1. 某酒店全年需购入十头鲍鱼 1 200 千克，每批进货费用 400 元，每千克鲍鱼年储存成本 6 元，该等级鲍鱼每千克进价 2 000 元。供应商规定：每批购买量不足 600 千克，按标准价格计算，每批购买量超过 600 千克时价格优惠 1%。

要求：

（1）计算该酒店进货批量多少时最有利。

（2）计算最佳进货次数。

（3）计算进货最佳间隔期。

（4）计算该酒店鲍鱼的经济进货批量的平均占用资金。

2. 某公司 2013 年度销售收入净额为 45 000 万元，现销与赊销比例为 4∶1，应收账款平均收账天数为 60 天，变动成本率为 50%，酒店的资金成本率为 8%。一年按 360 天计算。

要求：

（1）计算 2013 年度赊销额。

（2）计算 2013 年度应收账款的平均余额。

（3）计算 2013 年度维持赊销业务所需要的资金额。

（4）计算 2013 年应收账款的机会成本额。

（5）若 2013 年应收账款要控制在 800 万元，在其他因素不变的前提下，应收账款平

均收账天数应调整为多少天？

3. 某企业预计全年耗用 B 原料 8 000 千克，单位进价为 30 元，单位储存成本为 5 元，平均每次进货费用为 50 元，假设该原材料不存在缺货情况，计算：

（1）B 原料的经济进货批量。

（2）与经济批量相关的总成本。

（3）经济进货批量下的平均占用资金。

（4）年度最佳进货批次。

（5）最佳进货周期。

第 10 章

利润分配管理

本章导读

本章将介绍利润的构成内容及利润的分配顺序；股利分配政策的种类及其优缺点；股利的类型和支付方式；股票股利、股票分割及股票回购对股东权益的影响程度。

10.1 利润分配概述

（一）利润及其构成

利润是企业在一定时期生产经营活动所取得的财务成果，是企业生产经营活动的效益体现。

企业的利润可以划分为 3 个层次：营业利润、利润总额和净利润。其计算公式分别为：

营业利润 = 营业收入 - 主营业务成本 - 营业税金及附加 - 销售费用 - 管理费用 - 财务费用 + 投资收益

利润总额 = 营业利润 + 营业外收入 - 营业外支出

净利润 = 利润总额 - 所得税费用

（二）利润预测及其方法

利润预测是指企业在销售预测的基础上，通过对产品的销售数量、价格水平、成本状况进行分析与测算，预测企业未来一定时期内的利润额，是企业经营预测的一个重要方面。

测算计划期的目标利润数额是利润预测的核心步骤，利润预测的方法有很多，其中最常用的方法有以下几种。

1. 相关比率分析法

相关比率分析法是根据利润同有关财务指标的比例关系来测算计划期目标利润额的一种方法。所谓目标利润，是指企业未来一定时期内必须而且经过努力能够达到的利润水平，它是企业经营目标的重要组成部分。常用的方法主要有销售额增长比率法、资金利润率法等。

（1）销售额增长比率法

销售额增长比率法是以上年度实际销售利润与下年度销售额预计增长比率为依据计算目标利润的方法，该方法假定利润额与销售额同步增长。其计算公式为：

目标利润总额 = 基期实际销售利润 ×（1 + 下年度销售额预计增长比率）

【例 10-1】某企业 2012 年度实际销售利润为 210 万元，实际销售收入为 800 万元。若计划销售额为 1 000 万元，即增长率为 25%，则 2013 年度企业的目标利润是多少？

解：　目标利润总额 = 210 ×（1 + 25%）= 262.5（万元）

（2）资金利润率法

资金利润率法是指企业根据预定的资金利润率水平，结合上年度实际资金占用状况与下年度计划投资额，确定下年度目标利润总额的一种方法。其计算公式为

目标利润总额 =（上年度实际占用资金总额 + 下年度计划投资额）× 预计资金利润率

【例 10-2】某企业 2012 年实际占用资金总额为 5 000 万元，计划 2013 年度的投资额为 3 000 万元，预计资金利润率为 15%，则企业 2010 年度企业的目标利润是多少？

解：　目标利润总额 =（5 000 + 3 000）× 15% = 1 200（万元）

2. 本量利分析法

本量利分析法是指对成本、销售数量、利润三者之间的变化关系进行的分析，主要利用预计的销售量、销售价格和成本费用做资料，测算计划期目标利润数额的一种方法。其预测公式为：

目标利润 = 预计销售收入 − 销售税金 − 变动成本总额 − 固定成本总额
= 预计销售量 ×［单价 ×（1 − 销售税率）− 单位变动成本］− 固定成本总额
= 预计销售量 × 单位边际贡献 − 固定成本总额
= 边际贡献总额 − 固定成本总额

上式中，边际利润就是指销售收入减去生产和销售产品必须发生的变动成本及销售税金后的差额。

【例 10-3】某公司生产某型号的应税消费品，预计计划年度的销售量为 50 000 件，该产品单位售价为 150 元，单位变动成本为 80 元，应负担的固定成本总额为 100 万元，消费税税率为 10%。求该产品的目标利润。

解：

该产品的目标利润 = 50 000 ×［150 ×（1 − 10%）− 80］− 1 000 000 = 1 750 000（元）

3. 因素预测法

因素预测法是指在基期利润水平的基础上，根据对计划年度各因素变动趋势的估计，来预计和推测计划年度的利润额的一种方法。因素预测法是以本量利分析法的基本原理为基础的。由该原理可知，影响利润的因素主要有销售量、销售价格、变动成本、固定成本和销售税率等。采用该方法来预测利润的计算公式为：

计划期目标利润 = 基期利润 +（−）计划期各种因素的变动而增加（减少）的利润

在采用因素预测法进行利润预测时，应注意要对影响利润的各种因素进行分析，这些

因素有外部的因素，如市场供需的变化对产品销售量和销售价格的影响，也有内部因素，如产品的单位变动成本和固定成本的变化等。

（三）股利分配的原则、内容和顺序

企业经过经营活动实现了利润总额，取得了经营成果后，应该履行纳税人的义务，按照国家税收法律法规的规定计算并缴纳企业所得税。从这个角度分析，股利分配应该是指税后净利润的分配，它主要包括法定分配和企业自主分配两个部分。因此，股利分配是指企业将实现的经营成果按照法律规定的要求，向投资者进行分配的过程。

1. 股利分配的原则

（1）依法分配原则。
（2）资本保全原则。
（3）兼顾各方面利益原则。
（4）分配与积累并重原则。
（5）投资与收益对等原则。

2. 股利分配的内容

按照我国《公司法》的规定，股利分配的项目包括以下几个部分。

（1）盈余公积金。公司分配当年税后利润应当按照10%的比例提取法定盈余公积，当盈余公积金累计额达到公司注册资本50%时，可不再提取。任意盈余公积金的提取由股东大会根据需要决定。

（2）股利。公司向股东支付股利要在提取盈余公积金之后。股份有限公司股利原则上应从累计盈利中分派，无盈利不得支付股利，即所谓的“无利不分”原则。

3. 股利分配的顺序

公司利润是指公司在一定会计期间的经营成果，主要指标有营业利润、利润总额和净利润。根据《公司法》及有关规定，公司应按如下顺序进行股利分配。

（1）弥补以前年度的亏损，但不得超过税法规定的弥补期限。
（2）缴纳所得税。
（3）弥补在税前利润弥补亏损之后仍存在的亏损。
（4）提取法定盈余公积金。
（5）提取任意盈余公积金。
（6）向股东分配利润。

课堂讨论

1. 如何进行目标利润的预测？
2. 公司实现的利润应当如何进行分配？

知识链接

特别纳税调整之利润分割法案例

1. 企业基本情况

C 有限公司广州分公司（以下简称“广州分公司”）是 C 有限公司（以下简称“C 公司”）的分支机构。C 公司于 1992 年 3 月由 C 集团成员香港 C 企业有限公司与深圳 X 公司合作设立。1994 年成立了广州分公司，C 公司派员管理，独立核算，所得税在广州缴纳。

广州分公司从 1994 年开业至今，销售收入不断增长，1996—1999 年的销售收入保持在 5 亿多元。2000 年开始，销售收入大幅增长，达到 7 亿元，比 1999 年增长了 33.27%，以后各年销售收入稳定，为 7 亿～8 亿元。其中，2002 年和 2004 年度的销售收入分别达到 8.5 亿、8.3 亿元。1996—2004 年销售收入累计达到 62.5 亿元，经营状况良好。但该公司利润始终维持在较低的水平，发展规模与获利能力不相匹配。除 1996 年和 2001 年的销售利润率达到 6% 以外，其余年度为 1.51%～4.85%。虽然 2002 年为收入的高峰达到 8.5 亿元，但销售利润率也只维持在 3.10%。1996—2004 年平均销售利润率只有 3.51%。

2. 主要避税疑点

广州市税务局通过调查认为，该公司销售费用占销售收入比例较大，1996—2004 年分别占销售收入的 14.38%～20.10%。其中，各年商标使用费分别占销售费用的 29%～54%。据统计，该公司 1996—2004 年计提商标使用费累计达到 4.8 亿元，而企业历年利润总额只有 2.7 亿元，计提的商标使用费占利润总额的 1.78 倍。

经调查，该公司在 1996 年 1 月 1 日将商标使用费计提标准由原来的按销售总额（含增值税）的 3.5% 调整至 5%，1997 年 1 月 1 日再次调整至 7%。调整的比较随意，且没有提供相关的文档证明来说明提高计提比例的依据，由于该公司自 1994 年开业至 1997 年 3 次提高计提商标费的标准，使商标使用费占销售费用的比例不断提高。

从 C 公司网站下载的公司年度报告显示，商标使用费的收取方是 Y 公司，该公司是 C 公司设立在开曼群岛，专门用于授权使用商标专利权的公司，注册资本只有 200 美元。开曼群岛是国际上著名的避税港。因此，广州分公司存在通过提高商标使用费计提比例转移利润的避税嫌疑，是调查的重点。

3. 情况调查分析

针对上述情况，税务机关对广州分公司按照全部销售收入（含增值税额）的 7% 计提商标使用费的合理性进行了调查，发现其存在两方面的问题。

① 计提比例不合理

通过对广州分公司职能和风险的综合分析，广州分公司作为中国地区的实质管理机构，除了负责广州地区的零售业务外，更主要的是负责该品牌成衣在全国的采购供货、批发等业务，负责全国广告宣传的策划和推广，负责全国业务协调有序的开展，负责在各地通过设立分公司或特许加盟店的形式发展业务，并对各地分公司和加盟商实施不同的管理和监督等一系列职能。同时承担了职能的全部风险。

广州分公司并非像企业解释的那样是一个单纯的分销服务提供商。C 商标的价值如果有提升（或保持），那么与被许可人（广州分公司）做出的努力和贡献是分不开的。但是，广州分公司在这个过程中，所有的营销支出从未得到回报。为此，广州市税务局认定广州分公司按 7% 支付商标使用费比例过高。此外，由于广州分公司计算商标使用费的口径为含增值税的销售收入，因此经换算的商标使用费实际计提标准为销售收入的 8.19%，远高于表面上的 7%。

② 计提基数不合理

广州分公司销售给 C 集团在外地分公司的货物，如出现退货情况，不是开具红字发票对冲，而是由外地的分公司开出增值税专用发票，以成本价返销给广州分公司，广州分公司在核算上将该货物作为存货处理并进行再次销售，同时按再次销售价格的 7% 重复计提商标使用费。此外，广州分公司销售给商场专柜按 8 折开具发票，但计提商标使用费时则按全额计提。该公司给予商场的折扣作为一种利益的让度，是作为商场利润留在商场的。所以，广州分公司将该部分作为企业销售收入计提商标使用费显然是不合理的。

4. 调整方案落实

在税务机关出示的证据面前，企业同意对商标使用费采用利润分割法进行调整。用于分割的利润是广州分公司实际计提的商标使用费 4.8 亿元。

广州市国税局通过 BVD 数据库选取了 15 家与广州分公司业务近似的公司，营业利润率为 3.87%～7.61%，中位值是 6.43%。广州市国税局一方面用可比公司的中位值 6.43% 去测算广州分公司的常规利润，另一方面用广州分公司 1996 年按 5% 计提商标使用费后营业利润率仍然达到 6.01%，从而认定广州分公司的常规利润在 6.43% 左右比较合理。由于税企双方对选取可比企业仍然存在不同意见，企业坚持用国家统计局的行业中位值 4.78% 设定为常规利润率，在税企双方各自做出让步的情况下，最后将企业 1997—2004 年度的常规利润率定在 6%。

考虑到广州分公司 1996 年的营业利润率 6.01% 已达到常规利润水平，拟对 1996 年暂不做调整。对企业 1997—2004 年尚未达到常规利润的年度进行调整。在保证广州分公司取得应有的常规利润后，余下的剩余利润作为超额利润在广州分公司与境外公司之间根据各自职能和贡献的大小进行分割。1997—2004 年共调增应纳税所得额 2 亿多元，补缴企业所得税 6 000 多万元，调整后 1997—2004 年度的平均利润率为 7.5%。

10.2　股利分配政策

（一）股利理论

企业理财的目标是实现企业价值最大化。因此，企业的股利分配要求以这一目标作为出发点。股利政策是公司在利润再投资与回报投资者之间的一种权衡，它作为公司财务管理的重要内容之一，多年来一直是学术界研究和讨论的重点。有关股利分配对企业价值影响的理论观点主要有两种：股利无关论和股利相关论。

1. 股利无关理论

股利无关论认为公司股利政策不会对公司股票价格产生任何影响。换句话说，就是股份公司的股利发放多少，不会影响股东对公司的态度，因而不会影响股票价格。因此，公司进行股利分配时只需从投资机会、投资收益和资金成本等几个方面考虑股利政策。具体来说，股利无关论主要有以下两种理论：股利剩余理论和 MM 理论。

（1）股利剩余（剩余股利）理论

股利剩余理论是指公司生产经营所获得的净收益首先应满足公司的资金需要，如果还有剩余，则派发股利；如果没有剩余，则不派发股利。如果一个公司有较多有利可图的投资机会，则不应该发放现金股利，而应采用保留盈余的方式以满足投资所需的资金；反之，则把剩余的盈余以现金股利的方式发放给股东。这种股利理论把股利支付当作完全靠投资计划来决定，投资者不会关心股利与资本收益的差别。该理论是站在公司筹资角度分析的，它没有考虑股东的特殊要求。这种理论存在以下几种假设条件：① 不存在企业所得税与个人所得税；② 不存在证券交易成本，交易不需费用；③ 股利政策对公司资金成本无影响；④ 投资者可自由、平等、无代价地获得公司信息；⑤ 投资机会对所有投资者平等。

（2）MM 理论

MM 理论是由米勒（Miller）和莫迪利亚尼（Modigliani）在 1961 年发表的《股利政策增长和股票价值》一书中提出的，也称完整市场理论。他们认为，公司市场价值的高低，是由公司所选择的投资政策的好坏所决定的。在完善的资本市场条件下，股利政策不会影响股票的价格或公司的价值。股利政策的改变仅仅意味着收益在现金股利与资本利得之间分配上的变化。而公司的价值是由公司资产获利能力和管理水平所决定，而不是由公司的股利分配政策所决定的。

MM 理论是建立在完善的市场假设基础上的。这些基本假设的前提条件有以下几点。

① 不存在任何股票发行或交易费用。

② 不存在个人所得税和企业所得税，对投资者来说，无论收到股利或是资本利得都是无差别的。

③ 公司的资本投资决策独立于其股利政策。

④ 公司的股东和企业管理当局可相同地获得未来投资机会的信息（即市场信息是充分的）。

⑤ 企业的投资政策不变，投资回收没有风险。

在现实生活中，MM 理论的这些假设是并不存在的。例如，股票的交易要付出交易成本；发行股票的时候要支付发行费用；还可能会存在信息不对称的情况；政府对企业和个人都征收所得税等。因此，关于股利政策无关的结论在现实条件下并不一定有效。

2. 股利相关理论

股利相关理论认为，股利发放多少直接影响股东对公司的态度，从而影响公司的股票价格。公司应从股东的愿望出发考虑股利分配政策，而不仅仅从公司投资机会和收益做出决策。这种理论具体有以下观点。

（1）“一鸟在手”理论

“一鸟在手”理论认为，股票的投资收益包括股利收入和资本利得两个部分。一般情况下，由于大部分投资者是属于风险厌恶型的，他们更倾向于获得股利这一相对稳定的收入。也就是说，投资者愿意以较高的价格购买能够支付较多股利的股票。他们认为未来的资本利得比现在的现金股利具有更高的风险，因此，未来的资本利得的折现率将高于现金股利。加之现金股利确定性较高，所以投资者比较偏好现金股利，而不喜欢远期的不确定的资本利得。该理论的结论主要表现在两个方面：① 股票价格与股利支付比例成正比；② 权益资本费用与股利支付比例成反比。

也就是说，公司支付现金股利，就可以消除投资者的不确定感，从而更有利于提高股价。因此，公司应尽可能多支付现金股利，才能使企业的价值最大化。

（2）差别税收理论（税差理论）

在股利无关论中，由于假设不存在所得税，那么公司应该保留收益，股东要取得投资收益应该从股票价值产生的资本利得中获得。因此，在没有税收的情况下，投资者对公司的收益全部作为留存还是全部作为股利支付并不关心。但是，如果政府对股利收入征收个人所得税，那么留存与支付股利的无关性就消失了。

差别税收理论认为由于股利收入的所得税税率高于资本利得的所得税率，则资本利得对股东更有利。投资者未来避免缴纳较高税率的股利所得税，往往喜欢公司少支付股利而将较多的留存收益留在公司用于再投资，以期待提高股票的价值，把股利转化为资本利得。即使两者按照相同的税率征收，但是由于支付的时间不同，相对于股利收入而言，资本利得在纳税时间的选择上更具有弹性，因为资本利得的所得税是在资本利得实现的时候才会征税。如果考虑货币的时间价值和风险价值，将来支付的货币的价值要比现在支付的相同货币的价值小，这种税收递延的特点也给资本利得提供了一个优惠。

（3）信号传递理论（信号理论）

信号传递理论认为，公司分配股利这一行为实际上是向投资者传达公司收益情况的信息。在信息不对称的情况下，公司通过股利政策向市场传递有关公司未来获利能力的信息，从而影响公司的股价。该理论认为公司管理当局与企业外部投资者之间存在着信息不对称，管理当局占有更多的有关企业前景方面的内部信息。股利政策是公司管理当局向外界传递其掌握的内部信息的一种手段，如果他们预测公司发展前景良好，未来业绩有所增长时，就会通过增加股利的方式将这一信息告诉股东和潜在的投资者；相反的，当预计公司的发展前景不太好，未来盈利将呈持续性不理想时，他们往往会维持甚至降低现有的股利水平。因此，在一定程度上，股利能够传递公司未来盈利能力的信息，从而股利对股票价格有一定的影响：当公司支付股利的水平上升时，公司的股价会上升；当公司支付股价水平下降时，公司的股价也会下降。因此能够给广大投资者传递一个信号，以便他们做出正确的选择或吸引更多的潜在投资者。

（4）代理理论

代理理论认为，股东与公司的管理者之间存在利益的冲突，当公司的所有权与经营权分离后，股东的目标是实现财富最大化，千方百计要求经营者以最大的努力去实现这一目标，但经营管理者通常会偏离这一目标。作为代理人的管理者可能利用公司资源为自己谋利，损害作为委托人的其他股东，特别是小股东的利益。该理论认为，股利政策可以作为协调股东与管理者之间代理关系的一种约束机制。股利政策对管理者的约束主要体现两个方面：① 当企业存在大量自由现金时，通过现金股利的发放，可以减少留在管理者手中的现金，约束过度投资；② 由于股利的发放而使得公司减少了内部融资，导致公司进入资本市场寻求外部融资，使公司可以经常接受资本市场的有效监督，减少了代理成本，但同时也增加了企业的外部融资成本。所以，最优的股利政策应该是使得两种成本之和最小化。

（二）股利政策

股利政策即税后股利分配政策，是指在法律允许的范围内，企业在有限的税后利润中，如何确定分配给股东的股利与留存收益的比例，或者说如何确定分配给股东的股利占企业税后利润的比例，即确定股利支付比率，以及为此企业所采取的一系列方针和策略的总称。企业的税后利润可以支付给股东，也可以留存在企业内部，股利政策的关键是如何确定分配和留存的比例。股利政策不仅会影响股东的财富，而且会影响企业在资本市场上的形象及企业股票的价格，更会影响企业的长短期利益。因此，选择合理的股利政策对于企业及股东来说是十分重要的。

1. 影响股利政策的因素

（1）法律因素

纵观国内外的相关法规，对股利分配的要求主要体现在资本保全约束、偿债能力约束、资本积累约束、超额累积利润约束等几个方面。

① 资本保全约束。

资本保全是指公司不能因支付股利而减少资本总额，即公司股利的发放不能侵蚀资本，也就是说公司不能用原始投资额发放股利。我国法律规定，公司资本公积的用途只能是转增资本，不能发放股利。公司的税后利润应按一定的程序分配，即按税后利润的 10%计提法定盈余公积金。还有股利的发放只能来源于留存收益或当期利润，如果当期出现亏损，一般不得分配股利，即使出于维护公司形象的考虑，用以前年度留存收益分配股利，也必须在弥补亏损后进行。资本保全的目的在于防止企业任意减少资本结构中的所有者权益的比例，以及保留有足够的资本以保护债权人的利益。

② 偿债能力约束。

偿债能力是指公司按期足额偿还到期债务的能力。现金股利是企业现金的支出，而大量的现金支出必然会对企业的偿债能力有一定的影响。对于股份有限公司而言，当其支付现金股利后会影响公司偿还债务和正常经营时，公司发放现金股利的数额就会受限制。因此，公司在确定现金股利分配数量时，一定要考虑现金股利分配对公司偿债能力的影响，保证在现金股利分配后公司仍能保持较强的偿债能力，以维护公司的信誉和借贷能力，从而保证公司的正常资金周转。

③ 资本积累。

资本积累要求公司在投资并取得利润时，应按净利润的一定比例计提法定盈余公积金。对此，《公司法》里有规定，公司的年度税后利润必须要提取10%的法定盈余公积金，根据公司的需要，股东大会可决定提取一定比例的任意盈余公积金，只有当公司提取的公积金累计数达到注册资本的50%时才不再提取。另外，企业在进行股利分配时，一般应当贯彻“无利不分”的原则，即当企业出现年度亏损时，一般不进行股利分配。即使是出于对公司的形象考虑，动用以前年度的留存收益进行分配，其前提条件也是在先弥补完亏损后再进行，而且要保留一定数额的留存收益。

④ 超额累积利润约束。

有些国家法律规定当公司的留存收益超过法律规定的合理水平，将被加征额外的税款。例如，《美国国内收入法典》规定，如果国内税务局能够查实企业是故意压低股利支付率以帮助股东逃避缴纳个人所得税，就可以对企业的累积盈余处以惩罚性的税率。目前，我国法律对此尚未做出有关的规定。

（2）公司自身因素

公司自身因素是指公司在经营及财务方面对股利分配的限制。公司出于长期发展和短期经营的考虑来确定股利分配政策，需要考虑以下因素。

① 盈利的稳定性。

公司是否能够获得长期稳定的盈利，是公司决定其股利政策的基础。因为公司的股利政策在很大程度上受其盈利稳定性的影响。一般来讲，一个公司的盈利越稳定，则其股利支付水平也就越高；反之，则公司会采取较低的股利政策。此外，盈利稳定的公司由于其经营和财务风险相对较少，因而可以比其他公司以更低的成本筹集资金；反之，如果公司盈利状况不佳，利润变动幅度大，其资金筹集成本也更高。

② 资产的流动性。

由于会计利润与净现金流量之间存在着时间上的差异，公司有盈利并不等于有支付能力。如果公司因扩大投资或偿还债务已耗尽了现金，即使有较高的账面利润，也无力支付较高的现金股利。因为在一定时期内，公司现金股利的支付能力，在很大程度上受制于资产变现能力，也可以说是资产的流动性。较多的支付现金股利会减少公司的现金持有量，使资产的流动性降低，公司保有一定的现金和其他适当的流动资产，是维持公司正常经营的必要条件。假如一个公司有较强的变现能力，则它的股利支付能力也比较强；反之，则要控制现金股利的分配。

③ 资金成本。

公司在筹集资金时，会选择较低的资金成本的渠道。公司留存收益是公司内部筹资的主要来源，而且它不需要支付筹资费用。相比利用发行新股或举债来筹集资金而言，采用留存收益内部筹资的方式，是一种较经济的筹资渠道。当公司筹措大量资金时，通常会采取较低的股利政策。

④ 投资需求。

企业的投资项目需要有大量的资金支持，资金的需求量会对公司的股利政策产生较大影响，因此，企业的股利分配政策应当考虑未来投资需求的影响。如果公司有良好的投资机会，必然需要大量的资金支持，那么它更适合采取低股利支付水平的分配政策。缺乏良好投资机会的公司，保留大量现金会造成资金的闲置，那么就有可能倾向于采用较高的股利支付水平。

⑤ 筹资能力。

企业股利分配政策受其筹资能力的限制。如果公司具有较强的筹资能力，随时能够筹集到所需资金，那么公司就具有较强的股利支付能力。而举债能力弱的公司则不得不多留些利润，其股利支付能力也就较低。

（3）股东因素

股东在收入、控制权、税负等方面的考虑会对公司的股利分配政策产生影响。因此，公司进行股利分配时应考虑的股东因素主要有以下几个方面。

① 稳定的收入。

股东的收益包括两个部分，即股利收入和资本利得。公司中有一部分股东是以公司现金股利作为主要收入的，包括一些退休基金组织、保险公司和一些依靠股利谋生或补贴生活费支出的大量小股东。他们是特别关心公司的现金股利的发放的。对于这些要求稳定股利收入的股东而言，主要出于以下两个方面的考虑，希望多分得股利：① 如果公司将较多的收益留存在企业内部，会使其股利收入减少；② 股票交易价格产生的资本利得具有很大的不稳定性，与其获得不稳定的未来收益，不如得到现实的确定股利。

② 控制权。

股利分配政策也会受到现有股东对控制权要求的影响。以现有股东为基础组成的董事会，在长期的经营中有可能形成了一定的有效控制格局，他们会将股利政策作为维持其控制地位的工具。如果企业支付较高的股利，将会导致留存收益减少，这就意味着企业将来要依靠发行新股筹集资金的可能性加大，而发行新股意味着公司控制权有落在其他公司或其他个人的可能。鉴于此，股东就会倾向于较低的股利支付水平，以便从内部的留存收益中取得所需资金。

③ 税费负担。

公司的股利政策受股东的所得税负的影响。政府对公司利润在征收企业所得税费用后，还要对个人股东就投资所得部分征收个人所得税。许多国家的个人所得税税率采用累进税率。属于高收入阶层的股东为了合理避税往往反对公司发放较多的股利，属于低收入阶层的股东因个人税负较轻，则欢迎公司多分股利。

2. 股利分配政策的选择与评价

合理的股利政策对企业及股东来说是十分重要的。企业应当确定适当的股利政策，并使其保持连续性，以方便股东判断其发展的趋势。在实际工作中，通常有下列几种股利发放政策可供选择。

（1）剩余股利政策

剩余股利政策是指在公司有着良好的投资机会时，根据一定的目标资本结构，将税后净利润首先用于满足投资所需的权益资本，然后将剩余的净利润再用于股利分配。剩余股利政策的理论依据是 MM 股利无关论。根据 MM 股利无关论，在完全理想状态下的资本市场中，上市公司的股利政策与公司普通股每股市价无关，公司派发股利的高低不会给股东的财务价值带来实质性的影响，投资者对于盈利的留存或发放无偏好，公司决策者也不考虑公司的分红模式，公司的股利政策只需随着公司的融资、投资方案的制订而确定。剩余股利政策一般使用于公司初创阶段。

① 优点。能够为公司保持比较理想的资本结构，使综合平均资本成本最低，即达到最优的资本结构，从而实现企业价值的长期最大化这一目标。而且，在负债比率较高、利息负担及财务风险较大的情况下，能满足投资规模扩大对资金需求增加的需要，可以减少从外部融资的交易成本。

② 缺点。如果完全按剩余股利政策去执行，股利的发放额就会每年随着投资机会和盈利水平的波动而变动。在盈利水平不变的情况下，发放股利的多少将与投资机会的多寡呈相反方向变动，即投资机会越多，股利越少；反之，就越多。而当投资机会维持不变的情况下，发放股利的多少会受到公司当年盈利水平高低的影响，呈正方向变动，即盈利水平高，多发放股利，盈利水平低，则少发放股利。

（2）固定股利额政策

固定股利额政策也称稳定的股利政策，即不论公司当年经济状况如何，也不论公司经营状况好坏，每期均按照预先规定的固定的每股股利额支付给股东的政策。采用该股利政策将保持公司股利长期地固定在某一水平上不变，只有当公司认为未来盈利水平将会不可逆转的增长时，才有可能相应提高其股利发放额。这种股利政策适用于经济比较稳定的企业。

① 优点。可以向市场传递公司在任何情况下都经营正常的信息，有利于为公司树立良好的形象，增强投资者对公司的投资信心，稳定股票的价格。稳定的股利政策有利于投资者安排股利的收入和支出，特别是那些依靠股利收益维持生活和消费支出的投资者更是如此。此外，股利比较稳定的股票更容易吸引投资者投资。

② 缺点。股利支付与盈利情况脱节，难以真实地反映出公司的经营状况和财务状况，容易造成误导，同时不能像剩余股利政策那样保持较低的资金成本。当企业盈利水平较低或现金紧张时仍要支付固定的股利，可能会导致公司资金短缺，增加公司的财务风险。

（3）固定股利支付率政策

固定股利支付率政策是指公司每期股利支付率保持不变，按照固定的股利支付率来支付股利，各年度发放的股利额随着公司收益的变动而变动，公司发生亏损时则不发放股利。当公司经营状况好，税后利润大时，股利额高，有利于股票价格的稳定和上升；一旦经营受挫，出现相反的情况，股票价格将出现波动和下降。在固定股利支付率情况下，由于公司的盈利能力是经常变动的，因此，当盈利水平高时，股东的股利也相应增加；反之，则减少。因此，很少有公司采用这种股利政策。

① 优点。能够保持股利与利润间的一定比例关系，体现了风险投资与风险收益对等

的原则，不会增加公司的财务压力。这种股利政策使得股利与公司盈余紧密结合，体现了多盈利多分配、少盈利少分配、不盈利不分配的原则。还有利于投资者通过股利的变化，了解公司真实的经营状况和财务状况，做出恰当的投资决策。

② 缺点。容易给投资者传递一个公司经营不稳定的信号，容易造成公司信用地位下降、股票价格下跌与股东信心动摇的局面，不利于公司的市场形象与股票价格的维护。

（4）低正常股利加额外股利政策

低正常股利加额外股利政策是指公司一般情况下每年只支付一个固定的、数额较低的股利，在盈余较多的年份或不需要较多留存收益的年份，再根据实际情况向股东增加发放额外的股利。但额外股利并不固定化，不意味着公司永久地提高了规定的股利率。通过支付额外股利，公司向投资者传递公司盈利的状况，但这部分额外股利不是经常有的。

① 优点。给予了公司较大的灵活性，当公司盈利状况良好、资金充实时可以多支付额外股利，但当公司盈利不佳时，则可以不必支付额外股利。采用该政策还可以维护投资者对企业的投资信心，对稳定股票价格起到一定的积极作用。

② 缺点。股利的发放仍然不稳定，额外股利与盈利水平有关，而且时多时少，给人不稳定的感觉。由于公司支付的股利低于正常股利，可能会失去一部分以股利收入为主的股东。

【例 10-4】 某公司本年实现的净利润为 200 万元，年初未分配利润为 600 万元，年末公司讨论决定股利分配的数额。上年实现净利润 180 万元，分配的股利为 108 万元。

要求：计算回答下列互不关联的问题。

（1）预计明年需要增加投资资本 300 万元。公司的目标资本结构为权益资本占 55%，债务资本占 45%。公司采用剩余股利政策，权益资金优先使用留存收益，公司本年应发放多少股利？

（2）公司采用固定股利政策，公司本年应发放多少股利？

（3）公司采用固定股利支付率政策，公司本年应发放多少股利？

（4）公司采用低正常股利加额外股利政策，规定每股正常股利为 0.1 元，按净利润超过最低股利部分的 30% 发放额外股利，该公司普通股股数为 500 万股，公司本年应发放多少股利？

解：（1）预计明年投资所需的权益资金 = 300 × 55% = 165（万元）

利润留存 = 165（万元）

本年发放的股利 = 200 − 165 = 35（万元）

（2）本年发放的股利 = 上年发放的股利 = 108（万元）

（3）固定股利支付率 = 108/180 × 100% = 60%

本年发放的股利 = 200 × 60% = 120（万元）

（4）最低股利额 = 500 × 0.1 = 50（万元）

额外股利 = (200 − 50) × 30% = 45（万元）

本年发放的股利 = 50 + 45 = 95（万元）

课堂讨论

1. 有关股利分配对企业价值影响的理论观点主要有哪两种?
2. 可供选择的股利分配政策有哪些?

知识链接

在投资者与公司管理层信息不对称的情况下，股利不但是公司经营前景的重要信号，而且还是一项行之有效的治理手段。它促使管理层与股东利益休戚相关、荣辱与共。

10.3 股利种类与支付

(一) 股利种类

股份制企业股利支付的种类一般包括现金股利、股票股利、财产股利和负债股利等。

1. 现金股利

现金股利也称派现，是指股份公司以货币形式发放给股东的股利，它是股利支付的主要方式，也是最容易被投资者接受的股利支付方式。由于投资者一般都希望得到现金股利，而且公司发放股利的多少会直接影响到公司股票的市场价格，并间接影响着公司的筹资能力。股份公司在制定现金股利政策时，除了考虑可分配盈余水平外，对于公司目前的现金流量的关注也显得十分重要，因为现金股利的支付除了导致公司资产与所有者权益的减少外，还会导致公司现金流量的大幅度下降，所以公司支付现金股利除了要有累计盈余外，还要有足够的现金。

2. 股票股利

股票股利是指公司以额外增发的股票来作为股利支付给股东的一种方式，这种支付方式下，支付给股东的股利是股票，不是现金。股票股利对公司来说，并没有现金流出企业，也不会导致公司的财产减少，而只是将公司的留存收益转化为股本。因此，股票股利是公司价值的再资本化，股东权益的总量并未变化，只是股东权益内部结构的再调整。

以股票作为股利来发放，一般是按现有股东拥有股份的比例来分配的，而且必须同时具备两个条件：一是必须有可分配的利润，无利润向股东增配新股，实际上是一种欺诈行为，法律是明令禁止的；二是必须经股东大会决定，并按法律程序报有关部门审批，因为发放股票股利等于直接把公司留存收益转化为普通股票，即留存收益的资本化，是一种增资行为，而股份公司增资必须由股东大会决定，报经有关部门审批，并修改公司章程。

公司发放股票股利并不增加股东财富，也没有改变股东的股权结构，但由于它既不减少公司现金数额，又可使股东分享公司的利润，因此，这种方式在全世界都比较流行。

3. 财产股利

财产股利是公司将其持有某种除现金以外的财产作为股利支付给股东的一种方式。在这种情况下，公司发放的股利既不是现金也不是股票，而是以公司所拥有的其他企业的有价证券，如债券、股票作为股利支付给股东。这种股利支付方式会导致公司资产的减少。

4. 负债股利

负债股利是公司以负债支付的股利，通常以公司的应付票据支付给股东，在不得已情况下也有发行公司债券抵付股利的。由于负债需要还本付息，因此，这种股利支付方式对公司的支付压力较大，只能作为现金不足时的权宜之策。对于公司来说也暂时解决了现金短缺的问题，但是与此同时也给企业带了负债的增加及留存收益的减少，在一定程度上增加了公司的财务风险。而对股东而言，虽然推迟了收到现金收益的时间，但可以得到相应的利息补偿。

4 种股利支付之中，财产股利和负债股利实际上是现金股利的替代。这两种股利方式目前在我国公司实务中很少使用，但并非法律所禁止。

（二）股利支付程序

股份公司在制定股利政策时，应遵循一定的程序，不同股利政策的制定程序略有不同。以下是固定股利率政策的制定程序。

1. 测算公司未来剩余的现金流量

公司在制定股利政策时，首先应当测算公司未来年度的盈利和现金流量，测算的期限一般应为 3～5 年，这样能基本保证公司经营活动的中长期规划得以实现。预测未来的盈利和现金流量是一项比较复杂的工作，宏观经济形势、市场变化和公司自身经营状况都会影响对盈利和现金流量测算的准确性。因此，在组织经营预算和资本预算时，必须保持一定的弹性空间，要从股东利益出发，在确保重要的经营活动和投资项目能够顺利完成的前提下，充分利用公司内部留用利润，提高资本使用效益。

2. 确定目标股利支付率

确定目标股利支付率，是公司股利政策的一项重要内容。公司在确定股利支付率时，应考虑自身的发展阶段、经营规模、财务状况和股东构成等因素，并参照同行业具有可比性的公司的股利支付率。在国外，同行业的公司通常具有“习惯性的股利支付率范围”，大多数公司在确定股利支付率时，都会参照同类公司的股利政策。目标股利支付率一旦确定，通常在较长时间内不宜变动过频过大。

3. 确定年度股利额

理论上，公司支付的现金股利额应等于投资于所有净现值为正的投资项目之后的剩余现金流量。但在实践中，考虑到投资预算的不确定性、股东偏好、筹资的约束等因素，现金股利额应在此基础上进行适当的调整。出于谨慎性考虑，公司一般会适当地增加留用利润，以预防盈利和现金流量的不确定性。如果公司该年盈利大幅增加，根据信号传递理论，也应当参考以往年度的股利额来确定该年度股利支付数量，尽量保持股利政策的稳定性，以使投资者有稳定的预期。

4. 确定实施股利支付的日期

股份制企业的股利支付程序是指股份公司向股东支付股利的过程，主要内容有股利宣告日、股权登记日、除息日和股利发放日。

（1）股利宣告日

股利宣告日（Announcement Date）是指公司董事会将股利支付情况予以公告的日期。在宣布分配方案的同时，要公布具体的分配水平、股权登记日、除息日和股利支付日等。我国股份制企业一般是一年发放一次或两次股利，即在年末和年中分配。在西方国家，股利通常按季度支付。

（2）股权登记日

股权登记日（Record Date）即有权领取股利的股东有资格登记截止日期，即能否取得股利的日期界限，也称除权日。只有在股权登记日前在股东名册上登记的股东，才有权分享股利。凡是在股权登记日这一天登记在册的股东都有资格领取本期的股利，而在这一天之后登记在册的股东，即使是在股利发放日之前买到的股票，也无权领取本次分配的股利。例如，某公司公告声明：本次派息股权登记日为 2009 年 5 月 4 日；派息对象：截至 2010 年 5 月 4 日下午 3 点收市前在上海证券结算公司登记注册的本公司全体股东。

（3）除息日

除息日（Ex-Dividend Date）是指领取股利的权利与股票相互分离的日期，即除去股利的日期。在除息日之前购买的股票，股利的享有权附在股票上，购买者可以领取本次发放的股利，但在除息日当天或之后购买的股票，股利与股票分离，股利股权登记日登记在册的股东所有，股票价格是扣除股利后的除权价格，购买者不能领取本次股利。我国上市公司的除息日通常是在登记日的下一个交易日。例如，2009 年 4 月 15 日收市前持有该公司股票的投资者有权获得该公司本次派发的现金股利，而在 4 月 16 日当天或者以后才购入本公司股票的投资者就不能获得本次发放的现金股利，那么，4 月 15 日就是该次发放股利的除息日。

除息日在股票交易中具有重要意义。在不考虑股市波动的情况下，在除息日当天，公司股票的市价将会下跌，每股股价的跌幅一般约等于每股发放的股利。

（4）股利支付日

股利支付日（Payable Date）是指其企业向股东发放股利的日期，又称股利发放日或付息日。在这一天，企业应将股利通过邮寄等方式支付给股东，计算机交易系统可以通过中央结算登记系统将股利直接转入股东资金账户，由股东向其证券代理商领取股利。在我国，上市公司支付给股东的股利在支付日当天自动划转到股东账户。

【例 10-5】 某上市公司 2013 年 3 月 23 日发布公告："公司于 2013 年 3 月 20 日召开股东大会，决定每 10 股分派现金 5 元，所有 2013 年 4 月 3 日前持有本公司股票的股东都将获得这次分派的股利，股利将于 4 月 23 日发放。"

在本例中，2013 年 3 月 23 日为股利宣告日，4 月 3 日为股权登记日，4 月 4 日为除息日，4 月 23 日为股利支付日。

课堂讨论

1. 股利支付的种类有哪些?
2. 如何支付股利?

知识链接

股利代理成本理论认为支付现金股利可以减少管理层自由现金流，避免过度投资和在职消费；支付现金股利减少内部留存收益，促使公司寻求外部负债或权益融资并接受资本市场的监督，从而降低代理成本。在能够较好保护少数股东利益的国家，公司往往会支付较高现金股利；支付现金股利可以减缓控股股东与中小股东之间的代理问题。以往的代理理论研究文献强调现金股利的作用，通过支付现金股利，公司内部人员把利润归还给投资者，不再能够把盈余转移到自己的"口袋"里。

10.4 股票分割与股票回购

(一) 股票分割的概念和作用

1. 股票分割的概念

股票分割（Stock Split）又称股票拆细，即将一张较大面值的股票拆成几张较小面值的股票。股票分割对公司的资本结构不会产生任何影响，一般只会使发行在外的股票总数增加，资产负债表中股东权益各账户（股本、资本公积、留存收益）的余额都保持不变，股东权益的总额也保持不变。

股票分割给投资者带来的不是现实的利益，但是投资者持有的股票数增加了，给投资者带来了今后可多分股息和更高收益的希望，因此股票分割往往比增加股息派发对股价上涨的刺激作用更大。

反向分割（Reverse Split）的作用在于提高股票的价钱，它跟股票分割正好是相反的。在反向分割里投资人可以换到更少的股票。

2. 股票分割的作用

（1）股票分割会在短时间内使公司股票每股市价降低，买卖该股票所必需的资金量减少，易于增加该股票在投资者之间的换手，并且可以使更多的资金实力有限的潜在股东变成持股的股东。因此，股票分割可以促进股票的流通和交易。

（2）股票分割可以向投资者传递公司发展前景良好的信息，有助于提高投资者对公司的信心。

（3）股票分割可以为公司发行新股做准备。公司股票价格太高，会使许多潜在的投资者力不从心而不敢轻易对公司的股票进行投资。在新股发行之前，利用股票分割降低股票价格，可以促进新股的发行。

（4）股票分割有助于公司并购政策的实施，增加对被并购方的吸引力。

（5）股票分割带来的股票流通性的提高和股东数量的增加，会在一定程度上加大对公司股票恶意收购的难度。

（6）股票分割在短期内不会给投资者带来太大的收益或亏损，即给投资者带来的不是现实的利益，而是给投资者带来了今后可多分股息和更高收益的希望，是利好消息，因此对除权日后股价上涨有刺激作用。

（二）股票分割与股票股利的比较

1. 股票分割与股票股利的相同点

（1）普通股股数增加（股票分割增加更多）。

（2）每股收益和每股市价下降（股票分割下降更多）。

（3）股东持股比例不变。

（4）资产总额、负债总额、股东权益总额不变。

2. 股票分割与股票股利的不同点

（1）股票分割：① 面值变小；② 股东权益结构不变；③ 不属于股利支付方式。

（2）股票股利：① 面值不变；② 股东权益结构改变；③ 属于股利支付方式。

【例 10-6】陈小姐拥有 1 000 股波音公司的股票，分割前股价 40 美元，当公司宣布 2∶1股票分割后，陈小姐持有的股数是多少？分割前后陈小姐的财富有何变化？

解：分割后，陈小姐原有的 1 000 股股票便会变为 2 000 股：

$$1\,000 \times (2/1) = 2\,000 \text{（股）}$$

知识链接

如果 1 股股票原先价钱是 40 美元，那么分割后的价钱便为 40 ×（1/2） =20（美元）

基本上股票的总市值还是一样的（即原来的 40 ×1 000 = 40 000 美元与分割后的 20 ×2 000 = 40 000 美元相等）。在股票未分割前它的价值是 40 000 美元（1 000 ×40）。分割后它的总价值还是 40 000 美元（2 000 ×20）。

【例 10-7】洪小姐拥有 400 股娇生公司的股票，原股价为 50 美元，当娇生将其股票分割为 5∶4 后，洪小姐持有的股数有何变化？分割后的股价为多少？其分割前后的财富有何变化？

解：洪小姐原有的 400 股股票便会变为 500 股：400 × (5/4) = 500（股）

如果 1 股股票原先价钱是 50 美元，那么分割后的价钱便为：50 × (4/5) = 40（美元）

基本上股票的总市值还是一样的。在股票未分割前它的价值是 20 000 美元（400 × 50）。分割后它的总价值还是 20 000 美元（500 × 40）。

【例 10-8】柯太太拥有 600 股惠普科技公司的股票，原股价为 50 美元。当惠普将其股票分割为 1∶2 后，柯太太持有的股数有何变化？分割后的股价为多少？其分割前后的财富有何变化？

解：柯太太原有的 600 股股票便会变为 300 股：600 × (1/2) = 300（股）

如果 1 股股票原先价钱是 50 美元，那么反向分割后的价钱便为 50 × (2/1) = 100（美元）

基本上股票的总数还是一样的。在股票未分割前它的价值是 30 000 美元（600 × 50）。分割后它的价值还是 30 000 美元（300 × 100）。

【例 10-9】甲公司是一家高科技公司，近年来公司营业收入和利润均出现较快增长态势，2012 年度资产负债表见表 10-1。由于该公司股票现价已经达到 80 元/股，影响到股票在市场上的流动性。为了提高股票对中小投资者的吸引力，改善股票流动性，公司决定增加股本总额，以降低股票价格。现有两个备选方案可供选择。

方案一：按照 2∶1 的比例实施股票分割。

方案二：实施每 10 股用资本公积金转增 6 股，并派发 4 股股票股利的股利分配方案。（即 10 转 6 并 10 送 4）

以上两个方案实施后，甲公司的资产负债表见表 10-2 和表 10-3。

实施方案一，经过股票分割后，甲公司的股票股数增加到 6 000 万股，股票面值降为 3 元，资产负债表中的股本总额仍为 18 000 万元，其他各项目金额都未变化，股票分割后每股股票的价格降到 40 元。

表 10-1　甲公司资产负债表　　单位：万元

资　产		负责与股东权益	
流动资产	60 000	流动负债	10 000
		长期负债	40 000
		负债总额	50 000
非流动资产	140 000	股本（每股面值 6 元，3 000 万元股）	18 000
		资本公积	42 000
		盈余公积	40 000
		未分配利润	50 000
		股东权益总额	150 000
资产总额	200 000	负债与股东权益总额	200 000

表 10-2 实施方案一后甲公司资产负债表 单位：万元

资产		负责与股东权益	
流动资产	60 000	流动负债	10 000
		长期负债	40 000
		负债总额	50 000
非流动资产	140 000	股本（每股面值 3 元，6 000 万元股）	18 000
		资本公积	42 000
		盈余公积	40 000
		未分配利润	50 000
		股东权益总额	150 000
资产总额	200 000	负债与股东权益总额	200 000

实施方案二后，资本公积转增股本 1 800 万股（3 000 ×60%，结转资本公积 1 800 万元 ×6 = 10 800），分派股票股利 1 200 万股（3 000 ×40%，结转未分配利润 1 200 × 6 = 7 200 万元），经过 10 转 6 并 10 送 4 后，资本公积减至 31 200 万元，未分配利润减至 42 800 万元，股票面值仍为 6 元，每股股票的价格也降至 40 元。由此可见，两个方案最终达到的效果都是降低了每股股价，但方案一的股东权益结构没有变化，而方案二的股东权益结构发生了变化。

表 10-3 实施方案二后甲公司资产负债表 单位：万元

资产		负责与股东权益	
流动资产	60 000	流动负债	10 000
		长期负债	40 000
		负债总额	50 000
非流动资产	140 000	股本（每股面值 6 元，6 000 万元股）	36 000
		资本公积	31 200
		盈余公积	40 000
		未分配利润	42 800
		股东权益总额	150 000
资产总额	200 000	负债与股东权益总额	200 000

（三）股票回购

1. 股票回购的概念

股票回购是指上市公司利用现金等方式，从股票市场上购回本公司发行在外的一定数额的股票的行为。公司在股票回购完成后可以将所回购的股票注销。但在绝大多数情况下，公司将回购的股票作为“库藏股”保留，不再属于发行在外的股票，且不参与每股收益的计算和分配。库藏股日后可移作他用，如发行可转换债券、雇员福利计划等，或在需要资金时将其出售。

2. 股票回购的动机

（1）防止兼并与收购

以美国为例，进入20世纪80年代后，特别是1984年以来，由于敌意并购盛行，因此，许多上市公司大举进军股市，回购本公司股票，以维持控制权。比较典型的有：1985年菲利普石油公司动用81亿美元回购8100万股本公司股票；1989年和1994年，埃克森石油公司分别动用150亿美元和170亿美元回购本公司股票。再如，日本20世纪60年代末至80年代初，为了防止本国企业被外国资本吞并，企业界进行了著名的"稳定股东工作"——职工持股制度和管理人员认股制度。前者是指企业对职工购买、持有本企业股票给予某种优惠或经济援助，奖励职工持股的制度；后者是指企业给予高级管理人员优惠认购本企业股票权利的制度。其目的是提高管理人员的责任感，确保企业的优秀人才。而允许企业在一定条件下回购本公司股票，则是建立职工持股制度和管理人员认股制度，维持企业控制权的前提条件。正因为此，进入80年代，在欧美国家修改公司法的同时，日本亦相应修改了公司法，并相应放宽了企业回购本公司股票的限制。

（2）振兴股市

1987年10月19日的纽约股票市场出现股价暴跌，股市处于动荡之中。从此，美国上市公司回购本公司股票的主要动机是稳定和提高本公司股票价格，防止因股价暴跌而出现的经营危机。据统计，当时在两周之内就有650家公司发布大量回购本公司股票计划，其目的就是抑制股价暴跌，刺激股价回升。

（3）维持或提高每股收益水平和股票价格

例如，经历了20世纪五六十年代快速增长时期的IBM公司，70年代中期出现大量的现金盈余，1976年年末现金盈余为61亿美元，1977年年末为54亿美元。由于缺乏有吸引力的投资机会，IBM公司在增加现金红利（1978年的红利支付率为54%，而五六十年代红利支付率仅为1%～2%）的同时，于1977年和1978年共斥资14亿美元回购本公司股票。据统计，1986—1989年，IBM公司用于回购本公司股票的资金达到56.6亿美元，共回购4 700万股股票，平均红利支付率为56%。另据了解，美国联合电信器材公司1975—1986年，一直采用股票回购现金红利政策，使公司股票价格从每股4美元上涨到每股35.5美元。无独有偶，步入80年代中期，日本的许多企业亦步入成熟期，按照企业发展理论，一旦企业步入成熟期以后，不再片面追求增加设备投资，扩大企业规模，而日益重视剩余资金的高效率运作。然而，如何高效率地运用剩余资金，成为当时日本企业面临的重要课题。恰在此时，美国的HBO & CO. 公司利用剩余资金回购了26%的发行在外的股票。受此影响，许多日本上市公司也开始利用剩余资金回购本公司股票。

（4）重新资本化

重新资本化即大规模借债用于回购股票或支付特殊红利，从而迅速和显著提高长期负债比例和财务杠杆，优化资本结构。重新资本化往往出现在竞争地位相当强、经营进入稳定增长阶段，但长期负债比例过低的公司。由于这类公司具有可观的未充分使用的债务融资能力储备，按照资产预期能够产生的现金流入的风险与资本结构匹配的融资决策准则，提高财务杠杆，可以优化公司资本结构，降低公司总体资本成本，增加公司价值，从而为股东创造价值。同时，也有助于防止敌意并购袭击。因为在有效的金融市场环境中，具有大量未使用的债务融资能力的公司，往往容易受到敌意并购者的青睐和袭击。

3. 股票回购方式

（1）场内公开收购和场外协议收购

按照股票回购的地点不同，股票回购可分为场内公开收购和场外协议收购两种。

① 场内公开收购是指上市公司把自己等同于任何潜在的投资者，委托在证券交易所有正式交易席位的证券公司，代自己按照公司股票当前市场价格回购。在国外较为成熟的股票市场上，这一种方式较为流行。据不完全统计，整个 20 世纪 80 年代，美国公司采用这一种方式回购的股票总金额为 2 300 亿美元左右，占整个回购金额的 85% 以上。虽然这一种方式的透明度比较高，但很难防止价格操纵和内幕交易，因而，美国证券交易委员会对实施场内回购的时间、价格和数量等均有严格的监管规则。

② 场外协议收购是指股票发行公司与某一类（如国家股）或某几类（如法人股、B 股）投资者直接见面，通过在店头市场协商来回购股票的一种方式。协商的内容包括价格和数量的确定，以及执行时间等。很显然，这一种方式的缺陷就在于透明度比较低，有违于股市"三公"原则。

（2）举债回购、现金回购和混合回购

按照筹资方式，股票回购可分为举债回购、现金回购和混合回购。

① 举债回购是指企业通过向银行等金融机构借款的办法来回购本公司股票。如果企业认为其股东权益所占的比例过大，资本结构不合理，就可能对外举债，并用举债获得的资金进行股票回购，以实现企业资本结构的合理化。有时候还是一种防御其他公司的敌意兼并与收购的保护措施。

② 现金回购是指企业利用剩余资金来回购本公司的股票。这种情况可以实现分配企业的超额现金，起到替代现金股利的目的。

③混合回购是指企业既动用剩余资金，又向银行等金融机构举债来回购本公司股票。

（3）出售资产回购或利用债券和优先股交换

按照资产置换范围，股票回购可划分为出售资产回购股票、利用手持债券和优先股交换（回购）公司普通股、债务股权置换。

① 出售资产回购股票是指公司通过出售资产筹集资金回购本公司股票。

② 利用手持债券和优先股交换（回购）公司普通股是指公司使用手持债券和优先股换回（回购）本公司股票。

③ 债务股权置换是指公司使用同等市场价值的债券换回本公司股票。例如，1986 年 Owenc Corning 公司使用 52 美元的现金和票面价值 35 美元的债券交换其发行在外的每股股票，以提高公司的负债比例。

（4）固定价格要约回购和荷兰式拍卖回购

按照回购价格的确定方式，股票回购可分为固定价格要约回购和荷兰式拍卖回购。

① 固定价格要约回购是指企业在特定时间发出的以某一高出股票当前市场价格的价格水平，回购既定数量股票的要约。为了在短时间内回购数量相对较多的股票，公司可以

宣布固定价格回购要约。它的优点是赋予所有股东向公司出售其所持股票的均等机会，而且通常情况下公司享有在回购数量不足时取消回购计划或延长要约有效期的权力。与公开收购相比，固定价格要约回购通常被认为是更积极的信号，其原因可能是要约价格存在高出市场当前价格的溢价。但是，溢价的存在也使得固定价格回购要约的执行成本较高。

② 荷兰式拍卖回购首次出现于1981年Todd造船公司的股票回购。此种方式的股票回购在回购价格确定方面给予公司更大的灵活性。在荷兰式拍卖的股票回购中，公司首先指定回购价格的范围（通常较宽）和计划回购的股票数量（可以上下限的形式表示）；而后股东进行投标，说明愿意以某一特定价格水平（股东在公司指定的回购价格范围内任选）出售股票的数量；公司汇总所有股东提交的价格和数量，确定此次股票回购的“价格—数量曲线”，并根据实际回购数量确定最终的回购价格。

（5）可转让出售权回购方式

所谓可转让出售权，是实施股票回购的公司赋予股东在一定期限内以特定价格向公司出售其持有股票的权利。之所以称为“可转让”，是因为此权利一旦形成，就可以同依附的股票分离，而且分离后可在市场上自由买卖。执行股票回购的公司向其股东发行可转让出售权，那些不愿意出售股票的股东可以单独出售该权利，从而满足了各类股东的需求。此外，因为可转让出售权的发行数量限制了股东向公司出售股票的数量，所以这种方式还可以避免股东过度接受回购要约的情况。

4. 股票回购的意义

（1）对于股东的意义

股票回购后股东得到的资本利得需缴纳资本利得税，发放现金股利后股东则需缴纳股息税。一方面在前者低于后者的情况下，股东将得到纳税上的好处。但另一方面，各种因素很可能因股票回购而发生变化的，结果是否对股东有利难以预料。也就是说，股票回购对股东利益具有不确定的影响。

（2）对于公司的意义

进行股票回购的最终目的是有利于增加公司的价值。

① 公司进行股票回购的目的之一是向市场传递股价被低估的信号。股票回购有着与股票发行相反的作用。股票发行被认为是公司股票被高估的信号，如果公司管理层认为公司目前的股价被低估，通过股票回购，向市场传递了积极信息。股票回购的市场反应通常是提升了股价，有利于稳定公司股票价格。如果回购以后股票仍被低估，剩余股东也可以从低价回购中获利。

② 当公司可支配的现金流明显超过投资项目所需的现金流时，可以用自由现金流进行股票回购，有助于增加每股盈利水平。股票回购减少了公司自由现金流，起到了降低管理层代理成本的作用。管理层通过股票回购试图使投资者相信公司的股票是具有投资吸引力的，公司没有把股东的钱浪费在收益不好的投资中。

③ 避免股利波动带来的负面影响。当公司剩余现金是暂时的或者是不稳定的，没有把握能够长期维持高股利政策时，可以在维持一个相对稳定的股利支付率的基础上，通过股票回购发放股利。

④ 发挥财务杠杆的作用。如果公司认为资本结构中权益资本的比例较高，可以通过

股票回购提高负债比率，改变公司的资本结构，并有助于降低加权平均资本成本。虽然发放现金股利也可以减少股东权益，增加财务杠杆，但两者在收益相同情形下的每股收益不同。特别是如果通过发行债券融资回购本公司的股票，可以快速提高负债比率。

⑤ 通过股票回购，可以减少外部流通股的数量，提高了股票价格，在一定程度上降低了公司被收购的风险。

⑥ 调节所有权结构。公司拥有回购的股票（库藏股），可以用来交换被收购或被兼并公司的股票，也可用来满足认股权证持有人认购公司股票或可转换债券持有人转换公司普通股的需要，还可以在执行管理层与员工股票期权时使用，避免发行新股而稀释收益。

5. 我国公司法规定的股票回购规定

我国《公司法》规定，公司只有在以下 4 种情形下才能回购本公司的股份。

（1）减少公司注册资本。

（2）与持有本公司股份的其他公司合并。

（3）将股份奖励给本公司职工。

（4）股东因对股东大会做出的合并、分立决议持异议，要求公司收购其股份。

课堂讨论

1. 公司为何要进行股利分配？
2. 公司为什么要进行股票分割？
3. 公司为什么要进行股票回购？

知识链接

股票分割不属于股利支付方式。它产生的影响：发行在外的股数增加，使得每股面额降低，每股盈余下降；但公司价值不变，股东权益总额、股东权益各项目金额及其相互间的比例也不会改变。优点有两个。① 对公司而言：增加股份总数，降低每股市价，吸引更多的投资者。此外，股票分割往往是成长中公司的行为，给人们一种公司正处于发展中的印象，这种有利信息会对公司的发展有所帮助。② 对股东而言：只要股票分割后每股现金股利的下降幅度小于股票分割幅度，股东仍能多获得现金股利；向社会传播的有利信息和降低了的股价，可能招致购买股票的人增加，反使其价格上升，进而增加股东财富。

股票回购是指公司在有多余现金时，向股东回购自己的股票，以此来代替现金股利。近年来，股票回购已经成为公司向股东分配利润的一个重要形式，尤其当避税很重要时，股票回购就可能是股利政策的一个有效的替代品。使流通在外的股份减少，每股股利增加，从而会使股价上升，股东能因此获得资本利得，这相当于公司支付给股东股利。

本章总结

利润是企业在一定时期生产经营活动所取得的财务成果，是企业生产经营活动的效益体现。企业的利润可以划分为 3 个层次：营业利润、利润总额和净利润。

利润预测的方法相关比率分析法、本量利分析法、因素预测法等。

企业应将实现的经营成果按照法律规定的程序，向投资者进行分配。

有关股利分配对企业价值影响的理论观点主要有两种：股利无关论和股利相关论。

股利政策有剩余股利政策、固定股利额政策、固定股利支付率政策、低正常股利加额外股利政策 4 种。

股利支付的种类一般包括现金股利、股票股利、财产股利和负债股利等。

股票分割又称股票拆细，即将一张较大面值的股票拆成几张较小面值的股票。反向分割的作用在于提高股票的价钱，它跟股票分割正好是相反的。在反向分割里投资人可以换到更少的股票。

股票分割后普通股股数增加，但持股比例不变，股东权益结构也不变，每股股价相应降低。

股票回购是指上市公司利用现金等方式，从股票市场上购回本公司发行在外的一定数额的股票的行为。股票回购的动机包括防止兼并与收购、振兴股市、维持或提高每股收益水平和股票价格、重新资本化等。

股票回购方式有场内公开收购和场外协议收购、举债回购、现金回购和混合回购、出售资产回购或利用债券和优先股交换、固定价格要约回购和荷兰式拍卖回购、可转让出售权回购方式等。

本章习题

一、思考题

1. 公司利润的构成要素有哪些？
2. 利润预测的方法有哪些？
3. 股利分配的程序是什么？
4. 股利政策有哪 4 种？股利支付包括哪些方式？
5. 什么叫股票分割？有何意义？股票分割与股票股利有何区别？
6. 什么叫股票回购？股票回购方式有哪些？股票回购有何现实意义？

二、单项选择题

1. 股利分配涉及的方面很多，如股利支付程序中各日期的确定、股利支付比率的确定、股利支付形式的确定、支付现金股利所需资金的筹集方式的确定等。其中，最主要的是确定（　　）。

A. 股利支付程序中各日期　B. 股利支付比率

C. 股利支付形式　D. 支付现金股利所需资金

2. 下列说法不正确的是（　　）。

A. 处于经营收缩的公司，由于资金短缺，因此多采取低股利政策

B. 在通货膨胀时期公司股利政策往往偏紧

C. 盈余不稳定的公司一般采取低股利政策

D. 举债能力弱的公司往往采取较紧的股利政策

3. 主要依靠股利维持生活的股东最赞成的公司股利政策是（　　）。

A. 剩余股利政策　B. 固定或持续增长的股利政策

C. 固定股利支付率政策　D. 低正常股利加额外股利政策

4. 关于股利分配政策，下列说法不正确的是（　　）。

A. 剩余股利分配政策能充分利用筹资成本最低的资金资源，保持理想的资本结构

B. 固定或持续增长的股利政策有利于公司股票价格的稳定

C. 固定股利支付率政策体现了风险投资与风险收益的对等

D. 低正常股利加额外股利政策不利于股价的稳定和上涨

5. 某公司现有发行在外的普通股100万股，每股面额1元，资本公积100万元，未分配利润800万元，股票市价20元；若按10%的比例发放股票股利并按市价折算，公司资本公积的报表列示将为（　　）万元。

A. 100　B. 190　C. 290　D. 300

6. 某股份公司目前的每股收益和每股市价分别为2.4元和24元，现拟实施10送2的送股方案，如果盈利总额不变，市盈率不变，则送股后的每股收益和每股市价分别为（　　）元。

A. 2和20　B. 2.4和24　C. 1.8和18　D. 1.8和22

7. 下列关于股票股利对股东的意义的叙述不正确的是（　　）。

A. 如果发放股票股利后股价不立即发生变化，会使股东得到股票价值相对上升的好处

B. 发放股票股利会使投资者认为公司将会有较大发展，有利于稳定股价甚至略有上升

C. 股东可因此享受税收上的好处

D. 降低每股价值，吸引更多的投资者

8. 公司董事会将有权领取股利的股东有资格登记截止日称为（　　）。

A. 股利宣告日　B. 股利支付日　C. 股权登记日　D. 除息日

9. 公司采用剩余股利政策进行利润分配的根本理由是（　　）。

A. 稳定股东各年收益　B. 体现风险投资与风险收益的对等

C. 使公司利润分配灵活性较大　D. 降低加权平均资本成本

10. 企业在分配收益时，必须按一定比例和基数提取各种公积金，这一要求体现了（　　）。

A. 资本保全约束　B. 企业积累约束

C. 债务合同约束　D. 超额累积利润约束

三、多项选择题

1. 下列说法不正确的是（　　　　）。
   A. 只要本年净利润大于 0，则就可以进行利润分配
   B. 只要可供分配利润大于 0，则必须提取法定公积金
   C. 不存在用公积金支付股利的可能
   D. 提取公积金的基数是本年的税后利润
2. 法定公积金可以用于（　　　　）。
   A. 弥补亏损　　B. 发放股利　　C. 扩大公司生产经营　　D. 转增资本
3. 股利支付的方式包括（　　　　）。
   A. 现金股利　　B. 财产股利　　C. 负债股利　　D. 股票股利
4. 股利无关论认为股利分配对公司的市场价值不产生影响，假设（　　　　）。
   A. 不存在个人或公司所得税
   B. 不存在股票筹资费用
   C. 投资决策不受股利分配的影响
   D. 公司的投资者和管理当局可相同地获得关于未来投资机会的信息
5. 下列说法正确的是（　　　　）。
   A. 具有较强的举债能力的公司往往采取较宽松的股利政策
   B. 盈余相对稳定的公司有可能支付较高的股利
   C. 资产流动性较低的公司往往支付较低的股利
   D. 有良好投资机会的公司往往少发股利
6. 下列关于发放股票股利的说法不正确的是（　　　　）。
   A. 直接增加股东的财富
   B. 对公司股东权益总额产生影响
   C. 改变每位股东所持股票的市场价值总额
   D. 改变股东权益内部项目的比例关系
7. 发放股票股利对股价的影响包括（　　　　）。
   A. 可能不会引起股价立即变化　　B. 可能会稳定住股价甚至反致略有上升
   C. 可能加剧股价的下跌　　D. 可能导致股价大幅上涨
8. 股票分割之后，（　　　　）。
   A. 公司价值不变　　B. 股东权益内部结构发生变化
   C. 股东权益总额不变　　D. 每股面额降低
9. 根据股利相关论，影响股利分配的因素有（　　　　）。
   A. 债务需要　　B. 稳定的收入和避税
   C. 资产的流动性　　D. 债务合同约束
10. 股票分割对股东的意义包括（　　　　）。
    A. 股票分割后，只要每股现金股利的下降幅度小于股票分割幅度，股东仍能多获得现金股利
    B. 股票分割向社会传递有利消息，降低了股价反而促使购买股票的人增加，股价

上扬，进而增加股东财富

C. 降低股价，传递有利消息，吸引更多的投资者

D. 传递继续发展的消息

四、判断题

1. 应该按照抵减年初累计亏损后的本年净利润计提法定公积金，“补亏”要符合税法的规定。 ( )

2. 可以用资本发放股利，但不能在没有累计盈余的情况下提取公积金。 ( )

3. 为了保护投资者的利益，我国不允许发放负债股利。 ( )

4. 以公司所拥有的其他企业的债券作为股利支付给股东属于负债股利支付方式。 ( )

5. 股利无关论认为投资者并不关心公司股利的分配，但股利的支付比率会影响公司的价值。 ( )

6. 由于股东接受股利交纳的所得税高于其进行股票交易的资本利得税，因此，我国法律规定不得超额累积利润。 ( )

7. 特殊情况下，可以用资本公积发放股利。 ( )

8. 依靠股利维持生活的股东，往往要求公司支付较高的股利。 ( )

9. 在剩余股利政策下，“保持目标资本结构”是指一年中始终保持同样的资本结构。 ( )

10. 具有较高债务偿还需要的公司，一定会减少股利的支付。 ( )

五、计算分析题

1. 某公司2005年年终利润分配前的股东权益项目资料如下。

股本——普通股（每股面值2元）1000万元，资本公积4000万元，未分配利润2000万元，所有者权益合计7000万元，公司股票的每股现行市价为14元。

要求：计算回答下述互不关联的问题。

（1）如若按1股换4股的比例进行股票分割，计算股东权益各项目数额、普通股股数。

（2）假设利润分配不改变市净率，公司按每10股送1股的方案发放股票股利，并按新股数发放现金股利，且希望普通股市价达到每股12元，计算每股现金股利应是多少。

（3）假设2005年净利润为500万元，期初未分配利润为1500万元，按规定，本年应该提取10%的公积金，计算最高可分配的每股股利额。

（4）假设2005年净利润为500万元，期初未分配利润为1500万元，按规定，本年应该提取10%的公积金，2006年预计需要增加投资资本600万元，目标资本结构为权益资本占60%，债务资本占40%，公司采用剩余股利政策，计算每股股利。

2. ABC公司2005年全年实现净利润为1200万元，经营现金流量净额为600万元，没有优先股，普通股股数没有变动，年末股东权益账户余额如下。

股本（每股面值2元）1000万元，资本公积2000万元，盈余公积500万元，未分配利润1500万元，合计5000万元。

要求：求解以下互不相关的问题。

（1）若公司决定发放 20% 的股票股利（按照市价折算），股票目前市价为 5 元/股，并按发放股票股利后的股数支付现金股利每股 0.1 元。

① 计算股利支付率、股利保障倍数、现金股利保障倍数；

② 计算发放股利后的股本、资本公积和留存收益；

③ 假设发放股票股利后净利润不变、市盈率不变，计算发放股票股利后每股收益；发放股票股利前，A 股东持有 1 200 股，计算发放股票股利前后的持股比例及其股票的市场价值。

（2）假设按照 2 股换成 1 股的比例进行股票合并，股票合并后净利润不变、市净率不变，计算合并后的每股面额、普通股股数、每股账面价值、每股收益和每股市价。

3. A 公司本年实现税后净利润 2 000 万元，年初未分配利润为 250 万元，下年需增加投资资本 1 000 万元。目标资本结构为权益与负债之比为 5∶5，公司发行在外的普通股为 1 000万股，采用剩余股利政策进行股利分配，按 10% 的比例提取法定公积金，现在每股市价 20 元。

要求：

（1）计算可供分配利润及提取法定公积金的数额。

（2）计算本年应发股利、每股股利、每股收益和年末未分配利润。

（3）假设发放股票股利后盈利总额不变，市盈率不变，欲通过发放股票股利将股价维持在 16～18 元/股的理想范围之内，则股票股利发放率应为多少？

4. ABC 公司 2005 年开业，历年的税前利润见表 10-4（假设无其他纳税调整事项，所得税税率为 40%）。

表 10-4　历年的税前利润

年　　度	税前利润/元	年　　度	税前利润/元
2005	－100 000	2010	＋10 000
2006	＋40 000	2011	＋10 000
2007	－30 000	2012	＋40 000
2008	＋10 000	2013	＋20 000
2009	＋10 000		

要求：

（1）2011 年应否交纳所得税？应否提取盈余公积？

（2）2012 年应否交纳所得税？应否提取盈余公积？

（3）2013 年应否提取盈余公积？可否给股东分配股利？

第 11 章

财务控制

本章导读

财务控制是指对企业的资金投入及收益过程和结果进行衡量与校正，对日常财务活动进行纠偏纠错，以确保财务目标的顺利完成。它以价值形式为控制手段；以不同岗位、部门和层次的不同经济业务为综合控制对象；以控制日常现金流量为主要内容。本章对建立财务控制体系应遵循的原则、财务控制的分类、财务控制的方式、财务控制的内容，以及责任中心和内部转移价格作了详细的阐述。

11.1 财务控制概述

（一）财务控制的作用

财务控制财务控制是指对企业的资金投入及收益过程和结果进行衡量与校正，目的是确保企业目标，以及为达到此目标所制订的财务计划得以实现。现代财务理论认为企业理财的目标及它所反映的企业目标是股东财富最大化（在一定条件下也就是企业价值最大化）。财务控制总体目标是在确保法律法规和规章制度贯彻执行的基础上，优化企业整体资源综合配置效益，厘定资本保值和增值的委托责任目标与其他各项绩效考核标准来制定财务控制目标，是企业理财活动的关键环节，也是确保实现理财目标的根本保证，所以财务控制将服务于企业的理财目标。

财务控制作为现代企业管理水平的重要标志，它是运用特定的方法、措施和程序，通过规范化的控制手段，对企业的财务活动进行控制和监督，确保企业及其内部机构和人员全面落实和实现财务预算的过程。

财务控制的特征：以价值形式为控制手段；以不同岗位、部门和层次的不同经济业务为综合控制对象；以控制日常现金流量为主要内容。

（二）财务控制的作用

财务控制必须以确保单位经营的效率性和效果性、资产的安全性、经济信息和财务报告的可靠性为目的。财务控制的作用主要有以下三方面。

首先，有助于实现公司经营方针和目标，它既是工作中的实时监控手段，也是评价标准。

其次，能保护单位各项资产的安全和完整，防止资产流失。

最后，能保证业务经营信息和财务会计资料的真实性和完整性。

（三）财务控制体系

财务控制有一套完整的体系，它由财务控制环境、会计系统和控制程序三部分组成。

（1）财务控制环境指建立或实施财务控制的各种因素。主要因素为管理单位和相关人员对财务控制的态度、认识和行为。具体包括：单位组织结构、管理者的经营思想和经营作风、管理者的职能和对这些职能的制约、确定职权和责任的方法、管理者监控和检查工作时所采用的控制措施、人事工作方针及其实施、影响单位业务的各种外部关系等。

（2）会计系统指单位建立的会计核算和会计监督的方法和程序。有效的会计系统应当做到：确认并记录所有真实的经济业务，及时并充分详细地描述经济业务，在财务会计报告中对经济业务做出适当的分类；计量经济业务的价值，在财务会计报告中记录其适当的货币价值；确定经济业务发生的时间，将经济业务记录在适当的会计期间；在财务会计报告中反映经济业务、披露会计信息。

（3）控制程序指管理者所制定的财务控制方法和程序。具体包括：经济业务和经济活动批准权；明确人员的职责分工，有效防止舞弊；凭证和账单的设置和使用，准确通过会计账簿反映经济业务；管好用好财产物资；对已登记的业务及其计价要进行复核等。

（四）财务控制的局限性

良好的财务控制虽然能够达到上述目标，但无论控制的设计和运行多么完善，它都无法消除其本身固有的局限，为此必须对这些局限性加以研究和预防。局限性主要有三方面：一是受成本效益原则的局限；二是财务控制人员由于判断错误、忽略控制程序或人为作假等原因，导致财务控制失灵；三是管理人员的行政干预，致使建立的财务控制制度形同虚设。由于财务管理存在于企业的经济活动的方方面面，因此其对企业生产经营的影响非常大。

（五）建立财务控制体系应遵守的原则

1. 以制度理财：制定游戏规则、不折不扣实施

建立企业就必须建立相应的制度，汉语中“制”有节制、限制的意思，“度”有尺度、标准的意思。这两个字结合起来，表明制度是节制人们行为的尺度。财务控制是对财务活动过程的约束和调节，既然要约束和调节，就得有一个节制标准和尺度，就必须建立起公司的财务制度和监控体系，财务制度的实质是指节制人们财务行为的尺度，是事先制定的一种游戏规则，监控就是为保证制度体系能有效运行，而采用的监管体系。没有规矩

不成方圆，仅建立规则远远不够，企业在理财过程中应坚持不懈、不折不扣地履行这些规则，以达到企业的理财效果。

2. 以统管聚财：以财务集权为主体体制

企业管理常提到“集中控制、分层管理”，对部门实行集权与有效分权相结合，即在财务管理方面侧重集权，生产经营方面有效分权。财务集权有利于企业总部随时调集各分公司与部门的财务数据，消除信息不对称所带来的种种弊端，同时将企业有限的资金资源集中控制，有利于将有限的资金用于企业的战略投资和偿还到期债务，加速资金周转速度，降低成本和财务风险，以统管来达到企业聚财的目标。

3. 抓“龙头”控财：以现金流为中心

财务控制从企业投资到利润分配，涵盖企业生产经营活动全过程，但其核心和龙头是企业的现金收支和现金流。现金流主要记录的是企业在销售商品、提供劳务、购买商品、接受劳务、对外出资和支付税收等活动中的现金流动状况，反映了业务的现金收支状况，现金流对于企业，就像血液对于人体，只有血液充足且流动顺畅人体才会健康，良性现金流可以使企业健康成长。企业运转就需要不断地有足够的现金参与运转，并将制造的产品销售出去，及时收回现金，现金流比利润更实际，更不易被操纵，现金流是企业生存的必要元素，不仅可以反映企业的支付能力，而且可以证明企业的信用和实力，是企业控财的中心。

4. 用指标管财：推行全面预算管理

企业管财就得推行一套切实可行的管财标准，预先给定企业要达到的目标，各个环节的水平及相应的标准，出现什么样的情况下需要调整企业年初制定目标等。现在企业推行的主要是全面预算管理。全面预算是根据生产状况和生产经营指标，在效益最大化的原则下确定实物工作量和货币资源的优化配置，充分体现生产与财务的结合优化，避免了算和干脱节的现象。

5. 建立全方位的财务控制体系

财务控制是企业的中枢控制，企业生产经营的所有活动最终都会以各种财务信息反映出来，因此，企业必须建立全方位的财务控制体系。企业财务管理及控制体系必须能覆盖企业生产经营的全过程，渗透于企业的研发、采购、生产、营销和风险控制的各个环节和各个领域，只有这样才能实时收集企业各方面的信息，只有掌握全面真实的信息，才有可能对其加以调节和控制。

6. 建立多元的财务监控措施

除了建立全方位的财务监控体系外，监控手段和方法也很重要，企业还必须采用多种财务监控方法来有效收集数据，利用 IT 技术、派驻代表、授权审批、多元稽核、定期审计、不定期抽查、对比分析等手段，保证收集数据及时性、准确性，通过分析这些数据，从中发现问题，采取多种策略来监控企业的各种经营活动，以防止内部人控制，财务数据失真。

7. 设立循序渐进的多环节财务控制防线

设立循序渐进的多环节财务控制防线，在一线建立纵横相错的双职、双责控制体系，避免一事单管，纵横核对，相互制约；在二线建立以预算与目标控制的控制体系，保证公司总体能按预先制定的战略健康发展；建立企业监督、检查和考核、调控机制，以定期查检与流动检查，以专项审计与综合评价相结合，利用有效的调节手段，调节各项经济业务，使其朝着企业既定目标健康发展。

（六）财务控制的种类

1. 按财务控制的内容划分

（1）一般控制：按企业财务活动赖以进行的内部环境所实施的总体控制，包括组织控制、人员控制、财务预算、业绩评价、财务记录等内容。

（2）应用控制：直接作用于企业财务活动的具体控制，包括业务处理程序中的的批准与授权、审查及复核，以及为保证资产安全而采取的限制措施等项控制。

2. 按财务控制的功能划分

（1）预防性控制：为防范风险、错弊和非法行为的发生或减少其发生机会所进行的控制。

（2）侦查性控制：为了及时识别已存在的风险、已发生的错弊和非法行为或增强识别风险能力所进行的控制。

（3）纠正性控制：对那些由侦查性控制查出来的问题所进行的调整和纠正。

（4）指导性控制：为了实现有利结果而进行的控制。

（5）补偿性控制：针对某些环节的不足或缺陷而采取的控制措施。

3. 按财务控制的时序划分

（1）事前控制：为防止财务资源在质和量上发生偏差，而在行为发生前所实施的控制。

（2）事中控制：财务收支发生过程中所进行的控制。

（3）事后控制：对财务收支活动的结果进行分析、评价和考核。

（七）财务控制的方式

1. 组织规划

根据财务控制的要求，单位在确定和完善组织结构的过程中，应当遵循不相容职务相分离的原则，即一个人不能兼任同一部门财务活动中的不同职务。单位的经济活动通常划分为5个步骤：授权、签发、核准、执行和记录。如果上述每一步骤由相对独立的人员或部门实施，就能够保证不相容职务的分离，便于财务控制作用的发挥。

2. 授权批准

授权批准控制指对单位内部部门或职员处理经济业务的权限控制。单位内部某个部门或某个职员在处理经济业务时，必须经过授权批准才能进行，否则就无权审批。授权批准控制可以保证单位执行既定方针和限制滥用职权。授权批准的基本要求：首先，要明确一般授权与特定授权的界限和责任；其次，要明确每类经济业务的授权批准程序；再次，要建立必要的检查制度，以保证经授权后所处理的经济业务的工作质量。

3. 预算控制

预算控制是财务控制的一个重要方面，包括筹资、融资、采购、生产、销售、投资、管理等经营活动的全过程。其基本要求：第一，所编制预算必须体现单位的经营管理目标，并明确责任；第二，预算在执行中，应当允许经过授权批准对预算进行调整，以便使预算更加切合实际；第三，应当及时或定期反馈预算的执行情况。

4. 实物资产控制

实物资产控制主要包括限制接近控制和定期清查控制两种。限制接近控制是控制对实物资产及与实物资产有关的文件的接触，如现金、银行存款、有价证券和存货等，除出纳人员和仓库保管人员外，其他人员则限制接触，以保证资产的安全；定期清查控制是指定期进行实物资产清查，保证实物资产实有数量与账面记载相符，如账实不符，应查明原因，及时处理。

5. 成本控制

成本控制分粗放型成本控制和集约型成本控制。粗放型成本控制是从原材料采购到产品的最终售出进行控制的方法。具体包括原材料采购成本控制、材料使用成本控制和产品销售成本控制 3 个方面；集约型成本控制一是通过改善生产技术来降低成本，二是通过产品工艺的改善来降低成本。

6. 风险控制

风险控制就是尽可能地防止和避免出现不利于企业经营目标实现的各种风险。在这些风险中，经营风险和财务风险显得极为重要。经营风险是指因生产经营方面的原因给企业盈利带来的不确定，而财务风险又称筹资风险，是指由于举债而给企业财务带来的不确定性。由于经营风险和财务风险对企业的发展具有很大的影响，因此企业在进行各种决策时，必须尽力规避这两种风险。如企业举债经营，尽管可以缓解企业运转资金短缺的困难，但由于借入的资金需还本付息，到期一旦企业无力偿还债务，必然使企业陷入财务困境。

7. 审计控制

审计控制主要是指内部审计，它是对会计的控制和再监督。内部审计是在一个组织内部对各种经营活动与控制系统的独立评价，以确定既定政策的程序是否贯彻，建立的标准是否有利于资源的合理利用，以及单位的目标是否达到。内部审计的内容十分广泛，一般包括内部财务审计和内部经营管理审计。内部审计对会计资料的监督、审查，不仅是财务控制的有效手段，也是保证会计资料真实、完整的重要措施。

（八）财务控制的内容

财务控制应当从建立严密的财务控制制度、现金流量预算、应收账款、实物资产、成本和财务风险的控制等方面入手。

1. 建立严密的财务控制制度

企业要搞好财务控制，必须建立严密的财务控制制度，具体包括以下几个方面。

（1）不相容职务分离制度。不相容职务相互分离控制要求企业按照不相容职务相分离的原则，合理设置财务会计及相关工作岗位，明确职责权限，形成相互制衡机制。不相容职务包括授权批准、业务经办、会计记录、财产保管、稽核检查等职务。例如，有权批准采购的人员不能直接从事采购业务，从事采购业务的人员不得从事入库业务。

（2）授权批准控制制度。授权批准控制要求企业明确规定涉及财务会计及相关工作的授权批准的范围、权限、程序、责任等内容，单位内部的各级管理层必须在授权范围内行使职权和承担责任，经办人员也必须在授权范围内办理业务。例如，采购人员必须在授权批准的金额内办理采购业务，超出此金额必须得到主管的审批。

（3）会计系统控制制度。会计系统控制要求企业依据《会计法》和国家统一的会计制度，制定适合本单位的会计制度，明确会计工作流程，建立岗位责任制，充分发挥会计的监督职能。会计系统控制制度包括企业的核算规程、会计工作规程、会计人员岗位责任制、财务会计部门职责、会计档案管理制度等。良好的会计系统控制制度是企业财务控制得以顺利进行的有力保障。

2. 预算管理

企业财务管理首先应该关注现金流量，而不是会计利润。企业应该通过现金流量预算管理来做好现金流量控制。现金流量预算的编制采用“以收定支，与成本费用匹配”的原则，采用适应企业现状的预算编制方法（如零基预算或增量预算等），按收付实现制来反映现金流入流出。经过企业上下反复汇总、平衡、最终形成年度现金流量预算。同时，根据年度现金流量预算制定出分时段的动态现金流量预算，对日常现金流量进行动态控制。

3. 资产管控

（1）应收账款控制

随着市场竞争日趋激烈，企业以信用形式进行的业务交易越来越频繁。应收账款控制主要从以下几个方面来进行。

① 财务核算准确翔实，债权债务关系明确。企业必须有完整的应收账款核算体系，并且原始单据必须真实完整。

② 评价客户资信程度，制定相应信用政策。企业必须根据客户的资信程度来制定给

予客户的信用标准；通常从信用品质、偿还能力、资本、抵押品、经济状况五个方面来评价客户的资信程度。企业可以根据对客户资信程度的分析数据对客户进行排队分析，选择资信程度好的客户，而拒绝那些资信程度差的客户。

③ 加强应收账款的账龄分析，确定收款率和应收账款余额百分比。企业可以依据账龄分析，结合销售合同，确立收款率和应收账款余额百分比，保证应收账款的安全性。

（2）实物资产控制

实物资产控制是为保证企业实物资产安全完整而采取的财务控制措施。主要有以下几点。

① 限制接近。严格控制对实物资产及实物资产相关的文件的接触，如现金、银行存款、有价证券和存货等，除出纳人员和仓库保管员外，其他人员限制接触，以保证资产的安全。

② 及时入账。经济业务发生以后，必须立即入账，特别是现金、银行存款，要做到日清月结，防止挪用，保证资金的安全和得到合理使用。

③ 永续盘存制。对于财产物资都必须采用永续盘存的方法，随时反映其收、发、存情况。

④ 建立会计档案保管制度，便于业务复查。

4. 成本控制

企业从原材料的采购到产品的最终售出，都要采取有效的成本控制方法。同时通过改善生产产品的工艺来降低成本。更进一步，企业应对比“产出”和“投入”，研究成本增减与收益增减的关系，以确定最有利于提高效益的成本控制方案。

中国企业已经形成不少成本控制的先进经验。

（1）邯钢模式，其突出的特点是企业内部实行“模拟市场，成本否决”，具体是以市场价格为主要参照系，核定内部核算价，层层分解，实行成本管理责任制，并与奖惩挂钩，实行成本否决。

（2）美菱模式，其核心是把个人岗位目标与合同目标结合起来，能用价值衡量的用价值衡量，做到“人人参与”成本，个个追求效益，推行内部核算，实现成本目标。

（3）武钢模式，其特点是以市场为导向，以技术、产品、管理体制创新为依据，以全面、全过程、全方位成本管理为内容的管理方式，并通过责权有效地结合在一起的管理方式来达到控制的目的。

（4）亚星模式，其购销比价管理就是在满足本企业质量需求的前提下实现低成本采购，在满足用户质量需求的前提下争取较高价销售。通俗地讲，就是“买得贱，卖得贵，中间环节不浪费”。亚星模式堵住了购销环节的漏洞，节约了资金支出，提高了企业的经济效益，也使得企业树立了良好的经营作风，管理得到了加强。

5. 财务风险控制

财务风险是指由于举债给企业收益带来的不确定性。企业举债经营会对企业自有资金的盈利能力造成影响，由于负债要支付利息，债务人对企业的资产有优先求偿权，万一公司经营不善，或有其他不利因素，则公司资不抵债，无力偿付到期债务时，破产倒闭的危险就会加大。很多公司由于受宏观经济不景气影响或内部股东矛盾等，银行会非常敏感地停止放贷，供货商也纷纷上门讨款，使企业陷入资金短缺的漩涡，最终走向衰败。

财务风险控制是指在财务管理过程中，利用有关信息和特定手段，对企业财务活动施加影响或调节，以便实现计划所规定的财务目标，回避风险的发生。

(1) 财务风险控制的方法

① 防护性控制。防护性控制又称排除干扰控制，是指在财务活动发生前，就制定一系列制度和规定，把可能产生的差异予以排除的一种控制方法。

② 前馈性控制。前馈性控制又称补偿干扰控制，是指通过对实际财务系统运行的监视，运用科学的方法预测可能出现的偏差，采取一定措施，使差异得以消除的一种控制方法。

③ 反馈控制。反馈控制又称平衡偏差控制，是在认真分析的基础上，发现实际与计划之间的差异，确定差异产生的原因，采取切实有效的措施，调整实际财务活动或调整财务计划，使差异得以消除或避免今后出现类似差异的一种控制方法。

(2) 财务风险控制的手段

① 适度负债，合理安排资本结构，确保财务结构平衡。

一要正确把握负债的量与度，企业的息税前利润率大于负债成本率是企业负债经营的先决条件。

二要适度利用财务杠杆作用，合理控制财务杠杆的副作用。

三要合理安排资本结构，实现资金成本最低化。企业必须权衡财务风险和资金成本的关系，确定最优的资本结构。

② 建立企业全面预算制度，正确预测现金流量情况。

全面预算制度是协调的工具、控制的标准、考核的依据，是推行控股公司内部管理规范化和科学化的基础，也是促进公司各级经营管理人员自我约束、自我发展能力培养的有效机制。由于预算涉及企业现金收支的各个方面和各个环节，因此它对风险可以产生一种系统性的控制。在全面预算的基础上，准确编制现金流量预算，这是企业加强财务管理，有效防范财务风险工作中特别重要的一环。

③ 加强资产管理，提高营运能力，增强盈利水平是防范财务风险的保证与标志。

企业资产对负债能力有两方面的影响。

一方面是短期影响，即企业资产的变现能力对偿债能力的影响。企业资产的变现能力，尤其是流动资产的变现能力，直接影响可用现金流量的多少，决定企业负债能力的高低。

另一方面是长期影响，即企业资产营利能力对负债能力的影响，企业资产的盈利能力直接影响到企业整体盈利水平，而保持高盈利水平往往是企业负债能力高、财务风险相对低的有效保证和标志。因此，加强企业资产管理，提高资产营运能力对一个企业负债能力来讲极其重要。

④ 运用多种财务策略，尽可能减少风险损失。

在对风险的预测和分析的基础上，坚持尽可能减少和降低风险费用损失的原则，针对不同的情况采取相应的措施。

第一，风险接受策略。企业可以依据稳健原则建立起“坏账准备金”制度，可以依据需要设立专项储备或提取风险基金。为应对市场变化，企业还应有一定数量的保险库存。

第二，风险回避策略。对于超过企业承受能力的风险和风险较明显且影响因素很难控制的生产经营项目，企业的决策者应根据自身的经营特点和财力，正确权衡收益和风险的得失，或采取回避政策，或制定出正确的判断标准，求得风险取舍的最佳选择。

第三，风险分散策略。多元化经营是现代企业分散风险的重要方法。其理论依据在于，不同行业或产品的利润率、更新换代周期是独立的、不完全相关的，所以经营多种产业、多种产品在时间、空间和损益上是相互补充和抵消的。一般财力雄厚、技术和管理水平较高的大型企业更愿意采用这种方法。

⑤ 树立风险意识，构建起健全、有效的财务风险控制机制。

树立风险意识，正确承认风险，是建立有效的风险防范机制、应对风险的前提。构建完善的财务控制机制是降低财务风险的关键所在。

首先要建立起财务风险的全过程控制机制。即采取事前、事中、事后的控制，使从决策、实施到评价得到有效全面的监控。

其次要建立和完善财务风险预警机制。建立财务预警系统，对企业的资本营运过程进行跟踪、监督，对财务报表和财务指标进行分析，一旦发现某种异常征兆就着手应变，以避免或减少风险损失。

再次要实行全员风险管理，健全风险控制的动力机制。实行全员风险管理，将风险机制引入企业内部，使管理者、员工、企业共同承担风险责任，做到责、权、利三位一体，对每项存在风险的财务活动实行责任制。

综上所述，财务风险是不可回避的，其成因的复杂性、效用的双重性要求企业积极规避财务风险，提升盈利能力，熟练掌握财务风险控制的途径和手段。企业的财务风险实际上是一把双刃剑，它一方面给企业带来损失，威胁企业的发展甚至是生存，但另一方面，在经济国际化、科学技术进步、市场经济瞬息万变的大环境中，也给一部分企业的发展创造了空间，带来了机遇，这是市场竞争的结果，是自然界优胜劣汰法则在经济界的具体体现。

11.2 责任中心

（一）责任中心的概念

责任中心是指承担一定经济责任，并享有一定权利的企业内部（责任）单位。责任中心就是将企业经营体分割成拥有独自产品或市场的几个绩效责任单位，然后将总合的管理责任授权给予这些单位之后，将他们单位置于市场竞争环境之下，透过客观性的利润计算，实施必要的业绩衡量与奖惩，以期达成企业设定的经营成果的一种管理制度（Management System）。划分责任中心是为了使各单位在其规定的责任范围内有责有权，积极工作，保证各中心目标的实现。

（二）责任中心的特征

（1）它是一个责权利相结合的实体。
（2）具有承担责任的条件。
（3）责任和权利皆可控。
（4）有一定经营业务和财务收支活动。
（5）便于进行责任会计核算。

（三）责任中心的分类

1. 划分责任中心的原则

（1）在企业的若干经营活动中，具有相对独立的地位，能独立承担一定的经济责任。
（2）拥有一定的管理和控制责任范围内有关经营活动的权利。
（3）能制定明确的目标，并具有达到目标的能力。
（4）在经营活动中，能独立地执行和完成目标规定的任务。

2. 责任中心的种类

责任中心可划分为成本中心、利润中心、收入中心、费用中心和投资中心。
（1）成本中心
① 成本中心的含义。
成本中心是指只对成本或费用负责的责任中心。成本中心的范围最广，只要有成本费用发生的地方，都可以建立成本中心，从而在企业形成逐级控制、层层负责的成本中心体系。
② 成本中心的类型。
成本中心包括技术性成本中心和酌量性成本中心。技术性成本是指发生的数额通过技术分析可以相对可靠地估算出来的成本，如产品生产过程中发生的直接材料、直接人工、间接制造费用等。技术性成本在投入量与产出量之间有着密切联系，可以通过弹性预算予以控制。
酌量性成本是否发生及发生数额的多少是由管理人员的决策所决定的，主要包括各种管理费用和某些间接成本项目，如研究开发费用、广告宣传费用、职工培训费等。酌量性成本在投入量与产出量之间没有直接关系，其控制应着重在预算总额的审批上。
③ 成本中心的特点。
成本中心具有只考虑成本费用、只对可控成本承担责任、只对责任成本进行考核和控制的特点。其中，可控成本具备3个条件，即可以预计、可以计量和可以控制。
④ 成本中心的考核指标。
成本中心的考核指标包括成本（费用）变动额和成本（费用）变动率两项指标，其计算公式为

成本（费用）变动额＝实际责任成本（费用）－预算责任成本（费用）

成本（费用）变动率＝成本（费用）变动额/预算责任成本（费用）×100%

（2）利润中心

① 利润中心的含义。

利润中心是指既对成本负责又对收入和利润负责的责任中心，它有独立或相对独立的收入和生产经营决策权。

② 利润中心的类型。

利润中心的类型包括自然利润中心和人为利润中心两种。自然利润中心具有全面的产品销售权、价格制定权、材料采购权及生产决策权。人为利润中心也有部分的经营权，能自主决定本利润中心的产品品种（含劳务）、产品产量、作业方法、人员调配、资金使用等。一般地说，只要能够制定出合理的内部转移价格，就可以将企业大多数生产半成品或提供劳务的成本中心改造成人为利润中心。

③ 利润中心的成本计算。

在共同成本难以合理分摊或无须共同分摊的情况下，人为利润中心通常只计算可控成本，而不分担不可控成本；在共同成本易于合理分摊或者不存在共同成本分摊的情况下，自然利润中心不仅计算可控成本，也应计算不可控成本。

④ 利润中心的考核指标。

首先，当利润中心不计算共同成本或不可控成本时，其考核指标是利润中心边际贡献总额，该指标等于利润中心销售收入总额与可控成本总额（或变动成本总额）的差额。

其次，当利润中心计算共同成本或不可控成本，并采取变动成本法计算成本时，其考核指标包括利润中心边际贡献总额、利润中心负责人可控利润总额、利润中心可控利润总额。

（3）投资中心

① 投资中心的含义。

投资中心是指既对成本、收入和利润负责，又对投资效果负责的责任中心。投资中心是最高层次的责任中心，它拥有最大的决策权，也承担最大的责任。投资中心必然是利润中心，但利润中心并不都是投资中心。利润中心没有投资决策权，而且在考核利润时也不考虑所占用的资产。

② 投资中心的考核指标。

除考核利润指标外，投资中心还主要考核能集中反映利润与投资额之间关系的指标，包括投资利润率和剩余收益。

投资利润率又称投资收益率，是指投资中心所获得的利润与投资额之间的比率，可用于评价和考核由投资中心掌握、使用的全部净资产的盈利能力。其计算公式为：

$$投资利润率 = 利润/投资额 \times 100\%$$

或

$$投资利润率 = 资本周转率 \times 销售成本率 \times 成本费用利润率$$

其中，投资额是指投资中心的总资产扣除对外负债后的余额，即投资中心的净资产。

为了评价和考核由投资中心掌握、使用的全部资产的总体盈利能力，还可以使用总资产息税前利润率指标。其计算公式为：

$$总资产息税前利润率 = 息税前利润/总资产 \times 100\%$$

投资利润率指标的优点：能反映投资中心的综合盈利能力；具有横向可比性；可以作为选择投资机会的依据；可以正确引导投资中心的经营管理行为，使其长期化。该指标的最大局限性在于会造成投资中心与整个企业利益的不一致。

剩余收益是指投资中心获得的利润，扣减其投资额（或净资产占用额）按规定（或预期）的最低收益率计算的投资收益后的余额。其计算公式为：

剩余收益＝利润－投资额（或净资产占用额）×规定或预期的最低投资收益率

或

剩余收益＝息税前利润－总资产占用额×规定或预期的总资产息税前利润率

剩余收益指标能够反映投入产出的关系，能避免本位主义，使个别投资中心的利益与整个企业的利益统一起来。

（4）收入中心

收入中心是对收入负责的责任中心，其特点是所承担的经济责任只有收入，不对成本负责，因此，对收入中心只考核其收入实现情况。此类责任中心一般是创造收入的部门。

收入中心是指负有销售收入和销售费用责任的销售部门/销售公司/销售单位，以及相应的管理责任人。

收入中心的管理责任人，对本单位的整体产品销售活动负责。

管理责任人具有决策权，其决策能够影响决定本单位销售收入和销售费用的主要因素，包括销售量、销售折扣、销售回款、销售员佣金等。管理责任人以销售收入和销售费用为决策准则。

收入中心的控制目标是特定财务期间内的销售收入、销售回款和销售费用指标，并据此评估达成效果。

确定收入中心的目的是组织营销活动。典型的收入中心通常是从生产部门取得产成品并负责销售和分配的部门，如公司所属的销售分公司或销售部。若收入中心有制定价格的权力，则该中心的管理者就要对获取的毛收益负责；若收入中心无制定价格的权力，则该中心的管理者只需对实际销售量和销售结构负责。为使收入中心不仅仅是追求销售收入达到最大，更重要的是追求边际贡献达到最大，因而在考核收入中心业绩的指标中，应包括某种产品边际成本等概念。随着分配、营销和销售活动中作业成本法的逐渐采用，销售单位能够把它们的销售成本和对每个消费者提供服务的成本考虑进去，这样企业就能够用作业成本制度把履行营销和销售活动的收入中心变成利润中心，从而可以对销售部门的利润贡献加以评估。因而，将许多分散的经营单位仅仅作为收入中心的情况越来越少了。

对收入中心的控制，主要包括3个方面。

① 控制企业销售目标的实现。

● 核查各收入中心的分目标与企业整体的销售目标是否协调一致。保证依据企业整体目标利润所确定的销售目标得到落实。

● 检查各收入中心是否为实现其销售分目标制定了确实可行的推销措施。包括推销策略、推销手段、推销方法、推销技术、推销力量，以及了解掌握市场行情等。

② 控制销售收入的资金回收。

销售过程是企业的成品资金向货币资金转化的过程，对销售款回收的控制要求主要有以下3个。

● 各收入中心对货款的回收必须建有完善的控制制度，包括对销售人员是否都订有明确的收款责任制度，对已过付款期限的客户是否订有催款制度。

• 对销货款的回收列入各收入中心的考核范围，将收入中心各推销人员的个人利益与销货款的回收情况有效地结合起来考核。

• 收入中心与财务部门应建立有效的联系制度，以及时了解掌握销货款的回收情况。

③ 控制坏账的发生。

对坏账的控制要求主要有以下两个。

• 每项销售业务都要签订有销售合同，并在合同中对有关付款的条款作了明确的陈述。

• 在发生销售业务时，特别是与一些不熟悉的客户初次发生重要交易时，必须对客户的信用情况、财务状况、付款能力和经营情况等进行详细的了解，以预测销货款的安全性和及时回收的可能性。

同收入中心的控制一样，对收入中心的考核也包括 3 个方面的指标。

• 销售收入目标完成百分比。其计算公式为

销售收入目标完成百分比 = 实际实现销售收入额目标销售收入额 × 100%

• 销售款回收平均天数。其计算公式为

销售款回收平均天数 = (销售收入 × 回收天数)/全部销售收入额

• 坏账损失发生率。其计算公式为：

坏账损失发生率 = 当期坏账损失额当期全部销售收入额或赊销收入额 × 100%

（5）费用中心

费用中心（Expense Center）是指仅对费用发生额负责的责任中心。它是用货币量衡量投入或费用的责任中心，而产出却不用货币量加以衡量，是以控制经营费用为主的责任中心。

费用中心可应用于管理部门、行政部门等顾问、人事之费用预算支出，其目的在于在支出预算内提供最佳的服务。该中心最大的优点为既可控制费用又可提供最佳的服务质量，其缺点则为不易衡量绩效。

费用中心又有两种类型：固定费用和随机费用。

固定费用是那些有必要理由的正常支出，如工厂中的直接费、材料费、设备、零配件等。随机费用（也叫管理费）合理的限度是管理者在一定的条件下做出的判断。如果该费用中心的费用绝大部分是固定费用，那么它是一个固定费用中心；如果绝大部分是管理费用，那么它是管理费用中心。

费用中心管理责任人对本单位涉及的有关期间费用负责。

费用中心管理责任人具有决策权，其决策能够影响本单位期间费用的主要因素，包括各项管理费用、财务费用的明细项。

管理责任人以管理费用、财务费用为决策准则。

控制目标是特定财务期间内的管理费用、财务费用各明细项指标，并据此评估达成效果。

课堂讨论

各责任中心控制目标有何不同？

11.3　内部转移价格

（一）内部转移价格的含义

内部转移价格是指有利益关系的各企业之间、企业集团或公司内部各利润中心之间调拨产品或商品的结算价格，又称调拨价格。内部转移价格与公司经营战略和公司的内部控制、管理制度相关。一般由进货价格、流通费用和利润构成。其特点是只反映企业集团或公司内部各利润中心之间的经济联系，一般不直接与消费者发生联系；内部转移价格这一手段使得内部责任单位处于市场竞争关系之中，但是，“买”、“卖”双方都在企业之中。

内部转移价格是“封闭市场价格”的一种形式，而“封闭市场价格”是指买卖双方在一定的约束条件下形成的价格。当然制定内部转移价格，也需要遵循一定的原则：中心的经济责任；测定各责任中心的资金流量；科学考核各责任中心的经营业绩。

内部化理论把市场不完全性作为分析研究问题的基本前提，指出市场不完全或垄断因素存在会导致企业参加市场交易的成本上升，企业就会创造内部市场进行交易。这里理论所指的市场不完全性主要是指中间产品市场，包括半成品、特别是技术、信息（渠道）、营销技巧、管理方式和经验等无形资产市场的不完全性。市场不完全性导致许多交易无法通过外部市场来实现，即使实现，企业也要承担较高的交易成本，必然促使企业创造其内部市场进行交易，企业便获得了扩张力。这一内部化过程如果跨越了国界就是对外直接投资。不难看出，内部化理论所指对外直接投资的实质不在于资本的转移，而是基于所有权之上的企业管理与控制权的扩张，其结果是企业管理机制替代市场机制来协调企业各项经营活动和配置资源。内部化虽然也要支付代价，但对外直接投资的内部化收益会远远超过国际外部市场的交易成本和对外直接投资的内部化成本。

内部化过程分析表明，理论所指的这一过程主要是通过下面5个方面来体现的。

（1）当买卖双方因信息不对称，交易成本过高难以成交时，可通过并购或新建子公司使交易在企业双方内部进行，从而避免或减少了交易成本。

（2）当市场存在某种双边垄断僵局，交易条件不稳定，经营活动不确定性增加时，通过直接投资企业相互参股或并购建立较稳定的长期合作关系，从而使经济活动获得一定保障。

（3）拥有内部化优势的企业可获得内部化的收益。跨国公司内部市场可将子公司的经营活动置于统一的相互依赖控制之下，充分应用包括差别定价、转移定价等手段提高公司的整体经营效益。

（4）当政府通过税收、汇率政策等调控手段对外部市场干预时，跨国公司可通过内部化来减少某些无效干预。

（5）市场内部化后，企业新增交易的边际成本接近为零，其违约的风险也近乎为零，有利于企业的发展。

知识链接

内部化理论是20世纪70年代中期由英国里丁大学的P. 巴克利（P. Buckley）和M. 卡森（M. Casson）及A. 拉格曼（A. Rugman）提出的。其提供了与垄断优势理论不同的研究思路，其理论有力地解释和推动了20世纪70年代以来迅速发展的跨国直接投资行为，一度被称为跨国公司理论的核心，至今仍然是对外直接投资的主流理论之一。

跨国企业对外直接投资真正动因和优势是企业通过内部组织体系和信息传递网络以较低成本在内部转移这种优势的能力，并不是企业特有技术优势的本身。这种直接投资实际上更多属于工业组织理论的范畴，难以完全用国际资本理论来解释。应该说投资者要避免海外投资的风险，完全可以通过国际资本市场运营资本，况且在非完全竞争条件下，资本市场的专业化会比企业做得更好。只有当投资企业与受资国存在不可能在非完全竞争市场上获得的互补优势要素时，对外直接投资才能发生。因为只有进行直接投资，才能以较低的成本将优势转移到国外，对自己的优势进行全面的控制，最大限度地获取优势带来的收益。同时，不是孤立地强调企业已拥有的特定优势，而是在内部化中不断地整合优势发展自己。

（二）内部转移价格制定原则

1. 全局性原则

制定内部转移价格应强调集团企业的整体利益。由于内部转移价格直接关系到各子公司经济利益的大小，各子公司在实施过程中发现对自己不利时，会改变行为，从而偏离原定目标，或引起内部矛盾与冲突，使集团企业整体的协调性下降，进而影响企业集团的整体利益。站在企业集团角度上，各责任中心有时应牺牲局部利益来维护企业集团的大利益。

2. 自主性原则

高层管理者不应干预各个部门经理的决策自由。在整体利益最大化的前提下，各部门有一定的做出决策的自主权。公司高层直接干涉分部制定具体的转移价格并不可取，但是，由它制定一些通用的指导方法是适宜的。

3. 公平性原则

没有任何一个部门经理可以以牺牲其他部门的利益为代价而获利。内部转移价格的制定应避免主观随意性，客观公正地反映各部门的业绩，进行准确的考核和相应的激励，来调动各部门的工作积极性，促使各部门服从整体利益，并以最大努力来完成目标。

4. 重要性原则

企业需要制定的内部转移价格的对象往往成百上千，甚至更多。企业制定内部转移价格时，应“大宗细，零星简”，对那些品种少，但价格大，耗用频繁的对象，尽可能地科学地计算，从严定价；对一些品种多，但价低量多，可以从简定价。

(三) 跨国公司中的内部转移价格

跨国公司中的内部转移价格指跨国公司内部（母公司与海外子公司之间、海外子公司与子公司之间）相互约定的出口和采购商品、劳务及技术时使用的一种价格。

跨国公司的转移定价可大致分为以下3种。

(1) 资金融通转移定价。指跨国公司内部交易中，大大提高从母公司或其他子公司进口货物的价格，使利润以支付贷款的形式汇出。并通过借贷资金利率的高低，影响关联企业的成本及利润水平。

(2) 有形资产转移价格。指跨国公司内部机器、设备等有形资产的出租和转让的调拨价格。

(3) 无形资产转移定价。指跨国公司内部进行提供管理、技术与咨询服务、商标等无形商品时的价格。

内部交易的特征是内部商品调拨，这也是转移定价发挥作用的基本前提。在内部交易中，商品所有权只是在企业内部各系统之间移动。从企业整体角度看，商品的价格并不重要。由于转移定价在一定程度上不受市场供求的影响，而是根据子公司所在国的具体情况和母公司在全球的战略目标和经营管理需要而人为制定的。跨国公司的决策者可在很大程度上随意给企业系统内部的商品定价。所以，转移定价就不仅成为企业内部交易和偿付的方法，而且成为企业调节内部经济关系，避开公开市场缺陷，扩大企业总体利益，追求利润最大化的手段。也就是说，实际上，转移价格策略只是跨国公司内部的一种会计手段，其目的在于使整个公司的长期利益极大化。一个跨国公司由其在世界范围内的子公司和附属机构构成内部交易体系，将公开市场上的交易转化为公司内部交易，就可以避免由于各国环境的差异，造成企业面临不完全竞争或有缺陷公开市场而难以通过公开市场交易实现其全球利益最大化的情况。内部交易和转移定价为跨国公司克服贸易障碍，减轻税收负担，降低交易风险，提高经济效益提供了合法的有效手段，使跨国公司在市场中获得竞争优势。随着国际市场竞争的加剧，跨国公司内部交易及其转移定价的地位愈来愈重要。

(四) 内部转移价格种类

1. 以市价为基础制定的内部转移价格

在存在完全竞争的市场条件下，一般采用市场价格。采用市场价格法可以解决各部门间可能产生的冲突，生产部门有权选择其产品是内部转移还是卖给外部市场，而采购部门也有权自主决定。如果与市场价格偏离，将会使整个公司的利润下降。市场价格比较客观，能够体现责任会计的基本要求，但市场价格容易波动，在我国现阶段，信息处理能力较低，市场价格的准确性与可靠性受影响，甚至有些产品无市场价格作为参考，市场价格作为内部转移价格有很大的限制。

(1) 市场价格定价法。这种定价法是直接根据市场上的商品价格来制定企业内部转移价格。将外部市场竞争机制引入到企业内部，给“买”、“卖”双方提供主动权。但一般来说，内部转移价格不能高于外部市场价格，对于“卖”方来说少付出销售费用、运输费用等。这样，“买”方在同等条件下，也乐于接受“卖”方提供的产品，因为内部转移价格低于外部市场价格，降低了采购成本。

（2）双重定价法。所谓双重定价法，就是在产品或劳务出现几种不同市价时，或为了同时满足不同责任中心的需要，“买”、“卖”双方所发生的购销活动，可分别采用不同的计价基础进行结算。如“卖”方可采用较高价计算，“买”方可采用较低价计算，其差额由企业集团财务部门处理。这样“买”、“卖”双方都按自己可接受的价格来确定成本与收入，有利于“买”、“卖”双方维持长久的买卖关系。

2. 以成本为基础制定的内部转移价格

以成本为基础制定的内部转移价格包括标准成本法、标准成本加成法、变动成本等方法。这里的成本，不是采取公司的实际成本而是标准成本，以避免把转出部门经营管理中的低效率和浪费转嫁给转入部门。这种方法应用简单，以现成的数据为基础，但标准成本的制定会有偏差，不能促进企业控制生产成本，容易忽视竞争性的供需关系。

其优点是简便易行，责任清楚，不会把供应单位的浪费或无效劳动转给耗用单位负担，有利于调动双方降低成本的积极性。

（1）标准成本法。该法是以各中间产品标准成本作为内部转移价格。这种方法可以将管理和核算工作结合起来，并能避免上游责任中心将其工作业绩或缺陷转嫁给下游中心的现象。能明确供需双方的责任，有利于责任中心的管理和考核，而且可以及时办理内部转移手续，减少相互等待时间。

（2）标准成本加成法。该法是在标准成本的基础上，加上一定利润作为内部转移价格的方法。使用这种内部转移价格不仅能避免成绩不足的转嫁现象，便于分清双方责任，且能调动供应部门的积极性，但利润的确定仍是一个问题。

（3）变动成本法。该法以变动成本作为内部转移价格的一种方法。明确指示成本与产量的依存关系，便于考核各责任中心的工作业绩，有利于各责任中心调控可控的成本。

3. 协商定价法

参考独立企业之间或企业与无关联的第三方之间发生类似交易时的价格，共同协商确定一个双方都愿意接受的价格作为内部转移价格。它一般低于市价，高于单位产品的变动成本。对于“卖”方来说节约了销售费用，减少了税金，将经营风险降低了。对于“买”方来说，“内购”的诱惑力强于“外购”，成本得到有效的控制。

协商转移价格由于是销售方与购买方在充分考虑各种相关因素后各自提出可供参考的方案并进行协商，通过协商确定双方都满意的转移价格。

（1）协商价格的优点：① 它充分考虑了双方的机会成本；② 协商价能着力避免某一分部的低效益转到另一分部，避免了业绩评定的不公。

（2）协商转移价的不足：① 协商转移价受双方谈判技巧因素的影响，从而无法真正反映经理人员的管理能力；② 某个分部经理可能会利用内部信息的优势来取得在协商转移价上的好处；③ 双方的协商可能会耗费过多的时间和资源。

尽管协商转移价存在一些不足，但它还是可以同时满足目标一致、经营自主及准确的业绩评价这3个标准，因而是较为理想的内部转移价格。

在制定内部转移价格时，可以根据管理需要，人为提高或降低内部转移价格。例如，对生产量小、市场价格低的材料和半成品，内部转移价格可以定得高一些，以鼓励外购；对生产量大、市场转移价格高的材料、半成品，可以将价格定得低一些，鼓励自己生产，限制外部采购。

课堂讨论

内部转移价格有哪些种类？各有何优缺点？

（五）内部转移价格应考虑的因素

内部转移价格系统在企业中能够协调部门经理的自主权与整个企业的集中决策，促进行为的一致性；能够与会计中的业绩评价方法相一致，进行有效的业绩考核；能够较为客观地反映各部门的责任和业绩；能够加强企业的经济核算，提高企业的经营管理水平，增强企业整体竞争能力。企业要充分发挥内部转移价格的作用，应注意以下几点。

1. 管理战略

内部转移价格制度将成为公司的基本管理规范。公司应充分挖掘内部管理潜力，加大管理控制力度，制定和完善经济责任制考核，强化监督，深化企业的科学管理。转移定价作为一种管理行为，其动机必然受集团企业战略的影响。横向一体化：以经营产品为基准，拓展经营广度，将关联产品或非关联产品纳入一体化。纵向一体化：以经营产品为基准，将原材料和零部件供应或经营产品的深加工和销售纳入一体化。无论集团企业采取何种竞争战略，内部转移定价都必须服从于企业的竞争战略。

母公司在制定转移定价时还必须考虑由此而带来的管理后果。

（1）转移定价会影响各子公司的业绩，预期转移定价不利的子公司会抵制其的制定；在实施过程中发现对自己不利时也会改变行为，从而偏离原定目标或与内部其他有关方面发生冲突，使集团企业整体的协调性下降，或直接要求母公司改变转移定价制度。

（2）转移定价会通过收入和成本的作用来影响各子公司的所得，从而直接影响企业所得税的缴纳数量及时间，政府有关部门就会从自身的利益出发，对转移定价进行管理，因此母公司在确定转移定价时还必须考虑有关法律法规的限制。

2. 市场竞争

同类中间产品或劳务的生产经营的多少及竞争激烈程度，是影响转移价格制定方法的重要因素。若同类产品或劳务生产经营公司较多，竞争激烈，也就是当公司处于完全竞争市场时，市场价格减去广告宣传费用及收款费用就是最好的转移价格；若虽存在中间产品或劳务外部是市场，但属于非完全竞争的，而是较少数量产品被转移时，以市场价格为基础的协商价格为最佳选择；若中间商品不存在外部市场时，则应选择以成本为基础的价格制定方法，其中又以作业成本计算系统计算的，即长期边际成本确定的转移价格为最佳选择。

公司应对影响生产经营的主要产品，如钢铁行业中的生铁、能源及其他原材料的价格，根据市场价格编制企业内部转移价格，并定期进行修订，每次调整少数与市场价格差距较大的品种；对于品种规格繁多、市场变化较快的小材料、备品备件则采取放开政策，让内部各部门适应市场的变化。这实质上是以市场价格为基础，确定、调整内部转移价格，并非实际意义上的以市场价格确定内部转移价格，也不是完全按市场价格核算。

3. 公司的发展战略及其组织环境

公司的整体发展战略大致可分为两类。

（1）纵向一体化战略与多元化战略。不同的发展战略又决定了公司内部组织环境及管理控制系统，进而决定了公司应采取的内部转移价格制定方法。以纵向一体化发展战略为例，由于采取此发展战略的公司，更强调公司内部经营单位及部门间相互依赖，紧密协作，属低竞争、高合作性组织环境。为加强公司内部经营单位间的合作，在内部业绩评价控制方面，往往采取以公司整体业绩而非经营单位业绩为依据来评价与考核部门经理业绩的方式。因此，实施纵向一体化发展战略的公司，在中间产品或劳务内部结算价格的制定方法上多选择以成本为基础的内部转移价格。

（2）对于强调各经营单位的独立与竞争性，并以竞争性环境为特征的多元化发展战略公司，为鼓励部门间竞争，则更趋向于选择市价或以市价为基础的内部协商价作为中间产品及劳务的转移价格，以支持本公司的发展战略。

4. 责任会计模式及其责任中心性质

责任会计制度按其公司组织结构不同，可分为两种不同的模式：一种是适应横向组织结构的分权模式；另一种是适应纵向组织结构的集权模式。在分权模式下，公司下属的事业部及经营单位有较大的经营自主权，各事业部、分公司、分厂等责任中心，对成本、费用、收入、利润乃至资金投资中心，因此，中间产品在其交易过程中应以市场价格为基础定价。而对于适用纵向组织结构的集权模式，由于公司的经营权主要集中在公司的最高管理机构及最高管理人员，公司全部生产经营活动由他们进行总体调节和集中控制，除公司最高决策机构属利润中心和投资中心外，其下属经营单位由于缺乏较多的经营自主权，仅只能对成本、费用负责，从其性质来看属于成本中心，中间产品或劳务在部门间转移或交易更适宜选择以成本为基础来制定转移价格。

课堂讨论

制定内部转移价格应考虑的因素有哪些？

本章总结

财务控制是指对企业的资金投入及收益过程和结果进行衡量与校正，目的是确保企业目标，以及为达到此目标所制定的财务计划得以实现。它以价值形式为控制手段；以不同岗位、部门和层次的不同经济业务为综合控制对象；以控制日常现金流量为主要内容。

建立财务控制体系应遵循的原则：以制度理财、以统管聚财、抓“龙头”控财、用指标管财、建立全方位的财务控制体系、建立多元的财务监控措施、设立循序渐进的多环节财务控制防线。

财务控制可按财务控制的内容（分为一般控制、应用控制）、按财务控制的功能（分为预防性控制、侦查性控制、纠正性控制、指导性控制、补偿性控制）、按财务控制的时序（分为事前控制、事中控制、事后控制）为标准进行分类。

财务控制的方式有组织规划、授权批准、预算控制、实物资产控制、成本控制、风险控制、审计控制。

财务控制的内容包括建立严密的财务控制制度、加强预算管理、实行严格的资产管控、成本控制、财务风险控制。

责任中心是指承担一定经济责任，并享有一定权利的企业内部（责任）单位。责任中心就是将企业经营体分割成拥有独自产品或市场的几个绩效责任单位，然后将综合的管理责任授权给予这些单位之后，将他们单位置于市场竞争环境之下，透过客观性的利润计算，实施必要的业绩衡量与奖惩，以期达成企业设定的经营成果的一种管理制度。划分责任中心是为了使各单位在其规定的责任范围内有责有权，积极工作，保证各中心目标的实现。

责任中心可划分为成本中心、利润中心、收入中心、费用中心和投资中心。

内部转移价格是指有利益关系的各企业之间、企业集团或公司内部各利润中心之间调拨产品或商品的结算价格，又称调拨价格。内部转移价格与公司经营战略和公司的内部控制、管理制度相关。一般由进货价格、流通费用和利润构成。其特点是只反映企业集团或公司内部各利润中心之间的经济联系，一般不直接与消费者发生联系；内部转移价格这一手段使得内部责任单位处于市场竞争关系之中，但是，“买”、“卖”双方都在企业之中。

制定内部转移价格应遵循全局性、自主性、公平性原则。

内部转移价格的种类：以市价为基础制定的内部转移价格、以成本为基础制定的内部转移价格、协商定价法。

企业应根据自身的管理战略、市场竞争、公司的发展战略及其组织环境、责任会计模式及其责任中心性质等因素选择合适的内部转移价格。

本章习题

一、思考题

1. 财务控制的意义是什么？有哪些分类？
2. 建立财务控制体系的原则是什么？财务控制的内容有哪些？
3. 什么是责任中心？责任中心可划分为哪些？
4. 什么叫内部转移价格？
5. 如何合理制定内部价格？

二、单项选择题

1. 按照（　　）可以将财务控制分为一般控制和应用控制。
A. 财务控制的内容　　B. 财务控制的功能
C. 财务控制的主体　　D. 财务控制的依据

2. （　　）既要防止因现金短缺而可能出现的支付危机，也要防止因现金沉淀可能出现的机会成本增加。
A. 收支控制　　B. 现金控制　　C. 定额控制　　D. 定率控制

3. 下列说法错误的是（　　）。
A. 定率控制具有投入与产出对比、开源与节流并重的特征
B. 比较而言，定额控制没有弹性，定率控制具有弹性
C. 指导性控制在实现有利结果的同时，也避免了不利结果的发生
D. 侦查性控制是为了把风险水平限制在一定范围内

4. 下列说法错误的是（　　）。
A. 责任中心是一个权责利的结合体　　B. 技术性成本可以通过弹性预算予以控制
C. 投资中心只需要对投资效果负责　　D. 企业职工培训费属于酌量性成本

5. 可控成本需要具备的条件不包括（　　）。
A. 可以预计　　B. 可以计量　　C. 可以控制　　D. 可以对外披露

6. 关于成本的可控与否，下列说法正确的是（　　）。
A. 较低层次责任中心的不可控成本，对于较高层次的责任中心来说一定是可控的
B. 某一责任中心的不可控成本可能是另一责任中心的可控成本
C. 对于一个企业来说，变动成本大多是可控成本，固定成本大多是不可控成本
D. 直接成本都是可控成本

7. 某企业的一个成本中心，生产某产品，预算产量为1000件，单位成本80元；实际产量1200件，单位成本75元，则该成本中心的成本变动率为（　　）。
A. －7.5%　　B. －12.5%　　C. －6.25%　　D. －5%

8. 利润中心可控利润总额的计算公式错误的是（　　）。
A. 利润中心负责人可控利润总额－利润中心负责人不可控固定成本

B. 利润中心边际贡献总额－利润中心固定成本

C. 利润中心销售收入总额－利润中心变动成本总额－利润中心固定成本

D. 利润中心边际贡献总额－利润中心负责人不可控固定成本

9. 下列说法正确的是（　　）。

A. 引起某投资中心投资利润率提高的投资，不一定会引起整个企业投资利润率的提高

B. 引起某投资中心剩余收益提高的投资，不一定会引起整个企业剩余收益的提高

C. 通常使用公司的最高利润率作为计算剩余收益时使用的规定或预期的最低报酬率

D. 使用投资利润率指标考核投资中心业绩时，投资中心不可能采取减少投资的行为

10. 某投资中心投资额为100 000元，企业加权平均的最低投资利润率为18%，剩余收益为15 000元，则该中心的投资利润率为（　　）。

A. 30%　　B. 36.75%　　C. 33%　　D. 45%

11. 在集权组织结构下，责任预算是（　　）的。

A. 自下而上，层层汇总　　B. 自上而下，层层分解

C. 自下而上，层层分解　　D. 自上而下，层层汇总

12. 下列各项中不需要进行责任结转的是（　　）。

A. 由于原材料不合格导致生产部门原材料耗用超定额成本

B. 由于机器老化造成的废品损失

C. 由于产品质量不合格造成销售部门的降价损失

D. 因上一车间加工缺陷造成的下一车间材料超定额成本

13. 某公司有甲乙两个责任中心，甲责任中心向乙责任中心提供产品，如果目前采用的内部转移价格比上年下降，则由此产生的影响不包括（　　）。

A. 甲责任中心的内部利润减少　　B. 乙责任中心的内部利润增加

C. 企业的总利润减少　　D. 企业的总利润不变

14. 下列说法正确的是（　　）。

A. 以市场价格作为内部转移价格就是直接将市场价格用于内部结算

B. 协商价格的上限是市价，下限是单位成本

C. 双重市场价格供应方采用最高市价，使用方采用最低市价

D. 采用标准变动成本价格作为内部转移价格，有利于调动供需双方降低成本的积极性

15. 内部结算中的（　　）方式，适用于经常性的质量与价格较稳定的往来业务。

A. 内部支票结算　B. 转账通知单　　C. 内部银行转账　D. 内部货币结算

三、多项选择题

1. 财务控制的原则包括（　　　）。

A. 经济性原则　　B. 协调性原则　　C. 简明性原则　　D. 认同性原则

2. 按照财务控制的对象，财务控制可以分为（　　　）。

A. 预算控制　B. 制度控制　C. 现金控制　D. 收支控制

3. 财务控制的要素包括（　　）。

A. 控制环境　B. 风险评估　C. 信息与沟通　D. 监控

4. 财务控制的目标包括（　　）。

A. 实现企业价值最大化　B. 保护资产的安全与完整

C. 保证财务信息的可靠性　D. 遵循有关财务会计法规

5. 常见的不相容职务包括（　　）。

A. 业务授权与执行职务相分离　B. 经营责任与记账责任相分离

C. 记录总账与明细账职务相分离　D. 业务执行与记录职务相分离

6. 成本中心的特点包括（　　）。

A. 成本中心只考评成本费用不考评收益

B. 成本中心只对可控成本承担责任

C. 成本中心只对责任成本进行考核和控制

D. 成本中心的考核需要兼顾一些不可控成本

7. 自然利润中心的权利包括（　　）。

A. 产品销售权　B. 价格制定权　C. 材料采购权　D. 生产决策权

8. 下列说法正确的是（　　）。

A. 考核利润中心业绩时不进行投入产出比较

B. 利润中心一定是独立法人

C. 利润中心没有投资决策权

D. 投资中心具有最大的决策权，也承担最大的责任

9. 投资利润率等于（　　）的乘积。

A. 资本周转率　B. 销售成本率　C. 销售利润率　D. 成本费用利润率

10. 关于投资利润率指标的说法正确的是（　　）。

A. 以投资利润率作为评价投资中心经营业绩的尺度，可能导致企业的短期行为

B. 投资利润率具有横向可比性

C. 投资利润率能反映投资中心的综合盈利能力

D. 投资利润率可以作为选择投资机会的依据

11. 内部结算的方式包括（　　）。

A. 内部支票结算方式　B. 转账通知单方式

C. 内部银行转账方式　D. 内部货币结算方式

四、判断题

1. 财务控制系统是最具有连续性、系统性和综合性的子系统，它是以综合经济业务为控制对象的。（　　）

2. 纠正性控制是指针对某些环节不足或缺陷而采取的控制措施。（　　）

3. 财务控制按照实施控制的主体分为出资者财务控制、经营者财务控制和财务部门的财务控制，通常认为出资者财务控制是一种内部控制。（　　）

4. 与预算控制相比，制度控制具有激励性的特征。（　　）

5. 一般而言，对于激励性指标采用最高控制标准，对于约束性指标确定最低控制标准。（　　）

6. 监控包括持续的监督活动、个别评估、报告缺陷。（　　）

7. 独立检查的主要目的是预防和及时发现职工在履行职责过程中产生错误和舞弊行为。（　　）

8. 工业企业的大多数成本中心都可以转化为人为利润中心，人为利润中心不需要具有相对独立的经营权。（　　）

9. 劳动生产率属于责任预算指标中的主要责任指标。（　　）

10. 责任报告通常都是自上而下编制的。（　　）

11. 绩效报告是根据责任会计记录编制的反映责任预算实际执行情况，揭示责任预算与实际执行差异的内部会计报告。（　　）

12. 采用协商价格作为内部转移价格一般假定中间产品有完全竞争的外部市场。（　　）

五、计算分析题

1. 甲企业的 A 部门为利润中心，利润中心销售收入 110 万元；利润中心销售产品变动成本和变动销售费用 50 万元；利润中心负责人可控固定成本 20 万元；利润中心负责人不可控而应由该中心负担的固定成本 12 万元。

要求：

（1）计算该利润中心的边际贡献总额。

（2）计算该利润中心负责人可控利润总额。

（3）计算该利润中心可控利润总额。

2. 某企业下设 A 投资中心和 B 投资中心。两投资中心均有一投资方案可供选择，预计产生的影响见表 11-1。

表 11-1　两投资中心、预计产生的影响

项目	A 投资中心		B 投资中心	
	追加投资前	追加投资后	追加投资前	追加投资后
投资额/万元	50	100	100	150
息税前利润/万元	4	8.6	15	20.5
息税前利润率	8%		15%	
剩余收益/万元	-1		5	

要求：

（1）计算并填列表 11-1 中的空白。

（2）运用剩余收益指标分别就两投资中心是否应追加投资进行决策。

第12章

公司并购、重组与清算

本章导读

本章介绍公司并购的概念和类型，公司并购的程序，公司并购的相关理论，公司并购的价值评估方法，公司并购的主要支付方式及其特点，公司重组的概念，资产剥离、公司分立和股权出售的差别，资产剥离和公司分立的主要原因，资产剥离的财务估值，财务危机的含义和特征，财务危机形成的原因及过程，财务危机的征兆，财务危机的预警模型和方法，企业破产的基本概念和破产制度的3个基本程序，企业重整的程序，债务和解的方式与程序及破产清算的程序，破产财产、破产债权、破产费用和公益债务的概念，破产财产的分配。

12.1 公司并购

（一）公司并购的概念与类型

1. 公司并购的概念

公司并购（Mergers and Acquisitions，M & A）包括兼并和收购两层含义、两种方式。国际上习惯将兼并和收购合在一起使用，统称为M & A，在我国称为并购。即企业之间的兼并与收购行为，是企业法人在平等自愿、等价有偿基础上，以一定的经济方式取得其他法人产权的行为，是企业进行资本运作和经营的一种主要形式。公司并购主要包括公司合并、资产收购、股权收购3种形式。

并购的实质是在企业控制权运动过程中，各权利主体依据企业产权作出的制度安排而进行的一种权利让渡行为。并购活动是在一定的财产权利制度和企业制度条件下进行的，在并购过程中，某一或某一部分权利主体通过出让所拥有的对企业的控制权而获得相应的受益，另一个部分权利主体则通过付出一定代价而获取这部分控制权。公司并购的过程实质上是企业权利主体不断变换的过程。

（1）吸收合并

吸收合并又称兼并，是指两个或两个以上的企业合并成为一个单一的企业，其中一个企业保留法人资格，其他企业的法人资格随着合并而消失。

从法律形式上讲，吸收合并可表现为“甲公司＋乙公司＝甲公司”，也就是经过合并，甲公司作为实施合并的企业仍具有法人地位，但乙公司作为被并企业已丧失法人地位，成为甲公司的一部分，即甲公司兼并了乙公司。合并时，如果甲公司采用现金或其他资产支付方式进行合并，乙公司的原所有者就被甲公司的经营管理，也无权享有合并后甲公司实现的税后利润；但如果甲公司以发行股票的方式实施合并，则乙公司原所有者成为合并后甲公司的股东，可继续参与对合并后甲公司的管理，并分享其所实现的税后利润，但一般对合并后的甲公司无控制权。

吸收合并法律程序完成后，公司内部整合还需要做好多方面的工作。主要包括机构设置调整、重叠岗位人员安排、业务流程调整、财务管理体系调整等。

（2）新设合并

新设合并是指两个或两个以上的公司合并后，成立一个新的公司，参与合并的原有各公司均归于消灭的公司合并。

新设合并可以通过以下两种方式进行。

① 由新设公司以倾向资金购买部分参与合并公司的资产或股份，该部分参与合并公司的股东丧失其股东资格，剩余股东持有新设公司发行的股份，成为新设公司的股东。

② 新设公司发行新股，消失各公司的股份可以全部转化为新公司的股份，成为新设公司的股东。在新设合并中，新设立的公司具有新的公司名称，但对消失各公司的全部资产和负债概括承受。

从法律形式上讲，它表现为“甲公司＋乙公司＝丙公司”，丙公司新设立的法人企业，甲、乙公司则丧失其法人资格。如果丙公司以支付现金或其他资产的方式合并甲、乙公司，则甲、乙公司的原所有者无权参与丙公司的经营管理，也无权分享丙公司以后实现的税后利润；但如果丙公司采取向甲、乙公司发行股票以换取原甲、乙公司股票，并将其注销的方式，则甲、乙公司原股东成为丙公司的股东，这些股东与丙公司存在投资与被投资的关系，且可以参与丙公司的管理，分享其实现的税后利润，但一般已丧失对原企业的控制权。1996 年上海著名的两家证券公司申银和万国组成申银万国证券公司，就属典型的新设合并。

（3）收购

收购（Acquisition）是指一个公司通过产权交易取得其他公司一定程度的控制权，以实现一定经济目标的经济行为。收购是企业资本经营的一种形式，既有经济意义，又有法律意义。收购的经济意义是指一家企业的经营控制权易手，原来的投资者丧失了对该企业的经营控制权，实质是取得控制权。从法律意义上讲，我国《证券法》规定，收购是指持有一家上市公司发行在外的股份的 30% 时发出要约收购该公司股票的行为，其实质是购买被收购企业的股权。

通常收购方称为并购公司、并购公司或标购公司，被收购方称为被并购公司、目标公司或标的公司。

（4）接管

公司接管与并购相关，但是不同的概念。公司的并购是站在股东立场上的概念，是对所有权的取得。而接管是对经营权的取得，可以从公司的治理结构的角度上来观察接管问题。接管可以看成监管的一种形式，并且这种监管兼有内部监管和外部监管的含义。通常接管是以并购为前提的，每一个并购都涉及接管问题，也就是在并购之后，马上就面临对管理层的改革问题，即使没有改变，也是接管。

接管的目的复杂，手法多样，往往牵扯到复杂的利益关系，涉及的问题也因此很复杂。在并购和接管过程中，双方公司的股东、管理层和职工等利益相关者之间形成了复杂的利益关系格局和互动关系。往往形成了并购与反并购的对抗。在并购中和并购后的利益关系是各方考量的基本出发点，这些利益诉求不可能不在收购与反收购过程中表现出来，也不可能不影响并购的进程。

2. 公司并购的类型

（1）按并购双方所处的行业分类

按并购双方所处的行业性质分类，并购可分为横向并购、纵向并购和混合并购。

① 横向并购。

横向并购是指两个或两个以上生产和销售相同或相似产品公司之间的并购行为，如两家航空公司的并购、两家石油公司的结合等。

横向并购对企业发展的价值在于弥补了企业资产配置的不足，由于规模效应而使生产成本降低，提高了市场份额，从而大大增强了企业的竞争力和盈利能力。

其优点在于：这种并购方式是企业获取自己不具备的优势资产、削减成本、扩大市场份额、进入新的市场领域的一种快捷方式；可以发挥经营管理上的协同效应，便于在更大的范围内进行专业分工，采用先进的技术，形成集约化经营，产生规模效益。

其缺点在于：容易破坏自由竞争，形成高度垄断的局面。近年来，由于全球性的行业重组浪潮，结合我国各行业实际发展需要，加上我国国家政策及法律对横向重组的一定支持，行业横向并购的发展十分迅速。

② 纵向并购。

纵向并购是生产经营同一产品相继的不同生产阶段，在工艺上具有投入产出关系公司之间的并购行为。

纵向并购是指生产过程或经营环节相互衔接、密切联系的企业之间，或者具有纵向协作关系的专业化企业之间的并购。纵向并购的企业之间不是直接的竞争关系，而是供应商和需求商之间的关系。

纵向并购的优点：通过市场交易行为内部化，有助于减少市场风险，节省交易费用，同时易于设置进入壁垒。纵向兼并使企业明显地提高了同供应商和买主的讨价还价能力。

纵向并购的缺点：企业生存发展受市场因素影响较大，容易导致“小而全，大而全”的重复建设。

③ 混合并购。

混合并购是指一个企业对那些与自己生产的产品完全不同的企业进行的并购行为，其中目标公司与并购企业既不是同一行业，又没有纵向关系。

简单地说，当并购企业与被并购企业分别处于不同的产业部门、不同的市场，且这些产业部门的产品没有密切的替代关系，并购双方企业也没有显著地投入产出关系，那么称这种并购为混合并购。

通过混合并购，一个企业可以不在某一个产品或服务的生产上实行专业化，而是可以生产一系列不同的产品和服务，从而实现多元化经营战略，分散投资风险。所以，混合并购往往会导致多元化经营。多元化经营是指一家企业同时介入基本互不关联的产业部门，生产经营若干类互无关联的产品，在若干个基本互无关联的市场上与相应的专业化对手展开竞争。

（2）按出资方式分类

按出资方式分类，并购可以分为用现金购买资产、用现金购买股票、以股票购买资产、用股票交换股票、债权转股权、间接控股、承债式并购、无偿划拨。

① 用现金购买资产。是指并购公司使用现款购买目标公司绝大部分资产或全部资产，以实现对目标公司的控制。

② 用现金购买股票。是指并购公司以现金购买目标公司的大部分或全部股票，以实现对目标公司的控制。

③ 以股票购买资产。是指并购公司向目标公司发行并购公司自己的股票以交换目标公司的大部分或全部资产。

④ 用股票交换股票。此种并购方式又称“换股”。一般是并购公司直接向目标公司的股东发行股票以交换目标公司的大部分或全部股票，通常要达到控股的股数。通过这种形式并购，目标公司往往会成为并购公司的子公司。

⑤ 债权转股权。债权转股权式公司并购是指最大债权人在企业无力归还债务时，将债权转为投资，从而取得企业的控制权。中国金融资产管理公司控制的企业大部分为债转股而来，资产管理公司进行阶段性持股，并最终将持有的股权转让变现。

⑥ 间接控股。主要是战略投资者通过直接并购上市公司的第一大股东来间接地获得上市公司的控制权。例如，北京万辉药业集团以承债方式兼并了北京双鹤药业股份有限公司的第一大股东北京制药厂，从而持有北京双鹤药业股份有限公司 17 524 万股，占北京双鹤药业股份有限公司总股本的 57.33%，成为北京双鹤药业股份有限公司第一大股东。

⑦ 承债式并购。是指并购企业以全部承担目标企业债权债务的方式获得目标企业控制权。此类目标企业多为资不抵债，并购企业收购后，注入流动资产或优质资产，使企业扭亏为盈。

⑧ 无偿划拨。是指地方政府或主管部门作为国有股的持股单位直接将国有股在国有投资主体之间进行划拨的行为。有助于减少国有企业内部竞争，形成具有国际竞争力的大公司大集团。带有极强的政府色彩，如中国第一汽车集团并购金杯汽车的国家股。

（3）按并购程序分类

按并购程序分类，并购可以分为善意并购和敌意并购。

① 善意并购。

善意并购亦称友好并购，是指并优势企业事先与目标企业进行协商，征得其同意并谈判达成并购条件的一致意见而完成并购活动的并购方式。

善意并购的程序：一般由并购公司确定目标公司，然后设法使双方高层管理者进行接触，商讨并购事宜，诸如购买条件、价格、支付方式和收购后企业地位及目标公司人员的安排等问题，通过讨价还价，在双方都可以接受的条件下，签订并购协议。最后经双方董事会批准，股东大会 2/3 以上赞成票通过，由于双方在自愿、合作、公开的前提下进行，故善意并购成功率较高。

善意并购的进行方式，除了公开投票、磋商方式外，还包括一些标购。

善意并购有利于降低并购行为的风险与成本，使并购双方能够充分交流、沟通信息，目标公司主动向并购公司提供必要的资料。同时善意行为还可避免目标公司的抗拒而带来额外的支出。

但是，善意并购使并购公司不得不牺牲自身的部分利益，以换取目标公司的合作。而且漫长的协商、谈判过程也可能使并购行为丧失其部分价值。

② 敌意并购。

敌意并购亦称恶意并购，通常是指并购方不顾目标公司的意愿而采取非协商购买的手段，强行并购目标公司或者并购公司事先并不与目标公司进行协商，而突然直接向目标公司股东开出价格或收购要约。

敌意收购通常指一家公司以高于交易所股票的交易价格，向股东收购目标公司的股票。一般收购价格比市价高出20%～40%，以此吸引股东不顾经营者的反对而出售股票。因此，对于收购方而言，收购需要大量的资金支持，在比较大规模的并购活动中银行或证券商往往出面提供短期融资。同时，被并购公司在得知并购公司的收购意图之后，可能采取一切反收购措施，如发行新股票以稀释股权，或收购已发行在外的股票等，这都将使收购的成本增加和成功率降低。理论上说，只要并购公司能够收到51%的股票，就可以改组董事会，从而最终达到并购目的。

（4）按并购是否利用杠杆分类

按并购是否利用杠杆分类，并购可分为杠杆并购和非杠杆并购。

① 杠杆并购。

杠杆收购（Leveraged Buy-Outs）是指收购者用自己很少的本钱为基础，然后从投资银行或其他金融机并筹集、借贷大量、足够的资金进行收购活动，收购后公司的收入（包括拍卖资产的营业利益）刚好支付因收购而产生的高比例负债，这样能达到以很少的资金赚取高额利润的目的。这种收购战略曾于20世纪80年代风行美国。

② 非杠杆收购。

非杠杆收购是指并购公司主要利用自有资本对目标公司进行收购的并购活动。早期的公司并购活动大多数属于非杠杆收购。非杠杆并购并非绝对不进行借贷筹资，实践中，几乎所有的收购都是利用贷款完成的，只是借贷数额的多少而已。

知识链接

吉利的横向并购

浙江吉利控股集团有限公司（以下简称吉利集团）并购沃尔沃汽车公司（以下简称沃尔沃）是通过收购的方式完成的，属于横向并购，属于“后发大国海外投资模式”。本案符合全部该模式的要件。

其一，融资管理能力。吉利集团将以18亿美元收购沃尔沃。所有的收购资金已经到位，同时吉利集团也准备好了沃尔沃轿车今后业务发展所需的营运资金贷款。

其二，投资管理能力。吉利收购沃尔沃为了获得沃尔沃的技术、品牌和商誉及其载体专利、设备、人才团队等，以此大大加快自身技术升级的步伐，跨越式地拥有和积累技术优势与核心竞争力，并实现吉利的“借船出海”——通过并购将自身的产品系列、技术基础、企业形象、知名度等大幅度提升。通过海外并购能够获得具有长期价值的资产。后发大国进行跨国并购的主要目的是获取有价值的优势资产。

其三，决策支持能力。吉利虽是典型的民营企业，与政府的联系程度弱于国有背景的企业，但作为民族汽车品牌和汽车产业自主创新的代表之一，其海外投资行为仍然关乎民族产业与国家利益。吉利收购沃尔沃，显然得到从中央到地方各级政府在政策、信息、融资、财税、舆论等方面的大力支持。

其四，风险管理能力。以吉利收购沃尔沃来看，中国巨大的国内汽车市场是保证吉利收购后沃尔沃生产经营得以发展的条件。吉利固然希望收购后继续扩大沃尔沃的海外存在，但更希望大大扩张沃尔沃在中国的产量和影响力，包括现有工厂的扩产和计划中将建在北京或成都的年产30万辆新车的新工厂，以中国市场的销售支持沃尔沃扭亏和盈利。同时吉利收购沃尔沃后两者仍平行独立运行，互不交叉，互不干扰，形成“一国两制”式的企业格局。即沃尔沃总部将留在瑞典哥德堡，团队基本保持原样，在可以预见的未来将单独运转，与吉利不发生横向交叉，“两者是兄弟不是父子”。

（二）公司并购的相关理论

1. 效率理论

并购效率理论是从并购后对企业效率改进的角度来考察的，认为并购和其他形式的资产重组活动有着潜在的社会效益。效率理论认为公司购并活动能够给社会收益带来潜在的增量，而且对交易的参与者来说无疑能提高各自的效率。效率理论的基本逻辑顺序是效率差异—并购行为—提高个体效率—提高整个社会经济的效率。这一理论包含两个基本的要点：一是公司购并活动的发生有利于改进管理层的经营业绩；二是公司购并将导致某种形式的协同（Synergy）效应，产生“1+1>2”的效果。该理论暗含的政策取向是鼓励公司购并活动的。

（1）效率差异化理论

效率差异化理论（Differential Efficiency）认为购并活动产生的原因在于交易双方的管理效率是不一致的。通俗讲就是，如果A公司的管理效率优于B公司，那么在A公司兼并B公司后，B公司的管理效率将被提高到A公司的标准，从而效率由于两公司的合而为一得到了促进。该理论可以形象地称为“管理协同”理论。亦即具有较高效率的公司将会兼并有着较低效率的目标公司并通过提高目标公司的效率而获得收益（Gains），这暗含着收购方具有剩余的管理资源。该理论有两个基本假设。

① 如果收购方有剩余的管理资源且能轻易释出（release），购并活动将是没有必要的；但如果作为一个团队（Team）其管理是有效率和不可分割的，或者具有规模经济，那么通过购并交易使其剩余的管理资源得到充分利用将是可行的。

② 对于目标公司而言，其管理的非效率可经由外部经理人的介入和增加管理资源的投入而得到改善。

（2）非效率管理理论

非效率管理理论（Inefficient Management）一般很难和效率差异化理论及代理理论区分开来。一方面，非效率管理可能仅是指由于既有管理层未能充分利用既有资源以达到潜在绩效，相对而言，另一控制集团的介入能使目标公司的管理更有效率；另一方面，非效率管理亦可能意味着目标公司的管理是绝对无效率的，几乎任一外部经理层都能比既有管理层做得更好。该理论为混合兼并提供了一个理论基础。而在效率差异化理论中，收购方具有目标公司所处行业所需的特殊经验并致力于改进目标公司的管理。因此，效率差异理论更适用于解释横向兼并，与此相对，非效率管理理论更适用于分析混合兼并，即处于不相关的行业的公司间的购并活动。

非效率管理理论具有 3 个理论假设。

① 目标公司无法替换有效率的管理，而诉诸需要成本的收购。

② 如果只是因为经理人的无效率管理，目标公司将成为并购公司的子公司而不是合而为一。

③ 当收购完成后，目标公司的管理者需被替换。

（3）经营协同效应理论

经营协同效应理论认为，由于在机器设备、人力或经费支出等方面具有不可分割性，因此产业存在规模经济的潜能。横向、纵向甚至混合兼并都能实现经营协同效应。例如，A 公司擅长营销但不精于研究开发，而 B 公司正好相反，如果 A 公司兼并了 B 公司，那么通过两者的优势互补将产生经营上的协同效应。

（4）多角化理论

作为一种并购理论，多角化区别于股份持有者证券组合的多样化理论。由于股东可以在资本市场上将其投资分散于各类产业，从而分散其风险，因此，公司进行多角化经营和扩张并不是出于为股东利益着想。在所有权与经营权相分离的情况下，公司管理层甚至其他员工将面临较大风险——如果公司的单一经营有可能陷于困境。由于他们不能像公司股东一样可在资本市场上分散其风险，只有靠多角化经营才能分散其投资回报的来源和降低来自单一经营的风险。而且，公司内部的长期员工由于具有特殊的专业知识，其潜在生产力必优于新进的员工，为了将这种人力资本保留在组织内部，公司可以通过多角化经营来增加职员的升迁机会和工作的安全感。此外，如果公司原本具有商誉、客户群体或是供应商等无形资产时，多角化经营可以使此资源得到充分的利用。虽然多角化经营未必一定通过收购来实现，而可通过内部的成长而达成，但时间往往是重要因素，通过收购其他公司可迅速达到多角化扩展的目的。

（5）策略性结盟理论

策略性结盟理论（Strategic Realignment）认为，公司的购并活动有时是为了适应环境的变化而进行多角化收购以分散风险的，而不是为了实现规模经济或是有效运用剩余资源。多角化互保的形成，可使公司有更强的应变能力以面对改变着的经营环境。

（6）价值低估理论

价值低估理论（Under Valuation）认为，当目标公司的市场价值（Manket Value）由于某种原因而未能反映出其真实价值（True Value）或潜在价值（Potential Value）时，并购活动将会发生。公司市值被低估的原因一般有以下几种。

① 公司的经营管理未能充分发挥应有之潜能。

② 并购公司拥有外部市场所没有的、有关目标公司真实价值的内部信息。

③ 由于通货膨胀造成资产的市场价值与重置成本的差异，而出现公司价值被低估的现象。可通过 Q 比例（Q - Ratio 股票市值/资产的重置成本）对此进行估算，如果 Q 比例小于 1，则收购将会产生潜在收益。例如，Q 比例即使为收购成本市值的 1.5 倍，其总成本亦只有资产重置成本的 90%，收购该公司依然有利可图。

知识链接

海尔的并购模式实例

海尔模式的突出特点是运营主体拥有强大的产业基础，并围绕自己的产业扩展进行资本运营。吃“休克鱼”，以文化整合为手段，形成海尔产业的“联合舰队”。其主要手段如下。

- 整体兼并。例如，对青岛红星电器厂的兼并。
- 投资控股。对跨地区、跨行业的兼并，海尔多采用投资控股的模式，如海尔并购武汉冷柜厂、合资组建顺德海尔电器公司及海尔的海外扩张。
- 品牌运作。海尔很擅长品牌运作，以无形资产作为扩张手段是海尔的一大特色。
- 虚拟经营。作为品牌运作的高级形式，这种运作方式已超越了吃“休克鱼”模式，而是通过强强联合，形成优势互补，新造一条活鱼，如与杭州西湖电子集团的合作。

张瑞敏行为模式提出了所谓吃“休克鱼”的并购思路。“休克鱼”是指硬件条件很好，管理却滞后的企业，由于经营不善落到了市场的后面，一旦有一套行之有效的管理制度，把握住市场，就能重新站起来。在国内现行体制下，“活鱼不让吃，吃死鱼会闹肚子，因此只有吃休克鱼”。海尔擅长的就是管理，还有手中的王牌价值 77.36 亿元的海尔品牌，这样就找到了海尔与“休克鱼”的结合点。在资本运营的实践中海尔集团坚持吃“休克鱼”的策略，13 年来共兼并了亏损总额 5.5 亿元的 14 家企业，盘活了 14.2 亿元资产。

1. 兼并青岛红星电器厂

兼并后的第三个月里实现扭亏为盈，到了 12 月一个月就盈利 150 多万元。该公司洗衣机销量从 1995 年 7 月的全国第 7 位上升到 1995 年年底的第 5 位，全国市场占有率增长 3.7%。该年出口洗衣机 8.2 万台，创汇 1330 万美元，位居全国洗衣机行业之首。在1997年年底，即兼并后的两年，海尔洗衣机就已经实现了1995年的初步战略目标。

2. 兼并顺德市爱德洗衣机厂

顺德市爱德洗衣机厂（以下简称爱德）原是年产20万台的广东第一家、中国第一代大容量全自动洗衣机的生产商，1992年产品批量生产以后，产品一度风靡市场。后来由于技术开发没跟上，质量管理极端落后，爱德迅速由顶峰跌入谷底，两年来企业一直处于停产半停产状态，并于1996年7月正式宣布停产，企业陷入全面亏损境地。海尔并购爱德后，采取了如下措施：①3位海尔高级管理人员进驻顺德；②海尔企业文化中心负责人亲自来顺德海尔“传经”；③提供海尔全国营销服务网络；④注入海尔的产品开发力量。结果1997年完成产量10万台，实现利润260万元。顺德海尔从建立质保体系到通过ISO 39001认证，仅用了8个月。1998年已形成五大系列、12种规格洗衣机，班产量提高到1 200台。1997年，顺德海尔被评为“十大规模企业之一”“顺德市大型规模企业”。

3. 兼并黄山电子有限公司

拥有2 500多员工的黄山电子有限公司（以下简称黄山电子）在20世纪80年代里曾是安徽省的支柱企业，黄山电视十分畅销，供不应求。但1993年来，由于管理不善，出现多年未有的大滑坡现象，1997年共亏损4 982万元，甚至连员工的工资都只能从银行的贷款中支付。海尔收购完成后采取的措施是：①从黄山市政府手中全部无偿拿到了“黄山”的所有权、经营权和收益权；②解决质量冲突、供应分歧和工人收入与市场需求的矛盾；③以海尔文化理念教育黄山电子的员工。

结果海尔管理初见成效，10个月市场销售跃居全国第4位，一个月的产量等于过去一年的产量。产品开发10个月取得了巨大的进步，相当于黄山电子原先25年的技术进步。产品质量得到很大提高，生产的海尔彩电质量好，客户美誉度高。最重要的是人员思想状况大变，精神面貌焕然一新。

2. 代理理论

代理理论（Agency Theory）最初是由简森（Jensen）和梅克林（Meckling）于1976年提出的。这一理论后来发展成为契约成本理论（Contracting Cost Theory）。契约成本理论假定。企业由一系列契约所组成，包括资本的提供者（股东和债权人等）和资本的经营者（管理当局）、企业与供贷方、企业与顾客、企业与员工等的契约关系。

代理理论主要涉及企业资源的提供者与资源的使用者之间的契约关系。按照代理理论，经济资源的所有者是委托人，负责使用及控制这些资源的经理人员是代理人。代理理论认为，当经理人员本身就是企业资源的所有者时，他们拥有企业全部的剩余索取权，经理人员会努力地为他自己而工作，这种环境下，就不存在代理问题。但是，当管理人员通过发行股票方式，从外部吸取新的经济资源，管理人员就有一种动机去提高在职消费，自我放松并降低工作强度。显然，如果企业的管理者是一个理性经济人，他的行为与原先自己拥有企业全部股权时将有显著的差别。如果企业不是通过发行股票，而是通过举债方式取得资本，也同样存在代理问题，只不过表现形式略有不同。这就形成了简森和梅克林所说的代理问题。简森和梅克林将代理成本区分为监督成本、守约成本和剩余损失。其中，监督成本是指外部股东为了监督管理者的过度消费或自我放松而耗费的支出；代理人为了取得外部股东信任而发生的自我约束支出（如定期向委托人报告经营情况、聘请外部独立审计等），称为守约成本；由于委托人和代理人的利益不一致导致的其他损失，就是剩余损失。

代理理论还认为，代理人拥有的信息比委托人多，并且这种信息不对称会逆向影响委托人有效地监控代理人是否适当地为委托人的利益服务。它还假定委托人和代理人都是理性的，他们将利用签订代理契约的过程，最大化各自的财富。而代理人出于自我寻利的动机，将会利用各种可能的机会，增加自己的财富。其中一些行为可能会损害到所有者的利益。例如，为自己修建豪华办公室、购置高级轿车，去著名旅游区做与企业经营联系不大的商务旅行等。当在委托人（业主）和代理人（经理）之间的契约关系中，没有一方能以损害他人的财富为代价来增加自己的财富，即达到“帕雷托最优化”状态。或者说，在有效的市场环境中，那些被市场证明采用机会行为损害他人利益的人或集团，最终要承担其行为的后果。例如，一个信用等级不高的借款者将难以借到款项或必须以更高的成本取得借款；一个声望不佳的经理，将很难在有效的经理市场上取得一个好的职位；在会计服务市场上，一家被中国注册会计师协会或中国证监会通报批评的会计师事务所，在很短的时间内会丢失大量客户。为了保证在契约程序上最大化各自的利益，委托人和代理人都会发生契约成本。为了降低代理人“磨洋工”的风险。委托人将支付监督费用，如财务报表经过外部审计的成本。另一方面，代理人也会发生守约成本。例如，为了向委托人（业主）证明他们有效、诚实地履行了代理职责。经理需要设置内部审计部门，相应地就会发生内部审计费用。设置内部审计部门，让股东充分了解经理人员的行为，使股东对经理人员更加信任，这可以帮助经理巩固他们在公司中的位置，从而维持他们现有的工资水平。西方的一些实证研究文献表明，委托人监督代理人的费用，体现在代理人所取得的工资薪水中。这些研究还表明，代理人出于自利的考虑，需要设置诸如内部审计之类的监督服务，让委托人充分了解经理人员的努力程度，以降低委托人对管理报酬作出逆向调整的风险。

代理理论从不同的角度对公司并购进行了解释，形成了以下几种不同的观点。

（1）并购解决代理问题

公司中的代理问题可以通过公司内部治理结构和外部市场机制得到有效控制。完善的公司治理结构为解决股东与管理者之间的代理问题提供了一套行之有效的制度安排。在公司所有权与经营管理权分离的情况下，如果将公司决策体系中的决策管理权（拟订方案和执行决定）与决策控制权（批准方案和监督执行）相分离，以限制代理人个人决策的权力，就可以有效地避免或减少损害股东利益的现象。在公司中，控制职能应由股东选举出的董事会成员来行使，而管理与执行职能应由经理来行使。此外，激励制度和管理者市场也可以使代理问题得到缓解。公司可以通过奖金或股票期权制度等方式将管理的报酬与经营业绩挂钩。公司管理者拥有良好的声誉时，劳动力市场就会根据管理者的经营业绩确定其报酬水平。

除了上述制度安排解决公司中的代理问题以外，资本市场的并购活动也成为解决代理问题的一种重要机制。以上述所有机制不足以控制代理问题时，并购为这一问题的解决提供了最后的外部控制手段。接管通过要约收购或代理权之争，可以使外部管理者战胜现有的管理者和董事会，取得对目标公司的决策控制权。如果公司的管理层因为无效率或者代理问题而导致公司经营业绩不佳，股票价格就会下跌，低股价会给管理层带来压力，促使其改变行为方式，并忠于股东的利益，否则公司就可能被接管，从而面临被收购的威胁。因此，代理理论认为公司并购是解决公司中代理问题的一种重要途径，可以降低代理成本。

（2）管理主义

穆勒（Mill）1969 年提出一种假说，认为管理者的报酬取决于公司的规模大小，因此管理者有动机通过收购来扩大公司的规模，从而忽视公司的实际投资报酬率。这种观点被称为管理主义。可见，管理主义与前面的并购可以解决代理问题的观点相反，该理论认为公司并购是代理问题的一种表现形式，而不是解决办法。詹森（Jensen）和鲁贝克（Rubik）在对公司并购的数据进行研究后发现，在并购决策宣告日，并购公司的股票价格不但没有上升，反而有所下降，因此他们认为，并购固然可以有效解决目标公司的代理问题，但是并购公司本身存在的代理问题可能导致为收购支付过高的价格，因而浪费了并购公司的财富。

由此可见，代理理论认为并购可以解决目标公司存在的代理问题；管理主义则认为并购活动正是并购公司本身代理问题的一种表现形式。二者观点看似不同，实际上是站在不同角度分析问题。当然，也有人对穆勒管理主义的基本前提提出了质疑。例如，卢埃林（Lewellen）和亨茨曼（Huntsman）通过实证研究发现，公司管理者的报酬与公司的利润率密切相关，而不是与销售水平相关，因此对穆勒的管理主义提出了质疑。

（3）管理层自负假说

罗尔（Roll）认为在公司并购过程中，目标公司的价值增加是由并购公司的管理层在评估目标公司价值时因过于乐观和自负所犯的错误所致，实际上该项交易可能并无投资价值。那么，如果接管是毫无价值的，为什么会有公司进行竞价收购呢？罗尔认为可以用并购公司管理层的自负来解释他们为什么要竞价。一个特定的竞价者常常傲慢地以为自己对目标公司的估价是正确的，由此产生了并购溢价，其实这是他们自以为是的结果。

与效率理论不同的是，管理者自负假说是以强式有效市场为前提的，而效率理论是建立在市场无效率的假设基础之上的，在一个无效率的市场中，一些公司的价值被严重低估，就可能成为被收购的对象，而这样的收购是可以为并购公司带来收益的。但是，在一个效率很高的市场中，股票价格反映了所有公开和非公开的信息，也就是说，市场对目标公司的定价是正确的，在这样的情况下，如果仍然有人愿意出高价收购目标公司，则只能用管理者自负和过分乐观来解释这种行为，因为这样的收购不会带来任何好处。

然而，强式有效市场只是一种理想境界，在现实经济生活中，市场常常是不完善的，不可能具备强式有效市场的特征。因此，尽管公司并购中可能存在管理层自负的因素，但是管理者自负假说并不能解释全部并购活动，实际上，有许多公司并购可以为并购公司带来实实在在的收益。

（4）自由现金流量假说

自由现金流量假说依然源于代理问题。根据詹森的定义，自由现金流量是指公司所持有的超过投资所有净现值为正的项目所需资本的剩余现金。自由现金流量留在公司内部并不能为公司创造价值，也不能给股东带来收益。因此，詹森认为，公司若想有效率并使股价最大化，就必须将自由现金流量支付给股东。这是因为自由现金流量的支出降低了管理层可控制的资源量，从而削弱了管理支配自由现金流量的权力，降低了代理成本。如果公司有新的项目需要投资，就必须从资本市场筹资，这会受到资本市场的约束。由此可见，减少自由现金流量可以解决公司的代理问题，缓解管理层与股东之间的利益冲突，而公司并购是减少自由现金流量的一种重要方式，从这个角度来说，并购可以解决公司中的代理问题，降低代理成本，提高公司价值。

3. 税收效应理论

税收效应理论是从税收对公司并购有利的角度来考虑并购活动的。从并购方看，取得税收减免的优惠是激发公司并购发生的重要因素。

（1）并购亏损公司带来的税收利益

按照税法的规定，一个盈利的企业必须依法缴纳企业所得税，如果一家公司盈利水平很高，并且适用的企业所得税税率也很高，那么它不得不每年都缴纳数额较大的所得税。但如果这家高盈利公司收购了一家亏损公司，公司的利润就会被目标公司的亏损抵消一部分，从而实现避税效应。例如，根据我国税法的规定，公司的年度亏损可以用税前利润连续弥补 5 年，这可以为并购公司带来较大的税收利益。

（2）并购享有税收减免优惠的公司带来的税收利益

当目标公司按照税法规定享有税收减免的优惠政策时，如果收购该公司后依然能够继续享有这种税收优惠政策，这种并购便可以为并购公司带来税收利益。但是，各国税法有较大差异，这种税收优惠政策能否在合并后的公司延续，需要依据并购公司所在国的税法而定。

（3）资本利得税代替一般所得税带来的税收利益

资本利得税的税率通常低于一般收入的所得税税率。一个内部投资机会较少的成熟公司可以收购一个成长型公司，从而用资本利得税来代替一般所得税，达到避税的目的。一般来说，成长型公司没有或只有少量的现金股利支付，却需要持续的资本性或非资本性的支出；成熟公司则拥有大量的现金流量，却缺乏投资机会，只能支付大量的现金股利，因而股东需要缴纳较多的个人所得税。如果成熟公司收购一个成长型公司，并购公司就可以为目标公司提供发展所的资金，而不必将这些资金用于现金股利，若干年后，并购公司还可以将目标公司出售以实现资本利得，这样就可以获得节税的好处。

税收效应理论从节约税收支出的角度解释了公司并购的动机，但是，税收方面的考虑是否会引起并购活动，还要取决于是否存在可获得同样税收利益的其他替代方法。而且，由于各国税收法律差异较大，以至于同样的并购行为在不同国家产生的税收利益也大相径庭。此外，如果公司并购仅仅是出于税收方面的利益考虑，其结果是政府税收的减少，但从整个社会角度看，这是公司与政府之间的零和博弈，不会产生社会效应。

课堂讨论

1. 并购有哪些常见类型？
2. 公司并购的相关理论有哪些？

（三）公司并购的动因

公司并购作为市场经济条件下的企业行为，在西方国家已有百余年历史，特别是20世纪90年代以来，公司并购则是愈演愈烈，尤其是当今经济处于危急时刻，并购已成为企业拓展经营，实现生产与资本集中以达到企业外部增长的重要方式。公司并购活动是十分复杂的经济现象，其动因主要体现在以下几个方面。

1. 公司并购的一般动因

追求市场份额，实现规模经济是公司并购的基本动因。自从我国国有企业改革确立市场经济运行模式后，企业成为独立的市场主体，企业为获取规模效益，降低交易成本，提高市场份额，克服贸易壁垒进入国外市场，提高竞争优势等，都需要进行并购活动，由此形成了公司并购的一般动因。

（1）发挥协同效应，提高竞争优势。传统的协同效应认为，公司并购的动机就在于释放出并购企业剩余的资源，通过并购可以扩大企业生产规模，达到规模经济的生产范围，降低生产成本，从而提高竞争优势；利用被并购企业的竞争优势，实现并购与被并购企业之间的优势互补，从而产生新的竞争优势，实现企业整体价值大于并购前各个企业价值之和；在财务领域，充分利用未使用的税收利益，开发未使用的债务能力；在人事领域，吸收关键管理技能，使研发部门进行有效融合等。

（2）扩大生产规模，提高经济效益。一个企业规模大小，对其竞争具有决定性的影响。一般而言，规模越大，越能赢得客户信赖，从而占领更多市场。企业通过并购，尤其是选取有利于生产要素互补，实现强强联合达到一定规模，有利于形成能降低单位成本，提高经济效益的规模经济优势。对于并购企业而言，发展规模经济，需要注意投入与产出之间的关系。

（3）取得税负利益，降低成本。由于公司并购会引起企业利益相关者之间的利益再分配，并购利益从债权人手中转到股东身上，或从一般员工转到股东及消费者身上，企业股东会赞同这种对其有利的并购活动。因此，对于被并购企业的所有者来说，与其在原企业的利益交换一家大企业的股份，而不是直接出售企业获得现金，可能免除税收上的负担。按照美国税法规定，企业可以利用税法中的亏损递延条款进行合理避税，对于拥有较大盈利的企业往往会把那些拥有相当数量累计亏损的企业作为并购对象，纳税收益作为企业现金流入的增加，可以增加企业的价值。因此，如果被并企业往往无法维持经营而出售，由于亏损可以在若干年内税前弥补，一个高额盈余的公司并购这个亏损的企业，无疑就会使企业据此条款采取某些恰当的财务处理方法达到合理避税的目的。基于以上税收政策的优惠，对于那些内部投资机会短缺而现金流动又很丰裕的企业而言，无疑会成为其并购目标企业的直接动机。

（4）上市“圈钱”，买壳上市。在我国，上市资源是一种稀缺资源，企业置业需要大量资金，只靠企业本身的积累是不行的。许多文献显示，大量的并购常常会发生在上市公司身上，因为由于证券市场的出现，购买企业的成本就会大幅度地降低。同时，证券市场又是一个融资成本很低的市场，而融资又是公司并购非常重要的条件，由于我国证券市场规模较小，且不完善，再加之证券监管部门对上市资源审查相当严格，一些企业，尤其是民企很难有上市额度的机会，于是就出现了越来越多只能通过买壳上市、借壳上市的情况。在企业通过并购获得上市公司的壳后，对企业进行整体整合，将优质资产注入壳公司，并剥离壳公司的不良资产，使上市公司的经营业绩发生显著变化，财务状况得到大幅改善，使股票市场对企业股票评价发生变化，提高并购方的价格收益比率，最终达到证券监管部门规定配股标准，实现进入证券市场融通资金的目的。

（5）获取低价资产，实行投机行为。获取低价资产是我国经济转轨时期公司并购的另一个动因。公司并购的主要原因往往都在于目标企业的价值被低估，而低估的主要原因有三个：① 企业的经济管理能力并没有发挥应有的潜力；② 并购企业发现由于某些原因造成目标企业的股票市场价值低于重置成本；③ 并购企业知道一些外部市场所不知道的信息而认为目标企业价值被低估，认为通过并购会得到收益时，就会采取并购手段。例如，有些经营不善的企业，当时拥有无偿使用的国有土地，而这些土地未能在前期经营中发挥出应有的效能，其真实价值被低估，再加上我国目前在土地使用的审批上把持比较严格。因此，对于经营业绩良好的企业，通过并购获得这些被并购的企业的廉价土地。还有些企业以大量举债方式通过股市收购目标企业股权，再将部分资产出售，然后对目标企业进行整顿，再以高价卖出，从而实现充分利用被低估的资产获取并购收益。

（6）实现多元化发展，以降低风险。多元化发展既是公司并购的重要手段，同时也是降低企业发展单一业务、回避业务萎缩和获得整体规模优势的重要途径。由于并购是企业扩张的捷径，也是企业实行多元化经营的最常见办法。因此，实现多元化发展，不仅可使企业的自身风险降低，而且还可在一定条件下增强企业核心能力的稳固性和降低企业收益的不稳定性，以达到其竞争优势的目的。

（7）提高企业家名望，提升企业市场价值。对于企业管理者来说，通过成功的公司并购来实现企业业务领域的扩张、达到企业市场价值的提升，从而提高企业家自身在社会上的地位和市场上的价值。通常而言，目标企业被并购后，其股票的市盈利率会维持在一个较高的水平，股价也会随之上升，每股收益也会得到改善，股东的财富得到增加，这种通过并购方式所产生的财务预期效应，最终使得企业市场价值得到提升。

（8）保持竞争优势，克服行业进入壁垒。在当今经济危机时刻，企业为了自己的生存与发展，而不得不在严峻的市场中进行激烈的竞争，有些企业为防止被大企业所吞并，不得不并购其他企业或者与其他企业以联合形式组建起大的企业集团；此外，企业以并购形式可较容易地进入一个新的领域，这样就可以直接绕过贸易壁垒，开展新的业务，开拓和占领新的市场，并获取长期丰厚的利润。

（9）减少建设周期，提高竞争能力。企业需要不断发展，但实现发展可以有以下两种方式。① 企业内部进行投资，新建生产能力，即自建厂房、购置生产设备来扩大生产，则很可能会由于因缺乏经营新业务的经验，导致从投资到投产及对新员工的培训等需要较长时间，这样不仅会延长项目的建设周期，而且资源的获取及配置方面也会受到限制，并最终会制约企业发展的速度。② 企业外部进行投资，即通过并购获得原来企业现存的生产力，这样的并购可以节省时间。如果通过这种方式来扩大生产，并购企业则可借鉴目标企业的经营经验，在极短的时间内将其规模做大，提高竞争能力，将竞争对手击败，这样就有利于减少竞争，避免降价的风险。尤其是在进入新行业的情况下，谁领先一步，就可以在原材料、区域、销售渠道、声誉等方面取得优势，在行业内迅速建立领先优势甚至是超越优势，这种优势一旦建立，别的竞争者就难以取代。

2. 公司并购的政府动因

公司并购并不是纯粹的市场经济行为，也不是唯一的主体，政府的偏好在很大程度上会影响公司并购动机强度，在一定程度上，政府承担了并购主体角色。若把政府也看作一个企业，那么与企业经营管理者追求利润最大化相对应的是政府官员追求其政绩的最大化。

（1）采用行政手段，消除亏损企业。这一点在初始的国有公司并购中表现得尤为突出。20 世纪 80 年代以来，我国的并购浪潮存在政府撮合、干预的特征。政府出于消除企业亏损的目的，通常采用行政手段迫使优势企业来并购亏损企业，用并购代替破产，一揽子解决被并购企业的债务、职工安排及与之相关的职工医疗、养老等问题。同时结合进行产业结构调整，压缩重复的、效益不佳的产业和企业，有助于进一步提高经济效益，从这种意义上讲，并购实际上是一种社会成本企业化的形式，其目的是减少社会动荡，如河北保定市锅炉厂以承担债务形式并购保定市风机厂就是政府推动公司并购的一个案例。

（2）进行产业结构调整，实现资源优化配置。为了解决我国国有企业重复建设及资源浪费问题，政府通过并购活动，对资产进行并购重组，对资源进行优化配置，提高存量资产运行的质量和效率，并引进市场竞争机制，不仅可以达到优化产业结构的目的，而且还可以大大节省调整所需的大量资金投入。

（3）组建企业集团，参与国际竞争。在国际经济中，公司并购对经济的发展作用是举足轻重的，它不仅是推动国际经济合作，规避国外贸易壁垒的重要手段，而且也是促进国内资本与国际资本市场连通对接的重要手段。因此，针对企业面临国际强有力竞争的挑战，实行企业强强联合，组建与跨国公司相抗衡的企业航母，已成为政府的一项重要工作。以资本为纽带，通过市场形成具有较强竞争力的跨地区、跨行业、跨部门、跨国经营的大型企业集团，积极参与国际竞争，已成为我国公司并购的主要动因。

总之，公司并购不仅有其自身原因，也有来自政府的偏好与行政干预，但无论是哪一种，都必须紧紧围绕以实现企业价值最大化为原则，只有这样，并购才显得有价值、有意义。

课堂讨论

公司并购是出于何种原因？

（四）公司并购的价值评估

公司并购的价值评估是指对目标公司的价值进行评估，它关系到并购公司收购目标公司应付出多少代价。如果高估了目标公司的价值，就会导致并购公司付出过高的代价，无谓提高收购成本，增大并购风险。因此，客观合理地对目标公司进行估价，是保证并购取得预期效果的关键所在。

所谓价值评估，是指买卖双方对标的做出的价值判断。在企业并购活动中，对目标企业的估价是决定交易是否成交的价值基础。目标企业估价主要取决于并购企业对其未来收益的大小和时间的预期。其本质上是一种主观判断，但并不是可以随意估价，而是有一定的科学方法可依据的。企业一般可以使用多种方法对目标企业估值。

1. 目标公司价值评估的步骤

为了提高目标公司价值评估的准确性，并购公司应当遵循正确的价值评估步骤。

（1）考察目标公司的基本情况

价值评估的可靠性是建立在对目标公司的现状有充分了解的基础之上的。并购公司在对目标公司进行价值评估之前需要考察目标公司的生产经营状况、财务状况、市场竞争力、人力资源现状、技术水平等基本情况，并对目标公司的基本情况做出初步的评估，充分掌握目标公司的优势和劣势。

（2）分析影响目标公司价值的主要因素

在考察目标公司基本情况的基础上，并购公司必须全面分析影响目标公司价值的各种因素。公司价值大小受诸多因素的影响，其中最主要的因素包括 3 个方面：一是目标公司的资产价值，资产价值主要取决于其重置成本的大小，重置成本越高，说明资产的价值越高；二是目标公司的风险，包括目标公司的经营风险和财务风险，目标公司的风险越大，其价值就越低；三是公司的预期盈利能力，公司的预期盈利能力越强，公司的价值就越大。

（3）确定价值评估的方法

在对目标公司进行价值评估时，采用不同的价值评估方法可能会得出不同的评估结果。因此，并购公司应根据目标公司的实际情况来确定合适的价值评估方法。在实践中，目标公司的价值评估方法主要有成本法、市场比较法、现金流量折现法和换股并购估价法。

2. 成本法

成本法也叫资产基础法，是指以目标公司的资产价值为基础，对目标公司价值进行评估的方法。确定目标公司的资产价值，关键是选择合适的资产价值标准。根据资产的价值标准不同，成本法可以分为账面价值法、市场价值法和清算价值法。

（1）账面价值法

账面价值法是根据会计账簿中记录的公司净资产的价值作为目标公司价值的方法。目标公司净资产等于资产总额减去负债总额后的差额。由于净资产的账面价值是直接根据会计核算的数据来确定的，因此比较客观，不受人为因素的影响。但是，这是一种静态估价方法，它没有考虑到资产的价值变化和资产的收益情况，因而具有一定的局限性。在实践中，资产的实际价值可能由于各种原因而偏离其账面价值，造成这种偏离的因素大致有3个方面：① 会计上一般按历史成本确认确认资产的价值，但是出于通货膨胀的原因，资产的实际价值已经远远超过当初购置时的历史成本；② 技术进步可能使某些资产（如机器设备）发生贬值；③ 由于公司的商誉、高效率的管理等组织方面的因素使得目标公司多种资产的组合能够产生规模效应，具有很强的盈利能力，从而使资产组合的总价值大于各个单项资产的账面价值之和。采用账面价值法对目标公司进行价值评估主要适用于一些简单的并购活动，尤其适用于资产的账面价值与实际的市场价值偏离不大的非上市公司。

（2）市场价值法

市场价值是资产评估中所使用的一种重要价值类型，也是评估师在评估业务中使用最频繁的价值类型。

无论评估对象是某一特定的资产还是一个企业，在评估行业中对市场价值都有一个专业的定义，它是指在公平竞争的市场上由买卖双方在自愿协商的基础上确定的交易价值。从国际惯例来看，评估对象的市场价值定义必须满足以下基本要件：① 自愿买方；② 自愿卖方；③ 买方、卖方具有相应的知识、各自精明、谨慎行事；④ 确定的评估基准日；⑤ 公平交易，不受任何强迫；⑥ 以货币单位表示；⑦ 在市场上有足够的展示时间。

相对于账面价值法，市场价值法的优点在于考虑了资产实际价值的变化，并且是以公平竞争的市场环境下的资产交易为假设前提所评估出来的价值。因此，市场价值是易于并购双方所接受的一种价值标准。

（3）清算价值法

清算价值是指在评估对象处于被迫出售、快速变现等非正常市场条件下的价值估计数额。在无法持续经营的情况下，公司作为一个整体已经丧失了增值能力，由于深陷财务危机可能导致公司破产清算，此时，公司将被迫出售各个部门和全部实物资产，出售取得的收入扣除债务后的净额就是目标公司的清算价值。清算价值法主要适用于陷入财务困境的目标公司的价值评估。

3. 市场比较法

市场比较法也称相对价值法，是以资本市场上与目标公司的经营业绩和风险水平相似的公司的平均市场价值作为参照标准，以此来估算目标公司价值的一种价值评估方法。市场比较法的基本假设是，在完全的市场中，类似的资产应该具有类似的价值。因此，在难以通过其他方法确定评估对象的价值时，可以参照市场中类似资产的市场价值作为评估依据，并经过合理的调整之后估算出评估对象的价值。利用市场比较法评估目标公司价值，可以用以下公式来计算：

$$\text{目标公司价值} = \frac{\text{参照公司市场价值}}{\text{参照公司可观测变量}} \times \text{目标公司同类可观测变量}$$

其中的观测变量可以用净资产、销售额、净利润等指标。市场比较法根据所选择的观测变量不同，可分为市净率法、市销率法和市盈率法等。

（1）市净率法

市净率是公司的市场价值与其净资产的比值，对于上市公司来说，也可以用公司总市值除以净资产总额来计算。市净率法是根据参照公司的平均市净率来确定目标公司的市净率，并据此评估目标公司的价值。其计算公式为：

$$参照公司市净率=\frac{参照公司每股市价\times普通股股数}{参照公司每股净资产\times普通股股数}$$

$$目标公司价值=参照公司市净率\times目标公司净资产总额$$

（2）市销率法

市销率是参照公司总市值与其年销售总额的比值，一般可以按同类上市公司的每股市价除以其每股年销售额来计算。市销率法是根据参照公司的平均市销率来确定目标公司的市销率，并据此评估目标公司的价值。其计算公式为：

$$参照公司市销率=\frac{参照公司每股市价\times普通股股数}{参照公司每股年销售额\times普通股股数}$$

$$目标公司价值=参照公司市销率\times目标公司年销售总额$$

（3）市盈率法

市盈率是参照公司总市值与其净利润总额的比值，一般可以按同类上市公司的每股市价除以其每股收益来计算。市盈率法是根据参照公司的平均市盈率来确定目标公司的市盈率，并据此评估目标公司的价值。其计算公式为：

$$参照公司市盈率=\frac{参照公司每股市价\times普通股股数}{参照公司每股收益\times普通股股数}$$

$$目标公司价值=参照公司市盈率\times目标公司年净利润总额$$

【例12-1】2010年3月28日，中国浙江吉利控股集团有限公司宣布已与福特汽车签署最终股权收购协议，以18亿美元收购沃尔沃轿车公司100%的股权。2010年7月29日消息，浙江吉利汽车控股有限公司收购沃尔沃公司的交易已经获得中国政府部门的批准。

假设与沃尔沃轿车公司类似的上市公司的平均市净率、市销率、市盈率分别为3、1.5、16，则可以推算出18亿美元收购价的情况下，沃尔沃轿车公司相关可观测变量分别为：

$$净资产=18/3=6（亿美元）$$

$$年销售额=18/1.5=12（亿美元）$$

$$净利润=18/16=1.125（亿美元）$$

以上3种市场比较法一般适用于对股份有限公司的价值评估。因为上市公司的信息披露及时、充分，资本市场对类似的公司通常有相近的估值水平，这为采用市场比较法提供了较为合理的依据。

4. 现金流量折现法

现金流量折现法是资产价值评估的一种重要方法，其基本原理是对企业未来的现金流量及其风险进行预期，然后选择合理的折现率，将未来的现金流量折合成现值。使用此法的关键：第一，预期企业未来存续期各年度的现金流量；第二，要找到一个合理的公允的折现率，折现率的大小取决于取得的未来现金流量的风险，风险越大，要求的折现率就越高。

现金流量折现法是一种理论性较强的方法，它是以现金流量预测为基础，充分考虑了目标企业未来创造现金流量能力对其价值的影响，在崇尚“现金至尊”的现代理财环境中，对企业并购决策具有现实的指导意义。现金流量折现法中，沃斯顿（Weston）模型估价法是最具代表性的一种估价方法，目前在欧美国家企业并购活动中已得到广泛采用。

用现金流量法折现评估目标企业价值，同一般资本预算分析相似：估计兼并后增加的现金流量和用于计算这些现金流量现值的折现率，然后计算出这些增加的现金流量的现值，这就是兼并方所能支付的最高价格。如果实际成交价格高于这个价格，兼并不但没有给兼并企业带来好处，反而引起亏损。

（1）基本模型

根据现金流量折现法的基本原理，目标公司的价值等于其未来持续经营期间所产生的现金净流量的现值。用以下公式表示：

$$V = \sum_{t=1}^{n} \frac{\mathrm{NCF}_t}{(1+k)^t}$$

式中，V 为目标公司的评估价值；NCF_t 表示目标公司第 t 年的现金净流量；k 为折现率；n 为预测期限。

（2）评估价值的影响因素

① 现金净流量。现金净流量是指在一定期限内目标公司的现金流入量减去现金流出量后的净额。现金净流量计算通常以年为时间单位，计算公司在未来持续经营期间各年的净现金流量。在公司并购决策中，目标公司的净现金流量是提该公司未来持续经营期限内所创造出来的自由现金流量。

② 期限。期限是指流量净流量的测算期限，通常以年为时间单位。期限长短对公司价值的评估结果会有较大的影响。从理论上讲，目标公司的现金净流量的持续时间应当等于公司预计经营期限，在持续经营的假设下，公司将无限期经营下去，这就为预测期限的确定带来难题。在实践中，可根据具体情况来确定期限。如果目标公司没有一个明确的计划经营期限，则可以对目标公司的持续追加投资的预计内部报酬率等于资本成本的时点为时间截止点。

③ 折现率。公司价值评估一般采用资本成本率作为折现率。资本成本与公司的风险水平密切相关，风险越高，资本成本也越高。与项目投资决策相比，并购决策所采用的折现率需要考虑更多的因素，不仅要考虑目标公司的风险大小，还需要考虑并购之后对公司整体风险的影响。由于在价值评估中采用的现金流量不同，在确定折现率时也应选择不同的资本成本率。如果现金流量采用公司自由现金流量（Free Cash Flow of Firm，FCFF），折现率就应当选择公司的加权平均资本成本率；如果现金流量采用股权自由现金流量（Free Cash Flow of Equity，FCFF），折现率就应当选择股权资本成本率。

（3）公司自由现金流量折现模型

公司自由现金流量是以目标公司为主体计算出的现金流量，它是目标公司全部现金流入量扣除付现成本和必要的投资后剩余的现金流量，是公司在一定时期内为包括普通股股东、优先股股东和债权人在内的所有投资者创造的净现金流量。其计算公式如下：

公司自由现金流量 = 息税前利润 + 折旧 - 所得税 - 资本性支出 - 营运资本净增加
= 息税前利润 + 折旧 -（息税前利润 - 利息）× 所得税税率 - 资本性支出 - 营运资本净增加
= 息税前利润 ×（1 - 所得税税率）+ 利息 × 所得税税率 + 折旧 - 资本性支出 - 营运资本净增加

在采用公司自由现金流量评估公司价值时，目标公司价值等于以公司的加权平均资本成本率作为折现率对公司自由现金流量折现的现值。计算目标公司价值时可以用基本模型，也可以根据公司成长性不同，采用零增长模型、固定增长模型和二阶段增长模型等。

① 公司自由现金流量零增长模型。在目标公司未来自由现金流量（FCFF）固定不变的情况下，公司价值的估算可采用零增长模型，类似于永续年金的折现。目标公司价值的计算公式如下：

$$V = \frac{FCFF}{k}$$

式中，k 为加权平均资本成本率。

② 公司自由现金流量固定增长模型

在目标公司未来 FCFF 以固定增长率 g 增长的情况下，公司价值的计算模型为：

$$V = \frac{FCFF_1}{k-g} = \frac{FCFF_0\ (1+g)}{k-g}$$

式中，$FCFF_0$ 为目标公司上年度自由现金流量；$FCFF_1$ 为目标公司预测期第一年的公司自由现金流量。

③ 公司自由现金流量二阶段增长模型。有的公司成长可以分为两个或多个阶段。例如，在第一阶段，公司成长性非常好，每年的增长率不断提高。当增长到一定时期，开始进入第二阶段，即稳定增长阶段，在这个阶段，每年的增长率是固定的。目标公司价值可用下列模型进行估算：

$$V = \sum_{t=1}^{n} \frac{FCFF_0(1+g_t)^t}{(1+k)^t} + \frac{FCFF_n(1+g_m)}{k_m - g_m} \times \frac{1}{(1+k)^m}$$

式中，$FCFF_0$ 为目标公司上一年度公司自由现金流量；$FCFF_n$ 为目标公司预测期第 n 年的公司自己现金流量；k 为第一增长阶段的折现率（目标公司第一增长阶段的加权平均资本成本率）；k_m 为第二增长阶段的折现率（第二增长阶段的加权平均资本成本率），g_m 为目标公司在第二增长阶段的公司自由现金流量增长率；n 为目标公司第一增长阶段的年限。

【例 12-2】某电器集团公司欲收购张江电子股份有限公司，需要对张江电子股份有限公司进行价值评估。根据会计资料，张江电子股份有限公司总股份为 1 亿股。2012 年度的销售收入为 27 000 万元，不包含折旧和利息费用的经营成本为 12 000 万元，折旧额为 1 000 万元，利息费用为 800 万元，资本性支出为 1 500 万元，营运资本占销售收入的比例为 20%，所得税税率为 25%。张江公司的成长性预期可分为两个阶段，第一阶段为今后 5 年（2013—2017 年），公司的年销售收入增长率为 10%，假设成本费用同比例增长，该阶段的加权平均资本成本率为 15%；第二阶段为 2018 年后公司进入零增长阶段，收入、成本费用与 2017 年持平，该阶段的加权平均资本成本率 10%。假定利息费用各年不变均为 800 万元。

张江公司2012—2017年各项指标见表12-1。

表12-1　张江公司自由现金流量计算表　　单位：万元

项　　目	2012年	2013年	2014年	2015年	2016年	2017年
销售收入	27000	29700	32670	35937	39531	43484
付现经营成本	12000	13200	14520	15972	17569	19326
折旧	1000	1100	1210	1331	1464	1610
利息	800	800	800	800	800	800
税前利润	13200	14600	16140	17834	19698	21748
所得税费用	3300	3650	4035	4459	4925	5437
税后利润	9900	10950	12105	13376	14774	16311
息前税后利润	10700	11750	12905	14176	15574	17111
资本性支出	1500	1650	1815	1997	2196	2416
营运资本	5400	5940	6534	7187	7906	8697
营运资本增加额		540	594	653	719	791
公司自由现金流量		10660	11706	12857	14123	15515

张江公司的估值如下：

$$V=\frac{10660}{(1+15\%)}+\frac{11706}{(1+15\%)^2}+\frac{12857}{(1+15\%)^3}+\frac{14123}{(1+15\%)^4}+\frac{15515}{(1+15\%)^5}+\frac{15515}{10\%}\times\frac{1}{(1+15\%)^5}=119498\text{（万元）}$$

以上总估值除以张江公司的普通股股数10000万股，得每股价值为11.95元。

（4）股权自由现金流量折现模型

股权自由现金流量是公司普通股股东所能获得的现金流量，它是公司全部现金流入量扣除成本费用、必要的投资、偿还偿权人的本金和利息、支付优先股股息后剩余的现金流量。其计算公式为

股权自由现金流量＝净利润＋折旧－资本性支出－营运资本增加额－偿还债务本金＋新增债务－优先股股息

在采用股权自由现金流量评估公司价值时，目标公司价值等于以公司的股权资本成本作为折现率对股权自由现金流量折现的现值。与公司自由现金流量折现模型一样，采用股权自由现金流量评估公司价值，除了可以采用基本模型外，还可以采用零增长模型、固定增长模型和二阶段增长模型，计算过程与公司自由现金流量折现模型类似，不再赘述。

5. 换股并购估价法

股份公司之间的并购，可以采用股票换股票方式实现并购，并购公司用本公司发行的股票交换目标公司股东的股票，从而实现对目标公司的收购。在有效市场假设下，股票的市场价格反映了公司价值，股东财富大小取决于股票价格的高低。因此在并购活动中，并

购的协同效应也应当反映在股票价格中，只有并购后并购双方原有股东所持有的股票市值大于并购前所持有的股票市值时，并购活动才能被双方股东所接受。采用换股并购时，对目标公司的价值评估主要体现在换股比例的大小上。换股比例是指 1 股目标公司的股票交换并购公司股票的股数。

假设 A 公司并购 B 公司，则并购后公司的股票价格可用下列公式表示：

$$P_{AB}=\frac{E_A+E_B+\Delta E}{S_A+S_B\times R}\times \mathrm{PE}$$

式中，P_{AB}为并购后公司的股票价格；E_A 为并购前 A 公司的净利润；E_B 为并购前 B 公司的净利润；S_A 为并购前 A 公司的普通股股数；S_B 为并购前 B 公司的普通股股数；ΔE 为并购产生的协同效应带来的净利润增加额；R 为换股比例；PE 为并购后公司的股票市盈率。

对于 A 公司股东来说，只有当并购后的股价 P_{AB}大于或等于 P_A 时，股东才能接受并购，即

$$\frac{E_A+E_B+\Delta E}{S_A+S_B\times R}\times \mathrm{PE}\geqslant P_A$$

由上式可以推算出 A 公司并购 B 公司的最高换股比例为：

$$R=\frac{PE\times(E_A+E_B+\Delta E)-S_A\times P_A}{S_B\times P_A}$$

此时公司 A 并购前后的股价相等，即 $P_{AB}=P_A$，这是 A 公司股东所能接受的最高换股比例。

对于 B 公司的股东来说，只有当并购后的股价与换股比例的乘积大于或等于并购前的目标公司股份 P_B，即 $P_{AB}\times R\geqslant P_B$ 时，目标公司股东才能接受并购。该条件可用计算公式表示如下：

$$\frac{E_A+E_B+\Delta E}{S_A+S_B\times R}\times \mathrm{PE}\times R\geqslant P_B$$

由上式可以推算出 A 公司并购 B 公司的最低换股比例为：

$$R=\frac{S_A\times P_B}{PE\times(E_A+E_B+\Delta E)-S_B\times P_B}$$

此时，$P_{AB}\times R=P_B$，这是 B 公司股东所能接受的最低换股比例。

从理论上讲，采用换股并购时，换股比例应当在最低比例与最高比例之间。但在实践中，换股比例一般是由并购双方谈判确定的。

【**例** 12-3】2013 年年初，东晶公司计划并购中京公司，经双方谈判，同意以换股方式进行并购。并购前东晶公司的 2012 年度净利润为 5 000 万元，普通股总股数为 8 000 万股，目前股价 9 元/股；并购前，中京公司的 2012 年度净利润为 1 000 万元，普通股股数为 6 000万股，目前股价为 6 元/股。经预测，并购后实现协同效应所带来的净利润增加额为 500 万元，并购后公司的市盈率为 20 倍。

最高换股比例为：

$$R=\frac{20\times(5\,000+1\,000+500)-8\,000\times 9}{6\,000\times 9}=1.074$$

此时，并购后的股价应为9元/股。

最低换股比例为：

$$R=\frac{8\,000\times6}{20\times(5\,000+1\,000+500)-6\,000\times6}=0.5106$$

此时，并购后公司股价为6/0.510638=11.75（元/股）。

因此，东晶公司并购中京公司的换股比例应当为0.5106～1.074。如果换股比例低于0.5106，则中京公司股东财富受损，其股东不会接受并购方案；如果换股比例大于1.074，则东晶公司股东财富受损，其股东也不会接受并购方案。

（五）公司并购的价值评估

并购是企业进行快速扩张的有效途径，同时也是优化配置社会资源的有效方式。在公司并购中，支付方式对并购双方的股东权益会产生影响，并且影响并购后公司的财务整合效果。而各种支付方式的财务影响各不相同。

1. 现金支付

现金支付是指并购公司支付一定数量的现金，以取得目标公司的所有权。一旦目标企业的股东收到对其拥有股份的现金支付，就失去了对原企业的任何权益。在实际操作中，并购方的现金来源主要有自有资金、发行债券、银行借款和出售资产等方式，按付款方式又可分为即时支付和递延支付两种。

现金支付的优势是显而易见的。首先，现金支付操作简单，能迅速完成并购交易。其次，现金的支付是最清楚的支付方式，目标公司可以将其虚拟资本在短时间内转化为确定的现金，股东不必承受因各种因素带来的收益不确定性等风险。最后，现金收购不会影响并购后公司的资本结构，因为普通股股数不变，并购后每股收益、每股净资产不会由于稀释原因有所下降，有利于股价的稳定。

现金支付的缺陷在于：对并购方而言，现金支付是一项重大的即时现金负担；对目标公司而言，无法推迟确认资本利得，当期交易的所得税负亦大增。因此，对于巨额收购案，现金支付的比例一般较低。纵观美国收购历史，亦可发现“小规模交易更倾向于至少是部分地使用现金支付，而大规模交易更多地至少是部分使用股票支付”。

2. 换股支付

换股支付是指并购公司将本公司股票支付给目标公司股东以按一定比例换取目标公司股票，目标公司从此终止或成为并购公司的子公司。可以说这是一种不需动用大量现金而优化资源配置的方法。换股支付在国际上被大量采用，具体分为增资换股、库存股换股和股票回购换股3种形式。

其优点主要表现在以下4个方面。

（1）不受并购方获现能力制约。对并购公司而言，换股支付不需要即时支付大量现金，不会挤占公司营运资金，购并后能够保持良好的现金支付能力。因此，股权支付可使并购交易的规模相对较大。近年来，并购交易的目标公司规模越来越大，若使用现金支付方式来完成并购交易，对并购公司的即时获现能力和并购后的现金回收情况都要求很高。

而采用换股支付支付方式，并购公司无须另行筹资来支付并购交易，轻而易举地克服了这一瓶颈约束。

（2）具有规避估价风险的效用。由于信息的不对称，在并购交易中，并购公司很难准确地对目标公司进行估价，如果用现金支付，并购后可能会发现目标公司内部有一些问题，那么，由此造成的全部风险都将由并购公司股东承担。但若采用换股支付，这些风险则同样转嫁给原目标公司股东，使其与并购方股东共同承担。

（3）原股东参与新公司收益分配。采用股权支付方式完成并购交易后，目标公司的原股东不但不会失去其股东权益（只是公司主体名称发生了变化），还可分享并购后联合公司可能产生的价值增值的好处。

（4）延期纳税的好处。对目标公司股东而言，股权支付方式可推迟收益时间，享受延期纳税的好处。例如，美国国内税收准则（Internal Revenue Code，IRC）规定，一项并购如果满足被并企业股东所有权的持续性（即在被并企业股东所收到的补偿中，至少有50%是由主并企业所发行的有表决权的股份）及另外两个条件（一是并购动机是商业性质而非仅为税收目的；二是并购成立后被并企业必须以某种可辨认的形式持续经营），那么被并企业股东无须为这笔收购交易中形成的资本利得纳税。与现金支付方式比较，换股支付无须过多地考虑税收规则及对价格安排上的制约。

换股支付也存在很多不足，其主要表现为控制权风险、收益稀释风险、交易风险等。

3. 杠杆支付

杠杆支付在本质上属于债务融资现金支付的一种。因为它同样是以债务融资作为主要的资金来源，然后再用债务融资取得的现金来支付并购所需的大部分价款。所不同的是，杠杆支付的债务融资是以目标公司的资产和将来现金收入做担保来获取金融机构的贷款，或者通过目标公司发行高风险高利率的垃圾债券来筹集资金。在这一过程中收购方自己所需支付的现金很少（通常只占收购资金的5%～20%），并且负债主要由目标公司的资产或现金流量偿还，所以，它属于典型的金融支持型支付方式。除了收购方只需出极少部分的自有资金即可买下目标公司这一显著特点外，杠杆收购的优点还体现在以下两个方面。

（1）杠杆收购的股权回报率远高于普通资本结构下的股权回报率。杠杆支付就是通过公司的融资杠杆来完成收购交易。融资杠杆实质上反映的是股本与负债比率，在资本资产不变的情况下，当税前利润增大时，每一元利润所负担的固定利息（优先股股息、租赁费）等都会相对减少，这样就给普通股带来了额外利润。根据融资杠杆利益原理，收购公司通过负债筹资加强其融资杠杆的力度，当公司资产收益大于其借进资本的平均成本时，便可大幅度提高普通股收益。经验研究表明，与宣布收购消息之前一个月或两个月的股价相比，杠杆收购对股票所产生的溢价高达40%左右。

（2）享受税收优惠。杠杆收购来的公司其债务资本往往占公司全部资本的90%～95%，由于支付债务资本的利息可在计算收益前扣除，杠杆收购公司可享受一定的免税优惠。同时，目标公司在被收购前若有亏损亦可递延，冲抵被杠杆收购后各年份产生的盈利，从而降低纳税基础。然而，由于资本结构中债务占了绝大比重，又由于杠杆收购风险较高，贷款利率也往往较高，因此杠杆收购公司的偿债压力也较为沉重。若收购者经营不善，则极有可能被债务压垮。采用杠杆支付时，通常需要投资银行安排过渡性贷款，该过渡性贷款通常由投资银行的自由资本作支持，利率较高，该笔贷款日后由收购者发行新的垃圾债券所得款项，或收购完成后出售部分资产或部门所得资金偿还。因此，过渡性贷款安排和垃圾债券成为杠杆收购的关键。

4. 卖方融资

在许多情况下，并购双方在谈判时会涉及并购方推迟支付部分或全部价款。这是在因某公司获利不佳，卖方急于脱手的情况下，产生的有利于收购方的支付方式，与通常的分期付款方式相类似。不过这要求并购方有极佳的经营计划，才易取得“卖方融资”。这种方式对目标公司（卖方）的好处在于：一是可要求并购方支付较高的利息；二是因为收购款项分期支付，税负自然也分期支付，可享受税负延后的好处。

5. 混合证券支付

混合支付工具，意即一揽子支付工具。既然各种支付工具优劣互见，那么将若干种金融支付工具组合在一起，就能够集结各种支付工具的长处，克服短处，所以使用混合支付工具就在情理之中了。

具体的组合工具有以下 4 种。

（1）公司债券，即以公司债券作为支付方式。条件是公司债券要有一定的流通能力。

（2）认股权证，对收购公司而言，发行认股权证可以因此而延期支付股利，从而为公司提供了额外的股本基础。但会影响未来公司控股权的改变。作为目标公司的股东，一般乐于接受认股权证，一是可以行使低价购买公司新股的权利，二是认股权证可以在市场上出售获益。

（3）可转换债券，从收购公司的角度看，通过发行可转换债券，公司能以比普通债券更低的利率和较宽松的契约条件出售债券；提供一种能以比现行价格更高的价格出售股票的方式；当公司正在开发一种新产品或一种新的业务时，可转换债券特别有用，因为预期从这种新产品或新业务所获得的额外利润可能正好与转换期相一致。对于目标公司的股东而言，安全性和作为股票的收益性同时具有，在股价较低时，可以将其转换期延迟到预期股票价格上升的时期。

（4）其他方式，如优先股等。

综合收购存在一定的风险，若各种工具搭配不当，不但不能尽各种工具之长，反有集其之短的可能；有鉴于此，投资银行在辅助购并者设计一揽子支付工具时，要缜密计划，有必要做模拟分析以揣测市场的反应。

综上所述，企业并购的支付方式各有优劣。企业并购应以获得最佳并购效益为宗旨，结合企业自身特点与其所处的市场地位，合理选择支付方式，以便设计出最佳的并购支付方案。

课堂讨论

公司并购有哪些支付方式？各有何优缺点？

12.2 公司重组

（一）公司重组的概念

公司重组具有狭义和广义两种含义，狭义的公司重组是仅限于公司并购，包括公司合并、公司收购与公司分立（分割）；广义的公司重组泛指公司之间、股东与公司之间、股东之间依据公司法自治原则，为实现公司资源的合理流动与优化配置而实施的各种商事行为。

以重组的客体为准，公司重组分为公司部分财产重组、公司人格重组、公司股权重组、公司控制权和公司经营方式重组。

以重组的公司数量为准，公司重组分为公司之间的重组与公司自身的重组。

以公司重组的主体为准，公司重组可分为内资重组与外资重组。

以重组的效果为准，公司重组可以分为以壮大公司资产规模和经营规模为目的的增重型公司重组，以及以收缩公司资产规模和经营规模为目的的瘦身型公司重组。

以参与重组公司的竞争力为准，公司重组可以分为扩张型重组和康复型重组。

（二）公司重组模式

公司重组一般有业务重组、资产重组、债务重组、股权重组、人员重组、管理体制重组等模式。

（1）业务重组，是指对被改组企业的业务进行划分从而决定哪一部分业务进入上市公司业务的行为。它是公司重组的基础，是其重组的前提。重组时着重划分经营性业务和非经营性业务、营利性业务和非营利性业务、主营业务和非主营业务，然后把经营性业务和营利性业务纳入上市公司业务，剥离非经营性业务和非营利性业务。

（2）资产重组，是指对重组企业一定范围内的资产进行分析整合和优化组合的活动。它是公司重组的核心。

（3）债务重组，即负债重组，是指企业的负债通过债务人负债责任转移和负债转变为股权等方式进行重组的行为。

（4）股权重组，是指对企业股权进行调整的行为。它与其他重组相互关联，甚至同步进行，如债务重组时债转股。

（5）人员重组，是指通过减员增效，优化劳动组合，提高劳动生产效率的行为。

（6）管理体制重组，是指修订管理制度，完善企业管理体制，以适应现代企业制度要求的行为。

（三）公司重组方式

公司重组的方式是多种多样的。目前我国公司重组实践中通常存在两个问题：一是片面理解公司重组为企业兼并公司重组或企业扩张，而忽视其售卖、剥离等企业资本收缩经营方式；二是混淆合并与兼并、剥离与分立等方式。进行公司重组价值来源分析，首先界定公司重组方式内涵是必要的。

1. 合并

合并（Consolidation）指两个或更多企业组合在一起，原有所有企业都不以法律实体形式存在，而建立一个新的公司，如将 A 公司与 B 公司合并成为 C 公司。但根据 1994 年 7 月 1 日生效的《公司法》的规定，公司合并可分为吸收合并和新设合并两种形式。一个公司吸收其他公司为吸收合并，被吸收的公司解散；两个以上公司合并设立一个新的公司为新设合并，合并各方解散。吸收合并类似于“Merger”，而新设合并则类似于“Consolidation”。因此，从广义上说，合并包括兼并。

2. 兼并

兼并（Merger）指两个或更多企业组合在一起，其中一个企业保持其原有名称，而其他企业不再以法律实体形式存在。例如，财政部 1996 年 8 月 24 日颁发《企业兼并有关财务问题的暂行规定》中指出，兼并是指一个企业通过购买等有偿方式取得其他企业的产权，使其失去法人资格或虽保留法人资格但变更投资主体的一种行为。

3. 收购

收购（Acquisition）指一个企业以购买全部或部分股票（或称为股份收购）的方式购买了另一企业的全部或部分所有权，或者以购买全部或部分资产（或称资产收购）的方式购买另一企业的全部或部分所有权。股票收购可通过兼并或标购来实现。兼并的特点是与目标企业管理者直接谈判，或以交换股票的方式进行购买；目标企业董事会的认可通常发生在兼并出价获得目标企业所有者认同之前。使用标购方式，购买股票的出价直接面向目标企业所有者。收购其他企业部分与全部资产，通常是直接与目标企业管理者谈判。收购的目标是获得对目标企业的控制权，目标企业的法人地位并不消失。

4. 接管或接收

接管或接收（Takeover）是指某公司原具有控股地位的股东（通常是该公司最大的股东）由于出售或转让股权，或者股权持有量被他人超过而控股地位旁落的情况。

5. 标购

标购（Tenderoff）是指一个企业直接向另一个企业的股东提出购买他们所持有的该企业股份的要约，达到控制该企业目的行为。这发生在该企业为上市公司的情况。

6. 剥离

“剥离”（Assets Stripping）一词的理论定义目前主要来自于对英文“Divestiture”的翻译，指一个企业出售它的下属部门（独立部门或生产线）资产给另一企业的交易。具体说是指企业将其部分闲置的不良资产、无利可图的资产或产品生产线、子公司或部门出售给其他企业以获得现金或有价证券。剥离的这一定义与我国目前的企业资产售卖的含义基本相同。

7. 售卖

根据上述剥离含义，售卖（Divestiture）是剥离的一种方式。售卖是指企业将其所属的资产（包括子公司、生产线等）出售给其他企业，以获取现金和有价证券的交易。在国有企业改制中，国有资本所有者根据资本经营总体目标要求，将小型国有企业整体出售，也属于售卖范畴。

8. 分立

分立（Enterprise Separation）从英文“Spinoff”本义看，是指公司将其在子公司中拥有的全部股份按比例分配给公司的股东，从而形成两家相互独立的股权结构相同的公司。这一定义实质上与我国国有企业股份制改造中的资产剥离含义基本相同。我国国有企业改制中的资产剥离往往是指将国有企业非经营资产或非主营资产，以无偿划拨的方式，与企业经营资产或主营资产分离的过程。通过资产剥离，可分立出不同的法人实体，而国家拥有这些法人实体的股权。分立是剥离的形式之一。

9. 破产

破产（Bankruptcy）简单地说是无力偿付到期债务。具体地说，指企业长期处于亏损状态，不能扭亏为盈，并逐渐发展为无力偿付到期债务的一种企业失败。企业失败可分为经营失败和财务失败两种类型。财务失败又分为技术上无力偿债和破产。破产是财务失败的极端形式。企业改制中的破产，实际上是企业改组的法律程序，也是社会资产重组的形式。

本节将着重介绍 2 种常见的公司重组方式：资产剥离和公司分立。

（四）资产剥离

1. 资产剥离的概念

资产剥离指公司将其所拥有的资产、产品线、经营部门、子公司出售给第三方，以获取现金或股票或现金与股票混合形式的回报的一种商业行为。由于出售这些部门或资产可以取得现金收入，因此，资产剥离一般并未减小资产的规模，只是资产形式的转化。但从公司的经营业务角度来看，则实现了经营规模的缩减。最为常见的资产剥离形式是母公司将一个子公司或者部门出售给另一家公司。

剥离并非是企业经营失败的标志，它是企业发展战略的合理选择。企业通过剥离不适合企业长期战略、没有成长潜力或影响企业整体业务发展的部门、产品生产线或单项资产，可使资源集中于经营重点，从而更具有竞争力。同时剥离还可以使企业资产获得更有效的配置、提高企业资产的质量和资本的市场价值。

2. 资产剥离的原因

（1）甩掉经营亏损业务的包袱。如果公司的某一子公司或部门的盈利状况不佳，长期以来其投资报酬率无法超过公司要求的最低投资报酬率，那么公司就应考虑将其出售。公司要求的最低投资报酬率是公司用来评价各个部门业绩的最低报酬率标准，通常可以采用公司的资本成本率作为最低投资报酬率标准。有时公司管理层可能不愿意剥离盈利状况欠佳的部门，因为这样就等于承认其管理不力或者先前的收购决策有误。但是，从股东利益出发，公司应当尽早进行资产剥离，以免这些部门拖公司的业绩后腿。

（2）满足经营环境和公司战略目标改变的需要。有些部门的业务可能与公司未来的战略目标不一致，公司可能希望脱离这一行业，此时就需要对这些部门进行剥离。尽管这些部门对公司的利润仍有贡献，但会占用公司的较多资源，并且不符合公司的未来发展方向，因此，将其出售更有利于公司的未来发展。从公司的角度来说，必须考虑继续保留这些部门的机会成本。从社会的角度来说，将这些部门出售给其他对此行业更有经验的公司去经营，会更好地发挥这些资产的价值，创造更多的财富。

（3）改变公司的市场形象，提高公司股票的市场价值。资产剥离可能会给公司及被剥离出去的部门在资本市场上赢得更多的机会，结构复杂的大型公司可能会令投资者感觉很难归类，从而影响其投资意愿。例如，制药公司属于非周期性行业，受经济周期影响较小，而房地产开发公司属于周期性较强的行业。不同的投资者对这两个行业的投资偏好不同，一家兼营制药和房地产的综合性公司，会令投资者难以识别该公司属于哪一类型企业，从而影响其投资意愿。如果该公司将其不同类型的两种业务进行剥离，就能改变公司的市场形象，给公司带来更多的资本市场机会。

（4）满足公司的现金需要。公司通过资产剥离出售一些非战略性的资产或部门，能够立刻给公司带来大量的现金流入，改善公司的现金流量状况。有时，处于财务困境的公司通常会被迫出售有价值的资产来改善其流金流量状况。例如，房地产开发公司有时为了偿还大量的到期银行贷款，不得不出售盈利稳定的物业管理公司，以避免陷入财务困境。

（5）迫于政府压力。公司进行资产剥离大多是主动和自愿的。但有时也可能是被动的。这主要是因为政府的反垄断管制。如果政府认为一家公司存在垄断的嫌疑，就有可能根据反垄断法强制公司进行资产剥离，这种剥离称为被动剥离。

3. 资产剥离的财务估值

公司在进行资产剥离时，应对计划出售的子公司、部门或资产进行价值评估。一般情况下，评估过程应当包括以下几个步骤。

（1）估计被剥离部门或资产的税后现金净流量。在估计被剥离部门或资产的现金流量时，必须考虑它与公司之间的相关性，因为被剥离出的部门或资产可能给公司的现金流量带来积极或者消极的影响，在估值中必须考虑这些因素。

（2）确定被剥离部门或资产所适用的折现率。确定折现率应当考虑被剥离部门或资产的风险特性，通常可以参照与之业务相同且规模相近的公司的资本成本率来确定折现率。

（3）计算现值。用确定的折现率对被剥离部门或资产的税后净现金流量进行折现，即可计算出现值。

（4）计算被剥离部门的价值。如果出售的是公司的固定资产，不需要负担任何债务，则第三步所计算的现值就是被剥离资产的价值；如果出售的是公司的一个子公司或部门，还要减去该子公司或部门所应承担的债务的市场价值，才可计算出该子公司或部门所具有的价值。之所以使用负债的市场价值，是因为市场在确定负债的当前价值时已经对其现值进行了计算。被剥离子公司或部门的价值可按下列模型计算：

$$V = \sum_{t=1}^{n} \frac{CFAT_t}{(1+k)^t} - MVL$$

式中，V 表示被剥离子公司或部门的价值；$CFAT_t$ 为被剥离子公司或部门在第 t 年的税后现金净流量；k 为折现率；MVL 为被剥离子公司或部门所负担的债务市场价值。

经过以上步骤对被剥离子公司或部门或资产进行估值，就可以决策资产剥离是否可行。如果扣除交易费用后资产剥离取得的出售收入大于其在公司中所体现的价值，则说明资产剥离交易是可行的，否则，说明资产剥离交易不可行。

（五）公司分立

1. 公司分立的概念

公司分立是和公司合并相反的行为，它是指原有的一个公司分成两个或两个以上独立公司的法律行为。公司分立时，其财产应做相应的分割。有两种形式的分立，即存续分立（派生分立）和解散分立（新设分立）。存续分立是指一个公司分离成两个以上公司，本公司继续存在并设立一个以上新的公司；解散分立是指一个公司分散为两个以上公司，本公司解散并设立两个以上新的公司。

存续分立方式，原公司继续存在但注册资本减少。原股东在本公司、新公司的股权比例可以不变。在实践中，总公司为了实现资产扩张，降低投资风险，往往把其分公司改组成具有法人资格的全资子公司。此时总公司亦转化为母公司。母公司仅以其投资额为限对新设子公司债务负有限责任。

2. 公司分立的原因

（1）公司自身管理方面的原因

① 基于实施管理激励的原因。对于一个拥有多个子公司的大型公司而言，其内部管理机构的膨胀及不反映子公司各自业绩状况的合并财务报告，都有可能使不同业绩的子公司得不到相应的奖惩。特别是当子公司的情况与母公司不一致的时候，如母公司处于成熟产业而子公司处于高速成长产业，或者母公司处于非管制产业而子公司处于受管制产业，激励问题会显得更加突出。此时，即使以母公司的股票期权制定激励报酬计划，也可能不会发生作用，这时，公司分立或股权割售可使被分离出去的子公司在上市后有独立的股票价格，从而通过价格直接反映出市场对管理层经营的评价，这时再设立起激励作用的报酬计划，管理层与公司业绩就紧密地联系在一起，从而产生良好的激励效果。

② 基于提高管理效率的原因。对于规模过大、机构臃肿、管理线很长的公司来说，分立不失为一个好方法。管理效率理论认为，投资者对主营产品突出的公司股票较偏爱，不是因为投资者对市场评估大型公司的能力缺乏信心，而是他们对大型公司管理者的管理效率缺乏信心，即使是最优秀的管理队伍，随着他所控制的资产规模和范围的增大，也会达到收益随之递减的临界点。一个公司拆分为一个或多个公司，责任分化，有利于管理行

为简单化，有利于精简公司的机构；同时，原来的一个经营者也变为两个或多个经营者，有利于管理幅度的缩小，管理专业化的提高，从而提高经营管理的效率。

③ 基于解决内部纠纷的原因。公司分立不仅可以应用于大型公司，即使是在规模较小的公司也可得到有效应用。当股东准备结束共同经营而各自经营的时候，当股东之间发生对公司经营权行使纠纷的时候，就可以通过公司分立而完全分立为单个的数个公司。因为小规模公司很难界定市场价格，所以对经营权存在分歧的股东很难继续留在一个公司。此时作为解决公司内部纷争的手段，公司分立就非常有效。

④ 基于反击敌意收购的原因。公司分立还可以用来反击敌意收购，作为一种反敌意收购的防御手段。从上市公司的角度看，当其多元经营超过最佳水平，市场价值可能会被严重低估，并容易引起投资集团的收购兴趣，因为投资公司把公司收购后，再进行资产出售、分立或股权割售，可以使公司的整体市场价值得到较大提高，从而作为收购者获得巨大利益。这迫使实施多元化经营战略的上市公司进行反收购防御时，自己采取公司分立手段，在收购方采取行动之前把力量回缩到主业从而提高自身价值，如英美烟草联合公司成为霍伊雷克财团的敌意收购目标后，通过有效的分立挫败了收购。

（2）管制政策方面的原因

规避政府的行政管制也是公司分立的一个重要原因，如果管制当局以母公司的利润为依据考虑具体管制手段，受管制的利润较好的分公司有时会受亏损的总公司影响而处于不利地位，这时分公司可以通过分立获取更好的机会，而不再受某些规章的约束和审查。另外，在某些跨国公司中，母公司有时会让其国外分公司独立，这样，独立后的子公司就可以不受母公司所在国法律法规的制约和管制。

政府对市场经济的干预结果必然会对具体市场制度的适用产生影响。对于公司分立而言，管制因素会引发主动或非主动的公司分立。以现有实例最多的美国为例，管制因素主要有法规和管制政策，如他们禁止母公司从事特定的商务活动，但却允许其子公司从事该活动。影响公司活动的最典型的管制就是竞争政策、能源管制政策和银行保险政策。下面根据美国的具体情况来进行分析。

① 由管制政策引发的非自愿的公司分立。由管制政策引发的非自愿的公司分立，主要指那些公司遭到行政管制机构控诉和强制执行管制政策时所发生的分立，非自愿的公司分立实际就是不同形式的管制政策具体适用的结果。

以美国为例，能导致公司分立的一个管制政策领域就是电视通信管制领域，联邦通信委员会有这样的规则，禁止电视网络运营商拥有和从事国内有线电视业务，并且严格限制其在国际电影领域的网络运营行为。为了遵循联邦通信委员会对电视网络商拥有国内有线电视业务和电影业务的管制规则，哥伦比亚广播公司将其负责电影业务的部门即后来的 Viacom 国际公司分立出去，这个分立主要就是避免与联邦通信委员会管制规则发生冲突。

这样做的原因在于，如果允许一个在某市场上受到管制的垄断厂商进入无管制的市场进行自由竞争，结果可能会在无管制市场产生反竞争的影响，这时公司分立就能避免反竞争现象的出现。否则，受管制的垄断厂商会利用其在受管制的市场上获得的利润在无管制市场上进行掠夺性定价，通过制定一个非常低的价格，可以使竞争对手遭受损失，可能会迫使他们退出这一行业，受管制厂商的优势就在于它可以把管制市场作为向掠夺性定价提供资金的源泉。

更为严重的反竞争情况出现在受管制市场上的产品和不受管制的产品有联系的时候，特别是当受管制产品（假设为产品A）是不受管制产品（假设为产品B）的生产原料时，更是如此。垄断厂商会利用提供产品A来控制竞争对手产品B的生产。例如，他可能给竞争对手提供低质量的原料A产品，这样消费者就会发现垄断厂商的B产品会更好。这种类型的反竞争行为关键在于产品A和产品B之间的关系如何。总的来说，要求公司进行分立的主要好处在于，防止出现把无管制市场上的成本转移到管制市场上的反竞争行为。这时，要求管制市场的垄断者分立具体业务部门，就可以在一定程度上避免这种现象，当然，如果分立后还会基于关联关系损害竞争，就必须通过反垄断法采取其他的规制方法才行。

② 由管制政策引发的、公司自愿的公司分立。管制政策也会引起自愿的或者说公司自发的公司分立。这种类型的公司分立发生在公司可以通过分立新公司从而避免具体禁止性管制政策的情形下。这些类型公司分立实例的出现，往往是需要通过公司新设分立来避免具体管制政策的禁止性效果。主动或自愿的管制政策所引发的公司分立是指那些用于避免受到控诉而采取的分立。除上述管制因素外，相关的法律因素同样会导致自愿和非自愿的分立，自愿分立有时候被公司作为绕开阻止公司达到其目的的法律障碍的方式。

例如，公司A知道制造和销售磁盘必然会违反某个特定的反垄断法规定。为了避免这种情况的出现，A公司就分立公司B专门从事磁盘的制造和销售。这种情况在《中华人民共和国反垄断法》实施时将很可能会出现。例如，美国皇家公司是最大的州际储蓄和信贷控股公司之一，该皇家公司的一个分公司是德州休斯敦Gibraltar储蓄公司。Gibraltar储蓄公司需要进行扩张，但是《联邦家庭贷款银行委员会条例》禁止它吸收其他储蓄公司，因为它只是一个州际储蓄和信贷控股公司的分公司，因此，为了消除Gibraltar储蓄公司扩张的障碍，皇家公司不得不将其分立。

（3）税收方面的原因

获取税收优惠而进行分立能够成为一个重要的战略计划手段。

例如，在美国，公司分立在多个领域中都被用来获取税收优惠。最典型的例子就是，如果一家美国设立的公司从海外获得巨大的收入和利润，它可能会在美国境外合并它的海外分公司，并最终分立出这家外国公司。对域外运行的分公司或公司分支机构进行分立，其目的就是避免国内的高税率。一旦域外运行分公司或公司分支机构从公司的收入中通过分立排除出去，就不会在美国公司税率中再进行计算，但是，公司所处国家的税率应比美国公司税率要低。

对域外设立的分公司或分支机构进行分立获得避免税收的典型案例，就是将海外业务和运营部门设立为离岸公司。例如，一个特拉华州从事海运业务的公司，设立一家离岸公司即一个新成立的百慕大群岛公司，离岸公司就是设立在不需征收公司收入税国家的公司，该公司实际上就是以原来美国境内公司的境外资源和境外分支机构为主体构架起来的。作为一个美国境外设立和总部设在国外的公司，其所有收入都不需承担美国公司税，只要这些收入不与美国为主的商事行为存在有效的联系，并且不来源于美国境内。

课堂讨论

公司分立的原因有哪些?

3. 公司分立的程序

(1) 公司董事会拟订公司分立方案。这与公司合并类似。但在公司分立方案中，除应当对分立原因、目的、分立后各公司的地位、分立后公司章程及其他相关问题做出安排外，特别应妥善处理财产及债务分割问题。

(2) 公司股东会关于分立方案的决议。公司分立属于《公司法》上所称重大事项，应当由股东会以特别会议决议方式决定。股东会决议通过方案时，特别要通过公司债务的分担协议，即由未来两家或多家公司分担原公司债务的协议。为了保证分立方案的顺利执行，应当同时授权董事会具体实施分立方案。该授权包括向国家主管机关提出分立申请、编制其他相关文件等事项。

(3) 董事会编制公司财务及财产文件。根据《公司法》第185条第1款的规定，公司分立时应当进行财产分割。为妥善处理财产分割，应当依照第2款规定编制资产负债表及财产清单。经股东会授权后，应当由董事会负责实施。

(4) 政府主管机关的批准。此与公司合并须经政府主管机关批准的规则在本质上相同，即公司分立应以政府批准为前提。

(5) 履行债权人保护程序。根据《公司法》第185条第2款规定，债权人保护程序主要涉及分立公告及债务清偿程序：第一，在分立决议做出后的10日内，将分立决议通知债权人，并于30日内在报纸上至少公告3次；第二，债权人自接到通知书之日起30日内，未接到通知书的自第一次公告之日起90日内，有权要求公司清偿债务或者提供相应的担保。不清偿债务或者不提供相应担保的，公司不得分立。

(6) 办理分立登记手续。

4. 公司分立的财务可行性分析

公司分立是一种经济行为，它也是为了谋求经济利益的最大化，因此，需要对公司分立进行财务可行性分析。公司分立的财务可行性分析，可采用折现现金流量法计算出分立前后的公司价值进行比较。只有在分立后的各公司价值之和大于分立前的公司价值的情况下，公司分立才是可行的。

【例12-4】 A公司为了提高企业的营运效率，经董事会研究决定，将公司分立为甲、乙两个公司。经财务测算，分立前A公司今后10年经营活动产生的现金净流量的理值(即公司总价值)为101 000万元；分立后甲、乙两个公司的今后5年的各年现金流量见表12-2。从第6年起，甲公司每年的现金净流量为8 500万元，乙公司每年的现金净流量为9 000万元。假设市场利率为10%。在分立过程中没有分立费用。

表 12-2　甲、乙公司的现金净流量　　单位：万元

项目	第 1 年	第 2 年	第 3 年	第 4 年	第 5 年
甲公司	5 200	5 800	6 400	7 000	7 500
乙公司	5 600	6 400	6 800	7 500	8 000
合计	10 800	12 200	13 200	14 500	15 500

解：分立后甲公司和乙公司的价值总和为：

$$V = 10\,800 \times (P/F, 10\%, 1) + 12\,200 \times (P/F, 10\%, 2) + 13\,200 \times (P/F, 10\%, 3) + 14\,500 \times (P/F, 10\%, 4) + 15\,500 \times (P/F, 10\%, 5) + 17\,500 \times (P/A, 10\%, 5) \times (P/F, 10\%, 5) = 113\,096.2 \text{（万元）}$$

比较分立前后公司的价值可知，分立前 A 公司价值为 101 000 万元，分立后价值为 113 096. 2 万元，因此该公司分立方案在财务上是可行的。

12. 3　公司清算

（一）公司清算的概念

公司清算是指公司解散时，为终结现存的财产和其他法律关系，依照法定程序，对公司的财产和债权债务关系进行清理、处分和分配，以了结其债权债务关系，从而消灭公司法人资格的法律行为。公司除因合并或分立而解散外，其余原因引起的解散，均须经过清算程序。

公司法人治理结构的建立是人类社会自步入商品经济以来最伟大的创举，是促进社会经济发展的动力。由于公司法人制度的设立，投资者可以在降低投资风险的同时出资设立公司或者参股投资。公司清算是公司法人制度必不可少的环节。这一环节不仅保护了股东的权益，而且保护了广大债权人的权益，是公司法人制度存在的基石。

公司清算是基于公司面临终止的情况下发生的。公司终止的原因有两种，一种是公司的解散，另一种是公司的破产，即公司基于宣告破产而终止。这两种情况下都会引起公司的清算，只是清算组织和清算程序存在不同。

公司的清算是负有公司清算义务的主体按照法律规定的方式、程序而为的行为。在公司的清算中，明确公司清算的义务主体尤为重要。公司的清算主体应为基于对公司的资产享有权益的义务主体。

我国《公司法》即规定有限责任公司的清算组由股东组成，股份有限公司的清算组由董事或者股东大会确定的人员组成。

公司清算的范围为公司的出资、资产、债权、债务的审查。公司清算的目的在于使得公司与其他社会主体之间产生的权利和义务归于消灭，从而为公司的终止提供合理依据。公司的终止涉及众多利益主体的切身利益，必须对相关权利义务予以处置和解决。因此，只有在对公司清算后，才能使得相关权利义务得以消灭和转移，公司才能最终终止。

公司出现以下情形之一的，应当进行清算：① 营业期限届满或公司章程规定的解散事由出现；② 股东大会决议解散；③ 因公司合并或分立需要解散；④ 依法被吊销营业执照、责令关闭或者被撤销；⑤ 依法宣告破产。

课堂讨论

公司出现哪些情形时应当进行清算？

（二）破产清算的程序

破产清算是指在公司不能清偿到期债务的情况下，依照破产法的规定所进行的清算。《公司法》第191条规定，公司被依法宣告破产的，依照有关企业破产的法律实施破产清算。

破产清算的基本程序如下。

1. 破产案件的管辖

（1）地域管辖。由债务人住所地人民法院管辖

（2）级别管辖。对于该问题，《中华人民共和国企业破产法》（以下简称《企业破产法》）没有规定，但最高人民法院《关于审理企业破产案件若干问题的规定》可资借鉴：① 基层人民法院一般管辖县、县级市或者区的工商行政管理机关核准登记企业的破产案件；② 中级人民法院一般管辖地区、地级市（含本级）以上的工商行政管理机关核准登记企业的破产案件；③ 纳入国家计划调整的企业破产案件，由中级人民法院管辖。

2. 提出破产申请

（1）破产申请主体：① 债权人；② 债务人；③ 对债务人负有清算责任的人。

（2）债权人提出申请时需提交的文件：① 破产申请书；② 债权人主体资格证明及债权人法定代表人身份证明；③ 授权委托书；④ 债权存在及债务人不能按时清偿债务的证据。

（3）债务人提出申请时需提交的文件：① 破产申请书；② 债务人主体资格证明及法定代表人身份证明；③ 企业职工安置预案及职工工资的支付和社会保险费用的缴纳情况；④ 企业财产状况说明，即资产状况明细表，包括有形资产、无形资产和企业投资情况等；⑤ 债权清册，列明企业的债务人名称、住所、债务数额、发生时间和催讨偿还情况；⑥ 债务清册，列明企业的债权人名称、住所、债权数额、发生时间；⑦ 有关财务会计报告。

3. 受理破产申请

（1）破产申请的受理

① 债权人作为申请人提出申请的，法院应当自收到申请之日起5日内通知债务人；债务人有异议的，应当自收到法院通知之日起7日内向法院提出；法院应当自异议期满之日

起 10 日内裁定是否受理；债务人或对债务人企业负有清算责任的人提出申请的，法院应当自收到申请之日起 15 日内裁定是否受理。有特殊情况需要延长裁定受理期限的，经上级法院批准，可以延长 15 日。

② 法院受理破产申请的，应当自裁定做出之日起 5 日内送达申请人；债权人提出申请的，法院应当自裁定做出之日起 5 日内送达债务人，债务人应当自裁定送达之日起 15 日内向法院提交财产状况说明、债务清册、债权清册、有关财务会计报告，以及职工工资的支付和社会保险费用的缴纳情况。

（2）不予受理或驳回申请的情形及其法律救济

① 不予受理的情形（新破产法没有规定，根据《关于审理企业破产案件若干问题的规定》整理）包括：债务人有隐匿、转移财产等行为，为了逃避债务而申请破产的；债权人借破产申请毁损债务人商业信誉，意图损害公平竞争的。

② 驳回申请的情形（新破产法没有规定，根据《关于审理企业破产案件若干问题的规定》整理）。

法院受理债务人的破产申请后，发现债务人巨额财产下落不明且不能合理解释财产去向的，应当裁定驳回破产申请。

③ 法律救济。申请人可以在裁定送达之日起 10 日内向上级法院提起上诉。

4. 指定管理人

（1）管理人的产生时间：法院裁定受理破产申请时，应同时指定管理人。

（2）管理人的职责：① 接管债务人的财产、印章和账簿、文书等资料；② 调查债务人财产状况，制作财产状况报告；③ 决定债务人的内部管理事务；④ 决定债务人的日常开支和其他必要开支；⑤ 在第一次债权人会议召开之前，决定继续或者停止债务人的营业；⑥ 管理和处分债务人的财产；⑦ 提议召开债权人会议；⑧ 代表债务人参加诉讼、仲裁或者其他法律程序。

（3）管理人的监督机制：① 管理人受法院监督；② 管理人受债权人会议和债权人委员会监督。

5. 债务人财产

（1）债务人财产的范围：破产申请受理时属于债务人的全部财产以及破产申请受理后至破产程序终结前债务人取得的财产。

（2）哪些财产不属于债务人财产的范围，对此问题，新破产法没有规定，《关于审理企业破产案件若干问题的规定》可资借鉴：① 债务人基于仓储、保管、加工承揽、委托交易、代销、借用、寄存、租赁等法律关系占有、使用的他人财产；② 抵押物、留置物、出质物；③ 担保物灭失后产生的保险金、补偿金、赔偿金等代位物；④ 依照法律规定存在优先权的财产；⑤ 特定物买卖中，尚未转移占有但相对人已完全支付对价的特定物；⑥ 尚未办理产权证或者产权证过户手续但已向买方交付的财产；⑦ 债务人在所有权保留买卖中尚未取得所有权的财产；⑧ 所有权专属于国家且不得转让的财产；⑨ 债务人工会所有的财产。

（3）破产程序前行为的撤销：① 法院受理破产申请前一年内，债务人无偿转让财产的；② 法院受理破产申请前一年内，债务人以明显不合理的价格进行交易的；③ 法院受理破产申请前一年内，债务人对没有财产担保的债务提供财产担保的；④ 法院受理破产申请前一年内，债务人对未到期债务提前清偿的；⑤ 法院受理破产申请前一年内，债务人放弃债权的；⑥ 法院受理破产申请前6个月内，债务人在具备破产原因的情况下，仍对个别债权人进行清偿，损害其他债权人利益的行为。

（4）破产程序前及破产程序中行为的无效：① 为逃避债务而隐匿、转移财产的；② 虚构债务或者承认不真实的债务的；③ 法院受理破产申请后，债务人对个别债权人的债务清偿无效。

（5）管理人对债务人财产的追回：① 对于因破产程序前可撤销行为和无效行为而取得的债务人财产；② 对于债务人的出资人应当缴纳但尚未认缴的出资；③ 债务人企业的董事、监事和高级管理人员利用职权非法侵占的企业财产。

（6）破产取回权：当破产清算组接管破产企业移交的财产时，对于不属于破产企业的那部分财产，其所有人有从破产管理人处取回的权利。

（7）破产抵销权：债权人在破产申请受理前对债务人负有债务的，可以向管理人主张抵销。

课堂讨论

如何正确界定公司破产财产？

6. 破产费用和共益债务

（1）破产费用：① 破产案件的诉讼费用；② 管理、变价和分配债务人财产的费用；③ 管理人执行职务的费用、报酬和聘用工作人员的费用。

（2）共益债务。所谓共益债务是指在破产申请受理后，为全体债权人的共同利益或者为进行破产程序所必需而负担的债务，其内容包括：① 因管理人或者债务人请求对方当事人履行双方均未履行完毕的合同所产生的债务；② 债务人财产受无因管理所产生的债务；③ 因债务人不当得利产生的债务；④ 为债务人继续营业而应支付的劳动报酬和社会保险费用，以及由此产生的其他债务；⑤ 管理人或者相关人员执行职务致人损害所产生的债务；⑥ 债务人财产致人损害所产生的债务。

（3）破产费用和共益债务的清偿：① 破产费用和共益债务由债务人财产随时清偿；② 债务人不足以清偿所有破产费用和共益债务，先行清偿破产费用；③ 债务人不足以清偿所有破产费用或者共益债务的，按照比例清偿；④ 债务人财产不足以清偿破产费用的，管理人应当提请法院终结破产程序。

7. 债权申报

（1）债权人应该在规定的期限内向管理人申报债权。

（2）管理人对于债权申报登记造册，进行审查，编制债权表。

（3）债权人会议对管理人提交的债权表进行核查。

（4）债务人、债权人对债权表记载的债权无异议的，由法院裁定确认；有异议的，可以向受理破产申请的法院起诉。

8. 债权人会议

（1）债权人会议的组成

依法申报债权的债权人为债权人会议的成员，债权人会议主席由法院指定。但是，债权尚未确定的债权人，除法院能够为其行使表决权而临时确定债权额的外，不得行使表决权。

未放弃优先受偿权的对债务人特定财产享有担保权的债权人，对通过和解协议和通过破产财产的分配方案问题不享有表决权。

（2）债权人会议的召集和召开

① 第一次债权人会议由法院召集，自债权申报期限届满之日起 15 日内召开。

② 以后的债权人会议，在法院、管理人、债权人委员会、占债权总额 1/4 以上的债权人向债权人会议主席提议时召开。

③ 召开债权人会议，管理人应当提前 15 日通知已知的债权人。

（3）债权人会议的职权

① 核查债权。

② 申请人民法院更换管理人，审查管理人的费用和报酬。

③ 监督管理人。

④ 选任和更换债权人委员会成员。

⑤ 决定继续或者停止债务人的营业。

⑥ 通过重整计划。

⑦ 通过和解协议。

⑧ 通过债务人财产的管理方案。

⑨ 通过破产财产的变价方案。

⑩通过破产财产的分配方案。

⑪人民法院认为应当由债权人会议行使的其他职权。

（4）债权人会议的决议

① 决议模式。由出席会议的有表决权的债权人过半数通过，并且其所代表的表决权额占无财产担保债权总额的 1/2 以上。

② 决议的效力。对全体债权人均有约束力。

③ 反对决议的债权人实现救济的方法。债权人可自决议之日起 15 日内，请求法院裁定撤销该决议，责任债权人会议重新做出决议。

（5）法院对于特殊事项的裁定及其救济

① 对于债务人财产的管理方案、破产财产的变价方案，经债权人会议表决未通过，由法院裁定，债权人不服的，可自裁定宣布之日或者收到通知之日起 15 日内向该法院申请复议，复议期间不停止裁定的执行。

② 对于破产财产的分配方案，经债权人会议二次表决仍未通过的，由法院裁定，债

权额占无财产担保债权总额1/2以上的债权人不服的，可自裁定宣布之日或者收到通知之日起15日内向该法院申请复议，复议期间不停止裁定的执行。

（6）债权人委员会

我国破产法采用债权人委员会意定制度，即是否设立债权人委员会，由债权人会议根据需要以决议确定。

债权人委员会主要行使监督权，即监督债务人财产的管理和处分，监督破产财产的分配。

9. 重整程序

重整程序又称司法再生程序，是指经利害关系人的申请，在审判机关的主持和利害关系人的参与下，对不能支付到期债务陷入财务困难的企业，进行生产经营的整顿和债权债务的清理的一种特殊法律程序。

10. 破产和解

破产和解是为了避免破产宣告或破产分配，由债务人提出和解申请及和解协议草案，债权人会议讨论通过并经法院许可的，解决债权人与债务人之间的债权债务问题的制度。

11. 破产清算

（1）破产宣告

破产宣告是法院依当事人的申请获依职权对已经具备破产条件的债务人做出的宣告其为破产人的司法裁定。债务人被宣告破产后，破产清算程序由此启动。

（2）破产财产变价与分配

① 变价方案。

变价方案由管理人制定并提交债权人会议讨论，破产企业为全民所有制性质的，其资产的评估应依据有关国有资产评估的规定，由管理人向国有资产管理部门申请办理资产评估立项，经国有资产管理部门授予资格的评估机构进行评估，并经国有资产管理部门备案。

② 出售破产财产。

变价出售破产财产应当通过拍卖进行，但是债权人会议另有决议的除外。

③ 分配。

- 破产财产的分配顺序。

第一步，清偿破产费用和共益债务。

第二步，支付职工的工资和医疗、伤残补助、抚恤费用，所欠的应当划入职工个人账户的基本养老保险、基本医疗保险费用，以及法律、行政法规规定应当支付给职工的补偿金。

第三步，支付破产人欠缴的除前项规定以外的社会保险费用和破产人所欠税款。

第四步，清偿普通破产债权。

- 分配方案的制订。

分配方案由管理人制定并提交债权人会议讨论，最后提交法院裁定。

- 破产程序的终结。

破产程序终结的原因包括以下3个方面。

首先，在破产案件受理后，破产宣告前，管理人发现破产财产不足以清偿破产费用的，可以请求终结破产程序。

其次，在破产宣告后，管理人在清算过程中发现破产人无财产可供分配的，可以请求终结破产程序。

最后，在分配完结后，管理人应向法院提交破产财产分配报告，并请求终结破产程序。

管理人应自破产程序终结之日起 10 日内，持法院终结破产程序的裁定，向破产人的原登记机关办理注销登记。

（三）破产清算程序

1. 理论界的破产财产定义

破产财产的定义，在教材中大体分为两大类。

一种是单一定义型，第一，“从一般意义上说，破产财产是破产程序开始时由债务人所有的财产及财产权利所构成的财产性集合体”。第二，“破产财产是指在破产程序中，依照破产法的规定宣告破产时，为了清偿破产债权人的需要而组织管理起来的破产人的全部财产”。或“由破产管理人进行管理及处分的破产人的全部财产的集合，在破产法中被称作‘破产财产’。”第三，“破产财产是指破产宣告时至破产程序终结期间，归清算组占有、支配并用于破产分配的财产人的全部财产的总和”。

另一种是双重定义型，这种定义将破产财产从不同角度联合界定，如从形式意义与实体意义上。实践中通常采用单一型定义。

2. 破产财产的法律特征

（1）破产财产必须是破产企业所有或者有权处分的财产。破产人应该享有破产财产的“财产权”。

（2）破产财产是能够依照破产程序进行破产分配的财产，具有财产权特征。破产财产具有特殊的目的性和使用性。不能进行破产分配的责任财产，则不属于破产财产。

（3）破产财产必须是破产财产的范围内的财产，这是法律具体规定的，也即是必须是破产宣告时属于破产企业的财产，或将来行使的财产请求权，或者在破产宣告后，破产程序终结前破产企业新取得的财产。

（4）破产财产是由清算组占有和支配的财产。我国破产法律规定：破产财产，非经清算组的同意，任何人不得占有、使用和处分。清算组对破产财产享有专属支配权。

3. 破产财产的性质与范围

（1）破产财产的性质

关于破产财产的性质理论界流行的是两种学说。一种为客观说，该学说认为，破产财产是权利客体，而其所有人为破产人。另一种是主体说，该学说认为，在破产程序中，破产财产管理人既非破产人的代理人，也非债权人的代理人，其存在的目的就是为了公平解决破产财产的分配。当然由于我国现在《企业破产法》的主体为企业法人，故这两种学说争议不太明显，但是在市场经济的运行规制下，从长远的追求公平公正，应采用主体说。

（2）破产财产的范围

① 理论方面的立法例。目前从各国的立法实践看以时间限制为标准，主要有两种立法例。一种为固定主义，仅以破产人在破产宣告时的所有财产为限。另一种为膨胀主义，不仅限于破产人被宣告破产时的所有财产，而且应当包括破产人在破产宣告后至破产终结前新取得的财产。

② 实践中的法律规定。最高人民法院在2002年7月30日颁布，2002年9月1日开始实施的法释〔2002〕23号最高人民法院公告《关于审理企业破产案件若干问题的规定》（以下简称最新司法解释）中，对破产财产的构成做如下规定："（一）债务人在破产宣告时所有的或者经营管理的全部财产；（二）债务人在破产宣告后至破产程序终结前取得的财产；（三）应当由债务人行使的其他财产权利。"由上述规定可见，破产财产不是财产的形态，而是就财产归属是否属于破产企业、属于破产企业全体债权人受偿范围的财产总称，是相对于上述范围以外的财产而言的一个概念。从财产形态而言，破产财产包括货币资金、实物资产（动产和不动产，固定资产和流动资产）、对外投资，以及商标权、专利权、著作权、债权、财产使用权等无形财产权。

③ 法律中规定破产财产的范围的排除。《企业破产法》除了明确规定破产财产的范围，同时也规定了范围之外的一些特殊。最新司法解释的第71条就明确规定了9类，同时实践中学者还补充有"禁止流通的财产或财产权益，如枪支弹药等。"

知识链接

司法实践中关于破产财产争议较多的问题

1. 已经作为担保物的财产是否属于破产财产

《企业破产法》第28条规定，已作为担保物的财产不属于破产财产；担保物的价款超过其所担保的债务数额的，超过部分属于破产财产。对此理论界存在两种观点。一种观点认为，已作为担保物的财产不属于破产财产，只有用于对破产债权人清偿的财产才属于破产财产，如我国现行法立法之规定。另一种观点认为，已作为担保物的财产也应当属于破产财产。

2. 关于破产企业以无偿划拨方式取得的土地是否属于破产财产

从目前理论界争论中有两种观点。一种意见认为这种以划拨方式得到的土地使用权不能作为破产财产，理由是根据《中华人民共和国城镇国有土地使用权出让和转让暂行条例》第47条的规定："无偿取得划拨土地使用权的土地使用者，因迁移、解散、撤销、破产或者其他原因而停止使用土地的，市、县人民政府应当无偿收回其划拨土地使用权，并可依照本条例的规定予以出让。"如果将划拨土地列为破产财产清偿债务，是违反这一法律规定的，同时也是对国有资源的极大损失。

另一种意见认为，破产企业以划拨方式取得的土地使用权，也是依法履行一定手续后的合法取得，应归入破产财产。理由首先是改革开放后也相应改革土地使用制度，1988年对城镇国有土地开征土地使用税，1990年又承认土地使用权的有偿出让、转让、抵押、出租或者用于其他经济活动，土地使用权流通限制有所松动；其次对债权人有失公平，对破产企业也欠公允；最后，也不符合市场经济主体平等的基本要求。

这两种观点可以说是均有其理，而这一个争论到2003年4月18日正式施行的最高人民法院《关于破产企业国有划拨土地使用权应否列入破产财产等问题的批复》中得到了立法上的解决。最终肯定了破产企业以划拨方式取得的国有土地使用权不属于破产财产，在企业破产时，有关人民政府可以予以收回，并依法处置。纳入国家兼并破产计划的国有企业，其依法取得的国有土地使用权，应依据国务院有关文件规定办理。

3. 关于破产企业的非经营性资产的处理

破产企业投资兴办的托儿所、幼儿园、学校、医院等职工福利性机构，单纯从财产的来源看，这些机构属于破产企业的财产。但它们均属于福利性事业单位，是社会公益事业和福利事业的组成部分，它们不应属于《企业破产法》的适用对象，原则上不列为破产财产。

4. 关于破产企业职工宿舍、住房是否为破产财产

由于这个问题关系众多职工的利益，比较难以收回、变现、分配，处置上稍有偏颇就会带来一系列社会问题，可能是基于这样的考虑国务院在1997年3月2日的《关于在若干城市试行国有企业兼并破产和职工再就业有关问题的补充通知》中对于职工住房采取同上面非经营资产相同的做法。现阶段，由于国家开始新的“房改”政策，对于财产的归属与具体的分配都对这一规定提出挑战。当前有学者提出破产企业的职工宿舍、住房应属于破产财产，在分配时应当折价抵偿给债权人。债权人可以按照我国的“房改”政策，采取向住户出售产权等方式收回债权，得到清偿。但是在处分房产时，应当明确规定“买卖不破租赁”的原则。

5. 关于企业分立中破产财产的界定

我国《公司法》第185条规定，公司分立时，债权人在法定期间内要求公司清偿债务或者提供相应的担保的，而公司不清偿或不提供担保的，该公司不得分立。因此，公司在破产宣告前违反此规定进行的分立，应属无效。

6. 关于破产企业对外投资是否列入破产财产

随着企业对外投资的增多，破产财产出现了一些新的问题。在理论上企业对外投资是企业总资产的一部分，应当也进行清算，列为破产财产，具体有以下情况。

第一，独立投资设立的企业，即便是取得了法人资格，也应当对企业整体进行清算，对该企业的财产及债权、债务编制成册，列入破产财产。

第二，破产企业在其他公司的投资或联营的投资，应在明确企业资产状况的基础上将投资的数额，所占比例列入破产财产。这一点也有学者认为，当投资者破产时，其投入法人型联营企业的财产不应属于破产财产。

第三，破产企业以股票或其他有价证券方式拥有的股权，以有价证券形式计入破产财产。

（四）破产债权的界定

破产宣告前成立的无财产担保的债权和放弃优先受偿权的有财产担保的债权为破产债权，对宣告破产后未到期的债权，视为已到期的债权进行清偿，债权人放弃优先受偿权的有财产担保的债权，亦属破产债权。根据以上分析，我国破产法中的破产债权的范围应包括以下几项。

（1）破产宣告前成立的无财产担保的债权。无财产担保的债权是与有财产担保的债权相对而言的。有财产担保的债权，是指为确保债权人的债权获得清偿而要求债务人或第三人提供特别财产加以保证的债权。这类债权中的权利人在债务人不履行债务时，有权对担保物加以变卖，并从其价款中优先受偿，因而它不属于破产债权。

（2）放弃优先受偿权的有财产担保的债权和担保财产不足以清偿的债权部分。如前所述，有财产担保的债权的权利人，享有优先受偿权，其债权可因优先受偿地位而不纳入破产债权的范围，但是在某种情况下，债权人可能因某种原因而放弃自己的优先受偿权，这种放弃了优先受偿权的担保债权，应纳入破产债权的范围，在清偿顺序上与其他破产债权一样，按照破产程序而得到等比例清偿。

（3）附有期限，但破产宣告时尚未到期的债权。一般来说，在期限未到来之前，债权人不得要求债务人提前清偿，但在债务人被宣告破产的情况下则有所例处，破产宣告时未到期的债权，视为已到期债权，它可以和未附期限之债权一起接受清偿。

有两种情形：其一，各债务人分割债务关系，此时各债务人个别地方分别负担自己的债务，彼此间不发生牵连关系，因而，一人破产也不影响他人；其二，各债务人就全部给付履行义务的共同债务关系，主要指连带之债和不可分之债。

（4）保证人被宣告破产时的破产时的破产债权。企业作为保证人为他人的债务提供担保，而后该企业被宣告破产，保证之债的债权人有权请求在保证金额限度内将其债权列入破产债权；依破产程序向破产企业追偿。

（5）因被保证人破产而使证人所享有的破产债权。有两种情况：一是在债务人受破产宣告前，保证人之代替债务人偿还了其债务，则保证人所代办清偿的债务数额可以作为破产债权而接受清偿；二是在债务人在破产宣告之前，其债权人已明确表示不参加破产程序，而是直接要求债务人的保证人履行保证义务。

（6）清算组决定解除合同或收回投资而给他方造成损失的，该损失可以列入破产债权。

（7）在破产宣告前成立的；以债务人的作为或不作为为内容的义务因债务人未履行而发生的损害请求权。

（8）因票据关系而产生的破产债权。

（9）已审结但尚未全部执行的，原审法院按规定已中止执行，但依据生效法律文书能够执行的债权。

（10）因对他人取回物的毁损所应支付的赔偿。

课堂讨论

如何正确界定破产债权？

本章总结

本章主要介绍了公司并购包括兼并和收购两层含义、两种方式。国际上习惯将兼并和收购合在一起使用，统称为 M&A，公司并购主要包括公司合并、资产收购、股权收购 3 种形式。

按并购双方所处的行业性质可分为横向并购、纵向并购和混合并购。

按出资方式分为用现金购买资产、用现金购买股票、以股票购买资产、用股票交换股票、债权转股权方式、间接控股、承债式并购、无偿划拨。

按并购程序分为善意并购和敌意并购。

按并购是否利用杠杆分为杠杆并购、非杠杆收购。

公司并购的相关理论包括效率理论、代理理论、税收效应理论。

公司并购有公司自身的动因，包括发挥协同效应，提高竞争优势；扩大生产规模，提高经济效益；取得税负利益，降低成本；上市“圈钱”，买壳上市；获取低价资产，实行投机行为；实现多元化发展，以降低风险；提高企业家名望，提升企业市场价值；保持竞争优势，克服行业进入壁垒；减少建设周期，提高竞争能力。企业需要不断发展，但实现发展可以有以下两种方式：① 企业内部进行投资，新建生产能力；② 企业外部进行投资。

公司并购也有政府动因。例如，采用行政手段，消除亏损企业；进行产业结构调整，实现资源优化配置；组建企业集团，参与国际竞争。

公司并购的价值评估是指对目标公司的价值进行评估，它关系到并购公司收购目标公司应付出多少代价。在实践中，目标公司的价值评估方法主要有成本法、市场比较法、现金流量折现法和换股并购估价法。

公司并购的支付方式有现金支付、换股支付、杠杆支付、卖方融资、混合证券支付。

公司重组具有狭义和广义两种含义，狭义的公司重组是仅限于公司并购，包括公司合并、公司收购与公司分立（分割）；广义的公司重组泛指公司之间、股东与公司之间、股东之间依据公司法自治原则，为实现公司资源的合理流动与优化配置而实施的各种商事行为。

公司重组类型一般有业务重组、资产重组、债务重组、股权重组、人员重组、管理体制重组等模式。

公司重组的方式有合并、兼并、收购、接管或接收、标购、剥离、售卖、分立、破产。

公司清算的概念指公司解散时，为终结现存的财产和其他法律关系，依照法定程序，对公司的财产和债权债务关系进行清理、处分和分配，以了结其债权债务关系，从而消灭公司法人资格的法律行为。公司除因合并或分立而解散外，其余原因引起的解散，均须经过清算程序。

破产清算程序包括破产案件的管辖、提出破产申请、受理破产申请、指定管理人、债务人财产、破产费用和共益债务、债权申报、债权人会议、重整程序、破产和解、破产清算（破产宣告、破产财产变价与分配、破产程序的终结）。

本章习题

一、思考题

1. 什么叫公司并购？有哪几种形式和分类？
2. 公司并购的理论有哪 3 种？
3. 公司并购的动因是什么？
4. 什么是公司并购的价值评估？其方法有哪些？
5. 公司并购的支付方式有哪些？
6. 什么叫公司重组？重组方式一般有哪些？
7. 什么是公司清算？什么情况下必须进行公司清算？
8. 破产清算程序有哪些？

二、单项选择题

1. 目标公司董事会决议：如果目标公司被收购，且高层管理者被革职，他们可以得到巨额退休金，以提高收购成本。这种反收购策略是（　　）。

A. “毒丸策略”　B. “焦土策略”　C. “白衣骑士”　D. “金降落伞策略”

2. 按照并购程序来划分，企业并购方式有（　　）。

A. 横向并购和纵向并购　B. 杠杆收购和管理层收购

C. 善意并购和敌意并购　D. 现金购买和换股并购

3. 某航空公司收购一家旅行社，这种并购属于（　　）。

A. 横向并购　B. 纵向并购　C. 混合并购　D. 善意并购

4. 生产彩管的深圳赛格集团通过协议控股彩电生产公司深华发，又通过收购生产彩显玻壳的中康玻璃公司，这种并购方式属于（　　）。

A. 横向并购　B. 纵向并购　C. 混合并购　D. 善意并购

5. 深圳康佳集团以合资控股的方式并购了牡丹江电视机厂，这种并购属于（　　）。

A. 横向并购　B. 纵向并购　C. 混合并购　D. 善意并购

6. 某钢铁集团收购某石油公司，这种并购属于（　　）。

A. 横向并购　B. 纵向并购　C. 混合并购　D. 善意并购

7. 下列关于企业清算财产支付顺序正确的是（　　）。

A. 支付清理费用、支付未付工资、缴纳所欠税款、清偿其他无担保债务

B. 支付未付工资、支付清算费用、缴纳所欠税款、清偿其他无担保债务

C. 缴纳所欠税款、支付清算费用、支付未付工资、清偿其他无担保债务

D. 清偿其他无担保债务、支付清算费用、支付未付工资、缴纳所欠税款

8. 下列不属于破产财产的是（　　）。

A. 宣告破产时破产企业经营管理的全部财产

B. 已作为担保物的财产

C. 应当由破产企业行使的其他财产权利

D. 破产企业在破产宣告后至破产程序终结前取得的财产

9. 公司解体的实质是指（　　）消失的法律行为。

A. 自然人资格　B. 公司法人资格　C. 公司会计主体　D. 公司会计个体

10. 在并购中，当目标公司处在征收资本利得税的国家或地区，必须承担资本利得税的价格支付方式是（　　）。

A. 现金支付方式　B. 换股支付方式　C. 杠杆收购　D. 混合证券支付

11. 下列说明股票支付方式特点的描述中，不正确的是（　　）。

A. 不需要支付大量的现金　B. 不影响并购公司的现金流动状况

C. 目标公司的股东不会失去所有权　D. 获得财务杠杆利益

三、多项选择题

1. 按并购的支付方式，并购可以分为（　　）。

A. 整体并购　B. 承担债务式并购　C. 现金购买式并购　D. 股份交易式并购

2. 按并购双方成品与产业的联系划分，并购可分为（　　）。

A. 横向并购　B. 纵向并购　C. 混合并购　D. 恶意并购

3. 下列情况下目标公司的价值可能被低估的是（　　）。

A. 经营管理不善　B. 市场占有率太低

C. 由于通货膨胀造成的市场价值与重置成本的差异

D. 公司拥有市场上所没有的有关目标公司价值的内部信息

4. 并购的经营协同效应主要表现为（　　）。

A. 实现规模经济　B. 合理避税

C. 节省交易费用　D. 优势互补，实现范围经济

5. 并购正效应的理论解释包括（　　）。

A. 经营协同效应理论　B. 财务协同效应理论

C. 多元化优势效应理论　D. 价值低估理论

6. 并购可能给企业带来的好处有（　　）。

A. 实现规模经济效益　B. 降低交易费用

C. 提高市场份额　D. 多元化经营

7. 企业并购风险有（　　）。

A. 法律风险　B. 政治环境风险　C. 信息风险　D. 行业环境风险

8. 采用比率估价法进行并购价值评估，一般采用的比率是（　　）。

A. 市盈率　B. 市销率　C. 市净率　D. 股价与现金流量比

9. 公司并购的资金来源主要有（　　）。

A. 银行借款　B. 债券融资

C. 股票融资　　　　D. 公司在经营过程中创造的净利润

10. 运用现金流量贴现模式对目标公司进行价值评估需要解决的基本问题是（　　）。

A. 资本结构规划　　　　B. 选择贴现率

C. 确定预测期　　　　D. 预测期现金流量估测

11. 按照并购双方的行业关系不同，并购可分为（　　）。

A. 纵向并购　　　　B. 横向并购

C. 混合并购　　　　D. 协议并购

12. 预防性反收购措施有（　　）。

A. 毒丸　　　　B. 驱鲨剂

C. 员工持股计划　　　　D. 提前偿债条款

13. 在具体实务中，并购的动因，归纳起来主要有（　　）。

A. 提升在产业链中的谈判能力和控制力

B. 提升行业战略地位

C. 规模经济效应

D. 提升企业形象和品牌知名度

14. 并购的详细可行性研究应包括（　　）。

A. 研究企业并购的背景、宗旨、必要性和经济意义

B. 双方的现状分析

C. 并购的方案和并购后的效益分析，以及并购后的整合策略和措施

D. 聘请的中介机构的专家意见

15. 运用资本收缩策略进行公司重组，可实现公司规模的迅速收缩和精简。资本收缩策略有（　　）。

A. 资产剥离　　　　B. 分拆上市

C. 公司分立　　　　D. 股票回购

四、判断题

1. 杠杆收购的条件之一是被并购前得资产负债率较高。（　　）

2. 股票支付方式对于主并企业股东来说并不会使其股本结构发生变化。（　　）

3. 经营协同效应只能通过横向并购实现。（　　）

4. 在吸收合并中，原有相关企业的法人资格均会消失。（　　）

5. 当公司在遇到敌意收购而无力反击时，迫不得已可能采取的两败俱伤的策略一般称为“焦土战术”。（　　）

6. 股票互换式并购指并购企业直接向目标企业的股东发行股票，以换取目标企业股票的并购方式。（　　）

7. 杠杆收购指并购企业不用目标企业的自有资金及营运所得来支付或担保并购价金的并购方式。（　　）

8. 对于并购方来说，来自于并购活动的净收益为并购收益与并购成本的差额。被并购方的净收益为并购公司并购被并购公司而支付的价款扣除被并购公司的价值。只有当并购活动能够增加企业的价值，为企业带来净收益时，这种并购活动才是可行的。（　　）

9. 差别效率理论表明，如果A公司的管理层比B公司更有效率，在A公司收购了B公司之后，B公司的效率便可以提高到A公司的水平。（　　）

10. 公司并购后文化和制度的整合是件比较重要也比较容易完成的工作，应该尽快启动。（　　）

11. 我国资产重组的概念内涵和外延都很清晰。（　　）

12. 资本重整策略包括并购、改组改制、股权置换、资产置换、国有股减持、管理层收购、职工持股基金。（　　）

13. 股票回购是指上市公司利用现金等方式，从股票市场上购回本公司发行在外的一定数额股票的行为。股票回购是一种大规模改变公司资本结构的方式。（　　）

14. 资产置换一般指上市公司控股股东以呆滞资产置换上市公司的优质资产，或以非主营业务资产置换主营业务资产等情况，包括整体资产置换和部分资产置换等形式。（　　）

15. 股权托管的操作实践中，受托方和委托方实际上达到了重组兼并后的效果，受托方可通过行使管理权利，了解受托资产各方面的状况，以最终决定是否实施重组兼并，从而降低重组兼并的风险。（　　）

五、计算分析题

1. 甲公司每股收益2元，市盈率20倍，共发行100万股股票，而乙公司每股收益为1元，市盈率为10倍，共发行80万股股票。现甲公司准备并购乙公司，预计并购后的新公司价值为5 100万元，经过谈判，乙公司的股东同意以每股11.25元的价格成交，并购中发生谈判费用50万元，法律顾问费30万元，其他固定费用10万元。

要求：

（1）运用市盈率法计算甲、乙两公司的价值。

（2）计算并购收益和并购净收益，并依据并购净收益作出甲公司应否并购乙公司的判断。

2. X公司董事会批准公司管理层收购Y公司80%股权。X公司率先向Y公司提出了并购协议，并获得了Y公司董事会的同意。经初步评估，总支付价款为5 000万元，Y公司账面净资产价值为4 500万元，经测算公司净资产公允价值与账面价值基本一致。此外，Y公司的产品还具有一定的品牌影响力，据估计该品牌价值大约为1 000万元。并购尽职调查期间，X公司发现Y公司的应收款存在一定的质量问题，该公司应收款账面价值360万元，其中占应收款总额一半的3年以上期限的应收款Y公司只计提了20%的坏账准备，1～2年的应收款没有计提坏账准备，经预测Y公司应收款项总额中大约有一半无法收回。

要求：

（1）请从并购态度上分析X公司并购的类型。

（2）若公司本来是希望通过并购后大幅解聘原企业员工来增加效率，但未曾想到公司的辞退福利大概需要100万元。Y公司并没有确认这笔负债，此时公司是否需要并购？

（3）除辞退福利没有确认外，若Y公司由于对当地环境造成了破坏正遭受所在社区居民的诉讼，经公司法律顾问估计，需要赔偿100万元的概率为60%，赔偿500万元的概率为40%。此时X公司还是否应该实施并购？

附录 1

一元复利终值系数表

n \ i	1%	2%	3%	4%	5%	6%	7%	8%	9%	10%
1	1.0100	1.0200	1.0300	1.0400	1.0500	1.0600	1.0700	1.0800	1.0900	1.1000
2	1.0201	1.0404	1.0639	1.0816	1.1025	1.1236	1.1449	1.1664	1.1881	1.2100
3	1.0303	1.0612	1.0927	1.1249	1.1576	1.1910	1.2250	1.2597	1.2950	1.3310
4	1.0406	1.0824	1.1255	1.1699	1.2155	1.2625	1.3108	1.3605	1.4116	1.4641
5	1.0510	1.1041	1.1593	1.2167	1.2763	1.3382	1.4026	1.4693	1.5386	1.6105
6	1.0615	1.1262	1.1941	1.2653	1.3401	1.4185	1.5007	1.5809	1.6671	1.7716
7	1.0721	1.1487	1.2299	1.3159	1.4071	1.5036	1.6058	1.7138	1.8280	1.9487
8	1.0829	1.1717	1.2668	1.3686	1.4775	1.5938	1.7182	1.8509	1.9926	2.1436
9	1.0937	1.1951	1.3048	1.4233	1.5513	1.6895	1.8385	1.9990	2.1719	2.3579
10	1.1046	1.2190	1.3439	1.4802	1.6289	1.7908	1.9672	2.1589	2.3674	2.5937
11	1.1157	1.2434	1.3842	1.5359	1.7103	1.8983	2.1049	2.3316	2.5804	2.8531
12	1.1268	1.2682	1.4258	1.6010	1.7959	2.0122	2.2522	2.5182	2.8127	3.1384
13	1.1381	1.2936	1.4685	1.6651	1.8856	2.1329	2.4098	2.7196	3.0658	3.4523
14	1.1495	1.3195	1.5126	1.7317	1.9799	2.2609	2.5785	2.9372	3.3417	3.7975
15	1.1610	1.3459	1.5580	1.8009	2.0789	2.3966	2.7590	3.1722	3.6425	4.1772
16	1.1726	1.3728	1.6047	1.8730	2.1829	2.5404	2.9522	3.4259	3.9703	4.5950
17	1.1843	1.4002	1.6528	1.9479	2.2920	2.6928	3.1588	3.7000	4.3276	5.0545
18	1.1961	1.4282	1.7024	2.0258	2.4066	2.8543	3.3799	3.9660	4.7171	5.5599
19	1.2081	1.4568	1.7535	2.1068	2.5270	3.0256	3.6165	4.3457	5.1417	6.1159
20	1.2202	1.4859	1.8061	2.1911	2.6533	3.2071	3.8697	4.6610	5.6044	6.7275
21	1.2324	1.5157	1.8603	2.2788	2.7860	3.3996	4.1406	5.0338	6.1088	7.4002
22	1.2447	1.5460	1.9161	2.3699	2.9253	3.6035	4.4304	5.4365	6.6586	8.1403
23	1.2572	1.5769	1.9736	2.4647	3.0715	3.8197	4.7405	5.8715	7.2579	8.2543
24	1.2697	1.6084	2.0328	2.5633	3.2251	4.0489	5.0724	6.3412	7.9111	9.8497
25	1.2824	1.6406	2.0938	2.6658	3.3864	4.2919	5.4274	6.8485	8.6231	10.835
26	1.2953	1.6734	2.1566	2.7725	3.5557	4.5494	5.8074	7.3964	9.3992	11.918
27	1.3082	1.7069	2.2213	2.8834	3.7335	4.8823	6.2139	7.9881	10.245	13.110
28	1.3213	1.7410	2.2879	2.9987	3.9201	5.1117	6.6488	8.6271	11.167	14.421
29	1.3345	1.7758	2.3566	3.1187	4.1161	5.4184	7.1143	9.3173	12.172	15.863
30	1.3478	1.8114	2.4273	3.2434	4.3219	5.7435	7.6123	10.163	13.268	17.449
40	1.4889	2.2080	3.2620	4.8010	7.0400	10.286	14.794	21.725	31.408	45.259
50	1.6446	2.6916	4.3839	7.1067	11.467	18.420	29.457	46.902	74.358	117.39
60	1.8167	3.2810	5.8916	10.520	18.679	32.988	57.946	101.26	176.03	304.48

续表

n \ i	12%	14%	15%	16%	18%	20%	24%	28%	32%	36%
1	1.1200	1.1400	1.1500	1.1600	1.1800	1.2000	1.2400	1.2800	1.3200	1.3600
2	1.2544	1.2996	1.3225	1.3456	1.3924	1.4400	1.5376	1.6384	1.7424	1.8496
3	1.4049	1.4815	1.5209	1.5609	1.6430	1.7280	1.9066	2.0872	2.3000	2.5155
4	1.5735	1.6890	1.7490	1.8106	1.9388	2.0736	2.3642	2.6844	3.0360	3.4210
5	1.7623	1.9254	2.0114	2.1003	2.2878	2.4883	2.9326	3.4360	4.0075	4.6526
6	1.9738	2.1950	2.3131	2.4364	2.6996	2.9860	3.6352	4.3980	5.2899	6.3275
7	2.2107	2.5023	2.6600	2.8262	3.1855	3.5832	4.5077	5.6295	6.9826	8.6054
8	2.4760	2.8526	3.0590	3.2784	3.7589	4.2998	5.5895	7.2058	9.2170	11.703
9	2.7731	3.2519	3.5179	3.8030	4.4355	5.5198	6.9310	9.2234	12.166	15.917
10	3.1058	3.7072	4.0456	4.4114	5.2338	6.1917	8.5944	11.806	16.060	21.647
11	3.4785	4.2262	4.6524	5.1173	6.1759	7.4301	10.657	15.112	21.199	29.439
12	3.8960	4.8179	5.3503	5.9360	7.2876	8.9161	13.215	19.343	27.983	40.037
13	4.3635	5.4924	6.1528	6.8858	8.5994	10.699	16.386	24.759	36.937	54.451
14	4.8871	6.2613	7.0757	7.9875	10.147	12.839	20.319	31.691	48.757	74.053
15	5.4736	7.1379	8.1371	9.2655	11.974	15.407	25.196	40.565	64.359	100.71
16	6.1304	8.1372	9.3576	10.748	14.129	18.488	31.243	51.923	84.954	136.97
17	6.8660	9.2765	10.761	12.468	16.672	22.186	38.741	66.461	112.14	186.28
18	7.6900	10.575	12.375	14.463	19.673	26.623	48.039	86.071	148.02	253.34
19	8.6128	12.056	14.232	16.777	23.214	31.948	59.568	108.89	195.39	344.54
20	9.6463	13.743	16.367	19.461	27.393	38.338	73.864	139.38	257.92	468.57
21	10.804	15.668	18.822	22.574	32.324	46.005	91.592	178.41	340.45	637.26
22	12.100	17.861	21.645	26.186	38.142	55.206	113.57	228.36	449.39	866.67
23	13.552	20.362	24.891	30.376	45.008	66.247	140.83	292.30	593.20	1178.7
24	15.179	23.212	28.625	35.236	53.109	79.497	174.63	374.14	783.02	1603.0
25	17.000	26.462	32.919	40.874	62.669	95.396	216.54	478.90	1033.6	2180.1
26	19.040	30.167	37.857	47.414	73.949	114.48	268.51	613.00	1364.3	2964.9
27	21.325	34.390	43.535	55.000	87.260	137.37	332.95	784.64	1800.9	4023.3
28	23.884	39.204	50.066	63.800	102.97	164.84	412.86	1004.3	2377.2	5483.9
29	26.750	44.693	57.575	74.009	121.50	197.81	511.95	1285.6	3137.9	7458.1
30	29.960	50.950	66.212	85.850	143.37	237.38	634.82	1645.5	4142.1	10143
40	93.051	188.83	267.86	378.72	750.38	1469.8	5455.9	19427	66521	*
50	289.00	700.23	1083.7	1670.7	3927.4	9100.4	46890	*	*	*
60	897.60	2595.9	4384.0	7370.2	20555	56348	*	*	*	*

* >99999

附录 2

一元复利现值系数表

n \ i	1%	2%	3%	4%	5%	6%	7%	8%	9%	10%
1	0.9901	0.9804	0.9709	0.9615	0.9524	0.9434	0.9346	0.9259	0.9174	0.9091
2	0.9803	0.9712	0.8426	0.9246	0.9070	0.8900	0.8734	0.8573	0.8417	0.8264
3	0.9706	0.9423	0.9151	0.8890	0.8638	0.8396	0.8163	0.7938	0.7722	0.7513
4	0.9610	0.9238	0.8885	0.8548	0.8227	0.7921	0.7629	0.7350	0.7084	0.6830
5	0.9515	0.9057	0.8626	0.8219	0.7835	0.7473	0.7130	0.6806	0.6499	0.6209
6	0.9420	0.8880	0.8375	0.7903	0.7462	0.7050	0.6663	0.6302	0.5963	0.5645
7	0.9327	0.8606	0.8131	0.7599	0.7107	0.6651	0.6227	0.5835	0.5470	0.5132
8	0.9235	0.8535	0.7874	0.7307	0.6768	0.6274	0.5820	0.5403	0.5019	0.4665
9	0.9143	0.8368	0.7664	0.7026	0.6446	0.5919	0.5439	0.5002	0.4604	0.4241
10	0.9053	0.8203	0.7441	0.6756	0.6139	0.5584	0.5083	0.4632	0.4224	0.3855
11	0.8963	0.8043	0.7224	0.6496	0.5847	0.5268	0.4751	0.4289	0.3875	0.3505
12	0.8874	0.7885	0.7014	0.6246	0.5568	0.4970	0.4440	0.3971	0.3555	0.3186
13	0.8787	0.7730	0.6810	0.6006	0.5303	0.4688	0.4150	0.3677	0.3262	0.2897
14	0.8700	0.7579	0.6611	0.5775	0.5051	0.4423	0.3878	0.3405	0.2992	0.2633
15	0.8613	0.7430	0.6419	0.5553	0.4810	0.4173	0.3624	0.3152	0.2745	0.2394
16	0.8528	0.7284	0.6232	0.5339	0.4581	0.3963	0.3387	0.2919	0.2519	0.2176
17	0.8444	0.7142	0.6050	0.5134	0.4363	0.3714	0.3166	0.2703	0.2311	0.1978
18	0.8360	0.7002	0.5874	0.4936	0.4155	0.3503	0.2959	0.2502	0.2120	0.1799
19	0.8277	0.6864	0.5703	0.4746	0.3957	0.3305	0.2765	0.2317	0.1945	0.1635
20	0.8195	0.6730	0.5537	0.4564	0.3769	0.3118	0.2584	0.2145	0.1784	0.1486
21	0.8114	0.6598	0.5357	0.4388	0.3589	0.2942	0.2415	0.1987	0.1673	0.1351
22	0.8034	0.6468	0.5219	0.4220	0.3418	0.2775	0.2257	0.1839	0.1502	0.1228
23	0.7954	0.6342	0.5067	0.4057	0.3256	0.2618	0.2109	0.1703	0.1378	0.1117
24	0.7876	0.6217	0.4919	0.3901	0.3101	0.2470	0.1971	0.1577	0.1264	0.1015
25	0.7798	0.6095	0.4776	0.3751	0.2953	0.2330	0.1842	0.1460	0.1160	0.0923
26	0.7720	0.5976	0.4637	0.3604	0.2812	0.2198	0.1722	0.1352	0.1064	0.0839
27	0.7644	0.5859	0.4502	0.3468	0.2678	0.2074	0.1609	0.1252	0.0976	0.0763
28	0.7568	0.5744	0.4371	0.3335	0.2551	0.1956	0.1504	0.1159	0.0895	0.0693
29	0.7493	0.5631	0.4243	0.3207	0.2429	0.1846	0.1406	0.1073	0.0822	0.0630
30	0.7419	0.5521	0.4120	0.3083	0.2314	0.1741	0.1314	0.0994	0.0754	0.0573

续表

n \ i	12%	14%	15%	16%	18%	20%	24%	28%	32%	36%
35	0.7059	0.5000	0.3554	0.2534	0.1813	0.1301	0.0937	0.0676	0.0490	0.0356
40	0.6717	0.4529	0.3066	0.2083	0.1420	0.0972	0.0668	0.0460	0.0318	0.0221
45	0.6391	0.4102	0.2644	0.1712	0.1113	0.0727	0.0476	0.0313	0.0207	0.0137
50	0.6080	0.3715	0.2281	0.1407	0.0872	0.0543	0.0339	0.0213	0.0134	0.0085
55	0.5785	0.3365	0.1968	0.1157	0.0683	0.0406	0.0242	0.0145	0.0087	0.0053
1	0.8929	0.8772	0.8696	0.8621	0.8475	0.8333	0.8065	0.7813	0.7576	0.7353
2	0.7972	0.7695	0.7561	0.7432	0.7182	0.6944	0.6504	0.6104	0.5739	0.5407
3	0.7118	0.6750	0.6575	0.6407	0.6086	0.5787	0.5245	0.4768	0.4348	0.3975
4	0.6355	0.5921	0.5718	0.5523	0.5158	0.4823	0.4230	0.3725	0.3294	0.2923
5	0.5674	0.5194	0.4972	0.4762	0.4371	0.4019	0.3411	0.2910	0.2495	0.2149
6	0.5066	0.4556	0.4323	0.4104	0.3704	0.3349	0.2751	0.2274	0.1890	0.1580
7	0.4523	0.3996	0.3759	0.3538	0.3139	0.2791	0.2218	0.1776	0.1432	0.1162
8	0.4039	0.3506	0.3269	0.3050	0.2660	0.2326	0.1789	0.1388	0.1085	0.0854
9	0.3606	0.3075	0.2843	0.2630	0.2255	0.1938	0.1443	0.1084	0.0822	0.0628
10	0.3220	0.2697	0.2472	0.2267	0.1911	0.1615	0.1164	0.0847	0.0623	0.0462
11	0.2875	0.2366	0.2149	0.1954	0.1619	0.1346	0.0938	0.0662	0.0472	0.0340
12	0.2567	0.2079	0.1689	0.1685	0.1373	0.1122	0.0757	0.0517	0.0357	0.0250
13	0.2292	0.1821	0.1625	0.1452	0.1163	0.0935	0.0610	0.0404	0.0271	0.0184
14	0.2046	0.1597	0.1413	0.1252	0.0985	0.0779	0.0492	0.0316	0.0205	0.0135
15	0.1827	0.1401	0.1229	0.1079	0.0835	0.0649	0.0397	0.0247	0.0155	0.0099
16	0.1631	0.1229	0.1069	0.0980	0.0709	0.0541	0.0320	0.0193	0.0118	0.0073
17	0.1456	0.1078	0.0929	0.0802	0.0600	0.0451	0.0259	0.0150	0.0089	0.0054
18	0.1300	0.0946	0.0808	0.0691	0.0508	0.0376	0.0208	0.0118	0.0068	0.0039
19	0.1161	0.0829	0.0730	0.0596	0.0431	0.0313	0.0168	0.0092	0.0051	0.0029
20	0.1037	0.0728	0.0611	0.0514	0.0365	0.0261	0.0135	0.0072	0.0039	0.0021
21	0.0926	0.0638	0.0531	0.0443	0.0309	0.0217	0.0109	0.0056	0.0029	0.0016
22	0.0826	0.0560	0.0462	0.0382	0.0262	0.0181	0.0088	0.0044	0.0022	0.0012
23	0.0738	0.0491	0.0402	0.0329	0.0222	0.0151	0.0071	0.0034	0.0017	0.0008
24	0.0659	0.0431	0.0349	0.0284	0.0188	0.0126	0.0057	0.0027	0.0013	0.0006
25	0.0588	0.0378	0.0304	0.0245	0.0160	0.0105	0.0046	0.0021	0.0010	0.0005
26	0.0525	0.0331	0.0264	0.0211	0.0135	0.0087	0.0037	0.0016	0.0007	0.0003
27	0.0469	0.0291	0.0230	0.0182	0.0115	0.0073	0.0030	0.0013	0.0006	0.0002
28	0.0419	0.0255	0.0200	0.0157	0.0097	0.0061	0.0024	0.0010	0.0004	0.0002
29	0.0374	0.0224	0.0174	0.0135	0.0082	0.0051	0.0020	0.0008	0.0003	0.0001
30	0.0334	0.0196	0.0151	0.0116	0.0070	0.0042	0.0016	0.0006	0.0002	0.0001
35	0.0189	0.0102	0.0075	0.0055	0.0030	0.0017	0.0005	0.0002	0.0001	*
40	0.0107	0.0053	0.0037	0.0026	0.0013	0.0007	0.0002	0.0001	*	*
45	0.0061	0.0027	0.0019	0.0013	0.0006	0.0003	0.0001	*	*	*
50	0.0035	0.0014	0.0009	0.0006	0.0003	0.0001	*	*	*	*
55	0.0020	0.0007	0.0005	0.0003	0.0001	*	*	*	*	*

* <0.0001

附录 3

一元年金终值系数表

n \ i	1%	2%	3%	4%	5%	6%	7%	8%	9%	10%
1	1.0000	1.0000	1.0000	1.0000	1.0000	1.0000	1.0000	1.0000	1.0000	1.0000
2	2.0100	2.0200	2.0300	2.0400	2.0500	2.0600	2.0700	2.0800	2.0900	2.1000
3	3.0301	3.0604	3.0909	3.1216	3.1525	3.1836	3.2149	3.2464	3.2781	3.3100
4	4.0604	4.1216	4.1836	4.2465	4.3101	4.3749	4.4399	4.5061	4.5731	4.6410
5	4.2135	5.2040	5.3091	5.4163	5.5256	5.6371	5.7507	5.8666	5.9847	6.1051
6	6.1520	6.3081	6.4684	6.6330	6.8019	6.9753	7.1533	7.3359	7.5233	7.7156
7	7.0721	7.4343	7.6625	7.8983	8.1420	8.3938	8.6540	8.9228	9.2009	9.4872
8	8.2857	8.5830	8.8923	9.2142	9.5491	9.8975	10.260	10.637	11.028	11.436
9	9.3685	9.7546	10.159	10.583	11.027	11.491	11.978	12.488	13.021	13.579
10	10.462	10.950	11.464	12.006	12.578	13.181	13.816	14.487	15.193	15.937
11	11.567	12.169	12.808	13.486	14.207	14.972	15.784	16.645	17.560	18.531
12	12.683	13.412	14.192	15.026	15.917	16.870	17.888	18.977	20.141	21.384
13	13.809	14.680	15.618	16.627	17.713	18.882	20.141	21.495	22.953	24.523
14	14.947	15.974	17.086	18.292	19.599	21.015	22.550	24.214	26.016	27.975
15	16.097	17.293	18.599	20.024	21.579	23.276	25.129	27.152	29.361	31.772
16	17.258	18.639	20.157	21.825	23.657	25.673	27.888	30.324	33.003	35.950
17	18.430	20.012	21.762	23.698	25.840	28.213	30.840	33.750	36.974	40.545
18	19.615	21.412	23.414	25.645	28.132	30.906	33.999	37.450	41.301	45.599
19	20.811	22.841	25.117	27.671	30.539	33.760	37.379	41.446	46.018	51.159
20	22.019	24.297	26.870	29.778	33.066	36.786	40.995	45.752	51.160	57.275
21	23.239	25.783	28.676	31.969	35.719	39.993	44.865	50.423	56.765	64.002
22	24.472	27.299	30.537	34.248	38.505	43.392	49.006	55.457	62.876	71.403
23	25.716	28.845	32.453	36.618	41.430	46.996	53.436	60.883	69.532	79.543
24	26.973	30.422	34.426	39.083	44.502	50.816	58.177	66.765	76.790	88.497
25	28.243	32.030	36.459	41.646	47.727	54.863	63.249	73.106	84.701	98.347
26	29.526	33.671	38.553	44.312	51.113	59.156	68.676	79.954	93.324	109.18
27	30.821	35.344	40.710	47.084	54.669	63.706	74.484	87.351	102.72	121.10
28	32.129	37.051	42.931	49.968	58.403	68.528	80.698	95.339	112.97	134.21
29	33.450	38.792	45.219	52.966	62.323	73.640	87.347	103.97	124.14	148.63

续表

n \ i	12%	14%	15%	16%	18%	20%	24%	28%	32%	36%
30	34.485	40.568	47.575	56.085	66.439	79.058	94.461	113.28	136.30	163.49
40	48.886	60.402	75.401	95.026	120.80	154.76	199.64	259.06	337.88	442.59
50	64.463	84.759	112.80	152.67	209.35	290.34	406.53	573.77	815.08	1163.9
60	81.670	114.05	163.05	237.99	353.58	533.13	813.52	1253.2	1944.8	3034.8
1	1.0000	1.0000	1.0000	1.0000	1.0000	1.0000	1.0000	1.0000	1.0000	1.0000
2	2.1200	2.1400	2.1500	2.1600	2.1800	2.2000	2.2400	2.2800	2.3200	2.3600
3	3.3744	3.4396	3.4725	3.5056	3.5724	3.6400	3.7776	3.9184	4.0624	4.2096
4	4.7793	4.9211	4.9934	5.0665	5.2154	5.3680	5.6842	6.0156	6.3624	6.7251
5	6.3528	6.6101	6.7424	6.8771	7.1542	7.4416	8.0484	8.6999	9.3983	10.146
6	8.1152	8.5355	8.7537	8.9775	9.4420	9.9299	10.980	12.136	13.406	14.799
7	10.089	10.730	11.067	11.414	12.142	12.916	14.615	16.534	18.696	21.126
8	12.300	13.233	13.727	14.240	15.327	16.499	19.123	22.163	25.678	29.732
9	14.776	16.085	16.786	17.519	19.086	20.799	24.712	29.369	34.895	41.435
10	17.549	19.337	20.304	21.321	23.521	25.959	31.643	38.593	47.062	57.352
11	20.655	23.045	24.349	25.733	28.755	32.150	40.238	50.398	63.122	78.998
12	24.133	27.271	29.002	30.850	34.931	39.581	50.895	65.510	84.320	108.44
13	28.029	32.089	34.352	36.786	42.219	48.497	64.110	84.853	112.30	148.47
14	32.393	37.581	40.505	43.672	50.818	59.196	80.496	109.61	149.24	202.93
15	37.280	43.842	47.580	51.660	60.965	72.035	100.82	141.30	198.00	276.98
16	42.753	50.980	55.717	60.925	72.939	87.442	126.01	181.87	262.36	377.69
17	48.884	59.118	65.075	71.673	87.068	105.93	157.25	233.79	347.31	514.66
18	55.750	68.394	75.836	84.141	103.74	128.12	195.99	300.25	459.45	770.94
19	63.440	78.969	88.212	98.603	123.41	154.74	244.03	385.32	607.47	954.28
20	72.052	91.025	102.44	115.38	146.63	186.69	303.60	494.21	802.86	1298.8
21	81.669	104.77	118.81	134.84	174.02	225.03	377.46	633.50	1060.8	1767.4
22	92.503	120.44	137.63	157.41	206.34	271.03	469.06	812.00	1401.2	2404.7
23	104.60	138.30	159.28	183.60	244.49	326.24	582.63	1040.4	1850.6	3271.3
24	118.16	158.66	184.17	213.98	289.49	392.48	723.46	1332.7	2443.8	4450.0
25	133.33	181.87	212.79	249.21	342.60	471.98	898.09	1706.8	3226.8	6053.0
26	150.33	208.33	245.71	290.09	405.27	567.38	1114.6	2185.7	4260.4	8233.1
27	169.37	238.50	283.57	337.50	479.22	681.85	1383.1	2798.7	5624.8	11198.0
28	190.70	272.89	327.10	392.50	566.48	819.22	1716.1	3583.3	7425.7	15230.3
29	214.58	312.09	377.17	456.30	669.45	984.07	2129.0	4587.7	9802.9	20714.2
30	241.33	356.79	434.75	530.31	790.95	1181.9	2640.9	5873.2	12941	28172.3
40	767.09	1342.0	1779.1	2360.8	4163.2	7343.2	22729	69377	*	*
50	2400.0	4994.5	7217.7	10436	21813	45497	*	*	*	*
60	7471.6	18535	29220	46058	*	*	*	*	*	*

* >99999

附录 4

一元年金现值系数表

n \ i	1%	2%	3%	4%	5%	6%	7%	8%	9%
1	0.9901	0.9804	0.9709	0.9615	0.9524	0.9434	0.9346	0.9259	0.9174
2	1.9704	1.9416	1.9135	1.8861	1.8594	1.8334	1.8080	1.7833	1.7591
3	2.9410	2.8839	2.8286	2.7751	2.7232	2.6730	2.6243	2.5771	2.5313
4	3.9020	3.8077	3.7171	3.6299	3.5460	3.4651	3.3872	3.3121	3.2397
5	4.8534	4.7135	4.5797	4.4518	4.3295	4.2124	4.1002	3.9927	3.8897
6	5.7955	5.6014	5.4172	5.2421	5.0757	4.9173	4.7665	4.6229	4.4859
7	6.7282	6.4720	6.2303	6.0021	5.7864	5.5824	5.3893	5.2064	5.0330
8	7.6517	7.3255	7.0197	6.7327	6.4632	6.2098	5.9713	5.7466	5.5348
9	8.5660	8.1622	7.7861	7.4353	7.1078	6.8017	6.5152	6.2469	5.9952
10	9.4713	8.9826	8.5302	8.1109	7.7217	7.3601	7.0236	6.7101	6.4177
11	10.3674	9.7868	9.2526	8.7605	8.3064	7.8869	7.4987	7.1390	6.8052
12	11.2551	10.5753	9.9540	9.3851	8.8633	8.3838	7.9427	7.5361	7.1607
13	12.1337	11.3484	10.635	9.9856	9.3936	8.8527	8.3577	7.9038	7.4869
14	13.0037	12.1062	11.2961	10.5631	9.8986	9.2950	8.7455	8.2442	7.7862
15	13.8651	12.8493	11.9379	11.1184	10.3797	9.7122	9.1079	8.5595	8.0607
16	14.7179	13.5777	12.5611	11.6523	10.8378	10.1059	9.4466	8.8514	8.3126
17	15.5623	14.2919	13.1661	12.1657	11.2741	10.4773	9.7632	9.1216	8.5436
18	16.3983	14.9920	13.7535	12.6896	11.6896	10.8276	10.0591	9.3719	8.7556
19	17.2260	15.6785	14.3238	13.1339	12.0853	11.1581	10.3356	9.6036	8.9601
20	18.0456	16.3514	14.8775	13.5903	12.4622	11.4699	10.5940	9.8181	9.1285
21	18.8570	17.0112	15.4150	14.0292	12.8212	11.7641	10.8355	10.0168	9.2922
22	19.6604	17.6580	15.9369	14.4511	13.4886	12.3034	11.0612	10.2007	9.4424
23	20.4558	18.2922	16.4436	14.8568	13.4886	12.3034	11.2722	10.3711	9.5802
24	21.2434	18.9139	16.9355	14.2470	13.7986	12.5504	11.4693	10.5288	9.7066
25	22.0232	19.5235	17.4131	15.6221	14.0939	12.7834	11.6536	10.6748	9.8226
26	22.7952	20.1210	17.8768	15.9828	14.3752	13.0032	11.8258	10.8100	9.9290
27	23.5596	20.7059	18.3270	16.3296	14.6430	13.2105	11.9867	10.9352	10.0266
28	24.3164	21.2813	18.7641	16.6631	14.8981	13.4062	12.1371	11.0511	10.1161
29	25.0658	21.8444	19.1885	16.9837	15.1411	13.5907	12.2777	11.1584	10.1983
30	25.8077	22.3965	19.6004	17.2920	15.3725	13.7648	12.4090	11.2578	10.2737
35	29.4086	24.9986	21.4872	18.6646	16.3742	14.4982	12.9477	11.6546	10.5668
40	32.8347	27.3555	23.1148	19.7928	17.1591	15.0463	13.3317	11.9246	10.7574

续表

n \ i	10%	12%	14%	15%	16%	18%	20%	24%	28%	32%
45	36.0945	29.4902	24.5187	20.7200	17.7741	15.4558	13.6055	12.1084	10.8812	
50	39.1961	31.4236	25.7298	21.4822	18.2559	15.7619	13.8007	12.2335	10.9617	
55	42.1472	33.1748	26.7744	22.1086	18.6335	15.9905	13.9399	12.3186	11.0140	
1	0.9091	0.8929	0.8772	0.8696	0.8621	0.8475	0.8333	0.8065	0.7813	0.7576
2	1.7355	1.6901	1.6167	1.6257	1.6052	1.5656	1.5278	1.4568	1.3916	1.3315
3	2.4869	2.4018	2.3216	2.2832	2.2459	2.1743	2.1065	1.9813	1.8684	1.7663
4	3.1699	3.0373	2.9173	2.8550	2.7982	2.6901	2.5887	2.4043	2.2410	2.0957
5	3.7908	3.6048	3.4331	3.3522	3.2743	3.1272	2.9906	2.7454	2.5320	2.3452
6	4.3553	4.1114	3.8887	3.7845	3.6847	3.4976	3.3255	3.0205	2.7594	2.5342
7	4.8684	4.5638	4.2882	4.1604	4.0386	3.8115	3.6046	3.2423	2.9370	2.6775
8	5.3349	4.9676	4.6389	4.4873	4.3436	4.0776	3.8372	3.4212	3.0758	2.7860
9	5.7590	5.3282	4.9164	4.7716	4.6065	4.3030	4.0310	3.5655	3.1842	2.8681
10	6.1446	5.6502	5.2162	5.0188	4.8332	4.4941	4.1925	3.6819	3.2689	2.9304
11	6.4951	5.9377	5.4527	5.2337	5.0286	4.6560	4.3271	3.7757	3.3351	2.9776
12	6.8137	6.1944	5.6603	5.4206	5.1971	4.7932	4.4392	3.8514	3.3868	3.0133
13	7.1034	6.6235	5.8424	5.5831	5.3423	4.9095	4.5327	3.9124	3.4272	3.0404
14	7.3667	6.6282	6.0021	5.7245	5.4675	5.0081	4.6106	3.9616	3.4587	3.0609
15	7.6061	6.8109	6.1422	5.8474	5.5755	5.0916	4.6755	4.0013	3.4834	3.0764
16	7.8237	6.9740	6.2651	5.9542	5.6685	5.1624	4.7296	4.0333	3.5026	3.0882
17	8.0216	7.1196	6.3729	6.0472	5.7487	5.2223	4.7746	4.0591	3.5177	3.0971
18	8.2014	7.2497	6.4674	6.1280	5.8178	5.2732	4.8122	4.0799	3.5294	3.1039
19	8.3649	7.3658	6.5504	6.1982	5.8775	5.3162	4.8435	4.0967	3.5386	3.1090
20	8.5136	7.4694	6.6231	6.2593	5.9288	5.3527	4.8696	4.1103	3.5458	3.1129
21	8.6487	7.5620	6.6870	6.3125	5.9721	5.3837	4.8913	4.1212	3.5514	3.1158
22	8.7715	7.6446	6.7429	6.3587	6.0113	5.4099	4.9094	4.1300	3.5558	3.1180
23	8.8832	7.7184	6.7921	6.3988	6.0442	5.4321	4.9245	4.1371	3.5592	3.1197
24	8.9847	7.7843	6.8351	6.4338	6.0726	5.4509	4.9371	4.1428	3.5619	3.1210
25	9.0770	7.8431	6.8729	6.4641	6.0971	5.4669	4.9476	4.1474	3.5640	3.1220
26	9.1609	7.8957	6.9061	6.4906	6.1182	5.4804	4.9563	4.1511	3.5656	3.1227
27	9.2372	7.9426	6.9352	6.5135	6.1364	5.4919	4.9636	4.1542	3.5669	3.1233
28	9.3066	7.9844	6.9607	6.5335	6.1520	5.5016	4.9697	4.1566	3.5679	3.1237
29	9.3696	8.0218	6.9830	6.5509	6.1656	5.5098	4.9747	4.1585	3.5687	3.1240
30	9.4269	8.0552	7.0027	6.5660	6.1772	5.5168	4.9789	4.1601	3.5693	3.1242
35	9.6442	8.1755	7.0700	6.6166	6.2153	5.5386	4.9915	4.1644	3.5708	3.1248
40	9.7791	8.2438	7.1050	6.6418	6.2335	5.5482	4.9966	4.1659	3.5712	3.1250
45	9.8628	8.2825	7.1232	6.6543	6.2421	5.5523	4.9986	4.1664	3.5714	3.1250
50	9.9148	8.3045	7.1327	6.6605	6.2463	5.5541	4.9995	4.1666	3.5714	3.1250
55	9.9471	8.3170	7.1376	6.6636	6.2482	5.5549	4.9998	4.1666	3.5714	3.1250

参 考 文 献

[1] 中国注册会计师协会. 财务成本管理 [M]. 北京：中国财政经济出版社，2013.
[2] 卢家仪. 财务管理 [M]. 北京：清华大学出版社，2011.
[3] 刘淑莲. 财务管理 [M]. 3 版. 北京：东北财经大学出版社，2013.
[4] 王化成. 财务管理 [M]. 4 版. 北京：中国人民大学出版社，2013.